U0372781

旅游社区的
社会空间再生产

LYUYOU SHEQU DE
SHEHUI KONGJIAN ZAI SHENGCHAN

孙九霞 等 著

中山大学出版社
SUN YAT-SEN UNIVERSITY PRESS

·广州·

版权所有 翻印必究

图书在版编目（CIP）数据

旅游社区的社会空间再生产/孙九霞等著. —广州：中山大学出版社，2020.6
ISBN 978 - 7 - 306 - 05093 - 9

Ⅰ. ①旅… Ⅱ. ①孙… Ⅲ. ①社区—旅游业—研究 Ⅳ. ①F59

中国版本图书馆 CIP 数据核字（2014）第 281319 号

出 版 人：王天琪
策划编辑：徐诗荣
责任编辑：徐诗荣
封面设计：曾 斌
责任校对：邱紫妍
责任技编：何雅涛
出版发行：中山大学出版社
电　　话：编辑部 020 - 84110283，84111997，84110779，84113349
　　　　　发行部 020 - 84111998，84111981，84111160
地　　址：广州市新港西路 135 号
邮　　编：510275　　　　　传　真：020 - 84036565
网　　址：http://www.zsup.com.cn　　E-mail:zdcbs@ mail. sysu. edu. cn
印 刷 者：佛山市浩文彩色印刷有限公司
规　　格：787mm×1092mm　1/16　18.75 印张　365 千字
版次印次：2020 年 6 月第 1 版　　2020 年 6 月第 1 次印刷
定　　价：45.00 元

如发现本书因印装质量影响阅读，请与出版社发行部联系调换

前　　言

  中国旅游业已成为国际旅游大舞台上异常活跃的新生力量。在旅游业发展导向的推动下，旅游逐渐进入中国人的生活，并成为人们日常生活中不可或缺的一部分。旅游发展过程中多空间互动、多维度的空间关系等特殊性决定了中国城市和乡村发展面临更为复杂的历史背景和更激烈的冲突与矛盾。旅游为目的地社区带来新的生产方式和生产关系，对目的地社区的影响日益深远。同时，新的社会文化问题，诸如文化冲突、贫富差距增大、社会关系紧张等也逐渐涌现。但目前学界关于旅游之于目的地社区的影响研究往往拘泥于一般的价值判断，因此，寻求新的研究思路是当前旅游对目的地社区的影响研究迫切需要解决的问题。具备人本主义关怀的地理学家、社会学家、人类学家们日益关注此类问题，并试图寻找问题产生的原因和解决之道。

  在西方人文社会科学的"空间转向"和地理研究的"文化转向"背景下，空间成为一种新的解释社会的方式。"社会空间"作为社会文化地理研究中最有影响力的分析概念，在全球化、现代化、信息化、社会转型的背景下，在区域的政治、经济、技术、社会等内外部因素的作用下，其对社会文化变迁过程的解读展现出较强的解释力。运用社会空间视角去解读旅游社区往往有助于发现异于一般全球化、现代化作用下的空间特征，促使旅游研究走向深入，能够立体化、多面向地解析旅游影响和变化产生的过程、原因、动力和机制。

  近年来，很多旅游研究者在持续不断地对目的地的旅游影响的研究过程中发现，旅游开发意味着政府、企业、游客等新空间主体的涉入，意味着新一轮空间开发、设计、使用与改造的过程。在旅游活动的不断冲击下，旅游目的地正经历着形式多样、程度不一的社会文化变迁，仅仅使用传统的影响指标已经不足以理解及指导旅游目的地未来的发展走向。而这些旅游目的地的变迁很多是从可见空间的扩张或转型开始的，比如旅游设施的兴建、家庭旅馆的改装等。这些现象引发一系列需要探究的问题，如旅游活动开展是否为推动旅游目的地社会空间再生产的根本原因？这样的社会空间再生产具有怎样的特点？又会引致旅游目的地何去何从？如果不是，那旅游在目的地社会空间再生产过程中扮演着怎样的角色？在旅游目的地的发展中，旅游应该扮演怎样的角色？这些问题都有待从社会空间再生产视角展开研究。

无论西方还是东方，社会空间理论的应用都集中于都市社会空间领域，对以乡村为聚居形态的地区的研究则相对欠缺，对旅游开发背景下的乡村社区社会空间研究更是少见。虽然现有的研究对旅游领域中的部分现象予以关注，但对于社区居民、旅游开发者和游客等在社区空间中的空间实践的关注还不够，对旅游社区社会空间生产内容和过程的研究也存在诸多不足，有待进一步挖掘和扩展。本书是基于我和我所带领的研究团队，在过去10多年的旅游社区研究和田野实践，针对旅游社区社会空间生产研究所进行的一次系统梳理和论述。从2009年开始，本人相继发表相关论文20余篇，同时指导完成硕士学位论文《旅游发展中族群文化的"再地方化"与"去地方化"——以丽江纳西族社区为例》（2009）、《社会空间视角下的家庭旅馆研究——以龙脊梯田景区平安寨为例》（2012）、《亚运背景下的城市社区空间再生产——以广州荔枝湾为例》（2012）、《旅游对三亚回族社区社会空间生产的影响研究》（2013）、《民族旅游社区交往空间研究——以西双版纳傣族园景区为例》（2013）、《从"侨乡"到"碉乡"——遗产旅游发展背景下的居民地方认同变迁》（2014）等。本书就是在这些研究的基础上，我与马涛、邓小辉、刘国果、张晳、周一几位同学共同完成的。此项研究以空间生产为"经"，以社区旅游做"纬"，在地理学、社会学、人类学等学科内部找到贯通研究的依据和理由，为跨学科的研究提供有益的经验。本书运用全新角度的跨学科研究，通过对多案例地空间生产内容、过程和对比分析，梳理出旅游发展下社区社会空间再生产的主要影响因素，建构旅游发展背景下社会空间的重构与再生产机制，为空间再生产理论研究提供新的理论点，丰富旅游影响研究。在方法论上，本书结合实证研究与规范研究，采用归纳和演绎相结合的逻辑思路，以问题为导向，综合地理学、社会学、人类学等学科的经典理论与方法，以定性研究为主，针对具体微观案例展开田野考察和实证分析。

全书共分为九章。第一章为绪论，介绍本书的研究背景、研究对象、研究方法、研究内容和意义。第二章是对社会空间理论的文献综述。在对"空间""社会空间""空间生产"等相关概念界定的基础上，对社会空间生产理论脉络进行梳理，并着重引介列斐伏尔的空间生产理论和德塞图的理论发展，最后对旅游中的社会空间研究展开述评。第三章到第八章是全书的案例分析部分，研究选取海南三亚回族村、云南西双版纳傣族园社区、广东开平碉楼与村落、广西桂林龙脊梯田景区平安寨、云南丽江古城区、广州荔枝湾社区6个案例地作为调研对象，分别从"民族社区社会空间生产的过程与表征""民族旅游社区的交往空间再生产""遗产旅游社区的日常生活空间再生产""家庭旅馆中的社会行为与空间互动""族群文化空间的去地方化与再地方化"和"亚运会背景下的城市社区空间再生产"6个方面进行探讨。第九章是对本书的归纳与总结，通过跨文化比较的空间生产视角总结出社会空间再生产的本质、旅游对空间生产动力的特点等，最后指出本书的主要研究贡献和进一步的研究方向。书中大部分内容基于几位研究生的硕士学位论文再后续修改而成，具体分工为：第一章和第二章，孙九霞；第三章，张士琴、孙九霞；第四章，张皙、孙九霞；第五章，周一、孙九霞；第六章，邓小辉、孙九霞；第七章，马涛、孙九霞；第八章，刘国果、孙九霞；第九章，孙九霞。

本书得到了国家社会科学基金重大项目"中国西南少数民族传统村落的保护与利用研究"（项目编号：15ZDB118）以及国家自然科学基金面上项目"社区参与旅游发展过程中的社会空间再生产：跨学科视野下的多案例实证研究"（项目编号：41171124）的共同资助。在本书的出版过程中，李毓博士、黄秀波博士、魏雷博士对材料的组织和编辑做出了不少贡献，中山大学出版社的徐诗荣编辑为本书的出版付出了大量细致而艰辛的劳动，在此深表谢意。

孙九霞

2019 年 12 月 28 日于广州康乐园

目　　录

第一章　绪　论 …………………………………………………… 1

　第一节　旅游与社会变迁 ………………………………………… 1

　　一、社会变迁 ……………………………………………………… 1

　　二、旅游与社会变迁 ……………………………………………… 3

　第二节　旅游与社会空间 ………………………………………… 6

　　一、社会空间的概念 ……………………………………………… 6

　　二、社会空间的研究转向 ………………………………………… 9

　　三、旅游与社会空间 ……………………………………………… 11

　第三节　研究对象、方法和内容 ………………………………… 12

　　一、研究对象 ……………………………………………………… 12

　　二、研究方法 ……………………………………………………… 14

　　三、研究内容和意义 ……………………………………………… 16

第二章　社会空间再生产理论 …………………………………… 19

　第一节　相关概念界定 …………………………………………… 19

　　一、空间 …………………………………………………………… 19

　　二、社会空间 ……………………………………………………… 20

　　三、（社会）空间生产 …………………………………………… 22

　第二节　空间生产理论发展脉络 ………………………………… 23

　　一、空间的入场：早期经典社会学家潜意识里的空间观 ……… 23

　　二、空间的发展：美国芝加哥学派的生态社会学 ……………… 24

　　三、空间的生产：新都市社会学的社会空间转向 ……………… 24

　　四、空间生产的后续讨论：后现代社会学家的现代性反思 …… 26

　第三节　列斐伏尔的空间生产理论 ……………………………… 28

　　一、理论背景 ……………………………………………………… 28

　　二、空间生产理论的主要内容 …………………………………… 29

　第四节　德塞图的日常生活实践理论发展 ……………………… 32

一、理论背景	32
二、德塞图的日常生活实践理论	34
第五节　社会空间研究述评	37
一、理论阐释类研究	37
二、案例实证类研究	38

第三章　民族社区社会空间生产的过程与表征 ························ 41

第一节　三亚回族社区发展历程 ······························ 41

一、旅游发展萌芽阶段：改革开放前风雨飘摇的回族渔村 ··········· 43

二、旅游发展起步阶段：从渔村到社区外旅游

参与（1978—1993 年） ······························ 45

三、旅游稳定发展阶段：社区出现游客造访（1994—2007 年） ····· 50

四、旅游快速发展阶段："候鸟"的天堂（2008 年至今） ·········· 53

五、小结 ·· 55

第二节　生产空间、游憩空间与生活空间变化过程 ·············· 56

一、生产方式的转变 ···································· 57

二、社区游客的造访 ···································· 61

三、生产和生活空间从分离到融合的过程 ···················· 63

第三节　空间生产的多元化表征 ···························· 68

一、表征之一：都市与乡村建筑景观的混合 ·················· 68

二、表征之二：政府的规划与控制 ························ 72

三、表征之三：宗教文化符号生产 ························ 76

第四节　社会关系网络的扩展 ······························ 80

一、市场经济网络关系的拓展与延伸 ······················ 80

二、宗教信仰网络关系的内部强化与外部扩张 ················ 82

三、社区社会关系的生产与再生产 ························ 83

第五节　小结 ·· 84

第四章　民族旅游社区的交往空间再生产 ···················· 86

第一节　傣族园社区交往空间的变迁 ························ 86

一、居民与游客的交往空间 ······························ 87

二、居民与企业的交往空间 ······························ 91

三、游客与企业的交往空间 ······························ 97

四、小结 ·· 100

第二节　傣族园社区旅游交往空间的特征 …………………………… 100

一、交往行为的空间性 ……………………………………………… 100

二、交往内容的层级性 ……………………………………………… 104

三、交往关系的复杂性 ……………………………………………… 109

四、小结 ……………………………………………………………… 119

第三节　傣族园旅游交往空间生产的过程与结果 ………………… 120

一、空间生产过程：温和抵抗与力量制衡 ……………………… 121

二、空间生产结果：结构拉伸与格局重构 ……………………… 125

三、小结 ……………………………………………………………… 127

第五章　遗产旅游社区的日常生活空间再生产 …………………… 129

第一节　碉楼遗产旅游与马降龙社区概况 ………………………… 129

一、开平碉楼遗产旅游 …………………………………………… 129

二、马降龙社区概况 ……………………………………………… 131

第二节　不同空间主体作用下的空间再生产过程与表征 ………… 133

一、景区管理主体对空间再生产的操纵 ………………………… 133

二、社区主体日常生活中对空间表征的反抗 …………………… 135

三、低度开发下的"平衡"发展 ………………………………… 140

第三节　小结 …………………………………………………………… 143

第六章　家庭旅馆中的社会行为与空间互动 ……………………… 145

第一节　龙脊梯田景区平安寨旅游发展现状 ……………………… 145

一、旅游社区概况 ………………………………………………… 145

二、旅游发展历程 ………………………………………………… 147

三、旅游发展状况 ………………………………………………… 149

第二节　平安寨家庭旅馆的演化特征 ……………………………… 158

一、家庭旅馆经营现状 …………………………………………… 158

二、家庭旅馆演化特征 …………………………………………… 163

第三节　家庭旅馆演变中的社会行为与空间互动 ………………… 167

一、物质空间变迁分析 …………………………………………… 167

二、空间变迁中的社会行为 ……………………………………… 175

三、社会行为与空间互动分析 …………………………………… 178

第四节　小结 …………………………………………………………… 180

第七章　族群文化空间的去地方化与再地方化 ……………………… 183

第一节　非旅游社区族群文化空间的"去地方化" ……………… 183

一、现云村概况 …………………………………………… 183

二、现代化背景下现云村族群文化的"去地方化" ……… 184

第二节　核心旅游社区族群文化空间的"去地方化" …………… 195

一、新华社区概况与旅游发展 …………………………… 195

二、新华社区的过度商业化与"去地方化" …………… 197

第三节　边缘旅游社区族群文化空间的"再地方化"与

"去地方化" ……………………………………… 208

一、义尚社区概况及其旅游发展 ………………………… 208

二、旅游的适度发展下义尚社区"再地方化"与"去地方化"的

并存 …………………………………………………… 210

第四节　社区族群文化空间"去地方化"与"再地方化"的原因 …… 217

一、现代化与旅游是族群文化"去地方化"与"再地方化"的

外部推力 ……………………………………………… 217

二、利益主体的选择成为族群文化"去地方化"与"再地方化"的

内部动因 ……………………………………………… 221

第五节　小结 …………………………………………………… 228

第八章　亚运会背景下的城市社区空间再生产 ……………………… 230

第一节　荔枝湾的社区概况与发展历程 ………………………… 230

一、荔枝湾的社区概况 …………………………………… 230

二、荔枝湾的发展历程 …………………………………… 231

第二节　亚运会背景下的社区改造 ……………………………… 234

一、亚运会筹备期（2009—2010 年）：快速推进的空间生产 …… 234

二、亚运会进行时（2010 年）：空间生产结果的检验 …… 237

三、后亚运会时代（2010 年至今）：持续推进的空间再生产 …… 239

第三节　荔枝湾社区的空间生产 ………………………………… 245

一、荔枝湾的空间实践 …………………………………… 246

二、荔枝湾的空间再现 …………………………………… 254

三、荔枝湾的再现空间 …………………………………… 257

第四节　小结 …………………………………………………… 260

第九章　旅游社区社会空间再生产的新思考 ·················· 263

　第一节　社会空间生产的本质 ····························· 263

　　一、社会空间生产表征为空间的重组与变迁 ············· 263

　　二、社会空间生产的实质为社会关系的再生产 ··········· 264

　第二节　旅游对空间生产动力的特点 ····················· 265

　　一、旅游空间生产主体：多元化与相对均衡 ············· 265

　　二、旅游空间生产过程：保护性开发与利用 ············· 266

　　三、旅游空间生产结果：凸显地方性与异质性 ··········· 266

　第三节　跨文化比较的空间生产视角 ····················· 267

　　一、中国和西方语境下的空间生产 ····················· 267

　　二、跨族群文化的空间生产 ··························· 267

　　三、跨地域背景的空间生产 ··························· 268

　第四节　小结 ······································· 268

参考文献 ··· 270

第一章 绪 论

第一节 旅游与社会变迁

人类所处的大千世界纷繁多样，创造的文化千姿百态。由各种习俗制度、观念等构成的文化系统通常是稳固的，但并非固定不变。相对稳固的文化系统，也在以不同的速度、方式发生着变迁。变迁的原因多种多样，例如，突发的事件可能在相对较短的时间内引起根本的社会变迁；再如，人们有目的地去解决一些生活中遇到的难题也会导致文化变迁；还有，在两种不同文化的强烈接触过程中也会发生相互影响。变迁与适应、进步互为因果（孙九霞，1995）。

一、社会变迁

"社会变迁"是社会学、人类学中的核心概念。日本著名的社会学家富永健一（1988）在《社会结构与社会变迁》一书中指出："所谓社会变迁，就是社会的结构发生变化，即结构变迁的发生。"美国社会学家伊思·罗伯逊（1994）在《社会学》一书中对社会变迁的主要理论（流派）进行了归纳，包括以孔德、摩尔根、斯宾塞等为代表的经典进化论，以迪尔凯姆、帕森斯等为代表的结构功能理论，以帕累托、斯宾格勒、汤因比等为代表的循环论，还有以马克思为代表的历史唯物主义，都从各自的理论视角解释和界定了社会变迁。

经典进化论认为，社会这一有机整体的进化性变迁是自发的、普遍的，社会沿着直线式方向，从初级状态到高级状态，从分散到整合，从混乱到有组织，持续不断地走向进步；循环论相信，无论是宏观层面的政治、经济、社会，还是微观层面的日常生活，变化均非直线式，而是周期性、螺旋式、周而复始的上升、衰退和更换循环；历史唯物主义则肯定社会变动是螺旋上升的进步性发展，在生产力与生产关系、经济基础与上层建筑的矛盾运动中，社会形态不断更替，最终必然走向公正合理的共产主义；影响力较大的结构功能主义理论以社会秩序为导向，将社会看作一个系统性整体，系统外部的变化和系统内部界限的影响会导致社会产生缓慢转变，最后达到动态平衡的状态。

上述流派对社会变迁的解读强调社会结构和秩序的变迁，在具有合理性的同时，也存在不同程度的缺陷。例如，社会变迁包含主动变迁和被动变迁，进化论观点认为，社会进化是一个自动、自发完成的过程，不被人力所抗拒和阻挠，这种论调与现实社会中旅游和其他外部因素所引发的被动变迁相左。陈水勇（2012）在上述文化变迁理论基础上，对社会变迁的概念进行了较为全面的界定："它指社会系统所发生的有目的的或无目的的、局部的或整体的、量变的或质变的、长久的或短暂的、有利的或有害的改变或转变。社会变迁包括不同社会形态及同一社会形态的自然环境、社会结构功能、政治、经济、文化、行为模式、社会心理等方面的变化。"这些变化是"技术、意识形态、竞争、冲突、政治与经济因素，及结构性张力"等多因素促成的（王晓黎，2007）。

西方学界常常将"文化变迁"同"社会变迁"相混同。尤其是在美国，社会学家和文化人类学家都经常使用"文化变迁"一词，有时亦用"社会变迁"，有时又合称为"社会和文化变迁"或"社会文化变迁"。如奥格本的《社会变迁》一书，实际是指文化变迁。就事实而言，文化变迁和社会变迁有时的确难以区分，然而在概念和理论上进行适当分疏还是必要的。克莱德·M. 伍兹认为，文化变迁和社会变迁都是同一过程的重要部分，但在必要的时候，在概念上也可以区分，倘若文化可以理解为生活上的多种规则，那么，社会就是指遵循这些规则的人们有组织的聚合体（石峰，1998）。孙九霞（1995）指出，文化变迁是由于民族社会内部的发展或由于不同民族的接触而引起的一个民族文化的变迁和个人观念、行为习惯的改变。文化变迁一般可以分为主动变迁和被动变迁。主动变迁包括创新、传播和文化遗失，都是根据人们的意愿，主动地接受或拒绝变迁；被动变迁包括涵化、种族隔离、孤立与灭绝等。

文化变迁的理论尚有多种，兹试举几种经典理论以作代表，它们主要是从文化变迁的动因立论的。

（1）生物因素说。这种理论视生物本身为文化变迁的动因。代表人物有英国的斯宾塞、德国的李林弗、法国的华牧斯。他们把社会文化的发展看作是生物有机体适应环境变化的过程。当代代表人物则是美国的社会生物学家威尔逊，他在《社会生物学：新的综合》（1975）一书中应用生物学研究成果，将文化的创造性归结为"亲族选择"，将文化进化或变迁归纳为生态环境中群落基因库的变异和基因群的分布。

（2）地理因素说。这种理论将地理环境的变迁作为文化变迁的根本动因。

代表人物是德国的拉采尔与美国的伯克勒。他们认为，地理环境决定文化的性质、形式和内容。当代代表人物是美国的文化学家伯特兰·罗素，他把文化变迁的终极原因归结为地理环境。

（3）心理因素说。这种理论把心理因素看作文化变迁的根本动因。这一学派分化出三种观点：一是人类本能说，代表人物是美国社会学家沃德。他认为，欲望是人类的主要意志，也是社会文化发展和变迁的原始动力。其余如美国麦独孤的"本能说"、奥地利赖荷夫的"关心说"、弗洛伊德的"性本能说"，都是从人类先天的心理出发，来解释社会文化现象中的发展变化。二是心理刺激说，比如法国的塔尔德提出模仿心理说，认为模仿是人类的主要心理，也是文化发展变迁的重要动力。英国的汤因比在《考验中的文明》（1948）中进一步发挥这种观点，认为文化变迁是"挑战—应战"的连续交替过程。三是心理交互作用说，代表人物是德国的齐美尔、美国的劳斯和爱尔伍德。

（4）文化传播因素说。这种理论把外来文化的传播看作是文化变迁的动力，以德国文化圈学派和美国的传播学派最为典型。文化圈学派着重于物质文化的变化，把各民族相同的物质文化归结为一种原始的形成，归结为文化传播的结果。传播学派则认为文化变迁现象是在文化接触中产生的，是文化融合的结果。

（5）工业发展因素说。这种理论把科学的发明及发现、技术的进步、工艺的发展看作是文化变迁的根本动因。代表人物有英国的贝尔纳、美国的怀特和斯图尔德（司马云杰，1986）。

总之，文化变迁是复杂的、整体的、系统的过程，绝不能就某个原因、某个角度来确定其变迁的方式与结果，应用整体的、多维的视角来观察、认识和解释人类社会的文化变迁现象（石峰，1998）。

二、旅游与社会变迁

旅游产业已经蔓延到当今世界的各个角落，旅游对社会、文化、经济、政治、国际关系等带来的冲击受到了关注。可以说，旅游成为以文化为研究对象的社会学科不得不面对的议题，理解旅游也成为理解当代社会文化变迁的重要途径（宗晓莲，2013）。

旅游的发展影响着社会文化变迁。其一，旅游作为一个产业进入旅游目的地，成为继原有生产方式之后的新的生产方式。按照贝尔纳、怀特的"工艺发展因素决定文化变迁说"，旅游设施、设备以及基础设施的建设等诸多方面的发展导致旅游目的地的技术进步和工艺发展；同时，人们必须运用这些新的设施、设备，运用新的生产方式进行生产，必然导致文化变迁。其二，旅游作为一种社会活动、文化活动，按照德国文化圈学派和英国极端传播学派"文化传播因素决定文化变迁"的观点，旅游者带来的文化入侵，必然对旅游目的地的社会、文化产生冲击，导致旅游目的地文化变迁（朱沁夫，2013）。

旅游已成为无处不在的社会现象，研究者对其的关注度也越来越高。起初，学者们对旅游和社会文化变迁的探讨主要是从利弊关系的二元论展开。学界一般将旅游看成是一种经济活动，认为它一方面给社会带来一定的经济效益，但同时也给社会文化带来较多负面影响，将多种现代化力量所带来的变迁归结于旅游一身。旅游带来的负面影响受到人类学者的广泛关注，明显体现在被视为旅游人类学的标志性著作的《东道主与游客》（Smith，1977）一书中（宗晓莲，2013）。而今随着研究的深入，学者们开始日渐客观地看待旅游所产生的社会文化影响，意识到旅游仅仅是现代化浪潮中的一股力量。"随着现代交通工具的运用、传播媒介的日益普及，社区居民完全能够通过电话、电脑等沟通方式不断与外界接触"（熊晓波，2008）。Alexis Saveriades（2000）也认为，旅游的发展、大众传媒的兴起以及本地人自己出国的游历这三个原因是很难相互剥离的，这三个因素共同促成了旅游目的地的社会文化变迁。旅游并非唯一影响力量，证据就是，在很多没有旅游介入的族群社区，社会文化同样发生着改变（孙九霞，2013）。

对这一领域产生浓厚兴趣的研究者主要来自地理学、社会学和人类学三个学科。地理学者认为，旅游由三个主要的成分组成，即旅游客源地、旅游目的地和联系客源地与目的地之间的旅游通道。旅游目的地是吸引旅游者作短暂停留、参观游览的地方，大量游客涌入会对目的地区域产生什么样的影响是地理学要重点关注的问题之一（保继刚、楚义芳，1999）。社会学作为一门通过分析人们的社会关系和社会行为，从社会系统的整体角度来研究社会的结构、功能和现象发生与发展的规律的专门社会科学（张进福、肖洪根，2000），也自然把目光投向旅游对目的地社会文化系统的影响上来。而旅游因为包含不同文化之间的接触、交流，而这正是人类学研究中最为重要的主题（彭兆荣，2004），所以，人类学家较早就关注了旅游给目的地所带来的影响。在实际的研究中，旅游对目的地所造成的影响有以下一些研究主题：旅游对目的地的综合影响、旅游的社会文化影响、旅游对经济环境等方面的影响、旅游影响的测度和方法以及目的地居民对旅游影响的态度和感知（谢婷、钟林生、陈田、袁弘，2006）。国内的研究主要集中在旅游对目的地居民的影响和主客关系影响两个方面。国外的研究范围与国内相似，但对旅游影响的测度及评价方法的研究相对更多。目前，已有相关学者在不同时期综述了关于旅游社会文化影响的研究。周慧颖和吴建华（2004）将国外的有关理论和国内旅游影响研究基础理论加以总结，并对旅游影响举出了具体的案例。宗晓莲和朱竑（2004）则对国外截至 2000 年以来的文献进行了分析和回顾，将西方学术界对旅游社会文化影响的研究分为三个阶段，呈现出跨学科、多方法相结合的特征。谢婷等（2006）在对 90 篇国内外有关文献进行分析后，总结了国内外关于旅游社会文化影响研究的主要理论、观点、方法、实践和模型。近两年来，学者们更聚焦到对旅游影响领域中具体话题的综述，如朱丹丹和张玉钧（2008）聚焦旅游对乡村文化传承的影响。总之，西方学者对该领域的研究已经进入"跨学科、多方法相结合"的阶段，而国内的研究主要还是处于定性描述、片面评价阶段，偶尔也有一些学者采用定量方法对旅游对目的地的社会文化影响进行研究，但数量有限，成果不多。针对旅游对目的地社会文化影响的研究进展，一些国内学者认为"实证研究较多，理论总结少；定性方法多，定量测算少；研究观点的片面性；研究指标各异，可比性不强。从长远的角度看，研究成果和实际发展管理的紧密结合、研究技术的突破和理论体系的确立、多学科融合综合研究将成为这个领域的主要发展方向"（谢婷等，2006）。笔者通过综述 2000 年以后的旅游对目的地社会文化影响的研究发现：

（1）对社区的影响研究更深入，已经不再将社区居民看作是"均质化""同质化"的对象，一方面按照人口统计学标准来对居民进行分类，另一方面也通过引入心理学的价值选择来分析居民从心理到行为受旅游影响的过程。

（2）现在的研究者已经不再是以往类似"卫道士"的道德评判者，很少再对旅游目的地社会文化影响做简单的道德评判，但仍然没能明确所谓的"文化影响"和"文化变迁"，其影响、变迁的标准是什么？这些都是值得进一步研究的内容。

（3）已经使用发展的观点来看待文化，不再将文化看成是永恒不变的、必须保持的"传统"，并在这方面做出了很多有益的研究。虽然研究者都意识到不能忽略其他交流形式对文化的影响，但限于研究视角和案例地的选择，仍然很难将旅游对目的地社会文化的影响同其他全球化动力所造成的影响剥离开来（孙九霞、马涛，2009）。

（4）进入 21 世纪以来，社会学、人类学、经济学、生态学等学科的研究理论大量引入旅游社会文化影响研究。例如，社区依恋理论、情感团结理论被用来研究居民对旅游的态度与情感（Woosnam & Norman, 2010）；创造性破坏理论被用来研究旅游地文化变迁（Huang, Wall, Clare, 2007）；"景观信息链"理论成为识别旅游地文化景观要素变迁的重要工具（刘沛林，2008）；文化系统理论被用来解释旅游地的文化表征和身份认同（Mitchell, Charters, Albrecht, 2012）；社会破坏理论被用来研究旅游对社区犯罪行为的影响等（Saveriades, 2000）。多学科理论介入固然重要，对自身理论的总结更为可贵，这也是科学走向成熟的关键（姜辽、苏勤、杜宗斌，2013）。

第二节 旅游与社会空间

一、社会空间的概念

"社会空间"的学术名词最早是由艾米尔·杜尔凯姆(Emile Durkheim)于19世纪末在其著作《社会分工论》中创造和应用的(Buttimer, 1969)。"二战"之前,这一术语的使用并不多见,但到20世纪50年代之后,"社会空间"概念的使用逐渐趋于广泛,直到20世纪六七十年代,这一词的使用变得更为普遍。

尽管"社会空间"逐渐成为学术研究的热点,但对社会空间的概念界定与本质特征却是众说纷纭,没有统一的定义。人们在哲学、社会学、地理学、心理学的不同学科背景、不同的理论体系中使用和探讨着"社会空间"。关于社会空间的概念解释,可以理解成两层含义:一是"社会—空间","社会"与"空间"是一种并列关系;二是"社会的空间","社会"与"空间"是一种修饰关系。前者指广义上的"社会—空间"理论,后者指狭义上的"社会空间"理论。广义的"社会—空间"理论与狭义的"社会空间"理论其实是一种包含与被包含的关系(王晓磊,2010)。广义的"社会—空间"(society space)宏观理论泛指社会与空间这二者之间的联系,有关社会与空间之间相互关系的理论都可以称之为"社会—空间"理论(王晓磊,2010)。比如,研究地理环境与社会关系的地理环境决定论,城市社会学与城市规划理论中对城市与社会关系的考察,还有政治地理学、经济地理学和文化地理学等对国家、领土与社会关系的讨论都是属于广义宏观的"社会—空间"理论范围。狭义的"社会空间"理论则把关注的焦点集中到"社会空间"的界定上来,是一种社会的空间(social space),以区别于"自然的空间"等空间形式,聚焦于在不同学科背景下其理论可能性的分析与解释(王晓磊,2010)。

此外,王晓磊(2010)根据西方学术界对"社会空间"概念的使用情况界定了"社会空间"的四种主流解释。笔者沿用此四种解释的框架,并针对每一种解释分别探讨学术界在环境心理学、社会学、人类学、地理学等诸学科对"社会空间"理论的研究进展,并做一定的评述。

(一)特定社会群体生活场所占有的地理空间

将社会空间看作是"社会群体或者社会集团所占有的地理区域"的观点和

相应的案例研究在社会地理学、城市社会学、人类学研究中占有很大比例，很多学者都是依据此理解去对不同区域的社会空间做不同角度的案例研究。

涂尔干（Durkheim，1893）最早对"社会空间"一词进行概念化，在其《社会分工论》中，他从形态学的角度将社会空间直接与社会群体居住的地理区域相联系，认为社会空间不仅仅是社会生活的反映，更是社会生活的重要组成部分。此后，他的学生毛斯（Mauss，1968）通过对比爱斯基摩人（因纽特人）生活的地域空间和社会生活的关系，认为不同的空间形态决定着爱斯基摩人不同的社会生活方式。其后，美国芝加哥学派将生态学的观点引入城市社会空间的研究中，更加关注对本地社区的研究，而非单纯重视对社会群体的研究。默迪（Murdie，1971）提出城市物质实体可以叠加经济、家庭和民族状况，形成三个类型的空间。赛林斯（Salins，1971）提出三大城市社会空间模型——同心环、扇形和多核心模式。此外，还有很多对居民日常行为空间、不同群体的日常行为地理的研究（Pacione et al.，1982，2003；Wiles，2003）。

国内学者姚华松等（2007）综述了城市社会空间的研究进展，并认为城市社会空间就是一个社会群体占据的空间。中国台湾地区学者黄应贵（1995）是将空间理论应用于人类学研究的先驱，其主编的《空间、力与社会》是"社会空间"理论应用于台湾社会研究成果的集中体现。

（二）个人主观感知的空间或主观的社会空间

继涂尔干之后，法国地理学家索尔（Sorre，1955）认为每一个群体都拥有他们自己的社会空间，这一社会空间反映了该群体的价值、喜好和愿望。劳伍（Lauwe，1952）进一步区分了社会空间的客观部分和主观部分，客观的社会空间是指社会集团居住的空间范围，主观的社会空间是指特定社会集团成员共有的意义形成的空间。主观的社会空间可以根据社会集团成员的日常活动范围和社会关系范围（交际范围）、人们亲手所绘的地图或者刻着某集团的可视"记号"等来确定其存在。例如，威特曼（Weightman，1976）以加拿大西北海岸的一个印第安部落的社会集团成员的日常活动范围及社会关系范围绘制社会空间地图；伊夫利特（Everht）以加拿大的德意志语系的宗教群体为对象，将他们的活动范围和社会关系范围的地图转译成社会空间；还有索默（Sommer，1969）关于"个人空间"（personal space）的研究、道斯（Downs，1973）关于个人对空间的认知地图（cognitive maps）的研究、林奇（Lynch，2001）开创的城市感应空间的研究、Cosgrove（1982）对意大利威尼斯石像的隐喻性分析等（转引自李永文，1996）。简而言之，个人感知的空间因其主观性而往往带有很强的主观色彩，而物质空间，作为社会空间不可或缺的构成要素与载体，则可能被忽略了。

（三）社会分析的空间化隐喻

法国社会学家布尔迪厄（Bourdieu，1989）构建了社会空间的复杂图式，使用"场域"的概念来说明个人在社会中的位置，比拟地理学或者物理学的空间在象征意义上使用"社会空间"一词，其实际上表达的是一种社会学的空间（sociological space）。

美国著名社会学家伦德伯格（Lundberg，1939）在《社会学的基础》一书中指出："在社会学的描述中使用空间的构造非常的普遍，例如，当我们谈及地位的高低、社会流动性、社会边界、社会距离和社会隔离时都涉及空间。这种对空间概念的使用与在地理学、生态学或物理学中的使用一样合理和有效。"社会学或心理学中经常以一种图绘的社会结构来表示"社会空间"的概念，它类似于在社会关系中建立空间的坐标，形象地表示个人在社会中的位置。它不具备任何地理学或物理学意义上的实体空间的特征，因为它并非真正意义上的"社会空间"，而仅仅是一种想象的空间、一种社会分析的空间化隐喻（王晓磊，2010）。

（四）社会空间是人类活动的产物

在经典马克思主义社会理论体系中，并未对空间展开过充分的论述，但却隐含着空间分析的思想。以至于到 20 世纪下半叶，新马克思主义者通过与经典马克思主义的对话获取灵感，实现了马克思主义社会理论"空间化转向"（田毅鹏、张金荣，2007；潘泽泉，2009；王晓磊，2010）。新马克思主义城市理论和人文地理学研究的代表人物列斐伏尔（Lefebvr，1974）、哈维（Harve，1982）和卡斯特（Castell，1972）都对社会空间理论进行过论述，其中以列斐伏尔的非结构主义观点最具核心意义（田毅鹏、张金荣，2007）。

列斐伏尔认为"（社会的）空间是（社会的）产物"，社会空间是由人类的劳动实践活动生成的生存区域；进一步细分了空间生产的三个环节（空间的实践、表征的空间、空间的表征）和社会空间的六种类型；并试图实现由空间中事物的生产转向空间本身的生产，"任何一个社会，任何一种生产方式，都会生产出自己的空间。……既然认为每一种生产方式都有自身的独特的空间，那么，从一种生产方式转到另一种生产方式，必然伴随着新空间的生产"。他还批判了资本主义制度下的空间生产，"它实际上就是按照它自己的面貌建立和重建地理"（Lefebvr，1991）。

综上所述，西方学者在社会空间的研究方面，表现出"空间"与"社会性"逐渐结合的趋势，空间的社会学研究是一个被不断探讨、渐进理解的过程。最初的城市研究，学者们只是把空间当作人类社会活动的容器，"二战"后，区域分析、功能主义盛行，而忽视了空间所具有的象征意义；其后，城市空间的"社会关系"研究，注重空间对人的意义，创造容纳社会生活的场所和交往空间，最终发展到"空间生产论"。其研究历程表明了一种空间的社会学诉求（谭日晖，2010）。可以说，早期对空间的社会学研究，游离于主流社会学视野之外，经以列斐伏尔为代表的新马克思主义城市学者承前启后的推动，进入社会学的主导话语，再抽象、上升为社会理论（高峰，2007），在后现代主义中空间研究则呈现多层面、多面向的取向。

二、社会空间的研究转向

人文地理学历来注重区域和空间这一研究主线（王恩涌、赵荣、张小林，2000），其对空间和区域的研究经历了"区域差异—空间分析—社会理论"等三次研究范式的变革（Gauthier & Taaffe，2000）。最初的人文地理学是一门有关空间和区域的科学，将空间视为客观存在的背景或者坐标，注重研究空间各要素的因果关系、相互作用以及区域差异（石崧、宁越敏，2005）。20 世纪 50 年代计量革命的兴起，使得人文地理学开始追求量化工具下的空间法则研究（马润潮，1999）。学者们引入空间经济学和区位论，以几何学为工具将物理空间抽象成数学空间进行深入研究，如当时的村落形态研究、地理区位分布研究等，努力探求自然空间的一致性规律（石崧、宁越敏，2005）。20 世纪六七十年代是空间研究的大发展时期，社会学开始介入，并发生了学术转向。列斐伏尔从生产和消费的角度研究空间，认为空间是商品生产过程中的一种生产资料，资本通过占有、生产和消费空间实现增值（包亚明，2003）。空间也由"空"变"实"，是"由初时的投资、长期的经济活动和交通运输工具的应用而产生的综合体，文化特征、个人行为和网络组织等都是社会空间的组成部分"（李小建，1987）。之后的社会学者将空间概念进行了进一步的深化发展，比较有代表性的如福柯和布尔迪厄。福柯通过空间认识权力与知识间可能存在的各种关系。他认为，空间是权力、知识等话语转化成实际权力的关键。在他看来，建筑等物质形态所形成的空间意象都是有其隐喻的，是和经济、政治或制度交织在一起的（Foucault，1980；福柯，2001）。布尔迪厄提出"空间的距离与社会的距离相符"，提出划分社会空间的依据就是个人所拥有的资本总量和资本结构（Bourdieu & Wacquant，1971；布尔迪厄，2001）。至此，人文社会科学界出现了明显的"空间转向（spatial turn）"（埃比尼泽·霍华德，2000；何雪松，2006），空间的社会性由此得以凸显，并因能解决日益繁复的城市、空间问题而逐渐为地理学界所接受（石崧、宁越敏，2005）。

与社会学现代性研究的"空间转向"相伴而行的是地理学界的"文化转向",两大学科于"空间"研究领域汇合。近年来,西方学者继续提倡地理学的社会论,提出"社会—文化转型"观念,强调不仅要在建成形态上分析物质性空间,也要在社会结构的形成和演变上探讨交往性空间、精神性空间(汪民安,2006)。新文化地理学尤为强调文化的空间性。该学派学者认为文化是通过空间组织的,并将文化视为空间过程的媒体(周尚意,2004);提出要注重文化的内部运作、符号生产与价值内涵(朱竑、郭春兰,2009),再基于这些内容来考察空间构成、空间秩序、空间竞争等地理学传统问题。学术研究取向从以往传统人文地理学对文化的空间研究,转变为后来对空间的文化研究。社会地理学者也开始运用抽象的文化分析的方法(如文化价值的分析、伦理分析、精神分析、情感分析、对话分析、自然与环境分析等)对城市社会空间结构进行解析(Gregson,1993)。后现代地理学家苏贾提出了"第三空间"的概念,指出空间是社会关系和社会结构的前提、手段以及结果,它不仅仅是人类生活的场所,也是可以被构想的思想和观念领域,并以洛杉矶为例进行案例研究(Soja,2005)。而左翼地理学家哈维则借助马克思的价值理论和列斐伏尔的空间生产理论,分析了现代资本主义社会中若干具体的城市问题(大卫·哈维,2006)。综观地理学界空间研究的文化转向思潮,社会空间结构(冯健、周一星,2003;易峥、阎小培,周春山,2003)、社会空间隔离(顾朝林、克斯特罗德,1997)、空间分异(李志刚、吴缚龙,2006;郑静、许学强、陈浩光,1995)等学术问题成为学界关注的热点话题。

无论是在西方还是在东方,社会空间理论的应用都集中于都市社会空间领域,乡村社会空间生产研究较少。城市一向是"资本积累、日常生活、使用价值消费以及社会再生产的主要场所和最具代表性和各种矛盾冲突最激烈的空间"(宁越敏,1990),成为各学科研究的焦点。我国城市社会空间研究也日渐兴起,一些学者引介西方城市空间结构研究进展,并用数学方法研究城市空间结构(许学强、周一星、宁越敏,2001)。而对人类另一种重要的聚居形式——乡村空间方面的研究相对较少,受到关注的话题局限于乡村的交往空间(郑霞、金晓玲、胡希军,2009)、搬迁、城市化过程中乡村的居住、产业空间的重构(周易、毛子明、刘闻欣,2009)及近些年新农村建设实施过程中乡村聚落和空间布局的合理性等方面(王宏雁、杨剑,2009),社会空间相关研究中,对以乡村为聚居形态的地区的研究相对欠缺,对旅游开发背景下的乡村社区社会空间的研究更是少见。

三、旅游与社会空间

近年来，旅游研究中也开始引入空间概念和相关理论，国外旅游研究中的空间相关研究涉及旅游目的地的社会、文化、政治等各方面。研究内容涉及多维度，有的研究从游客视角研究旅游与游客精神的空间关系（Narayanan & Macbeth，2009），也有人研究旅游者空间的建立过程（Ceridwen，2002），旅游中纷繁复杂的社会交往和社会互动也是空间研究的重要方面，如人与人之间的关系的阈限空间解释（Freidus & Romero-Daza，2009）、社区居民对自我社会空间的保留（Gustafson，2002）、游客与朝圣者对目的地空间的争夺（Gatrell & Collins - Kreiner，2006）等，这些研究涉及主客等多元空间实践主体。也有研究应用空间再生产理论对传统旅游议题进行新探索，如旅游地主客互动（Gustafson，2002）、旅游商业化（Su & Teo，2008）等。从旅游社会空间已有研究的内容看，当前此领域研究相对较少，仅对旅游领域中部分现象予以关注和研究。已有研究对社区居民、旅游开发者和游客等角色在社区空间中的空间实践的关注还不够，对旅游社区社会空间生产内容和过程的研究也存在很多空白，有待进一步挖掘和扩展。

同时，已有研究中宏观和微观分析视角兼具，其中以中微观视角的旅游社会空间研究居多。宏观研究方面，主要从空间政治经济学视角研究土地、资本、地方等空间生产要素与旅游的关系（Britton，1991）。中微观研究以单案例研究为主（Narayanan & Macbeth，2009；Ceridwen，2002；Brito，2008），而基于多案例比较的综合性研究较少，这即为本研究努力的方向。目前，国内研究开始接受空间内涵中的社会意义部分，但是真正在空间研究中运用相关的社会理论进行解释的成果目前还很少，已有研究中以空间的社会意义（张中华、王兴中，2009）、意象空间（蒋志杰、吴国清、白光润，2004）和感应空间（李山、蒋轶红、吴兵、杨晓曦，2001）为主。基于中国本土案例的旅游社区社会空间再生产研究有待深入全面地开展。

社区旅游对目的地社会空间产生深远的影响。社区作为地理学和社会学的重要概念，具有丰富的含义（费孝通，1985；何肇发、黎熙元，1991；徐永祥，2000；杨团，2002），相应地，社区旅游也就具有了多层次的内涵。所谓社区旅游，不但是指产生在社区中的旅游产品，同时也是一种新型的旅游开发理念。它强调旅游开发中的人文主义思想，与传统旅游只注重发掘景观吸引力的开发原则相比，更突出社区的主体地位。"社区旅游"的概念最早由美国学者德·卡特明确提出（宗晓莲，2002），墨菲于1985年出版了一本对社区旅游研究具有先导意义的著作《旅游：社区方法》（*Tourism：A community Approach*），在书中，他提到了要加强社区居民对规划制定过程的参与，以便使当地居民的想法和对旅游的态度反映在规划中，减少居民对旅游的反感情绪和冲突（Kadt，1979）。进入20世纪90年代，社区旅游从一种规划方法提升为一种旅游开发理念，其研究的内容也得到扩展（Murphy，1985）。国内的社区旅游研究始于20世纪90年代末期，唐顺铁（1998）最早将这一概念引入国内。目前，国内关于社区旅游的研究主要集中在旅游发展中的社区发展与社区参与、旅游开发与民族文化保护、旅游与族群认同及文化构建、旅游发展中社区利益相关者、社区参与旅游发展机制等方面（保继刚、文彤，2002；叶俊、于海燕，2007）。

　　旅游社区的社会空间是多元主体（政府、企业、居民、游客等）共存的，他们在参与旅游发展的同时也在改变社区的社会空间。在旅游开发过程中，社会空间的再生产始终进行着。由于旅游的介入，目的地社区的"空间生产与空间资源成为资本逐利、公民空间权益、政府制度设计三方博弈的主要战场"（任平，2006）。学者们注意到旅游为目的地带来各种利益的同时也带来了许多负面效应，诸多利益相关者并存的目的地社区社会公正的实现是其长远、可持续、和谐发展的关键。"空间公正"作为"社会公正"在空间环境领域内的投射（董屹、平刚，2009），其实现对于减少社区潜在矛盾和冲突具有重要意义。对于旅游目的地社区而言，实现空间公正的途径之一就是增强社区参与、实现社区增权。增强社区参与，既可以使社区居民获得更多旅游收益，又可以使其参与旅游发展决策、参与发展过程的监督等，还可以强化社区居民的自我意识，增强社区认同感，促进传统文化的延续（孙九霞，2005）；实现社区增权，才能使相对弱势的群体，如社区居民等，主动地参与到旅游目的地空间再生产的过程中，才能实现旅游目的地社区的社会公正。从空间视角对社区参与过程进行解读，能将旅游发展与社区的相互关系、社区在旅游发展中的地位和作用等融入目的地空间再生产的框架之内，相关研究也为实现目的地社区空间公正提供了外部思路。

第三节　研究对象、方法和内容

一、研究对象

　　本研究是多案例、跨学科的实证研究，根据案例的典型性、类型化和可进入程度，选取海南三亚回族村、云南西双版纳傣族园社区、广东开平碉楼与村落、广西桂林龙脊瑶寨和壮寨、云南丽江大研古镇、广州荔枝湾社区作为调查研究的对象。

（一）海南三亚回族村

海南三亚凤凰镇回族村位于我国海滨旅游胜地三亚市度假酒店林立的海滨游憩带的后方，是民族社区，回族的族群认同强烈。该社区经历了渔业、农业、旅游服务业三个发展阶段，尤其是在第三阶段居民参与旅游发展后，社区的空间生产出现了新的态势。居民的生活空间并非旅游者的旅游空间和社区的旅游参与空间，但这些参与活动无疑对社区整体空间塑造产生了影响，在案例中具有典型性，并且逐渐出现了旅游者造访的现象。

（二）云南西双版纳傣族园社区

云南西双版纳傣族园社区是我国西南重要的文化及民族风情型旅游社区，属于乡村地区，社区的主体民族是傣族，是国内旅游发展较早的一批景区，目前是国家 4A 级旅游区，其游客构成以一日游团队游客为主。社区的生活空间和部分生产空间是与旅游区叠合在一起的，社区旅游发展对社会空间再生产的作用非常明显，并且呈现出居民物质生活迅速变迁的动态特点。

（三）广东开平碉楼与村落

广东开平碉楼与村落位于广东著名的侨乡，自 2007 年被列入《世界遗产名录》后，各地游客纷至沓来，以往居民的生活空间也成了游客的游赏空间。但是，这种旅游空间与其他社区有所不同，其中大部分景观价值高的碉楼属于旅居欧美的华裔及其后代，现在社区中的主人并没有所有权和支配权。因此，社区出现了空间的主权错置。旅游开发使得碉楼村落居民收入增加，并提供了新的生产方式，造就新的居住空间。

（四）广西桂林龙脊梯田景区平安寨

广西桂林龙脊梯田位于广西中南部的乡村地区，社区构成民族主要是壮族和瑶族。平安寨是一个典型的大型壮族村寨，同时也是龙脊梯田旅游景区的核心，是依托自然景观的民族旅游社区。社会空间中的权力关系变迁与旅游发展并存，其旅游发展中利益冲突和社区参与问题最早为国内学者关注，对研究空间公正具有典型意义。

（五）云南丽江古城区

云南丽江古城在 1997 年被评为世界文化遗产之后，发展成为国内知名的新生代旅游地，是国内古镇及民族旅游的典型代表。丽江古城区原本为纳西族居民聚居地，由于旅游开发，大量的本土居民外迁，商铺、民宿、酒吧等小企业主入驻古城区，成为国内最早引起学者关注的商业化的古城镇。由于商业活动的密集，丽江古城区从物质形态、人口构成、生产方式到社会结构都发生了变迁，属于典型的利益群体大量置换型的空间再生产案例地。

（六）广州荔枝湾社区

荔枝湾社区位于广州市荔湾区西关民俗民居风情的核心区域，也是广州本土历史建筑"西关大屋"最为集中的区域。在广州 2004 年成功申办 2010 年亚运会的契机下，由政府推动和主导，社区进行了大规模的空间改造，以再续岭南民俗风情。城市社区在旅游发展下的空间再生产也出现异于乡村旅游地的特点，在游客密度、主客关系、社区参与能力等方面都具有典型性。

二、研究方法

本研究在方法论上结合实证研究与规范研究，采用归纳和演绎相结合的逻辑思路，尝试向跨学科和后学科的研究范式转变。本研究以问题为导向，综合地理学、社会学、人类学等学科的经典理论与方法，尝试运用新方法和新技术对复杂的旅游现象进行研究。在具体的研究方法与技术手段方面，采取多种方法结合，"以研究者本人作为研究工具，在自然情境下采用多种资料收集方法，对社会现象进行整体性探究"（陈向明，2000）的定性研究为主，针对具体微观案例展开田野考察和实证分析。本研究力图深入研究案例地，使用归纳法分析资料，充分发挥定性研究"解释性理解"的优势，进行归纳总结和理论解释，通过调研与研究对象互动，通过理论分析与个案互动，扩大对研究问题的理解，在对相关现象进行深层次描述和理解的同时，为理论的运用提供实践参考。

定性研究中的个案研究既满足了人类学民族志文化理解的需要，也符合社会学解释性阐释的要求，因而成为本研究的研究方法。个案研究（case study），也称案例研究，起源于教育学领域，该方法旨在通过广泛搜集个案的详细资料，彻底了解其现状及发展历程，对单一研究对象的典型特征进行深入而细致的全面研究分析，从而确定问题症结，最后提出建议。个案研究具有如下五个特征：个案的典型性与问题的普遍性、方法的多元性、情境的自然性与互动的灵活性、结果的描述性与过程的跟踪性、注重分析的科学性（徐冰鸥，2008），而本研究案例选择基本符合以上特征。

本研究的具体调研方法包括：

（一）深度访谈法

访谈是本研究收集信息的主要方法。本研究运用深度访谈获取旅游社区中实践主体的行为和认知资料，并通过长期跟踪和回访，确保获取信息的真实有效性。由于社会空间的概念较为抽象，尽管人们是社会空间的使用者和创造者，却很难直接用言语或数据对其进行描述。例如，为了研究三亚回族的社会空间，并追寻旅游作用下社区社会空间生产及演变的过程，本研究在对相关主体进行深入访谈时，通过其对具体生活的各方面描述，了解其赋予各空间的意义，从而厘清空间生产变迁的过程。由于访谈就是访谈者和受访者共同建构社会实践的过程，不存在绝对的客观性（陈向明，2000），因此，研究获得的访谈信息要多方取证，以最大限度地保持客观。

本研究主要采用结构式和半结构式的深入访谈，在预调研阶段主要以半结构式访谈为主，针对每一类型的受访者设计相关核心访谈问题，针对对方提供的信息进行追踪询问，以获取更全面的详细信息。正式调研则主要以结构式访谈为主，针对具体问题列出详细的访谈提纲。在访谈对象的选取上，涵盖社区的所有利益相关者。最后对访谈资料进行编号记录和分析，并通过三角交叉验证，对信息的信度和效度进行一定的检验。

（二）参与和非参与观察法

观察法是田野工作中比较常用的调研方法。通过静态的观察，可以较为客观地描绘当地生产生活的状态，为研究者提供有关社区的直接信息，同时也可以对访谈起到较好的辅助作用。本研究在调研过程中分别采用了参与式和非参与式两种观察方法。

所谓参与观察法（participant），就是研究者深入所研究对象的生活背景中，通过实际参与研究对象的日常生活，对其进行观察的过程。在本研究调研过程中，研究者均住在案例地社区村民的家庭旅馆内，与村民同吃同住，朝夕相处，生活在当地社区，可以切身感受和体验当地人的日常生活。通过参与式观察，研究者获得对旅游社区较为具体的感性认识，同时深入被观察者的内部，了解他们对社会空间再生产现象的理解。

非参与观察法（non‐participant）也称局外观察，是指观察者立于被观察者的生活圈外对其进行观察的过程，被观察者处于一种自然的状态。研究者前往案例地社区，包括海南三亚回族村、云南西双版纳傣族园社区、广东开平碉楼与村落、广西桂林龙脊梯田景区平安寨、云南丽江古城区、广州荔枝湾社区，采用非参与观察法对旅游社区的经营生产进行记录，从而获取更多的客观信息。

（三）文献法

本研究使用文献回顾法。一方面，通过对以往的社区旅游影响、社会空间理论等方面的文献进行全面的梳理和总结，可以清晰地了解本研究的理论背景，从而审视研究问题的适用性，并进一步明确研究思路。另一方面，借助文献材料，整理出各个旅游社区的旅游发展沿革及历史背景，奠定本研究的理论分析基础。

本研究采用的学术文献资料主要来自 Elsevier Science、CNKI（中国知网）、万方数据库等数据库中关于民族社区旅游影响、社会空间生产理论等方面的中英文期刊论文和学位论文。

（四）录像技术和影像方法

本研究运用影视人类学的录像技术和影像方法对旅游社区中的要素进行拍摄，更为全面和系统地记录、搜集有用的可视化资料和信息。例如，笔者在开平碉楼的调研中，了解民居、碉楼、田地、旅游设施等空间要素的分布情况，同时拍摄照片记录场景，获得大量有研究价值的照片和影像资料。

三、研究内容和意义

（一）研究内容

本书共九章，其中第一章"绪论"介绍本书的研究背景、研究对象、研究方法、研究内容和意义；第二章对社会空间理论的文献进行综述；第三章到第八章是全书的案例分析部分，由六个案例地组成；第九章是对本书的归纳与总结，指出本书的研究贡献和进一步研究的方向。

第一章：绪论。主要介绍本书的研究背景、研究方法、研究内容和意义。

第二章：社会空间再生产理论。本章在对"空间""社会空间""空间生产"等相关概念界定的基础上，对社会空间生产理论的脉络进行梳理，并着重引介列斐伏尔的空间生产理论和德塞图的理论发展，最后对旅游中的社会空间研究展开述评。

第三章：民族社区社会空间生产的过程与表征。三亚回族村作为海南岛唯一的回族聚居区，长期受到人类学者的关注。近年来，该社区在旅游发展的推动下发生了一系列社会变迁，其不以民俗文化为吸引物的独特性和对旅游经济的依赖性为本研究提供了一个鲜活的案例。本章在建构社会空间生产理论分析框架的基础上，厘清三亚回族社区旅游发展过程中的社会空间生产过程与表征，并分析旅游对其影响的主要因素及基本路径。

第四章：民族旅游社区的交往空间再生产。本章基于笔者自 2004 年以来对西双版纳傣族园的多次田野调查，从微观的、空间生产视角出发，在对典型案例地社区的旅游交往活动进行真实还原的基础上提出并试图解决以下三个关键问题：少数民族社区旅游互动中的交往空间变迁主要体现在哪些方面？少数民族旅游社区交往空间变迁的特征和层次是什么？少数民族旅游社区交往空间生产的影响因素、过程和结果主要体现在哪些方面？通过对上述问题的回答，试图认识什么是"交往空间"，并形成与少数民族旅游社区交往空间有关的具有启发性的结论。

第五章：遗产旅游社区的日常生活空间再生产。在空间与旅游地空间的相关研究中，社区居民及其日常生活所扮演的角色未得到充分重视。而本研究试图转向微观层面，关注空间演化中居民与日常生活的力量。本章以世界文化遗产"开平碉楼与村落"核心区马降龙村为例，探索由旅游发展所推动的旅游社区空间再生产的现象与特征。基于列斐伏尔的"空间三元论"与德塞图的"日常生活实践"理论，重点阐述在由旅游发展推进的空间再生产的过程中，居民如何通过日常生活，实现具有反抗性的表征空间，对抗景区管理主体操纵的空间表征，促使相应的空间实践的形成，体现出日常生活的创造性。

第六章：家庭旅馆中的社会行为与空间互动。家庭旅馆是旅游社区居民参与旅游业的重要手段和方式。旅游社区的家庭旅馆空间，既是居民家庭功能实现的基础空间，还是游客与居民互动的特殊空间，同时也是游客、居民、景区和政府相关部门之间利益关系的交互空间。本章拟采用戈特迪纳的"社会空间视角"来解读平安寨旅游社区的家庭旅馆的空间实践与空间使用者之间的互动关系。一方面，展示了平安寨社区的旅游参与现状，分析平安寨家庭旅馆发展历程及其经营现状，总结其在物质空间变迁方面的作用因素和发展规律；另一方面，运用社会行为与空间互动的视角去解读家庭旅馆物质空间实践与旅游行为之间的关系，了解旅游生产关系作用下旅游社区的社会空间。

第七章：族群文化空间的去地方化与再地方化。本章以丽江市古城区内的新华社区、义尚社区和现云村三个纳西族村落的族群文化作为研究对象，采用人类学"去地方化"和"再地方化"的概念作为理论工具，在对三个社区族群文化现状及变迁过程进行详细梳理之后，简要总结了三个社区出现的"去地方化"与"再地方化"情况，对不同社区出现的"去地方化"与"再地方化"的原因进行分析。

第八章：亚运会背景下的城市社区空间再生产。2010 年广州亚运会作为一股特殊的发展动力推动了广州的城市发展，加速了广州的旧城更新改造，作为广州人城市记忆载体的荔枝湾正是在此契机之下得以重生。以往对大型事件以及旧城更新的研究往往以结果为导向，从"经济、环境、社会"影响的三元框架对其进行分析解释，而忽视更新发展的过程，同时较少关注"人"的感受。为更好地解释这一过程，关注空间中的"人"，本章借助由 20 世纪 70 年代所开启的地理学的"社会转向"以及社会学的"空间转向"的双重推力，通过应用列斐伏尔空间生产以及苏贾第三空间理论，从微观、动态的视角出发，运用定性研究方法解读荔枝湾在各时期所表现出的空间特性，应用"过程—事件"分析方法重点探讨荔枝湾在亚运会背景下的空间生产过程，以及在这一生产过程中各空间使用者的认知、情感、态度以及行为变化，并试图揭示这一过程所隐含的政治与文化意义。

第九章：旅游社区社会空间再生产的新思考。本章是对全书的总结，通过跨文化比较的空间生产视角总结出社会空间生产的本质、旅游作为空间生产动力的特点等，最后指出了本书的主要研究贡献和进一步的研究方向。

（二）研究意义

1. 理论意义

首先，本研究运用跨学科的研究方法，系统收集丰富的一手数据，并进行深入分析，为空间再生产研究及旅游研究提供典型的中国经验，总结出中国旅游社区社会空间再生产的特点；其次，通过扎实的案例地调研及对多个案例地的空间生产内容、过程的对比分析，梳理出旅游发展过程中社区社会空间再生产的主要影响因素，建构旅游发展背景下社会空间的重构与再生产机制，为空间再生产理论研究提供新的理论点；最后，从空间再生产理论视角出发，研究旅游发展背景下目的地社区的社会空间再生产与一般现代化背景下的社区社会空间再生产的不同之处，找到旅游发展对社区社会空间的影响机制与结果，丰富旅游影响研究。

2. 实践意义

本研究的实践意义主要表现为：其一，本研究寻找影响旅游社区社会空间再生产的关键因素和机制，为更好地传承和保护少数民族社区文化、合理利用物质空间、提高居民生活质量提供政策制定的参考依据；其二，探究影响社会空间生产中各实践主体参与空间生产的差异的因素，寻找社区有效参与旅游发展、旅游发展中实现社区空间公正的真正途径，为在旅游社区创建"和谐社会"提供理论指导；其三，厘清旅游作用下社区各类空间（如生活、生产空间与游客旅游空间）的关系，为我国旅游社区提出可持续发展策略；其四，旅游发展中社区社会空间再生产是多利益群体关系中的复杂研究，是我国社会空间再生产的缩影，本研究关于空间再生产模式和机制的研究将为我国社会转型期的社区发展提供政策参考。

第二章 社会空间再生产理论

第一节 相关概念界定

一、空间

人们最初对"空间"的理解起源于对场所位置的感官认识（张子凯，2007）。每种物体都有它自己的位置，事物存在必须依附于空间，空间作为与时间并列的事物存在的另一重要纬度，引起了几何学对空间客体化以及哲学对空间本质的持久讨论（张品，2010）。长期以来，"空间"一词一直体现严格的几何意义：它所指涉的只是一个空的区域。对这个词的学术使用通常都是伴随着诸如"欧几里德""匀质的""无限的"这类词语，导致人们普遍认为空间本质上是一个数学概念（Lefebvre，1991）。例如，古希腊哲学家柏拉图认为空间是一切事物运动、变化的场所；另一位古希腊哲学家亚里士多德则把"空间"分离于事物之外，认为它是无限、永恒的、不依赖于人的意志存在的空的区域。有的哲学家把空间看作事物存在的范畴和对物体进行分类命名的十大依据之一。17世纪，法国"近代哲学之父"笛卡尔提出了主客体对立理论，打破了这种传统，认为空间是作为一切存在和发生的场所存在的，是呈现于认知的外部世界，由此，开启了空间的绝对王国（Lefebvre，1991）。当身体与心灵对立，我思呈现我在，并与我在对立时，空间作为容纳所有感官和身体的存在，就逐渐对其具有了统治地位。后来的哲学家所使用的术语，如莱布尼茨的经验空间、牛顿学说的绝对空间，以及康德的完全与经验领域分离的"主体内在的、观念的、本质的先验空间"，在本质上都是一种超验的、无法把握的绝对空间（Lefebvre，1991）这些讨论标志着哲学的空间科学转向，以地理区域上的绝对空间为起点，由此开启了地理学科的空间研究传统。19世纪中叶，马克思的空间观可谓在空间意义上继笛卡尔之后的第二次转折，他在承认空间自然属性的同时，也把空间理解为人的社会实践活动，考察了空间的社会属性（刘晓春，1998）。然而长期以来，学者们只关注到了马克思空间观的自然层面，却忽视了其社会层面（李春敏，2010）。直至20世纪70年代，随着地理学科的社会转向和社会科学的空间转向，空间的社会性才在一批新社会学理论者的推动下逐渐受到重视。自此，空间不再是"空"的区域，而成为社会存在物，"（社会）空间是（社会的）产物"（Lefebvre，1991）；Gotham（2003）直接将"空间"定义为"塑造社会活动并指导社会行为的社会架构"；"空间是社会的表现"，甚至"空间就是社会，其形式与过程是由整体社会结构的动态演进所塑造"（Castells，2003）；空间的社会性决定了空间必然是社会空间（李丹，2011）。福柯认为，在中世纪，空间是一个被分为等级的场所的集合体：圣地和非宗教的场所，被保护的场所和公开的、无防守的场所，城市的场所和农村的场所（王喆，2006）。这种中世纪"定位的空间"被福柯解释为"权力的空间"。对于福柯而言，空间是权力、知识等话语转化成实际权力关系的关键（包亚明，2001）。

列斐伏尔在其《空间的生产》中指出，空间不是一种自然的、被动的几何现象，空间处于生产与再生产的循环旋流之中，构成了各种斗争的场所（狄金华，2003）。他的学生米歇尔·德塞图受其思想影响，将"空间"视为个人创造的日常生活空间。为了厘清"空间"的概念，德塞图甚至区分了"空间"（space）同"场所"（place）这两个彼此相连但同时又各具独特性的概念。与强调静态的、稳定性的"场所"概念不同，"空间"不是一个客观物质性的存在，而是接近于一种主观的抽象概念。它是行为生成的场域，同时行为的生成又促成其自身的产生，即"空间是被实践了的场所"。正如德塞图所比拟的那样，由都市规划所定义的几何性街道只有在行走者的脚步下才能转化为空间（吴飞，2009）。

二、社会空间

作为概念的"社会空间"（social space）一词，最早由法国社会学家涂尔干（Emile Durkheim）在19世纪末创造和使用（Buttimer，1969），从20世纪50年代开始被社会学家洛韦（P. – H. Chombart de Lauwe）、马克思主义哲学家列斐伏尔（Henri Lefebvre）、人种学家孔多米纳（Georges Condominas）等广泛使用（Claval，1984）。然而，由于社会空间研究的多学科介入以及社会空间理论的多元化，这一术语一直以来就缺乏较为统一的内涵界定，学者们至今为止仍然是在各自的理论体系中进行使用。以各时期的理论派系为依据，可以梳理出不同学者对"社会空间"内涵的理解，主要有如下几种（见表2-1）。

第二章　社会空间再生产理论 | 21

表 2 - 1　社会空间的不同内涵

时期	代表人物	代表作品及流派	社会空间内涵及评价
19—20世纪	涂尔干及其学生毛斯等	《社会分工论》；法国社会学家	内涵：社会群体居住的地理区域；社会群体或社会集团占有的区域。
20世纪20年代	帕克和伯吉斯等	美国社会学芝加哥学派	评价：偏重地理意义，主要用于社会生活的形态学研究、城市社会空间的生态学研究
20世纪50年代	索尔和洛韦等	法国地理学家	内涵：根据个人主观感受到的社会区域划分或在空间中的社会关系。含客观空间范围和主观感知空间。 评价：实指"个人空间"，表意有一定错位
20世纪70年代	卡斯特	西班牙裔美籍社会学家	内涵：社会空间是既定的社会结构在空间中的映射（结构主义）；"（社会的）空间是（社会的）产物"，是由人类的劳动实践活动生成的生存区域（非结构主义）。
	列斐伏尔	法国马克思主义哲学家	评价：存在结构主义与非结构主义的争论，但最具创意
20世纪80年代	布尔迪厄	法国社会学家	内涵：个人在社会中的位置所构成的"场域"。 评价：不具地理学的含义或物理的向度，但割裂了社会性与空间性的联系，只是一种社会分析的空间化隐喻

资料来源：总结自王晓磊：《"社会空间"的概念界说与本质特征》，载《理论与现代化》2010年第1期，第49～55页；李小建：《西方社会地理学中的社会空间》，载《地理译报》1987年第2期，第63～66页。

表 2 - 1 中的内容并未能涵盖"社会空间"的所有内涵界定，但反映了学界比较有代表性的观点。其中，以列斐伏尔的观点最具代表性，从发展上来说，社会空间的概念由以往忽视人的感受和社会关系的地理区域走向以个人感受为主，再到最后以人的实践为主，逐渐由客观走向主观，由局部走向整体，丰富了社会空间的内涵与外延，对社会学的分析具有重要的理论意义。本书所指向的社会空间主要以列斐伏尔的空间生产理论为基础，认为社会空间是由人类的劳动实践活动生成的生存区域。

三、(社会)空间生产

"生产"一词最早在黑格尔的哲学中出现,具有丰富的内涵:其一,绝对精神生产出了世界;其二,世界生产了人类;其三,人类反过来通过实践,生产了历史、知识和自我意识(汪原,2002)。但有关社会生产的内涵主要来源于马克思思想,包含了广义和狭义两种概念。广义上同黑格尔的哲学相似,是指人类作为社会存在,生产了自己的生活、意识和世界。人类社会历史中,从具象万物到抽象世界,没有什么不是生产出来的,包括法律、政治、宗教、艺术和哲学等。而狭义上,生产则是同产品、劳动一起表示生产关系的抽象概念,构成了生产学说的三个层面,也奠定了政治经济学的基础(陆扬,2008)。在马克思那里,生产主要指的是物质生产(王磊,2007)。

事实上,在马克思的政治经济学论著中,已经蕴含了丰富的空间生产思想,只是在重视物的生产过程中,忽略了资本主义生产实际上是一个不断超越地理空间限制,促进空间重新组合而实现空间自我生产的过程(李秀玲、秦龙,2011),而这一点为列斐伏尔所洞察。列斐伏尔基于对马克思生产观和空间观的理解,提出了"空间生产"的概念,确切地说,是"社会空间生产"的概念。他于1974年发表论著《空间的生产》,将空间生产提上了本体论的理论层面。

在列斐伏尔看来,每一个不同的历史阶段,每一个社会,每一种特定的生产关系,都会生产出自身独特的空间。这里,空间不再是生产发生的容器,而是成为生产资料加入生产过程中,成了生产的对象和结果,即"由空间中事物的生产(production in space)转向了空间本身的生产(production of space)"(包亚明,2003)。列斐伏尔并没有否定物的生产,但是更强调空间的社会性生产,认为空间生产就是社会关系的生产和再生产(庄友刚,2012)。

此外,在列斐伏尔的空间生产理论中,对资本的深层批判是其核心内容之一。空间生产是资本增值的重要手段,通过新的空间生产,资本得到了进一步发展,资本主义生产关系得到延续和再生产,空间被有意图和有目的地生产出来,是社会的产品(高峰,2007)。因此,"空间是政治的、意识形态的。它真正是一种充斥着各种意识形态的产物"(包亚明,2003),是社会的产物(Lefebvre,1991)。

总之,"列斐伏尔的空间生产就是空间被开发、设计、使用和改造的全过程"(庄友刚,2011)。它不仅包括物的生产,也包括空间自身的生产,即社会关系的生产与再生产,且该生产过程充满了现实利益的角逐以及政治资本的斗争。

第二节　空间生产理论发展脉络

如果说 19 世纪是历史决定论语境下空间观念相对湮没的一个世纪，那么 20 世纪则预示着一个空间时代的到来（潘泽泉，2007）。自此，学界对社会的关注由经典理论时期的时间维度转向了空间维度，对空间展开了大量的讨论，逐渐形成了较为丰富的空间生产理论体系。

一、空间的入场：早期经典社会学家潜意识里的空间观

尽管对空间的关注源于 20 世纪，但 19 世纪也并不是一个完全与空间隔绝的理论时代。早期的经典都市社会学家虽然没有给予空间维度足够的重视，过于强调时间观，但是空间也在一些社会学家的著作中忽隐忽现（庄友刚，2011）。主要代表者有德国哲学家、经济学家马克思，经典社会学家涂尔干和齐美尔（包亚明，2003；林晓珊，2008；郑震，2010；景晓芬，2011），以及社会学家滕尼斯（张品，2012）。

马克思是最早对城市空间的社会属性进行探究的学者，他在《共产党宣言》中基于城乡关系对城市空间进行了深层探讨，认为城市既是资本主义罪恶最生动的体现，又为社会进步力量发展提供了条件（包亚明，2003）。马克思已经意识到了空间中隐藏的社会生产关系，触及了"社会—空间"辩证法的边缘，但是却未对该问题进一步深入探究，没有做出唯物主义的理论解释（Soja，1989），这与其主要将空间理解为客观的环境条件脱不开关系。另一位经典社会学者涂尔干则在《宗教生活的基本形式》里从社会决定论的角度更为直接地谈论到了空间的社会意义。他指出，空间的各个部分并不是同质的，特定社会的每一个人都以同样的方式体现着空间，空间的形象只不过是特定社会组织形式的投射（涂尔干，1999）。其中对空间社会性的强调，无疑具有突破性意义，却没有得到涂尔干本人的重视，只是寥寥数语略过，他对空间的认识仍然没有摆脱传统的物质环境观。此后，齐美尔的《空间社会学》显示了对空间的洞察力，他指出，"并非空间，而是它的各个部分由心灵方面实现的划分和概括，具有社会的意义"（齐美尔，2002）。这种从心灵与互动的角度对空间的理解事实上已经与他本人所秉持的物质环境论发生了偏离，而体现出空间社会性理解的可能性。尽管大多数学者并没有将滕尼斯纳入社会空间研究的范围里，但还是有学者指出，他在代表作

《共同体与社会》中有关城乡对立的描述体现了一种将城市社会作为一种空间的思考（张品，2012）。不得不承认的是，在20世纪以前，学者们对空间的社会性并非毫无意识，只是囿于长期的物质环境论而忽略了对其深入探讨。

二、空间的发展：美国芝加哥学派的生态社会学

20世纪20年代，芝加哥学派以帕克和沃斯为代表，将人类生态学的方法引入都市研究领域，开启了社会学真正的城市空间研究（景晓芬，2011）。他们把城市看作一种生态体系，对城市的区位布局和社区结构进行分析，总结出了三大城市空间经典模式，即同心圆模式、多核心模式和扇形模式，指出社会结构和空间结构的对应性，社会实践所形成的城市土地利用模式和地域结构，以及城市空间结构，体现了空间生产的重要内涵（张品，2012）。但是，他们"采取了一种形式主义的空间观念，并偏重某种客观主义的立场"（吉登斯，1998），对城市空间进行了大量描述，忽视了城市空间过程与城市社会过程的联系，缺乏对空间生产社会性的批判精神，仍然停留在空间的地理学意义上，没有考虑到城市空间背后的社会关系模式（陈薇，2008）。

三、空间的生产：新都市社会学的社会空间转向

不论是马克思、涂尔干、齐美尔等经典城市社会学家，还是美国芝加哥学派的生态学者，在论及时间与空间等问题时，他们往往偏向前者，沉浸于传统的历史决定论。正如福柯所言，"空间在以往总是被当作僵死的、刻板的、非辩证的和静止的东西；相反，时间却是丰富的、多产的、有生命力的、辩证的"（苏贾，2004）。直至20世纪70年代，法国哲学家列斐伏尔在对城市化和资本主义等问题的关注中，首次将马克思主义生产理论中的空间纬度提上了本体论的理论层面，创造性地提出了"空间生产"概念（王勇等，2012），由此开启了社会学理论的空间纪元。其代表主要是新城市社会学中的新马克思主义学者列斐伏尔（Lefebvre）、哈维（Harvey）、卡斯特（Castells）和苏贾（Soja），在这群新城市社会学者的共同推动下，空间生产形成了一套庞杂的理论体系（姜文锦等，2011）。

其中，亨利·列斐伏尔（H. Lefebvre）无疑是空间生产理论的开创者，他在《空间的生产》一书中首次对空间生产理论进行了系统的阐述，将马克思的社会历史辩证法转向了"社会—空间辩证法"，即由空间中"事物的生产转向了空间本身的生产"（包亚明，2003）。他指出，"空间里弥漫着社会关系，它不仅被社

会关系支持，也生产社会关系和被社会关系所生产"（包亚明，2003），因此，空间是社会性的，它是充满意识形态和政治经济的社会产物（包亚明，2003）；同时，空间生产也是资本增值的手段，从空间的生产到消费，本质上就是创造剩余价值的过程。列斐伏尔的思想促使人们开始反思空间的社会性生产，并形成了空间生产的城市分析框架（林晓姗，2008）。此后，卡斯特、哈维、苏贾等学者纷纷对列斐伏尔的空间生产理论展开了进一步的讨论。

与列斐伏尔从生产角度讨论空间不同，曼努尔·卡斯特（M. Castells）主要从"集体消费—政府干预"这一角度展开对空间生产的分析（姜文锦等，2011）。在其《城市问题》这一奠基之作中，以结构马克思主义的观点分析城市化进程，认为城市空间是社会结构的表现，而政府在交通、住房等集体消费品生产上的干预已经对城市空间变化产生了重要影响（王勇等，2012）。同时，他对列斐伏尔进行了批评，指出其"把空间仅看作是具有创造性的个人的自由作为，是人的愿望的自发表现"（Castells，1977），这一空间理论偏于形而上学的理论分析，导致其无法认识生活中的决定性条件，从而限制了对科学的突破（包亚明，2003）。此外，卡斯特在《网络社会的崛起》一书中提出了"流动空间"的概念，认为社会是环绕着流动而建立起来的，流动空间就是通过流动支配经济、政治与生活之社会实践的物质组织（卡斯特，2006）。

与卡斯特不同的是，大卫·哈维（D. Harvey）深受列斐伏尔空间生产理论的影响（包亚明，2003）。在《社会公正与城市》一书中，他表达了对列斐伏尔空间生产理论的欣赏与认同，认为"空间和空间的政治组织体现了各种社会关系，但又反过来作用于这些关系"（Harvey，1973）。同时，以列斐伏尔的思想为基础，他直接将资本作为空间研究的重点，在《资本的城市化》论著中，他指出，城市化是资本积累的重要形式。城市空间的建设和改造，需要按照资本的逻辑，对空间进行不断解构和重新建构，该过程可以用资本的三级循环来解释（Harvey，1985）。此外，他在《后现代状况》一书中还提出了著名的"时空压缩"概念（林晓姗，2008），强调在资本主义现代性和后现代性中发生的空间和时间革命。

爱德华·苏贾（E. Soja）作为列斐伏尔的学生，对其理论发展起到了重要作用。他与哈维一样都是偏向于人文地理学的空间探索者，成为后现代地理学的代表人物。在《后现代地理学》一书中，苏贾对"社会—空间"辩证法进行了进一步的阐明，并最终指出，空间生产过程事实上就是资本主义社会关系的再生产，服从于资本的逻辑，受到资本的控制（张凤超，2010）。而其《第三空间》更是直接受到列斐伏尔空间生产理论的启发，在开篇就指出要"以不同的方式来思考空间的意义和意味，思考地点、方位、方位性、景观、环境、家园、城市、地域、领土以及地理这些有关概念，它们构成了人类生活与生俱来的空间性"（苏贾，2005）。

正是在这些新城市社会学者的共同推动下，空间生产理论逐渐发展成熟，成为社会学领域一个重要的理论视角。

四、空间生产的后续讨论：后现代社会学家的现代性反思

在空间生产理论提出后，除以上学者针对该理论进行了空间问题的思考和发展之外，还有另一些后现代主义社会学家，主要以米歇尔·福柯（Michel Foucault）、安东尼·吉登斯（Anthony Giddens）、皮埃尔·布尔迪厄（Pierre Bourdieu）和米歇尔·德塞图（Michel de Certeau）为代表，他们立足于对现代性的反思和批判，针对空间生产的问题进行了有益的讨论。

与列斐伏尔对资本主义的社会空间进行专题讨论不同，福柯主要以现代空间中的权力——知识与身体和主体性的关系为考察对象，从政治的角度分析知识与技术的生产，以此来谈空间和人的关系（郑震，2010）。他认为，"一旦知识可以通过区域、领域、置入、移置、易位来加以分析，人们就可以把知识作为权力的一种形式，发挥其作用"（Foucault，1980），"权力—知识"正是在各种空间的安排下发挥着其支配作用。同时，其思想深受杰里米·边沁（Jeremy Bentham）所描述的"全景式监狱"的影响，他在《规训与惩罚》一书中将现代社会描述成一个纪律社会，以一种明确的空间视角铺陈了权力——知识建构身体的逻辑（林晓姗，2008），弥补了列斐伏尔空间生产中对身体建构认识的不足。

吉登斯进一步拓展了福柯的讨论，他是在社会空间视角下对权力分析最详尽的一位。吉登斯主要在"时空分延"体系下探讨社会系统的构成方式，以此来建构其结构理论体系，并在《社会的构成》一书中，提出了"区域化""脱域""场所"等许多与空间相关的概念（何雪松，2006），试图以此将时空关系直接与权力的产生以及统治结构的再生产紧密联系起来，形成自己独特的时空权力逻辑（陈薇，2008）。

布尔迪厄更为强调的是关系空间的社会性和政治性。他对空间理论的主要贡献在于以"场域""惯习""资本"等核心概念建构了社会实践理论，并以该理论为基础厘清了地理与社会空间之间的关联及空间与阶级之间的复杂关系。他将资本（即经济资本、文化资本、社会资本和符号资本的比重）与阶级（即个体在社会空间中所占据的位置）结合起来，认为空间距离与社会距离相符，空间事实上就是一个以关系为核心的"场域"，人们依据所有资本被划进不同的社会空间，其著作《区隔》对这些观点进行了充分的阐释（林晓姗，2008）。在他的理

论脉络中，他试图通过"惯习"和"场域"的概念消解主观主义与客观主义之间的对立性，而以集惯习与场域的双重运动为一体的"实践"迈向一种解放的政治学。

德塞图的"空间"是个人创造的日常生活空间，这是与福柯所说的制度化空间相对的一种存在。"空间"与"社会"的互动，与人的实践活动密切相关。实践空间是在空间的实践状态中生成的，最终指向的是一种日常生活实践（文军、黄锐，2012）。德塞图的日常生活实践理论，开启了认识空间生产的一种新的可能性，它鼓励人们去重新认识和理解那些习以为常的日常生活，发掘出日常生活实践中那些无处不在的权力斗争的战略和战术，发掘看似平淡的日常生活所蕴含的丰富、复杂和多元。德塞图所指的实践，就是人们对应具体环境、具体规训机制而进行的具体运作，它既具有场所性特征，又具有主体性特征。日常生活的"实践"就是作为实践主体的人在各种错综复杂的场所中，在各种机制力量、具体欲望和特定环境之中，小心翼翼地探求各方面的微妙平衡（吴飞，2009）。

综上所述，空间从早期隐于传统社会学的历史决定论之下，发展成为当代社会理论中的重要话题。以列斐伏尔、苏贾、卡斯特、哈维等新马克思主义学者为代表的新都市社会学家对社会空间的生产进行了深入的研究，丰富并完善了空间生产理论体系，将空间视为一个社会关系的重组与再生产的过程，一个具有行动能力的活的实践空间，尤其是他们对资本、权力等背后的因素进行了大量讨论。而福柯、布尔迪厄、德塞图和吉登斯等后现代社会学家基于对现代性的思考也纷纷以空间为切入点，对空间生产中隐含的权力、资本以及日常生活中的创造力等进行了思考与探索，进一步深化了对空间生产本质的理解。以上所述并未包含所有的空间生产理论的研究者，如詹姆逊（Jamson）、戈特德纳（Gottdiener）等学者的理论讨论未在此详述，但上述内容基本体现了该理论主要的演进脉络，其关系如图 2-1 所示。其中，列斐伏尔的空间生产理论作为承前启后、开辟社会学新领域的重要思想，尤其值得我们关注。

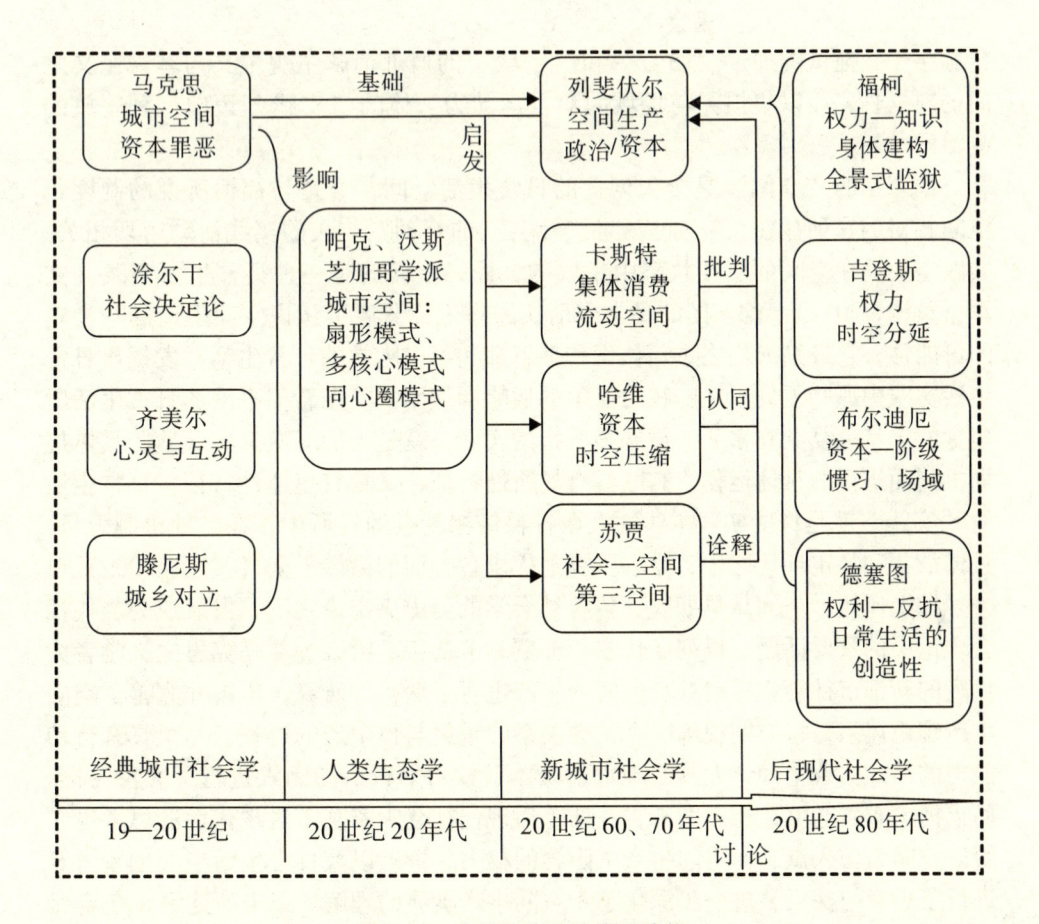

图 2-1　空间生产理论发展脉络

第三节　列斐伏尔的空间生产理论

一、理论背景

空间生产理论是对"二战"后法国现代化和城市化带来的现代性空间焦虑及异化（杨友庆，2010）的思考，城市进入大规模发展，郊区化、内城衰落、失业率增加等一系列社会问题相继涌现，城市空间经历着快速地重构与"生产"。正是在这种背景下，列斐伏尔敏锐地意识到了资本主义对城市空间的使用和生产，开始从空间和城市的本质上对现代性问题进行反思（庄友刚，2011）。

尽管空间生产理论起源于对城市问题的思考，但是由于列斐伏尔深受海德格尔、黑格尔、马克思和尼采的影响，该理论具有非常深厚的哲学基础。首先，其空间生产理论的基本思想都来自马克思。列斐伏尔接受了马克思的历史唯物主义、辩证法、阶级斗争理论、政治经济学等思想，关注当代资本主义的矛盾问题，但是在继承其批判精神，反思资本主义如何克服自身固有矛盾的危机而获得发展这一问题时，列斐伏尔将空间这一未能被马克思系统化讨论的问题纳入马克思主义视域中，以城市问题为切入点，在多个层面对空间展开了反思和批判（李丹，2011），并对马克思的"生产"进行了拓展。其对空间的政治经济学分析也是来自马克思主义的思想传统。其次，列斐伏尔的空间生产理论一方面沿用了黑格尔的"辩证法"传统，另一方面利用黑格尔关于"生产"的概念形成了集物质空间、精神空间、抽象空间以及感知空间等为一体的空间理论（汪原，2002）。同时，列斐伏尔不仅在早期的日常生活批判中深受海德格尔《存在与时间》的启发，在《空间的生产》中，他再次将海德格尔的日常生活论述和存在主义观点纳入了讨论，认为马克思对社会的论述过于抽象化，脱离了个人的日常生活，而海德格尔的存在主义则偏向于另一个极端，关注个体，无视社会的总体性（杨友庆，2011）。通过将海德格尔存在主义下的日常生活批判和马克思的社会政治实践分析结合起来，列斐伏尔以海德格尔的理论为基础，提出了"支配"和"挪用"等重要概念，并试图解答黑格尔遗留下的理论难题，即哲学如何解决个人生存的问题。尼采对线形进化论历史观的批判也对列斐伏尔产生了很大影响，其"永恒轮回"否定了黑格尔历史发展必然性思想和达尔文进化论主导的线形进化历史观，这一"超克"思想取代了"扬弃"[①]，为列斐伏尔的空间观奠定了基础。列斐伏尔指出，"黑格尔以来，尼采是唯一推崇空间，并能自发反思现代性，并对空间问题进行思考的学者，他认为空间是历史的产物，绝对空间是权力的基础，权力限定并构成空间"（Lefebvre，1991）。

二、空间生产理论的主要内容

在以上一系列哲学思想的影响下，列斐伏尔基于历史性、空间性和社会性的三重辩证，提出了空间生产理论。基于城市问题的思考和对资本主义的批判，列斐伏尔的空间生产理论主要包含以下五个方面的内容。

---

① "超克"是日语中"近代"一词。相当于我们所谓的"现代"。"近代的超克"，大体上相当于"现代反思"或者"现代化的反思"之意。"扬弃"即既克服又保留，既批判又继承。

（一）"空间"本体论的社会性解读

列斐伏尔首先批判了一直以来把空间当作客观物质环境或空洞容器的观念，他认为"空间从来就不是空洞的；它往往内含着某种意义"（Lefebvre，1991），可以解释为"社会秩序的空间化（the spatialisation of social order）"（Lefebvre，1991），这种空间化涉及人类社会关系的重组与建构。因此，空间是被生产出来的，是社会实践的产物（space is a social product）。他总结了空间的四大原则：第一，自然空间正在消失。在这里，他区分了"自然空间"与"社会空间"，"自然空间"是人类社会进程的源头，在人类利用和改造自然的历程中，社会的抵制和对抗已经使得自然空间逐渐离我们远去了（Lefebvre，1991），人类生活的是"社会空间"而非"自然空间"。社会关系是"社会空间"的具体体现，"它们一方面作为一种社会存在或者说是一种空间存在被历史生产出来，继而将自身投射到空间里并留下痕迹，反过来其本身又生产着新的关系和空间"（Lefebvre，1991）。第二，"每个社会，即每种生产方式与其特定的生产关系，都会形成自己特殊的社会空间"（Lefebvre，1991）。"社会空间"包含着社会关系的生产与再生产，由此，以中世纪与18世纪以后地理空间构造的不同样态为基础，可以探索封建主义和资本主义生产关系内在逻辑的区别（李春敏，2011）。第三，研究对象需要从对空间中事物的生产转移到对空间自身的生产。"就像其他事物一样，空间是历史的产物"（Lefebvre，1991），是社会生产关系的历史性结果，也是再生产者，是其本体论的基础或前提（张子凯，2007）。第四，判断生产方式转移的标准是看"是否有新的社会空间产生"。"'生产方式'成为现实的过程中，如果没有同时生产出来自己的空间，它就是古怪的。"（Lefebvre，1991）因此，理解空间的前提是把社会空间放在其特定的社会历史阶段，通过"回溯式前进辩证法"的历史研究来研究空间。根据人类历史的演变，列斐伏尔将社会空间分为六种类型：属于自然的绝对空间；希腊神庙体现的神圣空间；以政治国家为核心的历史空间；以资本主义政治经济体系为代表的抽象空间；当代资本主义空间多样化的矛盾空间；以现实生活体验和感受为基础的差异化空间。

（二）对资本主义的深层批判

列斐伏尔将资本主义的空间命名为抽象空间，对其进行了深入的反思与批判，他认为资本主义发展到今天，其生产重心已经从"物的生产"转移到"空间自身的生产"。作为一个整体，"空间"在现代资本主义的生产模式中被利用，作为剩余价值的生产材料（包亚明，2003）。资本主义生产在不断超越地理空间限制的过程中实现了"空间的自我生产"（殷洁等，2012），"土地、地底、空中，甚至光线都纳入生产力与产物之中"（包亚明，2003）。他认为，资本主义空间具有如下功能：其一，空间作为生产资料，如同机器一样被利用。其二，整体的空间作为消费对象，如同工厂和劳动力一样在生产中被消费，当代的旅游休闲带来生产的空间（space of production）向空间的消费（consumption of space）转变。其三，"空间已经成为国家最重要的政治工具，阶级斗争介入了空间的生产"（包亚明，2003）。同时，资本主义空间也有其内在的矛盾，空间处理之科学技术的快速发展和私人财产造成的空间破碎化导致了空间生产的同质化，否定了所有的空间差异。这些矛盾造成了我们的生活从个人到城市到区域最后到全球的不同层次的空间的爆炸，这是资本主义和国家都无法掌握的混乱的空间（包亚明，2003）。

（三）空间生产的政治性

列斐伏尔认为"空间是政治性的"，它"并不是一种与意识形态和政治保持遥远距离的科学对象，它永远是政治性的、策略性的"（包亚明，2003）。因此，空间生产也必然具有政治性。空间生产的政治性主要体现在两个方面：一是资本主义通过国家控制集体消费，将国家权力强行注入日常生活，从而达到占用空间并推行最符合其利益的空间生产方式的目的。二是城市空间生产与各类阶级矛盾和斗争密不可分。在对空间生产的规划中，来自左翼和右翼的双重批评，[①]表现了不同意识形态的矛盾，其本身是政治性的（包亚明，2003），空间生产是充斥着各类矛盾和阶级斗争的过程（方英等，2011）。

（四）差异的空间

差异的空间是列斐伏尔"空间生产"的最终归宿，即"社会主义的空间"。这一空间的到来意味着"私有财产以及国家对空间之政治性支配的终结"（包亚明，2003）。走向社会主义差异空间，首先，要将社会运动的决定性角色引向空间的爆炸；其次，要实现"普遍性的自我管理"，即构建"从下而上"的空间；最后，要"重新定义空间为使用价值的一种函数"（包亚明，2003）。由于内在的不可调和的矛盾，资本主义的抽象空间将最终走向差异性的社会主义空间，这正是列斐伏尔空间革命的发展路径。差异性的空间将体现一种开放性、差异性和可能性，任由我们自己去体验和创造（刘怀玉，2003）。

---

① 左翼的批评主要针对官僚体制和政府的干预，但是它指责的是政府的干预在规划过程中对人民和社会习惯缺乏有益的考量；而右翼同样针对官僚体制和政府干预进行批评，但批评的是这些干预限制了私人行动即资本投入。

（五）空间的三元辩证

为了更好地对空间进行历史分期和演变研究，列斐伏尔创立了"空间三元论"（spatial triad），将空间的生产划分为三个重要环节：空间表征（representation of space）、表征空间（space of representation）与空间实践（spatial practice）（Lefebvre，1991）。列斐伏尔空间生产理论的这三个概念可以做如下解读：①空间表征：即构想的空间，是由科学家、工程师、城市学家、政府等社会空间的主要规划者的知识或意识形态所支配的概念性的空间，是空间的主流秩序话语。②表征空间：即生活的空间，是透过意象与象征而被直接"生活"（lived）出来的，是居住者与使用者在场所中"生活"出来的社会关系。空间表征是支配性的，而表征空间是被支配的，却又是日常生活空间中的反抗性所在。③空间实践：即感知的空间，是每一种社会构成特有的生产、再生产过程及具体场景和空间体系，属于社会空间的物质建构的维度，是社会构成物生产的过程与结果。空间实践支持和体现了空间表征与表征空间，而后两者以支配或抵抗的方式同时塑造或激活了空间实践。列斐伏尔认为，日常生活是一个具有无意识特征的基础性的层次，它饱受工具理性和现代技术所主导的工业文明与统治制度所带来的异化之苦，同时孕育着解放的可能性（郑震，2011）。而"空间三元论"同样体现出这一内涵。可见，后期对城市空间的关注所导致的"空间转向"并没有改变日常生活这一微观层次的基础地位。空间哲学可视为是对日常生活批判的空间批判。

第四节　德塞图的日常生活实践理论发展

一、理论背景

西方传统的社会研究重心是社会制度和重大社会活动，对日常生活的关注不多。平民的日常生活之琐碎、平庸、单调，往往被斥之为非本质的现象，长期被知识界忽略。直到文艺复兴时期，日常生活的形式及内容逐渐呈现多样化，方引起少数学者之关注。19世纪，在社会学成为一门独立的学科之后，社会学的奠基者之一涂尔干对日常生活的特定现象（如自杀现象）进行过深入的研究，但此时社会学研究的重心仍然是社会制度及社会行动。直到20世纪30年代以后，随着现象学、符号互动论和常人方法学的崛起，社会学对平民的日常生活研究才全面展开（高宣扬，1998）。在这一时期，舒茨（Alfred Schutz）、卢曼（Niklas Luhmann）、哈贝马斯（Juergen Habermas）等社会学家将胡塞尔现象学中的生活世界理论嫁接到社会学理论中，从而引发了社会学范式革命。1932年，舒茨在《社会世界的意义构造》一书中指出，"生活世界既是背景又是我们行动与互动的对象"（Schutz，1970）。其后，基于詹姆斯、杜威，尤其是米德（George H. Mead）思想的启示，由芝加哥社会学派二代学者布鲁默（Herber Blumer）和戈夫曼（Erving Goffman）等人逐渐完善的符号互动论，同样将研究的视角放到了平民的日常生活之中，他们主张从人们互动着的个体的日常环境去研究人类生活。此后，加芬克尔（Harold Garfinkel）创立了常人方法学，主张研究日常生活的惯例，认为人们的日常活动不是杂乱无章，而是有序的，人们对自己的行动的逻辑有某种程度上的理解，且这些行动都相应地具有实际的目的，因此能够将这样的逻辑转述出来。大体上说，社会学日常生活研究的崛起，彻底动摇了以帕森斯为代表的社会学宏大叙事范式，许多社会学家抛弃了以整体观和进化观为内容的实证主义模式，试图以个人行动的主观根源说明人的活动、社会关系、社会结构和社会发展。社会学家伯格（Peter L. Berger）和卢克曼（Thomas Luckmann）甚至认为日常生活是唯一最重要的社会实在（social reality），强调任何与现实社会秩序有关的研究，都必须到日常生活实际和大众共同的日常实践中去探究（吴飞，2009）。

早期西方学界对日常生活的研究，大多数是将日常生活视为沉沦的场域，因此多持悲观批判的态度。例如，尼采就把日常生活和常人视为平庸无聊的，鼓吹超人哲学和生活的艺术化；韦伯也认为，艺术在当代生活中扮演着把人们从理论——工具理性和道德——实践理性的压制和刻板性中救赎出来的重要功能；马克思主义对日常生活也持批判的态度，认为日常生活具有使"过程"变为"实体"的物化特征，因此，在日常生活中人们往往把现象与本质混同、存在与价值混同，如此，真实的存在性质就可能被日常生活和日常思维所歪曲。努力发掘日常生活的积极面，并对此进行系统研究的是法国学者列斐伏尔。列斐伏尔认为，日常生活是一个永远不可能被超越的问题，也不单纯是异化的现象形态，而是一个异化不断产生又不断被克服，能量无穷的、永恒轮回的存在论世界。法国当代著名思想家米歇尔·德塞图作为列斐伏尔的学生，进一步将视角探入日常生活细节，强调日常生活的积极面。与列斐伏尔试图用马克思的异化理论来分析都市生活背后资本主义现代社会错综复杂的整体关系不同的是，德塞图日常生活实践理论采取消费者生产的战术操作观点，来阐述大众沉默抵抗的生活诗学。德塞图指出，日常生活"是透过以无数可能的方式利用外来的资源来发明自身"。他认为，日常生活的核心价值既然是如此隐蔽而难以捉摸的，人们关注日常生活的企图便不应该以一种有预设立场的对立态度去面对，而应该用一种理所当然的信心去召唤（evocation）主体自身内心中尚未被当前图像或文字所"教化"的感知领域（吴飞，2009）。如果说列斐伏尔是站在宏观高度对微观事物进行辩证性批判，德塞图则是从微观的角度构建宏观。

福柯、布尔迪厄等人的思想也对德塞图有着一定的影响。与微观政治的逻辑相同，德塞图也认为日常生活时刻处于微观权力宰制之下，但其更强调的，就如福柯所说，"只要存在着权力关系，就有反抗的可能性"（福柯，1988）。因此，在《日常生活实践》（德塞图，2009）一书中，德塞图指出，福柯所分析的并不是传统的权力机构，而是削弱这些力量并暗中重组其职能的琐碎的技术程序。他揭示了日常生活领域行为与知识的另类图式，即一个同质的范围内存在着极为宽泛的异质行为活动，这些活动无一不颠覆了传统观念中盲目、异化的"日常生活"（余沛鸿，2008）。而"日常生活实践"就是作为实践主体的大众对具体环境、具体机制而进行的"使用者"的运作方式（练玉春，2003）。德塞图的理论得到了一系列研究的支持。例如，斯科特（James C. Scott）的《弱者的武器》基于对马来西亚农村的田野考察，提出了"农民反抗的日常形式"，发现农民虽然未进行革命，但其反抗却以"隐藏的文本"的形式进行，可被视为是验证德塞图理论的重要案例（詹姆斯·C. 斯科特，2007）。

二、德塞图的日常生活实践理论

德塞图认为，"一个社会是由一定的实践来构成"，要了解这个社会，了解这个社会的人群，就要理解这个社会的生活实践。他的日常生活实践理论的核心可以通过如下四个重要概念进行解读和阐释。

（一）抵制

在德塞图的理论中，所谓"抵制"（resistance），指的是在宏观上服从强势群体所设立的主流空间秩序，却暗中突破防范，灵活随机地实施小规模的违规（练玉春，2004）。日常生活实践中，"抵制"战术随处可见，他用"假发"（la-perruque）（德塞图，2009）作为这种战术的典范："'假发'就是指一些雇员装作是在为雇主干活，但实际上是在给自己工作。'假发'现象不是小偷小摸，因为工作的原材料的物质性价值并没有被偷走。它也有别于旷工，因为这个雇员事实上正儿八经是在工作现场干活。'假发'现象形形色色，简单的可以一如某位秘书在'上班时间'写一封情书；复杂的又可以发展为某个木工'借用'工厂的车床给自家的起居室打造一件家具。对此现象，不同的国家有不同的叫法，迫使企业经理们对此给予惩处，或者干脆'睁一只眼，闭一只眼'，装不知道，'假发'这个现象正变得越来越普遍。"

上述例子说明，雇员们每每借助"假发"战术，达到这样的战术目的："成功地将自己置于周围的既定秩序之上。"（练玉春，2003）凭借这种抵制战术，他们可以避免被既定机制的权力彻底压制（吴飞，2009）。

（二）空间实践

空间实践是米歇尔·德塞图日常生活实践理论的一个核心主题。他在《日常生活实践》的导言中写道："我们的研究首先集中于空间的使用、常去一个空间或住在那里的方式、烹饪艺术的复杂程序，以及在强加给个人的环境中建立一种可靠性的多种方式，换句话说，通过向其中加入目的和欲望的多重变化，使环境变得适于居住——一种使用和享用的艺术。"

从某种意义上说，德塞图的"空间"是个人创造的日常生活空间，日常实践空间的建立是消费者机动活动的范围，虽然难免受产品对象及其背后隐藏的规范、模式的限制，但日常生活空间仍然是一个有机会利用可能的资源来进行创造的场所。消费者通过采用流动的、非正式化的实践来进行创造性的生产。这些实践利用统治精英所提供的空间和场所，改写了原来的脚本，把社会中原本符号的、制度化的空间改造为另一种形态（伍端，2005）。

日常生活空间的产生主要通过两种方式来创造：一是人们运用日常的语言和文化来破坏占统治地位的权力体系，创造新的空间；二是"行走"（walking）。日常生活就是介入、挪用权力和空间的方式；而"行走"将会创造窥看、观察的机会，搅乱和打碎稳定的城市秩序。"行走"开辟了新的空间，能创造传奇和故事，并把街道号码和建筑以及意义焊接在一起，使窥视者得以从城市的管辖中创造他们自己的空间和意义。"行走"在城市中，人和周围世界之间是互相作用的，人们占用城市空间，把它转化为自己的空间，在空间中的移动模糊了空间的界限，并创造了属于自己的故事。这种对空间的占用可以改写覆盖在特定空间之上的权力符号，体现出日常生活的创造力（吴飞，2009）。

（三）权宜之计

米歇尔·德塞图的社会学强调普通人以自己的方式使用消费社会的自由，并且自己"创造"了日常生活。他认为，"消费者的这些做法和用法构成了一个反规训的网络"，弱势者在用这种战术为自己创造空间的同时，他们在使用占统治地位的社会秩序，意识到了它的权力，对此他们无力反抗，他们避让但不逃离，并通过"消费"将自己的差异性迂回渗透于其中。也就是说，弱势者的反抗不是那种激进的革命或是全盘的推翻，而是那种微小的、即身的抵抗，是不需要离开权力体系就可以进行的，意即"避让但不逃离"。这种抵抗需要借助行动者的即席创造力，或是拼贴能力，而这种即席能力必须在日常生活中获得实践，日常生活这个习以为常的概念因而成为严肃的议题。就德塞图而言，举凡行走、阅读、聊天、逛街、煮菜、饮食等都是日常生活可以操作的场域，这种以日常生活为素材进行的颠覆工作，就是德塞图说的"权宜之计"（吴飞，2009）。

（四）无言的生产

德塞图认为，通常认知到的书写是制造文本，阅读就是被动地接受文本，这种观点是片面的，因为"文本只有通过读者才具有意义，且会随读者而变化；文本的编码要适应它无法掌控的读者的意见。文本之所以成为文本，是依存于它与外在读者之关系的"。他指出，"阅读"的活动不是被动的，读者在阅读过程中进行的"无言的生产"可能是"在书页上漂流而过的想法；受到阅读者漫游的眼睛影响所产生的文本质变；对某些话语产生即兴或期待中的意义；'无言的生产'以短暂的舞姿在书写的空间中轻跃而过"（德塞图，2009；吴飞，2009）。

孙九霞和周一（2014）通过文献梳理发现，国外关于德塞图的日常空间实践理论的著述颇丰，其中包括梳理日常生活实践理论的专著（Michel de Certeau，2000，2005，2006；Ward，2000）；从哲学、历史学、人类学等不同角度解读其思想的论文（Reynolds，1999；Giles，2002；Weymans，2004）；通过经验研究修正或补充其理论的研究数量不断增多，如研究艺术介入后工作空间的转变（Hjorth，2005）、日常生活实践中公民身份形成、汽车对当代都市的空间实践的影响等（Thrift，2004）。然而，微观研究却出现与宏观研究类似的问题，即只考虑简单化的抽象空间，而少对空间内部做差异性分析。

国内的研究尚停留在对德塞图理论的引入上，多阐释其在象征世界的意义。少数研究将德塞图的理论应用于社会实践分析，却未从空间角度切入（金玉萍，2010）。显然，微观研究的本土化旅程尚未开启。然而，在不同空间体系中讨论"无数的实践"却对进一步发掘德塞图理论价值有着重大意义。此外，国内外微观尺度的研究多由社会学者发起。他们通过分析行动者策略与社会网络的形成，关注日常生活中弱势群体的空间抗争（朱健刚，2008；富晓星、吴振，2010），对空间本身的认识却不足，分析不能聚焦于空间之上。

第五节　社会空间研究述评

20 世纪 70 年代，在列斐伏尔、福柯、布尔迪厄、吉登斯、哈维、苏贾、卡斯特等一批学者的共同推动下，西方人文社会科学理论界出现了"空间转向"。学者们从不同的角度对空间问题进行论述，但对"空间"认识的根本性转变主要体现在两点：一是改变长期以来以"历史—时间"为主导模式的话语建构，转而以空间视域来检视历史情境和社会生活，关注事物的共时性、在场性、构成性（谢纳，2008）；二是建立新的空间本体论与认识论（Lefebvre，1991）。以列斐伏尔为代表的西方新都市社会学者从城市空间入手对空间生产展开了广泛而深入的讨论，形成了一套完善的理论体系，该理论将空间分析与城市化、全球化等现象以及日常生活结合起来，形成了新的空间研究视域（李春敏，2011），为中国的城市化问题研究提供了良好的理论基础，为不同学科领域的学者提供了新的问题分析视角，由此产生了大量的研究成果。总的来看，对该理论的后续研究主要可以分为两大类：理论阐释及案例实证。

一、理论阐释类研究

社会空间生产理论的丰富性和思辨性吸引了来自包括哲学、社会学、地理学、建筑学等不同学科背景的国内外大批学者的关注，内容涉及以下五个方面。

1. 空间生产理论的翻译或进一步解读

以包亚明（2003）的《现代性与空间的生产》论著最具代表性，较多的是对该理论的主要思想进行的二手研究，如张子凯（2007）、陆扬（2008）、李春敏（2011）、李丹（2011）等对《空间的生产》中的大致观点进行了介绍，基本包括空间概念的解读、空间生产的资本批判、空间的三元辩证等主要内容，但囿于篇幅，无法进行逐一的解读。一些学者从不同的具体角度来解读该理论，如杨有庆（2011）从城市化的角度分析了列斐伏尔提出该理论的现实背景；庄友刚（2012）从历史唯物主义对空间生产问题进行了分析；此外，还有对空间生产的批判分析（方英，2011）、空间生产研究框架的探讨（王丰龙等，2011）、空间生产的中国本土化理解（王素萍，2013）等，分析角度越来越丰富，呈现多元化的研究趋势。

2. 对列斐伏尔思想的讨论

刘怀玉（2003）对西方学界关于列斐伏尔思想的研究进行了综述，其中包含了空间生产的部分讨论；李秀玲等（2011）对列斐伏尔的空间生产思想进行了梳理与解读；等等。

3. 空间生产的逻辑分析

空间生产的内在逻辑也是学者们关注的重要内容，有关资本的单独讨论较多（庄友刚，2010；王学荣，2012；宋宪萍等，2012）；还有部分研究综合分析了空间生产的资本、权力逻辑（林晓姗，2008；庄友刚，2011；殷洁等，2012）。

4. 空间生产三元辩证法的理解

空间生产的三元辩证法作为该理论的核心内容之一，吸引了学者们对其的格外关注，例如，王志弘（2009）重点阐述了苏贾对三元辩证的理解；赵莉华（2011）从空间政治的分析视角，认为只有列斐伏尔的"空间三元论"能具体阐释空间生产机制，堪称空间分析的有效工具。

5. 社会学的空间分析视角

这部分研究包含来自社会学的空间视角的讨论（李小建，1987；司敏，2004；高峰，2007；潘泽泉，2009；谭日辉，2010；郑震，2010），列斐伏尔的空间生产理论无疑是其中的重要内容。总的来看，国内有关社会空间生产的理论性研究在厘清空间理论的基本思想、历史根源、发展脉络等方面拥有了较丰富的成果，但理论发展尚停留在基础层次，大多都是以国外的理论为基础进行学习与解读，尚未衍生出新的理论对话点。

二、案例实证类研究

早在 1988 年，中国台湾地区学者夏铸九就将空间理论引入对台湾彰化平原空间变迁的探讨，讨论了在特定的社会与经济脉络中的国家或地区如何通过政策来引导经济发展，以及在这一过程中空间是如何被塑造的，最后提出了一个与列斐伏尔/苏贾的三元空间观相对应的"经济—政府/政策—文化"分析框架（陈然，2016）。而中国大陆关于空间生产理论的实证研究直到近几年才逐渐增多，主要以地理学和社会学为主，其内容主要可以分为地理意义上的宏观空间研究，包括城市、社区等范围；以个人互动为主的微观空间研究，以具体的场所和事件为主；以意识形态为主的抽象文化空间研究，以文化创意产业为主。

在地理意义上的宏观研究中，其地域范围涉及全球、城市、社区。关于全球化空间生产的本土现象解读，其关注点主要放在全球化涉及的新自由主义转向（孙江，2012）以及中国和平发展（王琳，2012）等问题上，空间生产只是该背景下的一个切入点。在城市层面，景晓芬等（2011）以中国的城市社会变迁为背景，以空间生产理论为基础，分析了变迁过程中存在的基于结构和个体层面的双重空间社会排斥，并指出这两方面的排斥力造成了目前城市的空间分异现象。张晓虹等（2011）以近代上海江湾五角场地区的城市化为例分析了城市空间的生产，但其空间指向主要是指地理意义上的物质空间变迁。在社区层面，学者们对古镇（左静等，2012）、乡村社区（陈伟东，2010；王勇等，2012）、商品住房（张应祥，2011；张京祥等，2012）等地理单元的空间生产展开了讨论，但大多数都是套用了空间生产的概念，实际则是对地方的变迁进行分析，且多注重物质方面的变迁。

在个人行动意义上的微观空间研究中，朱健刚（2008）从社会空间的视角分析了番禺打工者文书服务部这样一个以农民工为主体的民间组织是如何生产出其自身空间的，而组织空间又是如何规范和影响组织内群体的。田毅鹏等（2010）发现马路劳工在现有的空间秩序下通过采取所谓的"江湖逻辑"来对抗正规市场以求得生存。黄晓星等（2012）将地方肿瘤医院的抗争故事置于城市空间重构与生产的结构性情境下，从自上而下的空间规划权力和自下而上的抗争两方面分析社区空间的生产机制，结果指出社区空间应该趋向对社会主义空间的生产，才能更好地实现空间正义。谢加封等（2012）基于空间生产的理论，以城市户外广告媒体的空间生产为切入点，阐述了政府、市民与广告活动主体之间的利益博弈，揭示了空间生产中的资本霸权、体制冲突和政府权力滥用等问题。这一类的研究普遍关注弱势群体的行动与生存，对空间生产理论的引用侧重于其资本、权力逻辑，归结于利益相关者的博弈过程阐述。

在以意识形态为主的抽象文化空间研究中，文化创意产业的研究是最为丰富的。例如王磊（2007）以城市创意产业园区的空间生产为切入点，试图探讨"文化"在如今城市发展中的结构性力量，并讨论了其与政治、资本等交织的实践过程，最终发现，文化作为一种结构性力量，对空间生产起着重要的作用。黄斌等（2012）基于空间生产理论对北京东城区南锣鼓巷旧城空间再生的作用机制进行了讨论，认为文化创意产业之所以能有效驱动旧城再生，是因为旧城文化融入新的文化创意并资本化、商品化，能够提升新空间的附加值。姜文锦等（2011）、包亚明（2011）、邹丹丹（2012）均以上海新天地为案例地，分别讨论了旧城改造、记忆、城市消费等不同方面的空间生产。可见，文化创意产业充分体现出文化的结构性力量对城市社会空间生产起到的巨大推动作用。此外，李荣等（2012）对传统文化在电视传播过程中的空间生产进行了分析，杨为刚（2012）通过对唐前期骊山华清宫文学的研究，探讨了政治空间的建构与文化空间的生产，但大都只是借用空间生产这一视角，与理论联系并不紧密。

此外，近年来逐渐出现了以空间生产理论为视角的旅游社区变迁研究，认为旅游空间其实也就是空间生产的产物，是一种空间产品（邓明艳等，2012），因为旅游作为一种产业使得旅游地的生产方式产生了转变，而目的地的物质建筑、生活方式、社会关系等也都随之发生变化，这既是旅游空间生产的过程，又是其结果。例如，郭文等（2012）通过问卷调查，从居民体验的视角对周庄古镇旅游开发的空间生产进行分析发现，旅游开发导致当地的社会环境发生了变化。王达生（2009）研究了磁器口的空间生产方式，揭示了空间生产由权力和资本双重因素决定的本质。王苑等（2009）以苏州山塘历史街区为例，对历史街区更新中的社会结构变迁与空间生产进行了探讨。这些研究在理论与案例的结合分析上都较浅，最终偏重于物质空间、文化结构等的变迁，对社区空间生产的解读并不全面。孙九霞等（2012）从空间生产的三元辩证视角分析了亚运会背景下的荔枝湾空间生产，涉及了空间生产的三个维度，但是空间生产的内在逻辑还有待进一步解释。孙九霞和周一（2014）基于列斐伏尔与德塞图的理论视角，以世界文化遗产"开平碉楼与村落"核心区马降龙村为例，探索由旅游发展所推动的旅游社区空间再生产的现象与特征。总之，旅游作为现代性的重要内容，已经引起了学者们对旅游地空间生产的理论探讨，但在理论和案例的结合上仍有待进一步探索。

综上所述，目前国内对相关理论的阐释和解析已经小有成就，但是在实证分析方面却存在着空套概念、实践与理论结合不足的问题。因此，通过理论的解读建立有效的分析框架，对实际案例进行深入的理论解读显得尤为重要。

第三章 民族社区社会空间生产的过程与表征①

20 世纪 60 年代以来，旅游作为现代化的重要力量推动了地方的发展与变迁，目的地的旅游影响成为学术界关注的重要话题。其中，民族旅游目的地因其文化的独特性和"脆弱"性而成为学者们关注的焦点。然而，目前的研究成果均未脱离 Wall 的经济、环境和社会文化分析框架以及正负效应的评价模式，案例研究工作重复性大，多元理论探讨有待挖掘。空间生产理论以 20 世纪 70 年代社会学研究的空间转向为基础，将长期隐于历史决定论下的空间维度提升到理论哲学的层面，结合时间维度，将资本、权力等要素串联起来，跳出了以往国家—社会的二元分析框架，为社区旅游的研究提供了更加全面合理的分析工具和更为深广的理论视角。三亚回族村作为海南岛唯一的回族聚居区，长期受到人类学者的关注。近年来，该社区在旅游发展的推动下发生了一系列社会变迁，其不以民俗文化为吸引物的独特性和对旅游经济的依赖性为我们提供了一个鲜活的案例。本研究通过人类学的田野调查，以观察和访谈为主，试图在建构社会空间生产理论分析框架的基础上厘清三亚回族社区旅游发展过程中的社会空间生产过程与表征，并分析旅游对其影响的主要因素及基本路径。

第一节 三亚回族社区发展历程

凤凰镇位于三亚市中部，处于交通枢纽和旅游景区的包围之中，南倚三亚湾，西临三亚凤凰国际机场、天涯海角②、南山等旅游区，东靠三亚市、大东海、亚龙湾（见图 3-1）。海南省唯一的回族聚居地包括回辉村和回新村，位于凤凰镇两端。回辉村位于凤凰路两旁，回新村位于解放四路，两村之间距离较

---

① 本章的主要内容曾以《民族旅游社区的生活空间生产研究——以海南三亚回族社区为例》为题发表于《民族研究》2015 年第 2 期，收入本书时有所修订。

② 指天涯海角游览区，位于海南省三亚市西南方向 23 千米处，位于三亚湾和红塘湾之间的岬角上，2001 年成为国家 4A 级风景区。

近，毗邻著名的旅游区天涯海角和三亚湾（见图3-2）。目前共有回族人口约8000人，其中回辉村598户、3573人，回新村600户、4600人。①

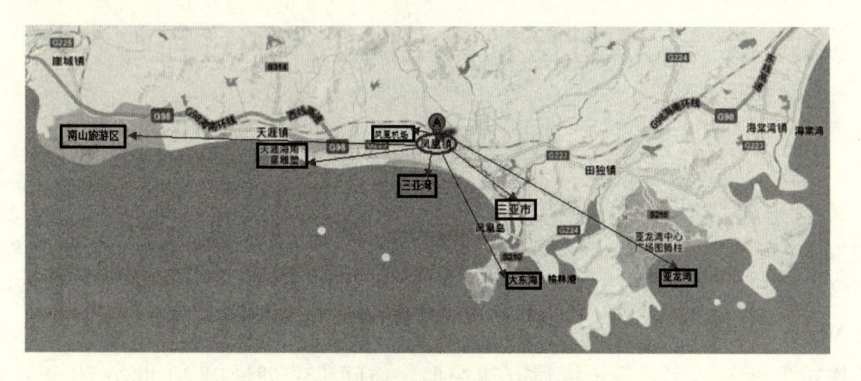

图3-1　三亚凤凰镇与周边景区区位图

资料来源：编辑自Google截图。

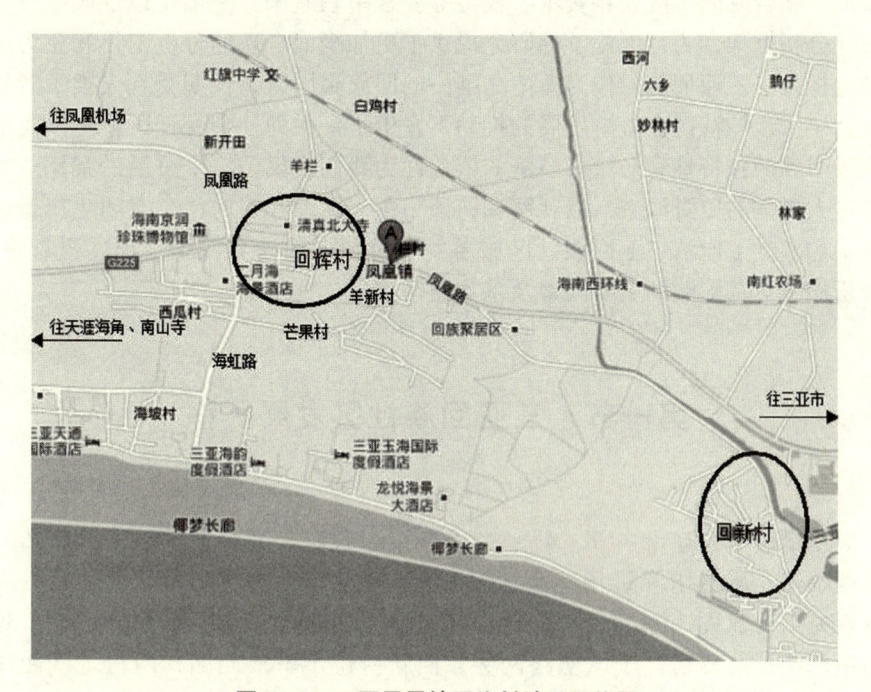

图3-2　三亚凤凰镇回族村地理区位图

资料来源：编辑自Google截图。

---

① 数据来源：凤凰镇政府提供的《2011年经济统计数据》及两村村委会主任访谈记录。

伴随着三亚从小渔村向滨海旅游城市的成功转变，当地经济、生产、生活等情况也随之发生了巨大变化。在城市化发展过程中，社区由村向镇逐步演化，当地人由村民向市民和居民转变，当地产业由第一产业向第三产业转型。在整个三亚旅游发展带动下，背倚三亚湾的凤凰镇回族社区也经历着由渔至商的生产方式转变。本研究通过社会实践调研，以标志性事件为依据，将三亚回族社区旅游发展划分为萌芽、起步、稳定上升和快速发展四个阶段。

一、旅游发展萌芽阶段：改革开放前风雨飘摇的回族渔村

（一）历史源流

凤凰镇是海南省唯一具有黎、苗、回、汉等多民族聚居的乡镇。回族是该镇的第二大民族，居住在三亚回辉、回新两个居委会，俗称"三亚回族"。国内外学者在对这个群体的长期考察中达成普遍共识，认为他们是"宋元期间因回避战乱或台风从海路进入海南的越南占城的伊斯兰教徒，以及部分唐宋时期沿'海上丝绸之路'来华经商的波斯、阿拉伯穆斯林的后裔，还有少数大陆的回族"（马建钊，1998）。当地回族人对此也深信不疑，据回辉村党支部刘副书记回忆："以前是阿拉伯的，后来到越南，然后到海南这里，以前就是很久以前，一千多年了。"

回族在海南的发展到明代后期至清代中后期达到鼎盛，人数超过20万，分布在海南的各个地方。海南岛解放前，战争不断，各朝代中央政府对回族群体的歧视，对宗教进行封杀，以及清末海富润事件①的影响，造成回族人口数量逐渐减少（宣正明，2011）。直到海南岛解放，回族人数降至最低点，所剩不多的伊斯兰教教徒全部集中在现三亚市回新村所在地。在国家民族政策的关怀下，海南岛古崖州这个中国伊斯兰教发源地之一的所在地，才最终保留了这支穆斯林后裔，而古崖州就是现在的凤凰镇。

（二）宗教文化

从明朝至新中国成立前，回族遭受各朝政府的打压和歧视。新中国成立后，虽然党和政府把民族文化保护、继承和发展工作列入重要议事日程，但"文化大革命"再次令三亚回族的穆斯林宗教文化陷入危机，清真寺被毁，礼拜习俗被禁

---

① 海富润事件：为清乾隆四十七年（公元1782年），以三亚村回族人海富润携带《天方至圣实录年谱》等伊斯兰教汉文经籍引发的清代回族伊斯兰文字狱。

……回辉村镇文化服务中心孙主任也指出，"全中国一样，就是在宗教上，有一定的打击"。尽管如此，经过长期抗争后，回族的宗教信仰依然延续下来并在改革开放的春风下得到发展。

三亚回族社区居民均信仰伊斯兰教，两村现共有清真寺6座，北大寺、西北寺、古寺和东寺位于回辉村，南寺和南开寺位于回新村。其中，清真古寺、西北寺、南寺和南开寺建于明成化年间，历史久远，经历多次毁坏和重建，清真北大寺和东寺建于改革开放年间。古寺的不断翻新和重建是回族人强烈宗教信仰的有力体现，至今，村内上空每天都会回荡起伊斯兰教的邦克（即宣礼），庄严而神圣。村里的男性在邦克的召唤下纷纷涌向各自住所附近的清真寺礼拜，每日五次，每周五为主麻日，举行一次大礼。

伊斯兰教文化渗透于三亚回族社区生活的各个领域，如服饰、饮食、建筑等。回族的服饰较为独特，据从青海来三亚过冬的回族游客观察，"妇女无论是少女还是已婚妇女，头巾都是终日不离身的。老人的头巾为全黑色，已婚妇女多戴印花毛巾，少女则多戴纱巾和丝巾，且必须着长袖，全身上下只有脸是露在外面的，和其他地方的回民不同，这里的回族妇女将头巾别在耳朵后将耳朵露出来，而其他地方的回族妇女会将耳朵包在头巾里面"。中年以上的妇女大多穿斜襟、镶黑边蓝色圆摆布褂，胸前系黑肚兜，下着黑色长裤。年轻的妇女则穿着不同花色的斜襟衣裳，配上鲜艳的大花头巾，透出年轻的朝气。回辉村伊来顺酒店的房先生说："我们结婚的时候穿的衣服也很特别，戴的头冠、穿的大袍也很特别，是有亮片的。还有新娘的朋友，穿的衣服都是和以前几十年前、一百年前，都是一样的，就是结婚的时候穿。"多数回族男性平日是不戴白帽的，只是在礼拜和主麻日时才戴。

饮食上他们喜食米饭，忌食猫狗猪肉，也忌食一切动物的血和除鱼以外一切自然死亡的动物，也不会使用和接触盛这些禁忌食物的器皿。在牛栏村经营了江南旅馆十几年的汉族老板说道："像回族人来汉族人家里，是不吃汉族人煮的食物的，他们一定会把厨具重新弄过才行，而且，他们也不吃汉人宰的鸡，一定要自己杀，因为他们跟我们的饮食习惯不太一样，他们也不喝酒。"

此外，三亚回族的民族特色和文化内涵也体现在其住宅建筑上。以前的回族人生活条件较差，主要居住在茅草房内，少数为一些徽派风格的瓦房，均为黑瓦白墙，每条瓦脊都高高隆起，门楣上都写有阿拉伯文字的清真言，有的用炭灰写上，有的用现成的清真言贴上去，有的则贴上一块写有清真言的瓷砖（严春梦，2003），多为"平安"或"真主独一"之意。

第三章 民族社区社会空间生产的过程与表征 | 45

（三）经济发展

三亚回族多舛的移民历史使其在改革开放以前都生活艰苦。新中国成立前，回族村经济发展以渔农为主，且大多数回族人不善农业种植。现在清真古寺里保留着的"正堂禁碑"，就是在乾隆十八年（1753 年）当地知州为解决回族人与附近渔民因渔场的区域大小所引起的纠纷所立的判决书。至 1950 年，2 个回族村共有 332 户、1611 人。渔船由 1937 年以前的 12 艘减少到 4 艘，是 140 多户村民赖以生存的工具；另有部分村民用小网捕鱼，约有 60 多户；还有其他回族人则帮助上述渔户拉网打杂（马建钊，1998）。据回辉村在大涯海角开店铺的回族村民回忆，那时候的生活较为困难。

新中国成立后，回族社区的经济生产仍以捕鱼为主。"大公社"时期，当地回族人分得少量土地，有了"部分种菜的"。回新村村民杨先生说道："村子中心，还有靠近军用飞机场那里都是种菜的菜地。"当时两村一共有 10 个生产队，回新村 3 个，2 个种菜、1 个捕鱼；回辉村 7 个，2 个种菜、5 个捕鱼。两村共有 6 条渔船，收入按家庭劳动力算，"一个月大概只有两三块钱"，且女人不参与集体劳动，因此没有收入。此外，部分回族人由于不善农业种植，便将自家耕地租给附近的黎族人耕种，自己从事一些小商贩生意，以零售日用品和鱼类为主。在此期间，回族社区的经济生活状况逐步得到改善，但在计划经济体制和传统经济的束缚下，捕鱼和种菜仍然是其主要生产方式，收入主要归集体所有，村民手中并无多少经济收入。

二、旅游发展起步阶段：从渔村到社区外旅游参与（1978—1993 年）

新中国成立后实行的计划经济体制在很大程度上束缚了人们的自主性和进取意识，使得生产生活难以有较大的发展。1978 年，改革开放的春风吹遍了中国的沿海城市，土地承包到户，自主发展，解放了生产，提高了生产效率，使得全国各地尤其是滨海城市进入了快速发展的阶段，而位于中国最南端的海南岛也沐浴着春风，步入发展正轨。

（一）改革开放对回族宗教文化和市场经济的解放

1978 年 12 月，中共十一届三中全会召开。中央领导人邓小平提出了具划时代意义的"改革开放"发展方针，把高度集中的计划经济体制改革为社会主义市场经济体制，中国农村大部分地区实施家庭联产承包制，提高了农民的积极性；同时，该政策打破了中国长期以来的"闭关锁国"状态，主张对外开放，鼓励加大对外贸易，加快现代化步伐，吸引外商投资。该政策推动了海南三亚的对外交流，外来人口逐渐增多，对外贸易和外来资本逐渐增长，人口流动增加，为当地小贩经商创造了条件。

此外，改革开放的春风在推动经济快速改革和发展的同时，也强调了民族发展的重要性。1982年3月31日，中共中央印发了《关于我国社会主义时期宗教问题的基本观点和基本政策》，主张保护正常宗教活动，明确宗教信仰自由的内涵和外延，将三亚回族穆斯林从长久压迫中解放出来。

改革开放的方针对三亚回族的发展无疑是一剂高效的催化剂。从经济生产上来说，计划经济体制的消亡，解放了三亚回族社区的生产力，市场经济体制的确立激发了三亚回族人的经商意识。回辉村党支部刘副书记感叹道："改革开放以后，特别是最近十几二十年来，人的思想观念改变了，变得开放了很多，大家都开始想各种办法赚钱，赚钱了以后，有钱的人带动没钱的人。"开放政策让很多老板来投资、建设、做生意，更为当地人经商创造了条件，三亚回族社区的经济生产方式逐渐由以往的捕鱼、种菜转向了小贩经商，发挥了当地居民的特长，促进了社区经济的发展。

更为重要的是，党和国家在宗教上的拨乱反正从思想和精神上彻底解放了当地的居民，使其生产生活步入正常发展轨道。据回新村村委会蒲主任回忆："旧的思想习惯在改革开放后就改变了，各民族通婚的多了，比如说和外地的，还有和美国人结婚的啊，他们都是信仰伊斯兰教的，只要信仰伊斯兰教，就可以结婚了。这就是改革开放，政府对我们都很关心啊，每年都有三四十个人到沙特阿拉伯国家学习，国家就是给了我们很优惠的条件。"

（二）海南建省后旅游经济发展促进了三亚回族的旅游参与

1987年9月，国务院批准三亚市由原来的县级市升格为地级市。1988年4月19日，海南省正式建立，被批为全国唯一一个省级经济特区，也是中国面积最大的经济特区，实行比中国其他经济特区更加开放、灵活的体制和政策，拥有更大的自主权。这一行政变革促使该地区迈入快速发展阶段。

三亚市南临大海，北依高山，不仅景色宜人，且气候温和，有"亚龙湾"、天涯海角、"大东海"等名扬中外的游览景点。在建省以前，三亚得天独厚的资源条件和气候优势却是"养在深闺人未识"，直到建省升为地级市之后，《三亚市城市建设总体规划》提出"把三亚建设成为一个现代化国际性的滨海旅游城市"的总体目标，三亚市的旅游发展才正式起步，国内外投资商纷纷到此投资，掀起了一股房地产开发热潮，旅游业兴旺起来，三亚市入境游客渐渐增多，到

1990 年年底，年游客量达 40 万人次。[①]

旅游业的发展，促进了三亚整体社会经济文化的发展，也促进了回族的经济转型。有的三亚回族妇女看准三亚旅游市场的前景，开始到广州等地批发珍珠、水晶，在景区、车站等处提篮小卖。据回新村村委会文书海先生回忆："那时候是要把海南建省经济特区，所以免税，对于那些做工艺品、做生意（等）各行各业，如加工业是极大的推动，鼓励嘛，因为国家都给你优惠政策，不需要你交税了，所以你去做那个珍珠生意，工商局都不来跟你收税了，你只要办营业执照就可以了，所以大家都开始做大生意了……建省特别是把旅游搞活起来，对我们搞珍珠项链那些生意都有推动作用。"同时，也有部分搞运输的，他们抓住旅游设施建设的机遇，购置了翻斗车、卡车等运输工具，承包基建项目，或合资购买中巴车，跑三亚第一市场至天涯海角的游客线路，取得了可观的经济收入。这一时期，三亚回族社区由传统的以捕鱼为主的单一经济生产方式，转向了包含运输业、商业和服务业等多种旅游参与形式的多元化经济发展格局。

（三）亚龙湾开发为回族社区参与旅游创造了更大的市场

在建省以前，亚龙湾还是一片为世人所忽视的军事禁地，一次偶然的机会，当地政府在对亚龙湾进行实地考察后，萌发了建设亚龙湾度假区的想法，亚龙湾随后获得军事解禁。1992 年 10 月 4 日，国务院批准建立三亚亚龙湾国家旅游度假区，当地政府大力招商引资，亚龙湾开发股份有限公司正式成立，三亚市的旅游从此进入了一个崭新的发展纪元。

自此，亚龙湾开发股份有限公司投入数十亿元资金，建设完善了度假区内的基础设施和物业管理，并相继构建了吃、住、行、游、购、娱为一体的旅游体系，吸引了众多游客慕名而来。此外，该公司还大规模开发建设了亚龙湾邮电分局、卫视中心、燃气站、东西污水处理厂及 15.6 千米的道路等基础设施，为三亚的开发建设和招商引资提供了有利的条件。如今，"东方的夏威夷"已成为亚龙湾乃至三亚的标志广告语。以亚龙湾为龙头的三亚旅游业进入了快速发展阶段，截至 1993 年年底，三亚市年接待海内外游客量已达 85 万人次。[②]

三亚回族社区经商市场随着三亚旅游业的升温不断扩大。回辉村镇政府文化服务中心的孙主任认为："这里的旅游开始升温应该是在亚龙湾开发以后，'天涯海角'升级为 4A 级景区，三亚也开始开发一些景点，比如南山啊，这些小景区得到开发。那时候，回族村没有游客，但是回族村的人是跑到每个旅游景点去

---

① 数据来源：《海南统计年鉴》（1991）。
② 数据来源：《海南统计年鉴》（1994）。

做，回族人是根据市场去做，市场需要什么，他们就做什么。那时候做得比较多的是运输，就是买那种三轮车、面包车，还有销售一些工艺品，还有一些'菜篮子'，就是承包酒店的菜，送菜到酒店，那时候海边没有酒店，就是送到一些好的市里面的酒店。回族人工造的景点哪里都有，反正有人去的地方都有。"自此，回族人的经济水平得到了极大提高，人均收入由1989年的180元增加到"1994年前的1000～2000元"（江振雄，1997）。这一阶段，即1988年到1995年，当地许多瓦房都改成框架式平房，居民的生活得到了极大改善。

（四）回族人充分发挥经商优势参与社区外旅游经营

三亚回族社区居民开始在社区外参与旅游，体现了该社区经济生产方式的变革，由以往较为单一的生产方式转向了多元化的经营格局，主要包括：旅游商品贩卖、旅游相关运输业、"菜篮子"工程。此外，种植、捕鱼仍是回族社区的重要生产方式。

1. 旅游商品贩卖

当地居民经商始于新中国成立前，盛行于改革开放以后，且随着三亚经济的发展，当地回族社区的贩卖商品经商规模、范围和种类逐渐增多。据清真古寺江管寺回忆："早期有少数回族人开始引进一些手表、手机啊，还有古币，到第一市场卖，后来则开始弄一些官银，就是那个银币，用那些银弄一些手镯、耳环之类的，搞一些珍珠等小工艺品买卖。"最后，提篮小卖逐渐盛行，几乎全村妇女都走出了社区，提着一个小挎篮，到景区、市场等地兜售珍珠、水晶、玉器、银器、椰雕等旅游纪念品，其销售产品的种类慢慢由早期的电子产品转向了旅游商品，销售对象也由本地人转向了游客。还有一部分妇女批发水果、蔬菜到农贸市场贩卖，在这个过程中，三亚妇女发挥了她们勤劳能干的品质，成为周边地区称颂的楷模，也成为家庭经济的主要承担者。

2. 旅游相关运输业

回族妇女以经营旅游小商品为主，男性则主要以跑运输为主要生计。自20世纪80年代起，不少家庭就购买了三轮摩托车，在三亚市到天涯海角路段运载往返旅客。1988年三亚升格为地级市，回辉村明城旅馆陈老板说："村民在旅游开发热潮中大量投资购买运输车辆，承包工程、跑运输、挖土方等。（20世纪）90年代初期，随着亚龙湾的开发，游客逐渐增多，不少回族人又陆续改换中巴车和小巴车等，从事交通运输，接送中外游客等，垄断了三亚市场到'天涯海角'的整条路段的运输。"运输业以旅游市场为依托，由旅游建材运输到游客运输，成为社区经济发展的重要一环。例如，回辉村的村民蒲瑞雄，在1983年靠平时积蓄买了一部解放牌卡车，在村内运载柴草和泥砖；赚了钱之后又于1987年购入2部东风牌翻斗车，开始参与旅游基建项目；1990年再添2部翻斗车，这5部车辆在开发过程中大派用场，先后赚了300多万元，1992—1993年，其纯收入就达60万元（马建钊，1998）。

3. "菜篮子"工程

回辉村镇文化服务中心孙主任指出："'菜篮子'，就是承包酒店的菜，送菜到酒店，那时候海边没有酒店，就是送到一些好的市里面的酒店。"回族社区现在仍有部分村民种植蔬菜，或者承包菜地，其产品一部分拿到市场上去卖，也有部分提供给当地酒店，"菜篮子"成为当地社区经济来源之一。

三亚回族在旅游市场的参与除了得益于市场发展带来的机遇外，很大程度上有赖于回族人发达的经商头脑，远胜于其他民族和村落。他们经商有自己的原则，讲信用，不欺骗，赚多赚少一样做，导致三亚的旅游市场长期为回族人所垄断。据三亚凤凰镇政府计生办高主任评论："回族人各种生意都搞，这就是历史形成的，因为阿拉伯人就是以经商为主的。他们的头脑跟（这里的）其他人都是不一样的。"在改革开放以前，受诸种因素的限制，其经商才能缺乏施展的空间，后随着商品经济的发展，特别是社会主义市场经济的正式确立，回族村民们发挥自身能动性和发达的经商头脑，大力发展非公有制经济，使过去这两个远近闻名的穷村，迅速富裕起来。

生产方式的转变带来了三亚回族社区生活方方面面的转变，主要体现在经济收入、居住环境、宗教习俗和教育水平上。人均收入由早期的几十元到1988年的180余元，至1993年，则达到近千元。住房也由改革开放前的茅草房逐渐转变成瓦房，部分发展较好的村民（约50%）在此阶段已经建起了框架结构的平顶房，还有少量2层的小洋楼。宗教习俗也得到了极大的恢复，1978年间，新建了清真东寺和北寺，同时对"文革"期间毁坏的古寺等进行了重修和扩建。据回辉村党支部刘副书记回忆，"两种教育都注重，宗教教育也注重，普通教育也注重"，教育水平得到了极大改善和提高，村里已有几十人开始到云南、甘肃等地交流学习，还有少数人到沙特阿拉伯国家留学，外地归来的学子则进一步完善和推动了当地伊斯兰教的文化发展和宗教教育。

三、旅游稳定发展阶段：社区出现游客造访（1994—2007 年）

（一）凤凰国际机场建设推动旅游运输业进入发展高潮

1994 年 7 月 1 日，总投资达 14.7 亿元的三亚凤凰国际机场正式通航，成为三亚市旅游发展的又一转折点。三亚凤凰国际机场是国内干线机场，目前已开通航线 106 条，其中国际地区固定航线 3 条、国内航线 103 条，临时旅游包机航线 20 余条；与 63 个城市通航，包括国际城市 23 个、国内城市 38 个、地区城市 2 个。由于海南的风景区集中在南部，机场的建设极大地缩短了游客到三亚旅游的时间和交通成本，现在越来越多的游客选择直接飞往三亚的凤凰国际机场。机场年游客吞吐量在 1997 年已达 200 多万人次，至 2012 年甚至高达 2000 万人次。[①]

与此同时，凤凰国际机场的投入建设，也为机场所在地的凤凰镇带来了无限商机。当上百万游客从居民的家门口走过，其所带来的与旅游相关的吃、住、行、游、购、娱等潜在消费力不言而喻。而这一商机仍然是最早为回族社区居民所洞察，回辉村村委哈主任提道："那时候机场虽然建设好了，公共交通有是有，但不太发达。因为我们靠近机场，是凤凰镇的，是本地人，我们有好多待业青年没有工作，国家照顾我们，让我们自己买车去那里拉客。"在机场通航的起步发展阶段，游客交通运输尚未正规化，守候在机场门口的回族车辆，回新村村委蒲主任回忆道，"包括中巴车、面包车、小汽车等有近 400 辆，基本垄断了该机场的客运生意"。当一批批游客从机场大厅走出，司机们便纷纷迎上前去，将游客拉到他们想去的地方。有的司机直接成为游客在旅游期间的专用车司机，甚至与游客建立了长久联系，拥有了一批稳定的回头客。在早期的几年间，机场的私家车生意火热异常，回辉村有一位在三亚湾卖工艺品的村民说："旺季时一个人一天的收入都有好几百甚至上千，但在 2000 年以后，三亚旅游市场逐渐正规化，机场增设了正规的出租车，以及许多景区的专用旅行大巴，回族居民的私家车生意则开始逐渐走向了下坡路。"回辉村农业服务中心员工也指出，近年来尽管"仍有不少回族人在机场附近接客，但收入明显不比以往，旺季时收入可能一天也只有两三百元"。

除经济收益外，机场的建设通航也为凤凰镇带来了大量的客源，这为游客造访社区埋下了伏笔。一方面，游客增多，景区酒店无法承载，自然涌向了景区外围的村庄；另一方面，作为在机场接客的出租车司机，经常成为游客咨询住宿场

[①] 数据来源：《海南统计年鉴》（1998）以及机场员工提供资料。

所的对象，也为回族人提供了带游客回村住宿的机会。

（二）三亚湾"椰梦长廊"的激活带来回族社区游客造访

海南建省以及亚龙湾开发掀起了三亚市的房地产开发热潮，大量盲目投资引发了1992—1993年的房地产泡沫，也给海南三亚的旅游发展造成了一定的负面影响。自1998年开始，国家有关部门及海南省委、省政府为促进三亚优秀旅游城市的创建，发起了一场声势浩大的创优活动。其中由政府强力牵头，以盘活三亚湾路为目标打造亚洲第一"椰梦长廊"的建设工程最引人注目。

三亚湾路全长17.8千米，据回辉村村委哈主任回忆："以前这条路没那么好，就是以前通往军用机场的老路，在海边，不大，就是两道，后来开发把这条路修了一下，改成四道。这条路搞好了，才能带动这块地方的酒店，带动村里面。"如今，三亚湾路沿线已建起了十余家高档酒店，大批房产楼盘涌现。与此同时，三亚对沿路的烂尾楼进行了整治，激活了民间投资，三亚渐入第二轮投资开发高潮，"吃、住、行、游、购、娱"等旅游基础设施也日臻完善。此外，三亚旅游的"软环境"也开始受到重视。2000年，三亚通过了"全国优秀旅游城市"的复核，南山、亚龙湾、天涯海角三大景区被评为全国4A级旅游区，三亚被原国家旅游局（现已纳入国家文化和旅游部）确定为全国21个重点旅游城市之一。自2003年起，三亚连续三年举办世界小姐比赛，各类国际国内大型节事活动也纷纷落户三亚，三亚的旅游业稳定发展，逐渐成为三亚市的主导和支柱产业。截至2006年年底，三亚市年接待旅游过夜游客达455万人次。[①]

持续的游客增长不断地突破着三亚的市场接待容量，旅游旺季的游客量逐渐超过了三亚市酒店的接待能力。在政府的引导下，游客开始走进了景区周边的社区，而地处三亚湾腹地的回族村自然也成为游客造访的社区之一。有凤凰镇政府文化服务中心工作人员认为："三亚湾开发可以说对回族村的旅游有比较大的推动。那时候，村里面开始有游客。"因为回族村的生活习俗毕竟和其他民族存在一定的差异，直至2005年左右，村里才开始出现一两家家庭旅馆，接待少量的游客。市场的发展必然带来新的商机，当地回族人敏锐地捕捉到这个机会，开始投资兴建宾馆。华芳假日酒店李经理指出："2005年，回族社区（回辉村）有了第一家酒店，即为目前的华芳假日酒店。此后两年，社区游客慢慢增多，家庭旅馆和酒店业开始进入起步发展阶段。"回族社区的旅游发展也由社区外参与逐渐走向社区内接待，旅游经济实现了稳步的增长。

---

① 数据来源：《海南统计年鉴》（2007）。

（三）回族社区游客造访出现标志着旅游接待业发展起步

凤凰国际机场的建设和三亚湾的改造开发再一次推动了三亚旅游市场的快速发展，三亚市的游客数量由 1997 年的 132 万人次①迅速增长到 2006 年的 455 万人次，实现了 10 年间的翻倍，游客数量的增长速度超过了接待市场的增长速度，溢出到了附近的社区，而三亚回族社区不仅毗邻机场，更背倚三亚湾，回族居民借着运输的便利条件，将游客带到了家中居住。从此，游客市场开始蔓延到社区，社区经商也开始从外围景区流入了社区内部。

这一时期是三亚回族社区旅游业稳步发展的阶段，一方面，旅游运输业走向高峰；另一方面，社区内旅游接待业发展刚刚起步。此外，旅游商品仍然占据经济生产的主导地位，并逐渐走向产业化。

1. 旅游运输业

这一时期的旅游运输业主要分为三大部分。一部分为市内运输，由 20 世纪 90 年代的 68 部中巴车发展而来，几乎垄断了三亚市鸿港市场至天涯海角的线路。2004 年，三亚公交系统正规化，社区自主成立了"新辉""伊辉"两家公交公司，以 16 路公交运行鸿港市场至天涯海角的路段。另一部分则是在该时期兴起的私家车，回新村村委会文书海先生指出："在机场都有三四百台车，就是那种私家车、小汽车。虽然机场不允许有'黑车'，但是这种情况还是一直存在的，那没办法，我们就是靠这个啊，我们土地都没有。"还有一部分"就是搞工程的，少说有五六十辆了，就是给那些建筑工程拉货的。开三轮车的也有啊，基本上是本村人，只有少数是外来人，这个多，现在差不多有五六十辆，他们没有管理，每天想出来就出来，不想出来就休息。（所以）还是凤凰国际机场建设对我们这里的推动作用更大"。

2. 旅游接待业

机场建设和三亚湾的开发推动了三亚旅游市场的扩大，三亚接待容量不足。凤凰镇政府文化服务中心孙主任指出："在政府的鼓励下，从 2004、2005 年开始，村里有了家庭旅馆。那时候家庭旅馆也是我管，当时在节假日的时候，三亚游客的房间比较短缺，村民们不是盖了小洋楼嘛，就是发动他们把剩余的房间给游客住。那时候的家庭旅馆大概有五六家。村里开始盖小洋楼应该是从（20 世纪）90 年代开始，当时最多人盖了，一般都是两三层以上的。"同时，游客也想

---

① 数据来源：《海南统计年鉴》（1998）。

要在景区周边寻找价格较低的住宿地，回新村村委会文书海先生回忆道："那个时候我也是搞旅游的，就是帮游客在村里面找住的。那些游客是他们搞运输的拉过来的。那时候也不是家庭旅馆，有的就是村里面的人拉客，然后就把游客拉到他家里住。这个主要是由游客和他们自己达成协议的嘛，因为有些游客也想住得便宜一点，宾馆、酒店房价都很贵啊，春节房价涨得更是厉害。"

3. 旅游商品业

三亚回族社区妇女经营旅游商品的规模随着改革开放以来旅游业的发展不断壮大，成为村内的主导产业。至 2001 年，回辉村的 1868 个劳动力（总人口为 3095 人）中就有 1500 个从事批发与零售业，而回新村的 1673 个劳动力（总人口为 2979 人）中则有 1350 个从事批发与零售业；随着接待业的缓慢发展，零售业规模小有下滑，但是核心地位仍然不变，至 2007 年年底，回辉村总人口为 3391 人，劳动力人口为 1955 人，其中从事批发与零售业的人口就有 1102 人，占到了总人口的近 1/3 和劳动人口的近 60%；而回新村总人口为 3276 人，劳动力人口为 1808 人，从事批发与零售业的人口就有 740 人，占到了总人口的 1/4 以上和劳动人口的近 50%。[①] 与此同时，旅游商品，尤其是珍珠、水晶等工艺品逐渐形成集养殖、加工、批发、零售为一体的产业化发展。

家庭旅馆的出现也得益于长期经商带来的收入增加和居住环境改善。至 1997 年左右，两个回族村 100% 的家庭都住上了瓦房和平顶房，且 71.4% 为楼房和框架结构的平房（江振雄，1997），而 2～4 层的小洋楼如花园别墅一样，不仅外表美观而且居住舒适，为接待游客创造了条件。回辉村党支部副书记告诉笔者，从人均收入来看，"回辉村 1994 年全村农民人均收入仅 1000 元，2000 年达到 3000 元，2006 年则达到 6000 元左右"，呈逐年上升的势头。凭借城市化带来的机遇，发家致富的回族居民不胜枚举，如声名远播的妇女企业家蒲玉娥、哈玉梅等，更是引发了整个社区的经济变迁和社会变迁。

四、旅游快速发展阶段："候鸟"的天堂（2008 年至今）

（一）国际旅游岛引发房地产热

2008 年 4 月 25 日，海南省人民政府首次发布《海南国际旅游岛建设行动计划》，国际旅游岛建设正式启动。2009 年 12 月 31 日，国务院办公厅发布了《国

---

① 数据来源：三亚市凤凰镇政府统计办经济统计报表（2001、2007）。

务院关于推进海南国际旅游岛建设发展的若干意见》，这意味着海南国际旅游岛建设上升为国家战略。2010 年 1 月 6 日，国务院新闻办公室在北京召开海南国际旅游岛新闻发布会，向国内外宣传推介海南国际旅游岛。自此，国际旅游岛成为国际范围内的热点话题。

三亚也在这一政策的逐步开展下，进一步掀起旅游发展的热潮。一方面，游客数量保持快速的增长，2008 年三亚市年接待旅游过夜游客 618 万人次①，2012年接待过夜游客 1102.22 万人次②。庞大的游客市场意味着巨大的商业市场的萌发，包括住宿接待业、交通运输业、旅游商品业等，而三亚回族社区的旅游产业也在三亚整体市场的壮大中逐渐发展完善。另一方面，国际旅游岛的建设再一次掀起三亚投资的热潮，三亚土地持续升值，包括三亚回族社区在内的土地很快变成寸土寸金的高价投资地皮，三亚回族社区的文化独特性在将大量投资者拒之门外的同时，也开始逐渐吸引外地回族投资商的目光，尤其是 2008 年以来，慕名来三亚过冬的穆斯林游客逐渐增多，当地开始出现大量合资建房的现象。华芳宾馆李经理指出："后来就是搞国际旅游岛开发，海南的房地产商互相竞争，土地就值钱了，内地人就拿钱来跟这里的回族人合作盖房子，盖了很多宾馆。就是内地的穆斯林跟他们合搞，或者在村里面，或者在外面。产权属于回族人，例如，我拿一千万元，投资你这里，然后一起分红多少年多少年，这样很快就促进了这种中小型酒店企业的发展。"与此同时，村内出现了越来越多的外地回族人来此经商，大多经营兰州拉面馆，部分在村内使用三轮车拉载过往村民及游客。总之，国际旅游岛发布以来的近五年间，三亚回族社区进入了以地产开发、住宿接待为主的快速发展时期，旅游产业与社区不断融合。

（二）回族社区成为"候鸟的天堂"

国际旅游岛开发浓缩至三亚回族社区，则很明显地推动了社区内的旅游产业开发，尤其是房地产的发展。近几年，村内高楼大厦拔地而起，据回新村内开杂货店的蒲小姐反映，"大部分都是 8 层左右，近两年则逐渐走向 10 层及以上。这些楼房大部分都是和外地回族人合伙盖的，本地人出地，外地人出钱，盖好的房子分层居住，比如盖 10 层，就五五分层，6 层以上的房子基本上都是用来做家庭旅馆的"，有部分位于凤凰路路边上的高楼则是作为酒店宾馆接待团队游客的。也有部分高楼是本地有钱人自己出钱修建的，主要是为了接待从内地来过冬的

---

① 数据来源：《海南统计年鉴》（2009）。

② 数据来源：三亚旅游官方政务网（http://gov.sanyatour.com/tongji_ show.asp? id = 50），发布时间：2013 - 01 - 31。

游客。

这一阶段，是"候鸟市场"在三亚回族社区飞速发展的时期。三亚是我国唯一的热带滨海旅游城市，四季如夏。从青海前来过冬的一家四口指出，"西北内陆地区冬季严寒，许多老人患有肺心病，难以承受"，随着三亚旅游发展，三亚回族也逐渐为外人所熟知，加上两个穆斯林村落都保存着传统的伊斯兰文化，有6座清真寺可供礼拜，据大东海旅游公司下岗职工蒲先生反映，"内地的穆斯林特别是老年人都很喜欢来这里，因此来这里过冬的回族人逐年增加，每年的10月份到次年4月份，是当地的旺季，内地如青海、甘肃、宁夏等地的穆斯林，都来到这里过冬"。三亚凤凰镇政府计生办主任也指出："2008年的时候，来回辉村过冬的游客就有很多了，差不多有两三千人，2010年有四五千人，去年（2011年）有上万人。来这里过冬的人都是信仰伊斯兰教的，都是来自西北的。"冬季游客的增加，一方面，进一步促进了当地房地产的发展，导致村内鳞次栉比的高楼涌现；另一方面，也拉动了三亚回族社区旅游经济生产的各个方面，尤其是饮食、旅游商品等，来此经营兰州拉面馆的外地回族人越来越多，社区内的工艺品店也逐年增加。

由此，社区已初步形成多种产业并举的现代旅游经济体系，包含旅游运输、珍珠水晶加工与酒店餐饮等，且相关产业逐渐转向专业化旅游经济模式。社区内所有的适龄劳动力都从事与旅游相关的行业，回族村成为公认的三亚"首富村"。但是，由于经营水平和经营能力等各方面因素的差别，社区内的贫富差距逐渐增大，一方面，一批杰出的社区企业家涌现，开创了如"世纪晶源"和"青云连锁饭店"等优秀企业，成为社区内的富豪；另一方面，部分社区居民仍然以捕鱼为生，生活条件艰难，贫富差距的扩大逐渐加速了回族社区的社会分化。

旅游产业在社区内的入侵也改变了社区的生活，如大量高楼的密集建设压缩了社区的开放空间，也改变了当地的建筑景观。据回新村的杨先生回忆："这里盖的房子以前是一些欧式别墅，有波斯风格的，有阿拉伯风格的，各种风格的都有，但是现在都是很普通的房子，主要是村子小了，没有土地。"可见，回族社区正在旅游发展的推动下经历着一场社会空间的快速生产变革。

五、小结

综上所述，三亚回族社区以旅游参与为发展起点，其旅游发展历程不仅与改革开放等促进三亚发展的大事件相关，也与三亚的旅游发展趋势相一致（如图3-3所示）。

从三亚回族社区的旅游发展历程可以看到，旅游发展的历史过程也就是三亚回族社区生产方式发生转变的过程，由以往的捕鱼为主到社区外的旅游参与再到社区内的游客接待，最后演变为冬季游客市场，逐步推动社区的经济发展与各方面的生产变革。因此，分析三亚回族社区的空间生产必须以生产方式的转变为切入点来探索空间生产的过程，而旅游正是通过社区生产方式的变革推动了社区的发展。

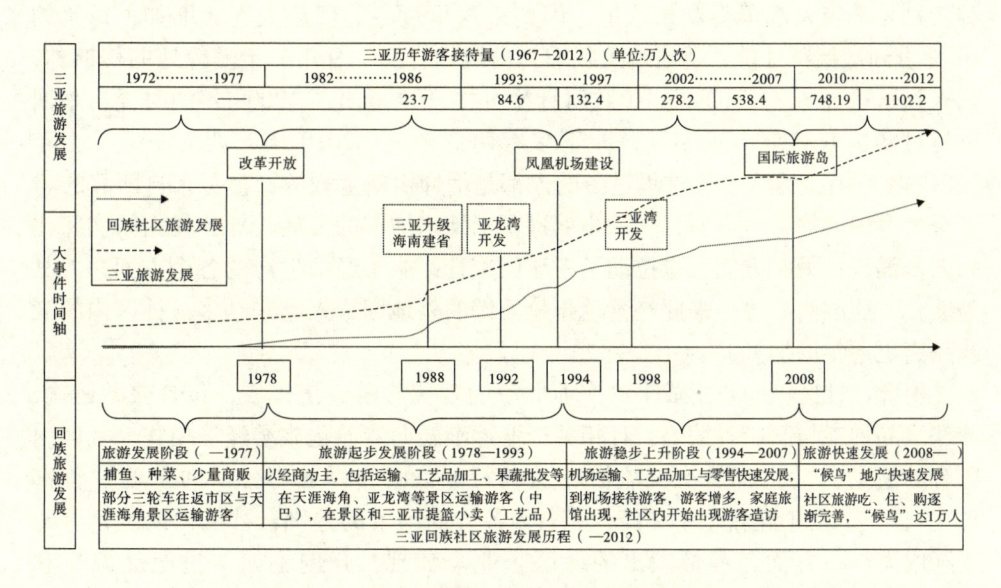

图3-3　三亚回族社区事件与旅游发展历程①

第二节　生产空间、游憩空间与生活空间变化过程

每一个社会、每一种生产模式、每一种特定的生产关系都会生产出自身独特的空间（Lefebvre，1991）。可见，生产方式的变化体现着社会空间生产的过程。三亚回族社区由于缺少土地，在旅游发展的带动下，社区居民充分发挥善于经商的民族传统，进入了以旅游参与为主要生产方式的生产过程。但与一般民族旅游地不同的是，三亚回族社区并不以自身独特的民族文化作为吸引力发展民族旅

---

①　三亚游客接待量来自《海南统计年鉴》（1987、1994、1998、2003、2008、2010、2012）。1972—1982年无数据统计。

游，而是从参与社区外旅游活动开始，从一个旅游发展的边缘社区逐渐成为一个"候鸟型"游客集中的社区，演绎了社区生活空间、生产空间和游憩空间从分离到融合的独特过程。要明晰这一过程，首先要了解两个方面的变化：一是生产方式的不断转变，二是游客在社区的逐渐涌现。

一、生产方式的转变

三亚回族社区伴随着三亚旅游的开发步伐，其生产方式发生了重大的转变。

（一）渔农经济

该社区在新中国成立不久后的生产方式有三种：一种是打渔，一种是种菜，一种是做生意。其中，靠海捕鱼是其最主要的生产方式，尽管村子周边当时有着大片荒地，但不善垦地耕作的回族居民并不去开垦这些土地。据回辉村镇政府文化服务中心主任提及："那时候村里的地都是那种荒地嘛，每一家只有一点点的住宅地。而且回族人都不懂得农业，也不开荒，加上日寇侵略时发生的从现回新村到回辉村的迁徙，也使得当时的生活极不稳定，海边以及村内的田地是他们生产劳作的主要地方，生产生活自给自足。"回辉村党支部刘副书记也说道："新中国成立后，三亚回族社区经历了长时间的计划经济，全村一共有 10 个生产队，其中 7 个生产队捕鱼，3 个生产队种菜。"后来，部分人雇佣周边汉族人、黎族人捕鱼种菜，也有人前往三亚市场倒卖古币、港元等，但由于受到"文革"的冲击，这些经商者也是零零散散。因此，生产方式和空间范围在那时并未发生实质性的转变。

（二）社区外少量旅游参与

改革开放后，海南三亚，也就是当时的古崖州与外界的沟通逐渐增多，已有少数为天涯海角慕名而来的外地游客，三亚回族人正是从此时开始慢慢转向了运输和经商行业。一部分人开三轮车到三亚市场和天涯海角之间运载过往游客或行人，一部分人仍是以到市场、港口等地倒卖古币、手机、手表为主，还有一部分人开始在市场摆摊批发水果、蔬菜，而海边的渔船和村里的菜地则大部分是由从外地雇佣来的汉族人或黎族人进行捕鱼或耕种。此时，人们的生产方式已经逐渐由农、渔等第一产业转向了经商等副业，生产空间则主要遍及社区外三亚市的各个人流集中地，如第一市场、天涯海角、码头等。尤其是 1988 年的海南建省以及 1992 年的亚龙湾开发推动了三亚的旅游发展，三亚的游客逐渐增多，也带动了三亚回族社区的旅游参与。一方面，回族人开始筹资换购中巴车，基本垄断了从第一市场到天涯海角的游客路线；另一方面，回族妇女敏锐地发现了商机，纷纷到广东等内地城市批发水晶到景区等游客集中的地方提篮小卖；还有部分回族人则开始向一些宾馆和酒店提供蔬菜，俗称"菜篮子"工程。此时，三亚回族社区的生产已经逐渐依赖于三亚的各个景区的旅游发展，从事运输业和零售业的人员占到了就业总人数的30%左右。居民在社区外参与旅游，而三亚回族社区却依然保持平静的生活，与外族无扰，只是生活水平有所提高，慢慢改变了社区的生活条件。

（三）社区内接待出现

凤凰国际机场的建设给正位于附近的回族社区带来了又一次商机，机场至各个景区的交通运输在开始几年内几乎都被两个回族村的村民所垄断，回族人纷纷购买了小汽车、大巴车、面包车等到机场拉客。尽管在2004年左右，机场交通运输管理开始正规化，但回族村由于得到政府政策的宽松对待，仍然保持了到机场接客的权力。工艺品零售业也持续增长，至2007年年底，运输业及零售业就业人员占总劳动力的近80%（如表3-1所示）。机场成为三亚回族社区生产的又一个重要场所，加上三亚湾的改造开发，"椰梦长廊"的激活第二次推动了三亚旅游市场的增长，游客的快速增长导致住宿需求的总量已经突破了三亚酒店业的接待量而被迫转移到景区周边的村庄，背倚三亚湾的回族社区以其独特的文化氛围和机场运输的便利优势也开始有了将游客拉到村内居民家住宿的体验。到2005年，村里开始出现少数几家家庭旅馆，主要是以家境较好、2～4层小洋楼的村民住宅为主。而后，第一家宾馆——华芳宾馆（由当地回族人投资兴建）正式开始营业。之后的两年，家庭旅馆和宾馆在三亚回族村逐渐增多。与此同时，外地穆斯林慕名而来，在此承包经营兰州拉面馆等餐饮业，因为回族居民特殊的饮食习惯，不允许汉族人进入，而三亚回族人本身又不善经营饮食行业，所以激活了内地回族人市场的发展。但是，回族村的村民也开始在村里经营珍珠、水晶等旅游工艺品店。此后，凤凰路边上因为游客的出现，渐渐形成一条集吃、住、购为一体的旅游商业街。由此，回族人的生产方式开始向社区内的住宿接待业拓展，生产空间由社区外拓展到社区内。

第三章　民族社区社会空间生产的过程与表征 | 59

表 3 - 1　回辉村、回新村乡村劳动力资源及主要行业分布①

（单位：人）

类别＼年份	村名	1993	2001	2007	2011	2012
总人口	回辉	2546	3095	3391	3573	3574
	回新	2279	2979	3276	3442	4023
劳动力	回辉	737	1868	1955	2060	2080
	回新	736	1673	1806	1926	2000
从业人员	回辉	—	—	1955	2000	2022
	回新	—	—	1722	1766	1834
农业②	回辉	201	8	325	40	42
	回新	316	0	120	65	62
工业	回辉	0	0	40	52	60
	回新	0	0	36	35	40
建筑业	回辉	0	0	0	0	0
	回新	0	0	0	12	10
交通、仓储与邮政业	回辉	208	150	350	410	380
	回新	98	110	360	480	490
信息传输、计算机和软件业	回辉	0	0	8	25	26
	回新	0	0	5	30	31
批发与零售业	回辉	102	1500	1102	1126	1160
	回新	30	1350	740	750	780
住宿和餐饮业	回辉	0	0	110	347	342
	回新	0	0	456	380	402
其他	回辉	226	100	20	0	12
	回新	93	100	5	14	19

①　数据来源：三亚市凤凰镇统计办、回辉村村民委员会、回新村村民委员会。1993 年和 2001 年的统计表与之后的稍有差异，前者分类为交通和邮政业、商业、饮食业物质供销和仓储业，表中直接按照后者分类进行统计，可能稍有误差。

②　1993 年，回辉村有耕地 196 亩，回新村有耕地 131 亩，另有 9 人从事林业，7 人从事牧业，183 人从事渔业；2001 年，回辉村有耕地 138 亩，有 8 人从事牧业，100 人从事渔业，回新村有耕地 181 亩，有 8 人从事牧业，105 人从事渔业；2007—2011 年，耕地面积不变；2012 年，回新村有耕地 125 亩。

（四）社区内外广泛参与旅游

国际旅游岛的建设从 2008 年开始在海南岛推行，吹响了三亚市旅游发展的号角，游客量持续快速增长，同时也掀起了又一轮房地产热潮。随着市场的不断扩张，三亚市的温暖气候和三亚回族社区的宗教传统逐渐为内地回族人所知，引来了大量的冬季游客，也引发了内地穆斯林来此投资建房的高潮。近年来，在社区内合资建房经营家庭旅馆的村民翻倍增长，有 30% 的村民都盖起了 8 ~ 10 层甚至更高的楼房，有的是内地穆斯林与本地人分层建设，作为冬季度假场所；有的则是投资商（也是穆斯林）投资建设，然后卖给外地回族人，而本地回族人则以自己的宅基地和少量的菜地为资本，分得其中的一部分供自己居住，同时拿出部分租给外地回族人，获得一定的经济收入。回新村开珍珠店的蒲女士说："以前都是本地人自己盖自己住，现在这几年就开始合伙盖。有自己做旅馆的，也有合伙的，合伙的就看他们怎么分啊，他们有合约嘛，内地人一部分，他们一部分，多余的就租出去。有些有钱人也自己盖房子然后租出去，因为大家都想要赚点钱嘛。"同时，凤凰路边上的高端酒店、兰州拉面馆、工艺品店、水果店等逐年增加，如表 3-2 所示。各种经营方式主要在 2005—2012 年出现，回族社区已然成为一个旅游接待社区，社区生产与生活功能实现一体化。

表 3-2　回辉村、回新村个体商户各年开业户数统计①

（单位：户）

类别 ＼ 年份	村名	—2004	2005—2007	2008	2009	2010	2011	2012
工艺品	回辉	0	2	3	0	0	0	5
	回新	0	2	1	0	0	0	2
兰州拉面（饮食）	回辉	0	2	1	1	7	1	1
	回新	1	2	0	1	0	0	1
水果批发（蔬菜）	回辉	0	4	1	1	0	3	2
	回新	0	5	3	3	2	3	1

---

① 数据来源：根据凤凰镇工商所统计数据整理而得。"—2004"意为 2004 年以前。该数据比实际情况只少不多，因为有许多宾馆和店铺并未到工商所登记注册。

续表 3-2

类别＼年份	村名	—2004	2005—2007	2008	2009	2010	2011	2012
日用品、酒店用品等零售（商行、超市）	回辉	2	6	5	9	2	8	13
	回新	3	6	2	4	3	4	4
建材	回辉	0	5	0	1	3	1	2
	回新	1	1	5	7	8	9	11
交通运输（汽修）	回辉	2	5	0	0	1	1	0
	回新	1	3	2	1	0	1	1
住宿	回辉	0	2	2	2	3	3	2
	回新	0	1	0	0	1	2	3
其他	回辉	0	1	1	1	0	1	1
	回新	1	1	0	1	1	1	1

二、社区游客的造访

从改革开放一直到三亚凤凰国际机场建设，乃至三亚湾开发以前，回族社区作为一个旅游边缘社区默默地承载着三亚市旅游景区的后方劳动力输出功能，三亚市市区至景区的运输，三亚鸿港市场（即原第一市场）、天涯海角、大东海、亚龙湾、南山、蜈支洲岛等景区的零售业都成为回族人的经济生产来源。社区外不论回族人如何将生意做得风生水起，社区内都依然保持着千百年来的平静和独立，与外界相对隔离，村民的日常生活等各方面都在自我的运转过程中发生着细微的变化。

直到 20 世纪 90 年代后期，回族人为了方便旅游经商，将自家菜地租给外地黎族人种植，甚至聘请了家庭保姆，外来人开始涌入社区。2005 年，游客数量在三亚快速膨胀，全市的星级饭店累计接待过夜游客高达 406 万人次，[1] 大量游客带来的消费需求扩张到了景区边缘的社区，也包括三亚回族社区，而且，该社区独特的宗教文化导致来此的游客主要是内地的穆斯林群体。2005 年，只有少量的游客坐着三亚回族人的车来到这里，当时政府鼓励社区发展家庭旅馆，以缓

---

[1] 数据来源：《海南统计年鉴》（2006）。

解酒店接待能力不足的问题，而回族村内已有不少村民在多年经商的过程中发家致富，盖起了 2～4 层的小洋楼，由此为接待少量穆斯林提供了方便。随后，口碑传播效应的发挥使得伊斯兰文化浓厚的三亚回族村逐渐为越来越多的内地回族人所了解，来此住宿的游客越来越多，渐渐地打破了当地社区宁静的生活。另外，游客的增多也带来了流动人口的增加，不少内地回族人发现了本地的商业市场，开始来到这里租地，经营兰州拉面馆。据凤凰镇政府计生办职员哈先生说："原来在这里只有一家兰州拉面馆，过两年后又多了一家。那时候大家也都想知道内地的拉面味道到底是怎样的，大概就是从 2006 年开始，到 2008 年和 2009 年就增加得比较多。很快的嘛，你在这里搞，你跟老家打个电话说这里生意不错，所以大家就都过来了。"由此，当地回族人社区的生活打开了对外的窗口，新的人、新的物、新的关系融入当地社区的日常生活中。

国际旅游岛开发政策公布以后，整个海南岛都成了举世瞩目的焦点，三亚市的地产再次炙手可热，三亚回族社区也在闪光灯下被点亮。越来越多的内地回族穆斯林来到村里，一部分是为投资，一部分是为过冬，还有一部分是为经商。投资者看中了三亚回族社区的冬季游客市场，他们来到这里和本地的居民协商，由本地人出地，他们出资建房，建好的房子按一定的比例分层，有的四六分，有的五五分，投资商的房子或者供自己家人或亲戚过冬，或者转手卖给其他外地回族人，从中获得高额回报。目前，两村外地投资商不下百户，在回新村，由新疆人开发的就有三四十栋。过冬游客则是所有其他外来人口出现的主要动力，在 2008 年至 2012 年的 5 年间，过冬游客直线上升，由 2008 年的几十、几百人发展到了 2009 年的两三千、2010 年的四五千、2011 年的六七千人，到 2012 年，据当地居民估计，在两村过冬的游客多达上万人。而外来经商的流动人口也随之增加，不仅有回族人，还有许多来自其他民族的人，尤以 2010 年和 2011 年涨幅较大（见表 3-3）。其中，回族人大部分来自甘肃、新疆、云南、宁夏以及东北三省等地，汉族人则主要来自河南、湖南、湖北、四川、广东、广西、安徽等地。大量的人流涌入回族社区，冲破了社区原有的生活边界，渗透到当地日常生活的各个角落，侵占并使用了社区的空间，参与到三亚回族生活生产的实践中。

第三章　民族社区社会空间生产的过程与表征 | 63

表3-3　外来人口流入时间及民族组成①

（单位：人）

年份 / 村名	外来人口流入时间								民族组成		
	2005	2006	2007	2008	2009	2010	2011	2012	回	汉	其他
回辉	10	12	21	2	4	63	48	14	46	133	11
回新	8	6	13	9	12	70	56	9	38	155	1

三、生产和生活空间从分离到融合的过程

三亚回族社区作为一个少数民族社区，其旅游发展并不以自身民俗文化为吸引物，而是以社区外旅游参与为起点，生产方式的转变和游客在社区的出现表征着三亚回族社区的发展过程，也演绎着该社区生产空间、生活空间以及游客游憩空间从分离到融合的独特路径。

（一）生产空间与生活空间相邻

改革开放以前，三亚回族社区居民主要以靠海捕鱼和农业种菜为生，大海和田地是当地主要的生产空间，村民以渔业和蔬菜自给自足，总结出一套生产生活的规律。例如，回辉村在外跑生意的赵先生说："那时候的生活比较规律，一般都是在月亮下落时捕鱼，月亮刚升起的时候是捕不到鱼的。"由于人数较少，村子内有部分田地可供种菜。在"大公社"时期，政府给人民分了土地，位于村子附近，即现凤凰水城所在地，以前都是种稻谷的田地。

当时，不仅三亚、海南，甚至整个中国都处于一种闭门造车的状态，这里的回族社区由于其特殊的宗教文化和信仰，一直与其他民族保持着相对独立的关系，社区内生活空间仅为本地回族人居住，与其他社区交流较少。社区生活空间和生产空间基本处于相邻的状态，村内少量田地也是位于村子外围，如图3-4所示。

———————————

① 数据来源：凤凰镇计生办统计数据，以登记时间为依据，可能与真实情况稍有偏差。其中，在2005年以前回辉村已有流动人口15人，回新村已有11人。

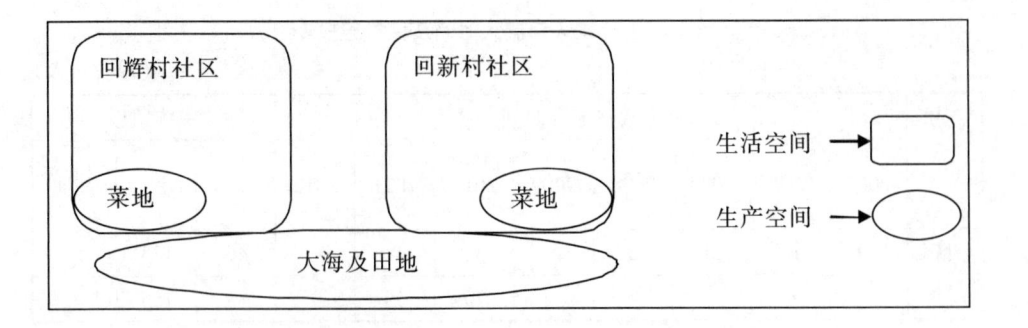

图3-4　回族社区生产空间与生活空间的早期相邻状态

（二）生产空间、游憩空间与生活空间的分离

改革开放后，特别是海南建省、三亚升级为地级市转变了整个海南岛的发展方向，旅游成为发展的主导产业，滨海区域作为重要的资源被开发，回族居民赖以生存的大海不再是他们的所属空间，而是由政府来控制。但是，在一段长时间内并未得到有效开发，游客较少。仍有部分回族人到海上捕鱼，只是规模逐渐缩小。据清真古寺的江管寺反映："以前大家都打鱼，后来都打不了鱼了，那些海边都被国家收去做旅游点了，所以，我们基本没有什么收入了。"另外，捕鱼业的衰退也是商业崛起导致的后果，回辉村党支部刘副书记指出："那个时候虽然搞改革开放，但我们毕竟是从落后的状况过来的，所以还是很贫穷。也有人继续打鱼，但是做生意的就不去打鱼了。那时也有海边是允许打鱼的，不过是季节性的，不多。生产队还是在的，六个生产队有六艘渔船，但是，抓鱼时都是请附近那些农民来做的，就是给钱他们，因为村里面的回族人都开始做生意了。"此外，回族人原有的在海边的田地被政府批给了凤凰水城建设房地产，以大海为依托的生产空间逐渐缩小。

另外，在这段时间，市场的小商品倒卖、果蔬批发以及第一市场至天涯海角的交通运输成为当地回族人的主要生产方式，三亚市场和天涯海角、亚龙湾等景区成为三亚回族社区新的生产场所。据凤凰镇政府计生办高主任说："有人开始引进一些电子产品、手表啊，到第一市场去卖手机。大概是从1988年开始发展旅游，在开始时就是卖卖珍珠那些产品，还有人弄一些官银拿去卖，就是那个银币嘛。很多人就是在一些比较好的景点做些小买卖，男的就去搞一些旅游运输啊，他们就是根据市场的需求去做一点生意。"

此外，游客出现带来游憩空间的产生，且与回族社区的生产空间发生了较大的交叉和重叠，回族人的商品销售对象逐渐由本地人转向游客，销售产品逐渐由电子产品转向旅游商品。在这一阶段，社区内的生活仍然保持相对的平静，但社区外的经济交流越来越广泛，社区生产空间、游客游憩空间与社区生活空间处于相对分离的状况（见图3-5）。

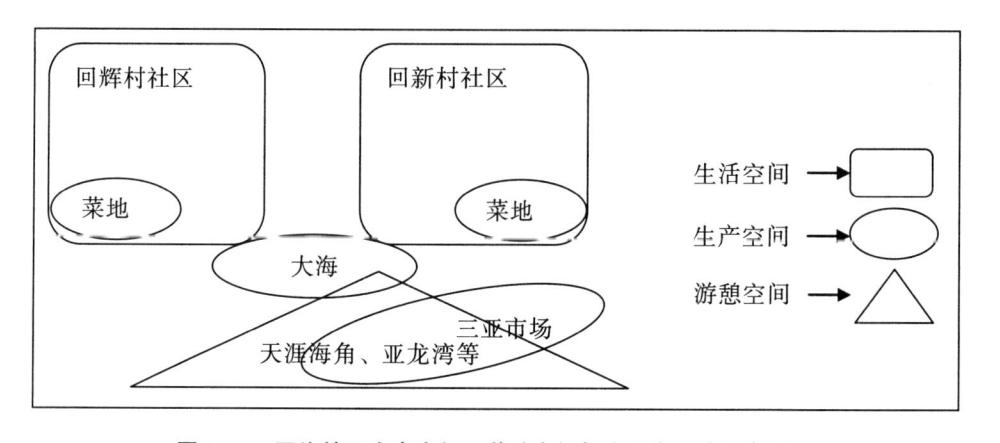

图3-5　回族社区生产空间、游憩空间与生活空间的分离状态

（三）生产空间、游憩空间与生活空间的部分交叠

凤凰国际机场的建设、三亚湾的开发将三亚回族社区的旅游参与推向了高潮，不仅规模逐渐壮大，范围逐渐广泛，经营方式也逐渐多元化。社区的生产主要依托旅游区的发展而进行，包括到天涯海角、亚龙湾、三亚湾、南山寺、大东海等景区销售旅游工艺品，还有到凤凰国际机场接待游客。据凤凰镇政府计生办哈先生反映："到了1991年，机场开始建设，我们就去买车了。那时候，只有我们两个村有车到机场里面去拉客，其他地方的人都是后来的。因为机场靠近我们这里，我们进去里面比较有优势，那时候用的就是中巴车、小汽车。村里的妇女都很勤劳，她们去亚龙湾、大东海、天涯海角那里卖珍珠都可以过日子了，一天有几十块钱，那时候，几十块钱都可以够两天的生活费用了。"此时，社区的生产空间与游客的游憩空间基本重合，因为游客的所在即是回族人经商之所在，只有少数人仍在市场从事一些其他生意，如果蔬贩卖等。

游憩空间的不断扩张逐渐触及周边的社区。三亚回族社区由于靠近凤凰国际机场和三亚湾，也开始有了游客的涉足，社区餐饮住宿接待开始出现，伊来顺酒店的海先生指出："凤凰国际机场就是靠近我们村庄，因为客流量就是从这里出来，客人出来后肯定要先找酒店住、找吃饭的地方，我们村就是吃饭、住宿都非常方便嘛。"社区部分的生活空间成为生产空间，相关的一些商业经营也逐渐走向社区内。

66 | 旅游社区的社会空间再生产

而社区的生活空间不仅与生产空间、游客的游憩空间发生了一定的交叠，也随着发展而不断扩大。据回辉村村委会哈主任回忆，"回辉村由以前仅分布于凤凰路北侧内（4 村），发展到现在凤凰路两边（1、2、3 村）"。回新村的生活空间也逐渐侵蚀了村外围的菜地。在这一时期，社区边界被打破，不仅有了外来打工的人，也有了少量游客。该过程如图 3-6 所示。

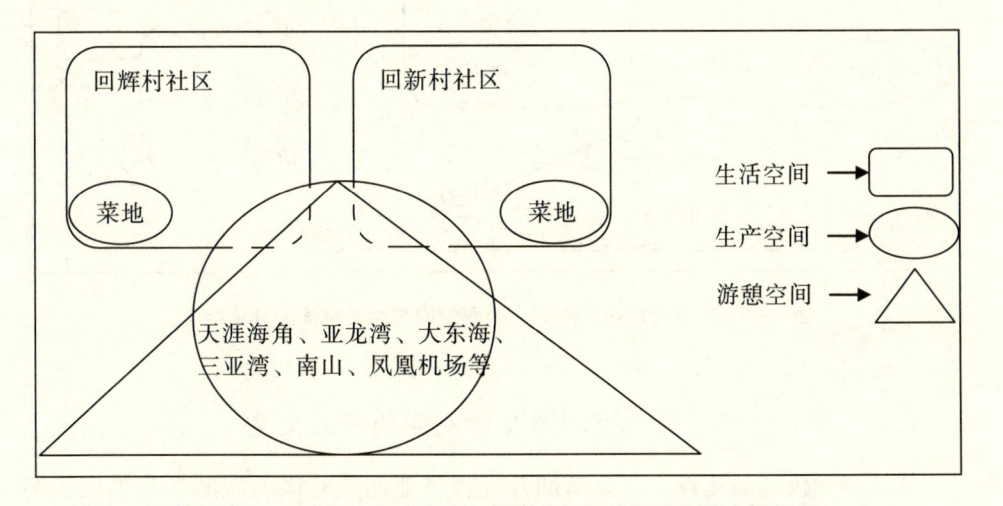

图 3-6　回族社区生产空间、游憩空间与生活空间的交叠状态

（四）生产空间、游憩空间与生活空间的融合

国际旅游岛政策的推行引发了海南三亚的第二轮房地产热，三亚旅游市场持续增长。在原有旅游工艺品和旅游运输业稳定发展的基础上，以接待过冬游客的房地产建设在三亚回族社区内迅速增加，回族村成为内地"候鸟"型游客的天堂。据在三亚做云南米线生意的老板反映："国际旅游岛开发以后，这里房价变高了，就开始有人来投资盖房。冬天的时候，就有很多人来这里过冬，很多人是来自西北的，满条路都是，总共可能有四五千人。这里的生活也不见得被打乱。不过到了冬天，这里的日常用品都会变贵。到时人多了，本来现在两块、三块钱一斤的青菜，到了冬天就要五六块钱一斤。我们用的那个葱，到了春节时，就要十七八块、二十块钱一斤，到了冬天，野菜就要四五十块钱一斤，在这里种菜卖都赚钱啊。这里盖房子是外地人投资的多，越来越多，现在这里的房子有上百栋。外地人来这里投资建房后又卖给内地人。你喜欢就买了，买 60 年的使用期。租房的也有。这也没什么不好。"这一切反映了社区的生活空间已经与生产空间、

游憩空间发生了极大的融合，外来游客的介入、经商者的介入都影响到了该社区的生活。社区的生活空间逐渐向着多功能方向转变，既承载了本地人的生产与生活功能，也承载了游客的游憩休闲，还有部分外地人的生产功能（如图3-7）。

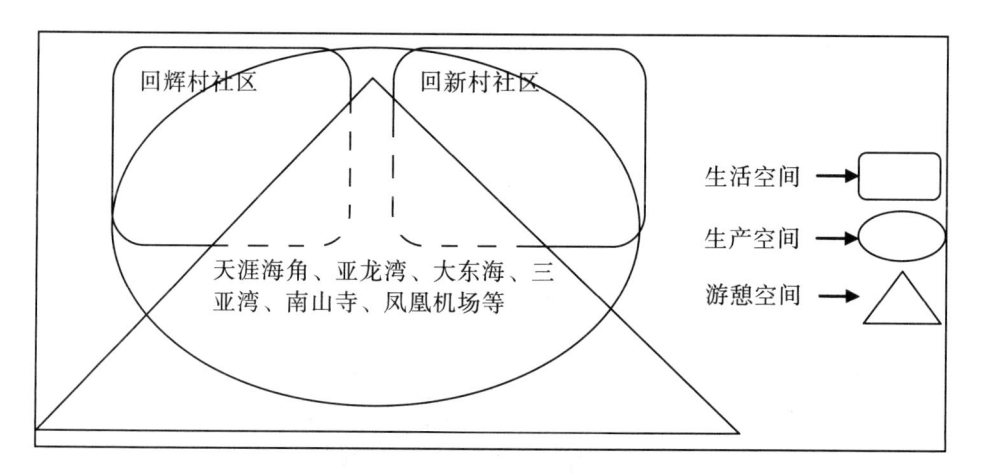

图3-7 回族社区生产空间、游憩空间与生活空间的融合

但是另一方面，由于该社区文化的独特性，来此旅游的主要以穆斯林游客为主，他们选择该社区，一方面是因为气候，另一方面则是因为宗教文化，这正是本社区文化在推动社区发展和维护社区内价值体系时发挥作用的体现。

综上所述，随着生产方式的转变以及游客对社区生活空间的入侵，三亚回族社区的生产空间、游憩空间和生活空间实现了从分离到融合的生产过程。当地回族人通过生产、日常生活的空间行为形塑和改变着社区的空间，完成了社区空间的生产过程。首先，生产方式的变化带来了经济收入的增加，会在经济水平、居住环境等各方面改变社区内的空间状况；其次，生产方式的独特性，即由社区外的旅游参与扩展到社区内的旅游接待，也不断拓宽着社区的物质空间范围和功能，最终社区空间也被纳入生产的过程，成为生产力的一部分；最后，游客的到来也改变了社区物质空间的性质，导致社区内的日常生活发生了变化。总之，空间生产中的种种具体表征都可以统筹于该社区生产空间与生活空间从分离到融合的过程之内，其中，对应"空间实践""空间表征""表征的空间"体现较为明显的主要有建筑景观、政府的规划与控制以及社区内的宗教文化体系等。

第三节　空间生产的多元化表征

一、表征之一：都市与乡村建筑景观的混合

空间生产理论是对社会性、历史性和空间性的统一考量，"空间生产"概念的提出"是针对以往社会理论研究中的特定偏失现象的，即在对物质生产进行分析时过多地关注了时间向度而没有对空间向度给予足够、充分的阐释。因此，空间生产的内容并不排斥物质生产概念，它进一步深化和丰富了基于物质生产对社会结构和社会发展的分析"（庄友刚，2012）。在三亚回族社区的发展变迁中，景观物质空间尤其是建筑的生产和变化是尤为重要的，它不仅是社区空间生产的结果，也反过来进一步推动着社区社会空间的生产；此外，景观物质的改变也是最能直接感受到的，它主要体现在居住环境的改变和建筑风格的混合演化上。在过去30年内，建筑景观演绎了三亚回族社区变迁的空间实践，而当地居民对此也颇有感慨，"那时候，我们全部都到三亚做生意，发展得比较快。自80年代开始，从茅房搞成瓦房，从瓦房到平房，从平房搞成楼房，现在基本上都有楼房了，瓦房只有10%了，很少了，平房有一些，现在楼房多了"。

（一）居住环境从低疏到高密的空间实践

尽管目前三亚回族社区里面已然是高楼大厦林立，有的村民还依然清晰地记得曾经住在茅草房的艰苦日子："改革开放以前，我们住的都是茅草房，都很穷的。""茅草屋都是以泥巴稻谷砌墙、搭建的。当时人口也较少，两个村只有三四千人，因此村子里面都是这里一个茅草房，到那里又是一个茅草房，比较松散。"凤凰镇镇政府文化服务中心主任孙先生也指出："刚开始搬来这边时，大家就是捕鱼。那时候村里的地都是那种荒地嘛，而且回族人都不懂得农业，也不开荒。每一家只有一点点的住宅地，大概只有几十个平方米的宅基地，就七八十平方米吧。"

回辉村村委会哈主任指出，"到1977年左右，开始有零零星星的人盖瓦房，就是那种灰瓦白墙、类似于徽派风格的水泥石灰建筑，内部架构主要以木料为主。一直到1989年左右，所有的茅草房基本已经改造成了条件相对较好的瓦房"，不仅面积有所增大，且更能挡风遮雨，是当地生产、生活逐渐转好的具体表现。那时候的瓦房面积虽然不大，但是由于房子附近有少量菜地，显得较为宽

敞。从 20 世纪 90 年代开始，海南建省带来的三亚和回族社区的快速发展，增加了当地回族人的收入，当时经商的人的人均年收入至少有一千块钱，瓦房开始逐渐改建为平顶房，以钢筋混凝土建造，更加结实，且适应当地的台风气候。"一直到 1997 年左右，回族社区的瓦房已经大部分改建成了平顶（平台）房，大多为一层，有少数经济状况较好的人家盖了两层的平顶房。"

1998 年之后，随着当地生活水平的逐渐提高，人均收入越来越多，瓦房逐渐改造为小洋楼，以两层为主，后来开始出现三四层，都是小楼房的样式，但仍然是平顶架构，"一直到 2007 年、2008 年，村内的房屋已经基本上被平顶房所替代，且有 30% 左右的是两三层的平顶楼房"。房子附近虽然不再种菜，但是还是有个小院子，种着两三棵椰子树或者槟榔树，显得较为别致。

2009 年以来，随着国际旅游岛政策的推出，村内的建筑再次发生了快速的变化，尤其是"近两年来发展得比较快，从平房搞成楼房，有 2 层、3 层、4 层、5 层、8 层，10 层的都有啊，一年年在变化"。目前，两个回族村已是高楼林立，加上人口增长，截至 2012 年年底，两村共有 8000 人左右，但是村子的土地范围并没有扩大。土地的缺少，以及家中子女众多，有的家庭有七八个儿子，迫使村民只能尽量将房子往高处盖，且将房屋附近的空地如院子也用来建房。还有很多村民合伙盖房，扩大了房子的占地面积，因此，建筑密度比之前大了许多。明城旅馆老板陈先生指出："我们家的房子是在 2010 年建好的，前面高一层，前面 6 层，后面 5 层。我和我哥哥一人一边，用的是住宅地，一人 170 个平方米。要是一个人搞，就搞得不漂亮。村里有人将房子租给别人，但我还没有。我们家 6 个人，住不完，一共 14 间房，还有厨房。我们还没有租给外地人过。村里房子太多了，就是房子搞得太多了，外地人来这里建房子的太多了，就是外地人出钱、我们这里的人出地建房子的太多了，七八层的房子大概有七八十栋，都是由本地人和外地回族人合建的，他们来自新疆、甘肃这些地方，很多啊。"自此，村子的建筑已经由早期的低而疏完全走向了高而密的格局（如图 3-8 所示），乡野风味的居住环境逐渐淡去。

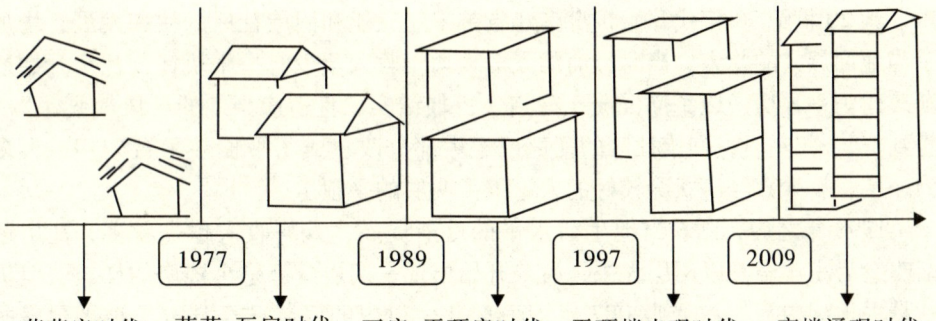

|1977|1989|1997|2009|
茅草房时代　　茅草-瓦房时代　　瓦房-平顶房时代　　平顶楼出现时代　　高楼涌现时代

图 3 - 8　三亚回族社区建筑景观格局变迁

（二）建筑风格从统一到混合的表征空间

除了建筑形态格局上的变化外，景观空间的改变还存在着建筑风格上的差异。从发展初期一直到平顶房时期，即 20 世纪末，三亚回族社区的居住建筑由茅草房到瓦房再到平顶房，其风格均较为统一，一般居民会在房屋的门楣写上清真言，或者直接贴上印有清真言的瓷砖，表达"真主唯一"等意思。这些标识都是当地信仰的一种符号表征。

但是到了 21 世纪初，随着对外交流的增加，有越来越多的回族人到外地包括云南、甘肃等地学习，增长了见识，他们回到村里，将外界城市的建筑风格带到了村内。加上这段时期部分回族人经商致富，为建筑风格的转变提供了经济基础，村里的小洋楼越来越漂亮，有的更加富有阿拉伯的风格，有的则更像郊野别墅，但是作为村民住宅的房屋，大多数还是会多多少少带有伊斯兰教的符号，只是以往较为粗略的阿拉伯文字基本变成了漂亮的阿拉伯书法砖画，贴在房子的大门上方，美观而大方。这些漂亮的房屋也为之后接待游客提供了条件。

进入 2009 年以后的快速发展时期，社区开始成为接待游客的场所，村里的建筑格局也在短短几年内进入了一个快速变化的高潮，瓦房变高楼，比比皆是。生活水平较差的居民也有了建房的土地资本，和外地人合伙盖楼，开始是五六层，到了 2010 年、2011 年，增加到七八层，从 2012 年开始出现 10 层以上的建筑，但是，这些建筑大都不是仅仅作为社区回族人的住宅使用，在建筑风格上也开始偏于大众化，只是作为住宅或家庭旅馆的建筑依然会有阿拉伯真言的装饰。更有越来越多的宾馆和酒店拔地而起，成为高端的接待场所，其建筑风格同其他城市一般的酒店无异，只有少部分会有阿拉伯风格的圆顶，圆顶上方则装饰着代表伊斯兰教的月亮图案。村内部分村民自身经济条件较好，不愿意与外地人合

资，则盖起了 2～6 层左右的洋楼，风格迥异。此外，仍有部分回族人由于经济
状况较差，又不愿意和其他人合建，或地皮不够，找不到投资商，仍住在早期的
平顶房甚至瓦房中。总之，这一时期是三亚回族社区内建筑风格混合的时期，随
着社区功能的转变，各种建筑风格开始涌现，伊斯兰风格的标识在建筑中的体现
开始淡化，大众的酒店接待建筑渐趋普遍。伊来顺酒店的海先生在访谈中提道：
"我们自己住的房子当中，也有一种具有伊斯兰教的特色，差不多是圆顶，上面
一般都有一个月亮的图案。因为这些都是宾馆，所以就不做这些了。一般自己的
住宅就有，还有我们自己住的房间里也是有的。还是以前的房子更有阿拉伯的风
格，现在都汉化了。"众多的平顶房和小洋楼处在各种高楼林立的包围下，生出
一种贫与富的对比差异，建筑风格呈现混合的状态。

（三）都市与乡村建筑景观混合的空间生产实践

三亚回族社区在近 30 年，尤其是在近 10 年的过程中，村容村貌已经完全由
一个小渔村变成了一个胜似城镇的地方。不论是从建筑形态还是建筑风格上来
看，三亚回族社区都在逐渐走向现代化和乡村都市化。目前，两村在建的房屋不
下 50 栋。在现有的房屋中，5～12 层的高楼占 30% 左右，平顶房和 2～4 层的
楼房占 60%，另有 10% 仍是瓦房。

首先，乡村与都市景观的混合和对立是目前社区空间变迁的一个重要特征，
对于一部分人来说，这里可以与城镇媲美；也有从外地过来做生意的人认为"这
里也还是一个小乡村，发展不是很规范，很多地方都是乱七八糟的。这里的房子
高高低低，就前面街上好一点，后面很多小房子。他们的发展只是一部分，只是
看起来好而已"。根据笔者走访观察，当走进这个回族社区时，你可能会先为其
一眼望不到头的高楼大厦所震撼，但在走进村子里面之后，却会为瓜田屋舍的乡
村生活感到诧异，左边是高楼，右边是瓦房。这种都市与乡村景观在空间中的强
烈对比给人一种压迫感，却实实在在地演绎着三亚回族社区的空间实践生产。

其次，建筑风格作为一种物质符号，在空间实践生产的过程中，也体现为一
种表征的空间生产。由以往的阿拉伯文字标识到之后的圆顶月亮符号，体现的是
一种宗教信仰的空间变迁，是当地社区意识形态的体现和生产。随后，在旅游发
展和外来人口的冲击下，当地建筑风格上的差异化发展也使得这种符号一部分走
向了一种内隐式的生产，部分宾馆酒店不再将阿拉伯的文字符号标注于建筑中，
作为家庭旅馆的居民住宅也不再将清真言的装饰置于建筑外，而是隐藏于居室之
内，置于个人的卧室或者主人家的客厅墙壁上，以适应外地人或其他民族的审美
和需求。也有部分居民将这些符号保留了下来，甚至将它们进行了美化，如漂亮
的阿拉伯文字砖画和恢宏大气的室内壁画，这些符号都昭示着这个社区内的人们

不变的伊斯兰教文化和信仰。无论如何，建筑景观作为空间实践的一种具体体现，既受社区意识形态（表征的空间）的约束，也在社会发展的过程中实现了空间的生产实践，且新的建筑风格反过来体现了社区符号表征的空间生产，从一种统一的表征逐渐走向内隐和外显两种形式。

最后，三亚回族社区乡村与都市混合的景观空间生产也体现在交通上。回辉村位于凤凰镇上，凤凰路从村中横穿而过，该道路在经历了多次拓宽改善后，已经变成了一条6道的双向通道，四通八达，直接连接225国道，与机场大道接壤。这种便利的外部交通条件却并未改变社区内的交通状况，尽管两村的道路已经铺设修整，但是，社区内的道路状况依然不佳，据回新村开三轮车的师傅反映，"尤其是回新村的道路，一到下雨，村内泥泞难行，部分道路都积雨成河"。而在高楼的挤压下，社区内的道路更是只余羊肠小道，但另一方面，村里的交通工具却相对发达，村里的私家车就有好几百辆，有的甚至一户有三四辆车，这主要是经济条件改善以及运输业发达所带来的，这种私家车普及与村道难行的混合状况更是赋予了三亚回族社区乡村与都市混合的奇特景观。

值得说明的是，清真寺建筑的改变也是当地社区景观空间变迁的重要内容，涉及物质、意识形态、社会关系等各方面内容，后文将具体论述。面对三亚回族社区这种无序的景观空间生产以及不断涌现的越来越高的地产建设，有一个问题值得思考，那就是空间实践的约束在哪里？似乎三亚回族社区的空间实践生产已然进入一个资本主导、毫无限制的境地，而要讨论这个问题，必然要回归到空间表征的层面上，对政府权力的控制进行追溯解释。

二、表征之二：政府的规划与控制

空间使经济与政治相互融合。"'空间表征'的构想主体是'科学家、计划者、城市规划专家、社会工程师以及有科学倾向的某种艺术家等'，空间并非剥离了意识形态和政治的科学客体，空间总是政治的、策略性的。"（Lefebvre，1991）空间表征的主体意在确保资本的顺畅流通，从而促进城市的发展。目前，在国内的社会发展背景下，城市规划者的身份往往由国家和政府承担，他们作为空间秩序构想的主体，在空间生产的过程中具有重要的作用。三亚回族社区的发展同样也不例外，主要体现在两个方面：一是政策推动发展；二是规划控制失灵。在这场空间政治的斗争中，三亚回族社区以其独特的宗教文化和少数民族身份演绎出了自身空间生产的独特之处。

（一）政策推动回族社区的空间实践

三亚回族在清朝就纳入了大一统的国家政治管理体系中，因此，三亚、海南、国家的政策都对三亚回族社区的发展起着至关重要的作用，其中对海南三亚回族社区发展起到主要推动作用的是地方发展政策以及少数民族及宗教关怀政策。

1. 地方发展政策调控

从对旅游发展历程的梳理中可知，新中国成立以前，三亚回族社区由于日寇的侵略发生了大规模的迁移，当地回族人以平均每人 40 平方米的宅基地靠海为生。到了新中国成立后的 20 世纪 50 年代，由外来力量主导的"土改"，真正将三亚回族纳入现代国家的体制中，三亚回族人都获得了土地，开始学习种植水稻，并成立了人民公社。但是，由于回族人不善务农，产量低下，发生了严重的饥荒。1962 年，上级政府对三亚回族实行生产改革，退掉了回族一千多亩的耕地，只留下邻近居住区的部分土地种植蔬菜，成立了一个生产大队，其中有十个小队，七个从事捕鱼业，三个从事蔬菜种植业。回族人的生活依然颇为艰难，这种状况在长时间内并未发生改变。在 20 世纪 80 年代以前，虽然政策禁止，但是已有少数回族人私下进行商品买卖以补贴家用。在这一阶段，三亚回族社区的发展受到政府政策的限制。据回新村的文书海先生回忆："'文化大革命'时，我们也还小，那时候我们这里饿死的都有几百个人。那时候，就是你种一棵香蕉树都要砍掉的，不知道为什么啊，就是禁止'走资本主义道路'，你就是煎一点油条卖，都不让的。"

改革开放以后，国家宏观政治经济政策发生巨大转折，三亚回族社区开始渐渐地加入了海产品和蔬菜贩卖以及古币、手机倒卖等行业。1988 年，海南建省，成立经济特区，三亚成为地级市，到 20 世纪 90 年代的"海南热"，三亚回族都抓住了大政策的发展机会，加入旅游商品经营和运输行业，社区生活得到改善，并逐步占领了大片三亚市场。而后，在亚龙湾开发、凤凰国际机场建设、三亚湾开发等一系列旅游开发政策下，三亚回族群众的生产和生活发生了重大转变，而国际旅游岛政策的推行，更是在三亚回族社区内引发了一场房地产热，给当地社区空间带来了巨大的冲击。在这一系列过程中，三亚回族社区在国家大发展政策的推动下解放了生产，改善了生活。

这种政策的调控不能不说是国家计划对海南三亚的一种策略性的发展，经济特区的开放，以及"把三亚建设成为一个现代化国际性的滨海旅游城市"的规划目标是对整个三亚市乃至海南省的空间构想，是整个海南省的空间表征的具体体现。而三亚回族社区作为其中的一部分，且位于三亚市景区群的核心区域，自然也是该空间表征的一部分，当地回族人正是在这一大区域范围的地方空间表征下实现了本社区的空间生产实践。

2. 少数民族及宗教关怀政策

在明清两个朝代，宗教都是被限制、约束和打击的。直到新中国成立后，在党和国家的民族关怀政策下，回族的宗教才得到了解放。但是在"文革"时期，上级政府派出由外地干部和本地回族人组成的工作小组进驻回辉村与回新村，禁止群众进行礼拜等宗教活动。一系列措施引发众怒，三亚回族人无法忍受外界对其宗教活动进行如此强力的干涉和破坏，而与当时的政府部门发生了冲突，迫使当时的地方政府不再干涉当地的私下宗教活动（张亮，2012）。改革开放后，宗教才终于得到了真正的尊重和恢复，清真寺得以重建，大量三亚回族人前往内地回族地区进行交流和学习。

此后，在三亚快速发展的过程中，一方面，回族的宗教文化得到了快速稳定的发展；另一方面，当地社区也在发展的过程中不断与政府互动，获得了一些发展上的优惠及关怀政策。例如，早期三亚市区至天涯海角的交通运输线路长期为回族人的中巴车所垄断，由于回族人的地理优势，以及缺少土地的现实状况，三亚政府对此情况予以认可。直至 2004 年，三亚市交通局为规范市场，禁止三亚回族人个体中巴车的运行，三亚回族人迅速组织起来前往三亚市政府进行协商，最终取得了该路段的营运权，并成立了"伊辉""新辉"两家公交公司，并最终在政府和市场的调节下进入了正式的公交运营。

2007 年，由于三亚市"强买强卖事件"导致了重大的城市公关危机，三亚市开始对旅游产品经营市场进行专项整治，在天涯海角等景区及附近打击流动经商等活动。后来，三亚市和凤凰镇相关部门对回族人的要求酌情考虑，在景区提供固定扶贫摊位，在整个市场的约 200 个摊位中，回族人的摊位占到 1/4 左右。

这两个事件是三亚市旅游发展控制过程中政府与回族的互动体现。一方面，体现了三亚市政府对当地旅游发展的控制，试图以一种权力话语来引导市场的健康发展，建构三亚市的空间表征；另一方面，也体现了政府在这种强力控制下对回族的宽松灵活政策，这绝不仅仅是回族人团结争取的结果。而三亚回族社区正是在这种对少数民族的关怀政策中，继续从事交通运输业、旅游商品零售业等行业，从而实现了社区空间实践的生产。

（二）政府规划失灵的空间表征

自海南建省，三亚升为地级市，《三亚城市总体发展规划》的最终目标就是使三亚市整体成为一个巨大的景区。三亚回族所在的凤凰镇和三亚湾也在三亚整体规划的视野中，三亚回族社区及其周边区域自然也完全纳入了"国际性热带海滨风景旅游城市"的整体规划中。

但是，"现代国家的官员，出于必要，通常从他们所统治的社会中游离出来。以一些抽象的表征来评估他们的社会生活，但是这抽象的表征总与他们所需要掌握的真实社会距离甚远"（Scott, 2004）。三亚的情况正是如此。一方面，政府企图通过抽象的空间规划将整个城市再组织和简单化，以便游客进入，这种规划在亚龙湾、三亚湾等区域比较容易实现。但对于社区而言，由于其存在属于自身的地方性知识，很难完全为政府规划所表征。就三亚回族社区来说，其具有属于自身的内在空间结构和内部知识分子所构建的空间表征，而政府的规划对该社区所构想的空间显然并不具有完全的可参照性，大区域的规划在社区中出现了空间表征的失灵。另一方面，缺乏针对社区的具体规划。2007 年，作为新农村建设的基础，三亚市政府相关部门为各村编制了村庄的规划图，唯独缺少回辉村、回新村和凤凰镇政府所在地的规划图，这进一步导致规划在回族社区内的失灵，这与当地独特的文化分不开关系。凤凰镇政府职员在访谈中提道："回族人的风俗习惯毕竟不一样，这两个村一般都是处于自由发展的状况，没有规划。他们没有土地，也不愿意搬出去，你想想，他们的生活习惯和其他人都不一样，他们要做礼拜，搬出去怎么办。"

规划的缺失导致回族社区无法依靠外部力量来推动发展，只有靠自己，因此，回族社区在空间规划表征失灵的情况下以社区知识分子（宗教人士）的抗争构建了属于社区的独特空间表征，即充分发挥回族人善于经商的能动性和旅游市场的带动性，以此完成了社区空间独特的生产过程。

（三）社区在相对控制与规划中的空间生产

政府在三亚回族社区的宽松政策和规划失灵下为该社区构建了独特的空间表征，当地回族人一方面受到政策的相对控制，另一方面在三亚市旅游发展的大背景下，建构自身的空间生产方式，完成了独特的空间生产过程。这一点在回族社区由非正规经济逐步走向部分正规化以及土地流转的过程中可见一斑。

自从改革开放以后，三亚回族人逐渐走入市场经济，大多数回族人都成了"生意人"。20 世纪 90 年代以后，三亚回族妇女主要在天涯海角等景区提篮兜售旅游纪念品，而男性则主要是开私家车到凤凰国际机场去拉客，都缺乏正规的营业执照，成为典型的"非正规就业"的群体。随着三亚市旅游城市的形象日渐深入人心，知名度大大提高，旅游市场的许多问题也暴露出来，如欺客、"宰客"、强购等，三亚市政府开始注意到这些非正规就业带来的隐患，为规范市场而对三亚市的市场进行整顿。如前所述,在这个过程中,政府一方面对市场进行规范控制,强力规范了公交系统和天涯海角等景区的固定摊位经营;另一方面也许可了三亚回族人在交通运输以及旅游工艺品上的经营权,并未彻底断绝非正规就业。目前,三亚回族社区居民仍有不少人在机场接客,回族妇女依然在三亚湾、大东海等景区提篮或摆摊售卖珍珠、水晶等工艺品。

另外,三亚回族社区在国际旅游岛开发之后出现的房地产热潮以及无序的开发建设,在很大程度上也是因为空间规划在社区的缺失造成的。

从以上分析可以看到,政府对三亚回族社区的相对控制和规划建构了当地独特的空间表征,从而塑造了在大环境约束下相对自由的生产生活和空间实践,最终实现了回族社区的空间生产。

三、表征之三:宗教文化符号生产

"空间的生产是社会关系的生产,是社会经济、政治、文化的产物"(Lefebvre,1991)。三亚回族社区在长期发展过程中所体现出来的独特性就在于其长盛不衰的伊斯兰宗教民族文化。在千百年的历史发展过程中,不论是遭到各种外来的压制,还是遭受物质经济上的匮乏,都没能将宗教文化从这个社区的生活中抹去,反而有愈见浓厚的趋势。回辉村村民在访谈中提到,"旅游没有影响村里人之间的关系,大家的宗教信仰都是很强烈的"。"因为我们一直都是这样的宗教信仰,再怎么变化,我们的宗教都不会改变。而且政府给我们提供很大的帮助,我们举办各种宗教活动都可以,以前刚刚解放和'文化大革命'的时候,这些都是不允许的,而现在我们都是很自由的。你想做什么就做什么,很自由。"

外地回族人,例如从青海来过冬的游客也认为三亚回族社区"在教义上非常细致,在信仰上,就是穿戴、礼拜方面,还有清真寺的邦克,跟阿拉伯那边很像,几乎相近,包括念的那个声音也几乎相近"。既然宗教文化在三亚回族社区的生活中如此根深蒂固,那么在社区空间生产的过程中,文化在其中扮演了怎样的角色呢?这主要可以从清真寺建设以及宗教体制两方面来讨论。

(一)清真寺扩建的空间实践到"表征的空间"

三亚回族社区的空间格局与其他社区不同,他们围寺而居,两个回族村内一共有6座清真寺,其中北大寺、古寺、东寺、西寺坐落于回辉村;南开寺和南寺坐落于回新村。两村的清真寺在长久的历史发展中都经历了多次翻修与重建,是当地回族人非常重视的社区建设内容。

清真古寺也叫回辉清真寺,始建于南宋初年,1982年在原址重建,于1990

年被列为三亚市文物保护单位。2010年，清真古寺由于地势低洼，下雨积水，筹资700万元重建，赞助者主要是全国乃至世界各地的穆斯林。2012年，一座恢宏大气的、有着阿拉伯风格的清真寺就出现在回辉村的中心。

清真东寺是6座寺中最小的，位于回辉村凤凰路边上，该寺大殿是一座两层楼的阿拉伯式建筑，坐南向北。2009年，该寺新修建成山门。

清真西寺建成于明成化九年（1473年），后与清真北寺合建于回辉村，称为西北大寺。寺内大殿面积300多平方米，共可容纳400余人礼拜。

清真南寺始建于南宋时期，位于回新村中心地带，于1978年进行了重建。目前正在筹备进行第二轮扩修，拟建大殿面积2330平方米，可同时容纳3200人礼拜的新南寺，"需筹资3500万元，目前通过回族人捐助已筹集1500万元"（访谈对象S25）。

清真北大寺于1977年从西寺分出后，经教民捐款，于1981年兴建大殿，其后于1993年扩建至960平方米，能容纳1500人做礼拜。1995年再次兴建设有中阿语学校、办公室的综合大楼，面积达1000平方米。

南开清真寺初建于明成化十四年（1478年），于1978年重建，由于面积较小，无法容纳众多教民。1990年5月，在回新村毗邻的公路畔坡地上，一座占地16亩的新寺院建设落成，正式开放，取名为"南开"（海正忠，2012）。

从上述清真寺的发展演变史来看，伴随着改革开放和当地居民生活水平的提高，清真寺的兴建是当地社区空间生产的重要实践。而这一实践的完成主要得益于当地经济水平的提高，因为翻修大寺的资金基本上都来自穆斯林捐助的善款，而社区内居民在旅游发展过程中逐渐增加的经济收入为此提供了基础。另外，新修的清真寺不仅在面积和容量上都较以前更大，如新修的清真古寺的面积是原来的2~3倍，外观上也更加具有阿拉伯的风格，四角高耸入云的圆柱宝塔，顶上的月亮装饰，大殿内的雕饰花纹，无一不体现穆斯林的文化符号，形塑表征着社区的文化形态，当庄严的邦克在寺顶上空盘旋，伊斯兰文化的氛围便立刻被渲染得无比浓厚。由此可见，回族社区的宗教文化以清真寺为核心代表，在不断翻修与重建中完成了空间实践的生产，维持了礼拜、与宗教习俗有关的日常生活，并进一步形塑着社区文化表征的空间，加强了当地的宗教文化氛围。

（二）宗教管理体制下的空间表征话语到空间实践生产

以清真寺为空间场所，以宗教文化为联系纽带，当地回族形成了不同于国家管理体制的宗教组织。在社区内，主要以清真寺为单位，建立起成熟而稳定的管理体制，主要由伊玛目、阿訇和寺管会组成。其中伊玛目是最高宗教领袖，负责本寺一切教条、教规、教义以及古兰经的讲解，主持穆斯林集体礼拜活动。阿訇则由伊玛目指定，在伊玛目因事不能主持礼拜时，则指定一名阿訇代为主持。6个清真寺的伊玛目都由三亚伊斯兰教协会培训考核并颁发证书。另外，除宗教活动外，清真寺的一切日常事务由民主管理委员会（简称为"寺管会"）负责。各清真寺都有能够起核心作用的一位或几位寺管会成员，在教徒中自愿产生，一般被称为"管寺"或"副管寺"。伊玛目和管寺密切配合，维持着清真寺的一切宗教活动正常运转（宣正明，2011）。

在清真寺管理体制的话语下，以宗教文化价值观为引导的空间表征被生产和塑造。他们规定着这个社区的行为准则，与政府的规划、国家的法律一样具有话语权并与之协商，最后实现对社区生产和生活的约束与引导。这主要可以体现在宗教互助的习俗以及经商准则上，在这些空间的实践中最终实现社区空间的生产。

一方面，在宗教文化的教育和管理体制下，互帮互助作为一项教规村约在社区内发挥了效用，回族社区出现了越来越频繁的社会慈善活动。这些活动内容广泛，有对受灾国家或地区的捐助，对社区内建设的投资，也有针对贫困家庭的子女教育，正如回辉村伊来顺酒店的海先生所言："我们这里的人比较团结，我们这个东西做得好，就会带动所有的兄弟，我们教他们怎么做。比如在天涯海角，我们把那个铺子都要下来，让村里的人去做，然后商定怎么分成，非常团结。我们也会给穷人一些经济上的支持，比如说有的人生病，没钱看病，我们就会给予支持。反正看你有什么需要了，只要你的需要符合我们的条件，我们百分之百会支持。不管你是什么民族，不管你是什么样的人，只要你有什么真正的困难，需要钱，我们村里就会开会，会有人帮助你。"另外，社区团结互助一个明显的体现就是从21世纪开始，当地社区结婚时的礼金逐年增加，由以往的几百元增加到几千元，再到上万元。由此，当地人结婚可以收到一两百万元的礼金，而这个礼金可以作为资本投入生产和生活中，盖房子或买车跑运输，成为生产、生活的来源，这对社区的生产起到了重要的推动作用。例如，回辉村明城旅馆的老板在访谈中提道："礼金，这个不是给红包，是互相帮忙，你帮我，我帮你，所以，我们现在只能靠这个。红包是给了就没了，外人不理解，我们是互相帮忙。我这次给你500元，你下次还会还给我，而且还多给我一些。"总之，团结互助作为宗教体制下的话语，也推动着空间的实践生产，将当地社区人民紧紧地联系在一起，巩固了社区的民族集体意识。

另一方面，回族的《古兰经》有训诫：不得饮酒；人只有诚信，才能实现自己的理想，诚实守信是穆斯林的美德。在旅游发展的潮流中，当地居民选择了符合伊斯兰信条的行业，如运输业，不饮酒正是给回族人从事该职业创造了便利。另外，回族人都擅长经商，诚实、守信、公平、合理是他们经营的理念。在回辉村开小卖部的女老板告诉笔者："我们当地人不能去做水果（的零售生意）。如果我们做水果，价格贵的话，一斤也只能赚个一块两块。他们有些商贩就是将10斤水果卖成13斤才能挣钱。我们谁乐意到外面做这些？我们都不愿意的，除非是我们卖给自己人用的。如果不欺骗的话，卖的价格就要贵一些啊，游客肯定不挑你价格贵的买啊。""因为我们村里说来说去就是信仰两个字，本来有很多事业在村里成立的话，都是可以用来赚钱的，但是如果与教条有矛盾的我们就不做。违背我们信仰的，我们就不去做。"可见，以《古兰经》为表征的宗教话语体系深深地嵌入了三亚回族社区的生产和生活中，约束和促进着当地的空间生产实践。

（三）社区空间生产过程中宗教文化的内生性力量

在三亚回族社区旅游发展的过程中，宗教文化作为内生于社区的一种结构性力量。一方面，以其强有力的宗教话语和教规条约推动着空间表征的生产，包括互帮互助和经商准则等信条，约束和促进着社会空间的生产实践，形成互帮互助的氛围，避免了因贫富差距造成的社会分异和排斥，加强了社区居民之间的和谐互助关系，也规范着市场经营的秩序和准则，是当地社区空间生产过程中不可忽视的重要力量；另一方面，宗教文化的力量也以清真寺、古兰经等符号形塑着社区的意识形态，投射出社区文化表征的空间，这种文化表征则反过来激发了人们对宗教的信仰，人们对经堂教育的重视便是有力体现。

从20世纪80年代开始，回族人对宗教文化的重视促使三亚回族社区越来越多的回族人到外地包括云南、甘肃等学习伊斯兰教文化，甚至有些人开始到阿拉伯国家留学，很多学成归来的人在清真寺做阿訇或者伊玛目，将学到的《古兰经》知识和伊斯兰教文化传播给当地的回族人。此外，在社区内，三亚各清真寺注重抓经堂教育，大家对经堂教育的重视都属于一种发自内心的向往。回新村做生意的哈先生告诉笔者："去外地学习的人有很多，现在多一点，都是自己去的。他们都去云南、甘肃学习，学古兰经。去的人一般都是二十七八岁。宗教知识大家都是要学的，这个和有没有钱没关系。教育嘛，都是要往前发展的，现在教育水平也提高了，以前大都是初中生，现在都是大学生啊。对两种教育（宗教和义务），我们都重视，以前也是一样，没有什么偏重。因为如果不学习，就没有更好的知识去了解另外的东西。我们的小孩放寒暑假时就会学宗教知识。"宗教文化表征的空间符号刺激了人们对经堂教育的重视，而宗教知识的加强反过来则进一步强化了该社区的宗教文化内涵，继续通过空间话语表征、空间实践生产推动文化符号表征的空间生产。

第四节　社会关系网络的扩展

"空间不仅是承载社会生产的背景或容器（空间的自然性），而且也是社会关系的产物并影响社会关系的生产与再生产（空间的社会性）"，"空间生产是社会关系的生产和再生产"（Lefebvre，1991）。近年来，随着三亚回族社区的不断发展，生产空间与生活空间的演变，以及建筑景观、规划控制、文化符号的生产，新的社会关系网络不断形成。目前，三亚回族社区已成为全世界穆斯林的聚会中心之一，马来西亚前总理巴达维等海外回族后裔曾来此访问与交流。过去，回族村本身并非主要景点而只是三亚旅游业的后勤服务基地，而现在，此地已成为著名的冬季游客接待社区。回族村的社会关系网络主要包含三部分——基于地缘和血缘关系的村民网络、基于穆斯林信仰的宗教网络以及基于经济贸易关系的市场网络，三者在社会生产的过程中不断地发生着新的断裂与连接，新的关系在产生，旧的关系在变化。例如，与游客、投资商等新的关系产生，与景区等旧的关系发生了变化，这是空间生产的结果，也反过来继续作用于空间的生产和再生产。下面主要从市场经济网络和宗教信仰网络两方面来对三亚回族社区社会关系的生产和再生产进行分析。

一、市场经济网络关系的拓展与延伸

改革开放以来，回族社区在经济快速增长的过程中实现了社区经济关系网络的快速扩展。村里的回族人多多少少都在做生意的过程中拓展了自己的社会交往关系。回辉村做旅店生意的海先生在访谈中提道："我认识的朋友，因为他们在外面上学，肯定有外面的朋友。村里人的朋友圈子肯定比以前要广，因为做生意，总会有几个外地的朋友，他们主要是在做司机、做导游时认识的。我们历代回族人和周围的村庄、各个民族都是比较团结的。"回辉村村委会的哈主任也说道："现在有的游客从机场出来不喜欢坐出租，这些老客就是会打电话给村里人，让他们去接。因为他们来旅游一起玩，熟了，关系好，你信任我，我信任你，所以下次过来就还是找你，比较方便，因为我们的私家车都比较宽敞。"

在改革开放以前，三亚回族以捕鱼种菜为生，社会经济网络关系相对封闭局限。进入20世纪80年代，随着市场的开放发展，三亚回族人开始在市场上贩卖小商品，与外界经济交往增多。随后，三亚旅游逐步发展起来，游客逐渐增加，

三亚妇女开始到广东等地批发大量珍珠、贝壳、水晶等到三亚人流集中地段流动贩卖，形成了一个旅游商品批发零售的供销关系网络。

海南建省后，三亚市的旅游业进一步发展。此时，三亚回族青年妇女大部分都在天涯海角等景区附近向游客兜售旅游工艺品，另有部分妇女开始到三亚市场经营蔬菜、水果批发，三亚回族妇女与三亚零售市场建立了稳定的供需关系。此时，三亚回族的年轻男性则开始从事当地的交通运输行业，形成了一条交通运输网络，包括工程运输、市场至天涯海角的游客运输，与景区形成一种互惠互利的关系，与游客建立了主客关系。

进入 20 世纪 90 年代，在凤凰国际机场建设之后，回族人充分利用自身的地理优势，购买汽车、中巴车、小面包车到机场搭载游客。在最初几年内，回族人基本垄断了凤凰国际机场的客运市场。一方面，在此过程中，三亚的回族人与游客建立了更为私密的联系，有的人的车直接成为游客在三亚旅行期间的专用车，他们甚至拥有了不少回头客。据说有一位当地的大学生因为在机场拉了一位客人而从此得到贵人相助，开了海鲜店，拥有了宝马汽车。另一方面，三亚回族社区由于这种与游客的亲密关系而与景区产生了合作关系，景区发一些名片给司机车主，与车主达成协议，在游客旅行期间，拉游客到该景区游玩。此外，当地回族居民也开始有部分成功人士逐渐扩大了生意规模，如蒲玉娥、哈玉梅等陆续有了自己的水晶工厂，从而聘请大量的回族村民，由此也形成了村民之间新的雇佣关系。

2005 年以后，尤其是国际旅游岛建设的推行，回族社区由旅游边缘社区逐渐成为旅游接待社区，内地的穆斯林纷纷前来谋生，大部分人都经营兰州拉面馆，少部分人在回辉村内开三轮车，穆斯林的经济网络进入了新的生产过程，内地回族人与本地回族人形成了租客与房东的关系。而在这一时期，三亚的运输市场和工艺品零售市场也发生了正规化的整改，中巴车换成公交，成立了公司进行统一管理，运输网络系统再次发生变化，机场的载客运输也由以前的市场垄断变成被正规出租车挤到了市场边缘，社区居民与游客的关系不复从前。而工艺品市场由流动摊贩向固定摊位转变，在天涯海角景区，社区居民与景区的非固定联系转向了以市场统一控制的固定联系，且大多数商品如珍珠等与早期的供销形式也不同，都是直接由供销商送货上门。

在这一阶段，社区内各种投资商和冬季游客的到来更进一步拓展了社区的社会关系网络。一方面，投资商与当地居民形成合作关系；另一方面，冬季游客可能与当地回族人既有投资合作的关系，又有主客关系，这主要因时段、因具体情况而异。与此同时，社区内其他民族也开始出现，比如，水果零售业大部分都是由外来的汉族人经营，还有施工建筑的工人都是外地人，他们在这个地区生活，但是与社区的关系并不紧密，交流较少。从湖南过来开建材店的女老板在访谈中指出："我们与他们之间的风俗习惯都不一样，怎么在一起玩？你看，穿的衣服不一样，吃的东西不一样，我们穿成这个样子，他们看着都不顺眼，怎么能跟我们聊到一起去啊?! 那天我穿了个裙子，穿了个裤袜，就有人说，'哟，你看你那个裤子都是透明的！'我说我都穿了裙子，还穿什么裤子。他们就都是要穿裤子、长袖，都不穿短袖的，衣领也不能露，要包得紧紧的。所以，我们一般很难走到一起去的，也就是碰面打个招呼。外地人在这里生活怎么受得了啊，生活习惯都不一样，但我们要生存，没办法啊。"而从其他地方来的回族人，由于与当地回族人有着共同的信仰和习俗，两者之间可能联系得更加紧密一些。回辉村的村民告诉笔者："他们是从外地来的回族人，也会到清真寺做礼拜。他们跟我们是一样的，都是伊斯兰的，只是他们喜欢吃面，我们喜欢吃饭，其他都是一样的。"

由上述分析可见，随着三亚回族社区的旅游发展和生产、生活的改变，回族社区的经济关系网络在不断地拓展和扩张。穆斯林的经济合作网络、与游客的关系、与景区的关系、交通运输关系网络、工艺品供需网络、与投资商的关系等，都在不断地生产和再生产。由于生意的关系，他们每天都会见到形形色色的人，个人的关系网络也在不断地塑造中。例如，现在华芳假日酒店的经理，本来在一家旅行社工作，却在三亚带团的过程中，认识了销售工艺品的一位回族妇女，两人在生意合作的过程中，建立了深厚的友谊。在 2005 年，该回族妇女以工艺品销售积累下来的资金在凤凰路边上投资建设了回辉村第一家宾馆，由于缺乏管理层面的技术经验，于是找到了该经理，请其帮忙管理公司，当酒店运营进入正轨后，该经理又回到了旅行社。2012 年，华芳假日酒店投资翻新，加盖了 3 层，经理又重新回到酒店操作运营。两人就是在做生意的过程中成为亦友亦商的伙伴，这种情况在回民村的发展中屡见不鲜。

二、宗教信仰网络关系的内部强化与外部扩张

以伊斯兰宗教信仰为联系的网络关系随着旅游的发展也在逐渐加强和拓展，主要体现在外出的宗教学习和内部的婚姻上。

20 世纪 80 年代以前，就有三亚回族人到内地学习，特别是前往西北地区，如甘肃、青海、宁夏等地以及云南都是回族聚居的地方，那里的宗教氛围浓厚，知识底蕴雄厚，远胜于三亚回族社区。三亚回族人到这些地方去学习，再把他们的文化带回本地社区，极大程度上促进了本地宗教文化的发展。回辉村村民李先生告诉笔者："我们会和他们交流。我们就是要和内地的陕西、甘肃、云南、宁夏、新疆的回族人交流，回族的特色才能保存，要不然都汉化了。主要是宗教信

仰方面的学习，他们那边派讲学的阿訇过来，老师过来互相交流，我们学生也可以去他们那里学习。"随着经济的发展，最近的十多年，到外地学习伊斯兰教知识的村民越来越多。两个村每一年都有几十个人外出学习，都是 20 多岁的青年，去学习《古兰经》。目前，两村在内地学习的人有一两百个，而这些学生在学习的过程中也认识了外地的穆斯林，拓展了他们的宗教关系网络。

此外，近十年来，回族村民中出国留学者也逐渐增多。一方面，村民的收入提高了，大家越来越重视教育；另一方面，政府对宗教学习给予了许多优惠条件。据村委会介绍，这两年每年都有三四十个村民到沙特阿拉伯等国家学习，政府资助一部分资金，自己出一部分，这样极大地提高了村民外出学习的积极性，留学总人数已经超过 100 个。目前两村出国读阿拉伯语回来的人已经有 50 多个，他们回来后一般都在清真寺任教，而他们外出学习所创建的关系网络正成为社区宗教发展的外部动力。

婚姻是一个社会最深层、最直接的关系体现。"回族在历史上就有着强烈的民族认同感，这集中体现在他们对其通婚范围有明确的界限规定，实行严格的族内婚。从 20 世纪 80 年代以后，凤凰镇的回族已开始与外族通婚。在回辉村，现任书记的妻子就是琼海的汉族。随着人们社会经济交往的增多和交往半径的扩大，回族人的婚姻观也发生了明显的变化。截至 2004 年，在回辉、回新两村中，与异族通婚的约有 100 对，通婚对象主要是本镇、本市的汉族和黎族"（孙九霞，2004）。但是，通婚的前提是对方必须转为伊斯兰教徒。目前来看，当地回族人和外族人通婚的现象并不常见，但是和外地回族人通婚的却是越来越多，和外国通婚的有 4 家，都是在这十年内发生的。较为普遍的情况是社区居民到云南等地学习伊斯兰教的教规教条，结识了对象，就与其结婚了。在调研的过程中，笔者遇到一位来自甘肃的三轮车车主，他是在网上认识了本村的村民，然后跟随她来到了村里。可见，三亚回族社区的社会关系生产已经进入了一个更加广泛的网络时代。

三、社区社会关系的生产与再生产

综上所述，在三亚回族社区发展的过程中，社区的社会关系发生着多层面、多主体间的重组和生产，主要体现为经济网络关系的延伸和宗教关系网络的加强。对于社区内的村民关系村民们则见仁见智，有村民认为"村里人的关系跟以前差不多"；也有村民认为，"以前抓鱼，大家相互之间不计较，互帮互助，现在都不是了，大家都只想着赚钱，顾自己的生活，没以前那么和谐了"；而外地人多认为"他们都挺团结的，关系比较好。他们信仰伊斯兰教，都是一家人"。

这主要是经济导致疏离与宗教文化强化联系的斗争所形成的差异。事实上，生产生活的空间生产过程直接地推动了各种社会关系的生产，包括经济生产的关系、村民内部的生产关系、村民周边的民族关系等。其中，不论是建筑景观的空间实践，还是政府规划控制的空间表征，或是宗教文化表征的空间，都在以各种形式推动或约束着社会关系的生产与再生产。

首先，建筑景观空间的改变可能影响空间上人与人的相处模式，建筑功能的改变更是折射出新的社会关系。例如，建筑由以往的民居转变为游客住宿接待场所，带动社区生产，改变社区生活模式，体现出村民与游客关系的改变。同时，各种生产实践的差异也可能在社区内酝酿新的矛盾关系，比如大量高楼在村内的建设可能会影响村里的关系。回新村从事水果批发零售的陈先生告诉笔者："我没有盖房子，但是你盖房子，把我们家的土地都占了，曾经都有人为这样的情况打架的。人的心理就是这样的。我跟某些人家合作，但是村里大概有 800 多户，你能跟多少户人家合作呢？合作的肯定是少数了，其他人就肯定会对合资的有意见了。还有人写小纸条攻击的，比如说某某人跟内地人合作赚了多少多少。都有这样的情况。"

其次，政府的规划控制作为空间表征约束着空间的生产实践，从而在社会关系的生产过程中起到一定的引导和控制作用，如市场上的规范导致运输网络的不断重组。反之，社会关系也在一定程度上影响了政府的控制力度，因为社区经济垄断了三亚市的运输业和零售业，加上民族发展的考虑，政府总会在一定的政策控制上体现出对三亚回族社区的关怀。

最后，宗教文化可以说是三亚回族社区内部和外部关系建构与维系的核心力量，在一定程度上消解了经济生产所带来的矛盾关系，正如回辉村内开超市的女老板所言，"因为我们有信仰嘛，所以我们的关系可以维持得比较好"；同时，社会关系的拓展也进一步加强和巩固了社区的宗教文化力量，如回辉村凤凰路泳衣店的女职员所说，"和回新村关系很好，大家都是一家人，都是信仰伊斯兰的，大家交流得比较多吧"。

第五节　小　　结

在旅游发展的推动下，该社区生产空间、游憩空间与生活空间经历了从分离到融合的独特生产过程。在此过程中，三亚回族社区在空间实践、空间表征、表征的空间的互动中，演绎着社区空间的生产：建筑景观在快速的经济扩张下呈现一种乡村与都市的混合状态，政府政策的推动和规划的失灵是社区空间生产的主要动力之一，宗教文化作为内生于社区的独特力量，成为该社区主要的文化表征，也通过信仰的话语体系约束着社区的发展与生产，最终的结果就是推动了社会关系的生产与再生产。

如图3-9所示，旅游以生产方式的变革为起点，推动了回族社区的空间生产过程，空间实践、空间表征和表征的空间作为社区空间生产中的三个层面，它们并不是独立存在的，而是通过社区的建筑景观实践、政府的规划与控制等权力话语以及宗教文化的内生性力量来实现一种彼此间的循环与联系，它们是相互贯穿的，可以相互转换，亦可以相互影响。

社会关系作为社会空间生产的最终结果，也是推动社会空间进入持续生产的因素，空间生产就是社会关系的生产，在社区的实践与表征下，社会关系处于不断的生产与再生产过程中，也就体现着社区空间处于持续的生产过程中。

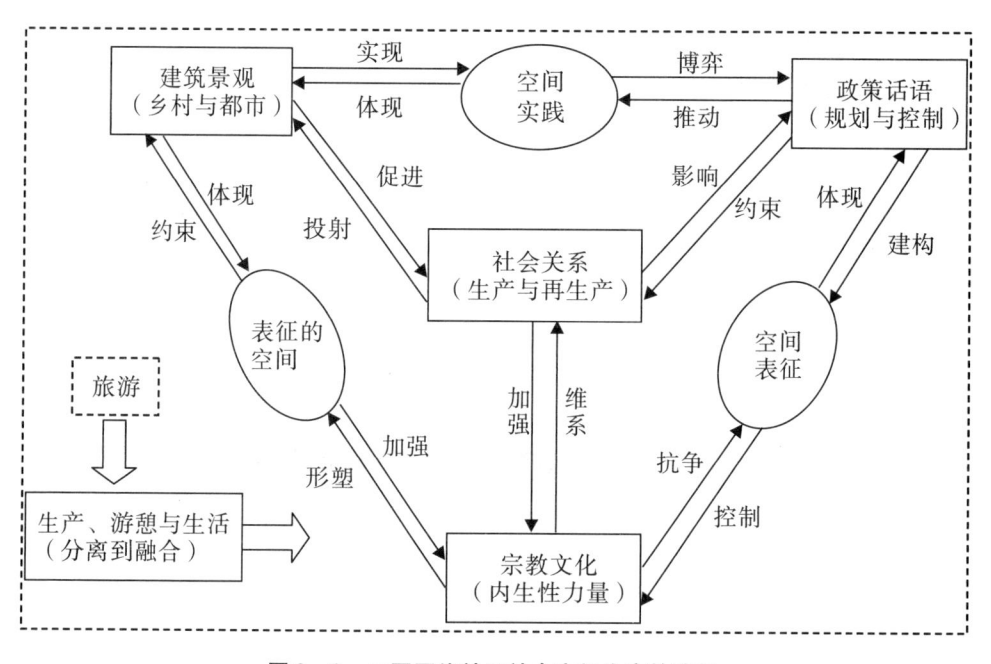

图3-9　三亚回族社区社会空间生产的路径

第四章 民族旅游社区的交往空间再生产

近年来，旅游研究的社会学议题转向新的理论和方法。交往实践穿插其中，虽被频繁提及，却并未成为针对性的研究对象。学者们主要关注交往关系、交往活动的影响与结果，而忽视了交往行为本身。旅游交往作为一种普遍而特殊的社会现象，是一种分散而又隐含着千丝万缕联系的考察对象，对其进行综合考察需借用具有较强包容力和解释力的理论工具。"交往空间"的概念恰好统筹了旅游交往中各要素和相互联系的空间元素，为旅游交往研究提供了新的理论视角和分析路径，有益于旅游交往空间研究框架的进一步整合与完善。本章基于笔者自2004年以来对西双版纳傣族园的多次田野调查，从微观的、空间生产的视角出发，在对典型案例地社区的旅游交往活动进行真实还原的基础上，提出并试图解决以下三个关键问题：少数民族社区旅游互动中的交往空间变迁主要体现在哪些方面？少数民族旅游社区交往空间变迁的特征和层次是什么？少数民族旅游社区交往空间生产的影响因素、过程和结果主要体现在哪些方面？通过对上述问题的回答，试图认识什么是"交往空间"，并形成与少数民族旅游社区交往空间有关且具有启发性的结论。

第一节 傣族园社区交往空间的变迁

傣族园位于云南省西双版纳州景洪市勐罕镇，是一座集中展示傣族宗教、历史、文化、习俗、建筑、服饰、饮食，集自然与人文景观于一体的国家 4A 级景区，由曼将、曼春满、曼乍、曼听、曼嘎 5 个傣族自然村寨组成，居住 343 户傣族人家，共计 1686 人。傣族园旅游发展起步于西双版纳傣族园有限公司（简称为"傣族园公司"）成立和实施旅游规划之后。居民与游客、居民与企业、游客与企业等多层面的互动改变了傣族园的物质环境、生活生产方式、交往活动和空间，了解傣族园交往空间变迁的过程是分析其空间特征的基础。

一、居民与游客的交往空间

（一）傣楼功能的转变

傣楼作为本地居民的生活空间，在旅游到来之后逐渐转变为居民的生产空间和游客的游憩空间，生活空间和生产空间、游憩空间相交叠。傣族园内傣楼的内部结构没有因为旅游而出现本质的变化，空间的功能却随着旅游的发展与过去相去甚远。傣楼是典型的干栏式建筑。第一代傣楼为竹子所建成的竹楼，屋顶用茅草搭成，四周围一圈竹竿；第二代傣楼是竹木混搭的木楼，大梁和中柱多为木材，盖上缅瓦；第三代傣楼用木材盖成或为砖混结构，用琉璃瓦或陶瓷瓦做屋顶，加上水泥盖的卫生间。由于季风带来的狂风暴雨、村民经济水平的提升以及美化生活的需要，第一代和第二代傣楼已经逐渐被淘汰。傣楼一般离地面距离较远，可以防震防潮防虫害。村民原本在用原木高高支起而形成的空间内养鸡、鸭、牛等牲畜或放置农耕工具。

如今所见的傣楼是众多旅游交往活动发生的场所，经营傣家乐为村民和游客的交往提供了时间与空间。除了卧室，主人的生活空间几乎全部向游客打开。村民和游客吃住在一起，客人可以随意使用公共空间的日常生活用品，在村民们看来，这是一种分享，并不觉得不妥。现在村民已经将牲畜都清离出去，地面比较干净整洁；楼旁停放的并非拖拉机，而是家用摩托车和小轿车；有些傣家乐在地面上也盖起了客房。通往居民生活空间的楼梯从大门口直接导向二楼，客房一般建在迎面的左手边，在傣家人客厅和卧室的对面。中间宽敞的地方往里是用砖头盖起的卫生间，有些傣楼的水泥廊柱还混搭了西式风格。一些傣楼的客房用木料建成，而与之相对，村民自己生活与居住的客厅和卧室却用砖泥砌成。居民住的是更现代化的一边，而为游客准备的客房是传统而古朴的，两边的对比十分明显，颇有交换空间的意味——主人以享受客人的生活方式为荣，而客人急切地想体验主人的生活方式。

曼乍村村民岩化分批次渐进地将自家的傣楼改造得越来越适用于旅游发展。他家主要靠一楼的餐饮获取旅游收益。在拆除院墙之后，游客停车更加方便了。他在门前院子里的枣树、椰子树周围种上鲜花以美化景致，还在院子里种些青菜供游客食用。比较有创意的是，他利用盖房余下的材料在院子口做了一个古楼客栈的招牌来吸引游客的注意。园子里的空地是游客的活动空间，供他们参观、拍照、休息或与主人聊天。在傣楼内部，岩化在楼上建有 3 间客房供游客居住。随着客流量的增加，他也坦言了自己的打算："我现在想把柱子再加高一点，这样一楼的空间会显得比较宽敞。厨房放在二楼会损坏房子，而且在黄金周的时候客人太多，楼上楼下跑得比较费劲，（我）准备在一楼加盖一个厨房。一楼在 2002 年的时候已经弄了几间客房，也可以喝茶……我准备把一楼再开发成一个像咖啡馆那样的地方，这样能满足更多年轻人的需求吧。"

傣楼的改造还折射出游客的需求。正如访谈中提到的，主人为了满足年轻人的需求，准备模仿丽江，将餐饮吧的风格向咖啡馆靠拢，使其显得时尚有品位。例如，曼乍村村委会主任岩光告诉笔者："现在游客的要求越来越高，以前睡地铺，现在没床就不住。以前 25（元/晚），他说我给你 30（元/晚），你装床嘛，现在 50（元/晚），他们就住。有床之后他们就问，有没有卫生间啊？哪一家有啊？哪家的卫生间在房间里面啊？告诉我们，我们去住……以前都是烧开水的，有些客人想喝冰水，我说要喝冰水只能放冰箱了，游客说饮水机可以制冷的，我就买了这个可以制冷的饮水机……以前我们天气再热也好，都不用吹电扇，我们都习惯了，我们都在得住（能忍住），用不着吹，客人说太热了，怎么不装空调？我们不觉得热啊？（但）我们安了电扇。"

图 4 – 1　傣家乐接待设施

从图 4 – 1 可以看出，村民家招待客人的是床而不是原本的地铺，是能制冷又能制暖的饮水机，提供的是纯净水而不是用柴火烧的开水，是电风扇而不是自然风。随着游客的要求日益增加，傣家乐接待户改变了傣楼内的住宿条件，而根据游客的现代化需求对傣楼的改造必然会面临是保留传统还是追求现代化的两难境地。

（二）生活方式的调整与丰富

村民生活方式的衣食住行方面均发生了变迁（孙九霞、保继刚，2006）。例如，服装材质和款式渐渐新颖，现在傣族的年轻人已经开始穿着 T 恤、短裤。饮食的种类和口味也在主客交往中逐渐改变，西式的面包，罐装的咖啡、牛奶都已经进入了傣族园社区，在傣族的农家点菜，主人会问能不能吃辣，并告知傣味是比较辣的，不过也提供一般的小炒。摩托车代替了自行车和步行，随着经济收入的提高和积累，越来越多的族人家购置了家用小轿车，个别较为富裕的家庭还拥有超过两辆的轿车。当地居民的住房面积也越来越大，曼听村赶时髦，村里的傣楼异化最为突出。

村民日常生活中的交往传统并未有本质的改变，而旅游交往使得村民的日常交往时间被压缩，随着时间的推进，与游客的往来互动已经成为村民日常生活的一部分。当地村民在农闲时，喜欢串门聊天喝酒，关系比较亲密，把别人家小孩子当成自己孩子来疼爱。他们日常生活节奏较慢，有时候还是一边聊天一边做事情，顺便消磨时间。村民交朋友不看家庭背景、不看地位金钱、不看以后是否可以带来好处，看的是性格合不合、为人正不正直、是不是可以快乐地玩在一起。主人在楼上，外人（关系好的或一般的游客等）可以直接上楼坐下慢慢谈，大门是敞开的。宗教祭祀活动、节庆活动、婚丧嫁娶仪式、小孩满月等是当地非常重要的传统。平日邻里之间、村民之间往来密切，或是在家休闲娱乐。旅游发展之后，村民开始主动结交旅游者，叫卖旅游产品（水果、小吃等）、给自己的傣楼和傣家乐拉生意，寨子里的老咪涛（老阿妈）手提自制的鲜花项链在园内走动着招揽生意。来自全国各地的游客可以进入傣家体验民族风情，居民在保留自身的交往传统之余，把自己的生活展示给游客，为游客介绍当地的风俗，与游客进行着密切的社会交往活动。

旅游使得傣族园居民原本的经济生活更加丰富。傣族园居民旧时的经济生活基本是以割胶、干农活为主。20世纪80年代以来，民族旅游从无到有，从有到兴，越来越多的游客奔向这片"理想而神奇的乐土"，来观览傣族的民居、寺庙建筑、植物，体验傣家风情，感受曼春满佛寺和曼听佛寺内宗教的魅力。在这个时期，已经有一些曼春满村的村民在农闲的时候开始向游客兜售自家种的水果。傣族不重商，但是在外来者通过旅游生意获利的影响下，1993年，曼春满村民集体决定修建景区大门并开始向游客收取门票，收入归村民所有。就在渐有起色之时，临近的村子也于90年代中后期纷纷效仿，设立大门收取门票。直到1997年，村民自发组织开展的旅游经营活动开始走向衰败。即便如此，这也是一次十分有意义的尝试，标志着傣族园热情好客的村民试图将参与旅游发展纳入自己经济生活的一部分。此后，更有傣楼、傣家乐、傣味餐厅等形式的旅游生意出现在当地村民的生活中。

旅游就像催化剂，加速了傣族园村民生活方式的现代化进程。旅游是旅游社区乡村都市化的外部动力（孙九霞、保继刚，2006）。傣族老人认为在卧室将通铺隔开就是人心相隔，不符合傣族的传统。但傣族村民还是开始在房间内加隔音层，开始按照游客的要求在傣楼配置电扇、饮水机，也开始在自己的客厅和卧室安装空调、使用电视机及电脑，这些都与传统的生活方式有所不同。但是，即使没有发展旅游，村民们也同样会受现代化的影响。五村寨中的曼听村由于拥有比其他寨子更多的肥沃土地，依靠种植南瓜和玉米等经济作物、出租土地等，每年就可以获取比较可观的收入。多数曼听村民在农田中创造财富，仅在旅游旺季时加入接待游客的行列。在参与旅游程度相对较低的情况下，曼听村民的异化建筑和半异化建筑的数量却是五村寨中最多的，他们热衷于安装空调等现代电器设施，并以此为豪，认为自己的生活比其他村的村民过得好。旅游就像催化剂，在直接改变了傣楼空间利用的时候，还加速了当地的现代化进程。这是村民的选择，更与村民和外部人士（游客、公司①员工等）的频繁接触与沟通密不可分。旅游的催化意义就源于它带来了异质的、携带着各种思想的人流，而交往活动最终是一种观念的交换。

（三）"自我"与"他者"的区分

新的异质的交往主体加入傣族园原本的交往圈子，居民的交往态度有了明显的变化。原本的傣族园居民交往的对象较为均质，多为村寨和相邻村寨的其他傣族居民，交往规则和交往态度也比较单纯。旅游的发展首先带入了游客这一新的交往主体。在 20 世纪 90 年代，少量的散客初访傣族园，由于途中劳累饥饿，便就近到访傣家寻求食宿，傣家人都十分愿意给外来的游客提供食物和水，让他们在自家休息，且不要求回报。村民对游客既有礼节，又害怕竹楼条件不如城市住房，游客住不习惯而心怀歉意。随后，游客越来越多，在与之互动的过程中，村民发现游客内部也是非均质的，以往一成不变的处事方式和待人态度并不能解决所有的问题，于是开始改变自己的交往策略。有的傣家主人会请游客入乡随俗，体验纯正的傣乡风情，告知游客"如果有床、空调、电视机，那还不如直接去住宾馆好了"，这也反映了傣家人真诚直率的个性。随着经营傣家乐的日子渐长，他们渐渐学会了如何与来自五湖四海的游客打交道、尽量满足客人的需求。正如曼乍村的咪哈光说道："旅游来了，待人处事的方式也变了。现在和各种人都打得来交道了，自己的心态和脾气也变了很多，要面带微笑啊，其实心里已经很烦了。"

与外来者的交往毕竟与原本居民内部的交往不同。一方面，当地村民将自己与"你们汉族"对立起来；另一方面，游客也并没有把自己和"你们傣族"等

———————————
① 本章的公司指西双版纳傣族园有限公司。

而视之。这种"自我"与"他者"的认同实际上是对自我认同的凸显。访谈中，当地居民的字里行间充满了"你们汉族""我们傣族"之类的指称代词。由此可见，不论在生活习惯、交往方式、看待问题的标准还是在衡量事物的价值等方面，"你们汉族"和"我们傣族"均有诸多不同之处，这也从侧面表明了交往双方对立的态度。

从观光客的角度来讲，他们本就是来体验异域风情的。他们将自己当作客人，对傣族的民族风情十分感兴趣，却又不习惯使用或尝试这些民族风情的东西。游览时，傣族园的国内外观光客无一不对景区内的建筑植物、泼水歌舞活动以及人文环境赞不绝口，"typical Chinese style""十分有民族特色""这里的人非常好"。但是，曼乍村的傣家乐经营者岩化却告诉笔者："有次，有个游客跟我说，说他就是来看我们的落后的。"虽然这只能代表一部分游客的出游心理，但还是说明了"主客有别"。

在旅游资源方面，游客对当地的民族特色是欣赏的；在旅游交往中，游客是用一种平视或者俯视的心态与当地居民交往的，这不得不使"我们傣族"和"你们汉族"对立起来。

二、居民与企业的交往空间

（一）从以农业生产为主到以旅游生产为主

傣族园公司进驻傣族园景区使得园内的土地从农业用地转变为旅游用地，传统的农业生产在很大程度上被旅游生产替代，用地转变带动生产方式的变迁。傣族园居民的传统生产方式主要是种植橡胶、水稻、香蕉、南瓜、玉米等经济作物。傣族园公司自1998年进驻傣族园社区后，采用"公司＋农户"的模式进行旅游开发和经营管理，傣族园社区和傣族园旅游景区完全叠合（孙九霞，2009）。公司与村民签订协议，以500元/（亩·年）的价格向社区居民征收土地，共计531.851亩，[①] 根据相关协议，地租每10年增长25%，租期从1998年到2048年，共计50年。公司租用村民的土地进行旅游开发，这使得园内的可耕种土地面积减少。景区村民在剩下的自留土地中主要种植南瓜、玉米等经济作物，每年平均收入5万元。此外，由于胶地、耕地离居住地较远，农活繁重，自2000年后，各村村民逐渐把远处的胶地租给外地人，在家坐收租金，收益较为可观，2012年增长到2000～4000元/（亩·年）。傣族园的村民在很大程度上放弃了劳

---

① 数据来源：傣族园公司民族事务部办公室。

心劳力的田间作业，在土地资源资本化的过程中，越来越多的村民拥有了更多的可支配时间，并顺应大环境的变化，把时间和精力投入参与旅游发展之中。

旅游已经和目的地社区居民的生活紧密地联系在了一起，成为其重要的生产方式。如今傣族园内村民的主要生产方式为开办傣家乐，摆小摊卖水果、小吃或纪念品，"上傣楼"，房屋出租（做旅游生意）等。居民利用自家的宅基地开办"傣家乐"和"上傣楼"等旅游活动。傣家乐，简而言之就是傣族的农家乐，主要是为游客提供傣族风味的餐饮和住宿，游客在傣楼内吃喝玩乐。遇到重要的客人，主人还会精心准备歌舞来招待。2011 年左右，普通的不带独立卫生间的两人间平时 50 元一晚，带独立卫生间的房间 80 元一晚，春节"黄金周"、泼水节等游客激增时段，房价会涨 2～3 倍。傣家乐客源多为回头客，宣传机制为口碑宣传。

如表 4－1 所示，曼乍村和曼嘎村是傣家乐分布较多的两村；曼嘎村的户数最少，但是其中超过一半的居民都在经营傣家乐（排除在"黄金周"时段傣族园几乎每一户都是接待户的情况），曼嘎村的村委会主任波的勒说，"每家都搞接待，地都租出去了……不种地了"。

表 4－1　傣家乐分布情况（2011 年）①

村寨	户数	傣家乐（户）	挂牌（户）②	非傣家乐（户）③	傣家乐在村内的占比（%）	傣家乐在傣族园的占比（%）
曼将	46	8	6	38	17.39	8
曼春满	117	17	14	100	14.53	17
曼乍	53	36	33	17	67.92	36
曼嘎	32	20	20	12	62.50	20
曼听	92	19	10	73	20.65	19
总计	340	100	83	240	－	100

傣家乐发展得比较成熟的村寨当属曼乍村。村中的岩约是最早发展傣家乐的村民之一。岩约家的女主人在 2002 年时参加了经营傣家乐的自费培训，那几个月恰逢农忙，岩约一人在家做两人份的农活，比较辛苦。妻子回家后，两人决定

---

① 资料来源：傣族园公司民族事务部。
② 公司审核后，在达到办傣家乐条件和资格的住户门口统一用陶罐标记并编号。
③ 指平日（非"黄金周"等旺季）不开傣家乐、不接待客人的户数。

以后专心经营傣家乐，把离家较远的土地出租，在自家傣楼旁边的土地种上各种果树和观赏性花卉植物。2003 年年底盖新房时，他们有意识地改善了客房条件，自 2004 年起，生意快速发展，收入不断增长。2006 年应邀参加中央电视台的《实话实说》节目之后，岩约家的旅游生意越来越好，在"黄金周"平均每天可有 3000 多元的收入。如今，很多游客慕名前来品尝岩约家的傣味餐饮。

"上傣楼"，主要是指在自家傣楼为游客讲解傣族传统文化，带领游客参观傣楼的内部结构，为游客提供糯米香茶，并出售沙金、沙银等其他傣族特色的手工艺品。在厅堂墙壁悬挂的各种照片，包括主人与领导、明星的合照等，都可以体现此户的服务水平和知名度。傣楼展示曾在傣族园风行一时，目前仅存 1～2 家仍在经营，参观客主要是泰国的旅行团及少量散客。

曼春满村在傣楼生意上起步较早，从 1992 年开始就有团队游客前来傣楼参观、购买沙金及沙银首饰。1994 年，玉忠开始与玉温合作做傣楼，使用玉温的傣楼（曼春满村 38 号，在曼春满佛寺前面，地理位置好）。那时候的交通不像现在这么方便，玉温的丈夫用手扶拖拉机把游客拉过来，生意很好。泰国公主、日本王子、国家领导人等都到过玉温家。司机、导游和玉温家的关系也很好，他们会把客人领到玉温家。1998 年傣族园公司进驻后游客变得更多，但是公司开始把客人领到别人家，玉温家的游客减少。2003 年和 2004 年，曼春满村开始分组经营傣楼，当时全村一共 30 户，分成 4 组，而那时候因为傣族园外傣楼生意的竞争，游人已经没有之前那么多了。2004 年下半年，傣楼生意潦倒，几乎没有人在做了，只有玉忠和玉温还在一起做，收入平均分。平均每个月收入 2000 元，最多的时候每个月可以达到 10000 元。傣楼一直都会卖沙金和沙银首饰，很少有游客会买真金真银，价格太高他们不会接受，只有很小一部分游客来定做。

摆摊卖水果、小吃或纪念品成本小、风险低，居民从后院摘取新鲜的水果，制作成傣味小吃，就地取材、用橡胶籽做一些手工艺品，在游客较多的公共游览区域摆摊出售。公司还为其建造了硬件设施，免除了其摊位费、卫生管理费等其他杂费。傣族园的村民们由此可以直接从投资中挣得净收益。

村民把私宅出租给橄榄坝或者外地来此旅游、做生意的人，收取租金也是一种新的生产方式。比较集中的是在曼春满佛寺周围，这里的房屋已几乎全部被改造成了旅游纪念品店或小卖店。纪念品包括民族服装、背包、配饰、鞋帽等。其中一户房东开出的价钱本来是 4000 元/年，2012 年房屋翻修后，租金增长到40000 元/年。虽然租金涨幅较大，但是房源仍然比较紧张。2012 年是租金上涨后的第一年，有家 50 平方米的摊位之前每年的收入在 10000 元左右。摊主对这一年能否盈利还没有十足的把握。

（二）从单一角色到多元身份

傣族园公司吸纳傣族园居民成为公司员工，使得居民的角色由单一向多元转变，当地居民从农民变成了旅游从业人员（孙九霞、保继刚，2004）。从空间生产的角度来看，在旅游发展之前，当地居民的最主要的角色是"农业生产者"。

作为成熟的企业主导型景区，傣族园景区内的少数民族居民不可避免地与傣族园公司的工作人员进行沟通与往来。如图4-2所示，村民也有可能会成为公司的职员。在谈到公司的傣族员工情况时，人事部李经理说道："比如说，演艺部有个副经理就是村民。跳舞跳得好的、说傣语说得比较好的年轻人，不分男女，都是傣族的。环境部基本都是上了年纪的（40多岁）啊，（负责）扫地。保安部都是傣族年轻小伙子。导游部、贵宾接待部讲解傣族民风民俗的，都是傣族小姑娘，她们对自己家乡比较了解，经过我们培训，就能上岗了。"

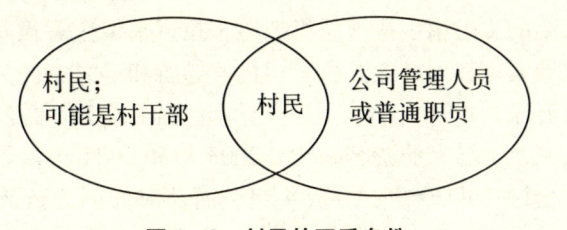

图4-2　村民的双重身份

目前，傣族园公司已经吸纳了较多的傣族员工，公司根据他们的年龄、性别、特长爱好，把他们安排在基层从事相关的旅游工作。此外，五寨子的村干部（村支书、村委会主任及副主任、妇女主任等）因其能力、职务与之在村民中的威信，成为公司选择职员的目标。他们是公司村民协调小组的一部分，在组织活动和协调公司与村民的关系上起着至关重要的作用。比如，某村民由于女儿结婚想收回租给公司的土地，就会向民族事务部主任寻求帮助。从此，村干部的立场和角色变得十分微妙。他们既是村民意见的收集者、引导者，又是公司意见的传达者、执行者，具有双重身份。

由单一向多元转变的不仅是交往主体的角色，还有基于不同角色而发展起来的交往关系。费孝通（1998）的"差序格局"理论认为，中国的社会关系格局是以个人为单位，由内而外推出去的，在一定时间、一定地点内的圈子是不相同的。在傣族园，居民内部的交往圈、居民与公司的交往圈是同时存在的。外来人员与本地居民在民族、生活习性、价值观念等多方面都有诸多不同，造成交往关系的性质发生改变。不同性质的交往圈的同时存在表示不同性质的交往关系的重叠，即交往关系由同质向异质转变、由一元向多元转变。

（三）从和谐交往到出现纷争

在传统的同质社会中，性情温和的傣族人民和睦相处、相互体谅、适度忍让，极少有争端出现。而在居民与企业的交往中，既有融合共处，又存在心理对抗，甚至行为上的对抗。融合共处体现在"公司＋农户"模式中。它是傣族园公司为民族社区参与旅游发展提出的一种模式，公司借由村民的土地、房屋、植物等景观发展旅游业，并吸收村寨村民进入公司工作，让农户与公司共同参与景区的建设，村民通过景区内的旅游生产获得经济收入，二者理应是互相依存的合作关系。除了民族事务部作为公司和村民之间的沟通桥梁之外，为了促进职员和村民之间的关系，减少经营管理上的阻力，公司还制定了针对村民的补贴政策。此外，还进行了"一帮一""一帮多"等活动以补贴居民在物质上的短缺，并加强其与村民之间的情感联络。

然而，傣族园公司终究是来"管理"景区、"管理"村民、"管理"傣族园的，这是每一种文化"入侵"另一种文化时候的潜台词：融合与控制。现在，公司员工中约有76%的傣族村民，主要分布在民族事务部、演艺部、保安部、接待部、环境部等部门，但仅有民族事务部的岩香担任副经理职务。傣族园公司人事部李经理解释道："大多数经理是汉族的。因为怕傣族人的文化素质达不到要求，肯定要有一个经理把关嘛。其他的工作人员啊，都是他们（傣族）的。我们汉族员工主要分布在……其实每个部门很少，主要是管理干部，特别是高层。"

2012年2月6日是曼春满村一年一度的"过赕"，村民摆流水席，公司的管理人员在村内轮流做客。在曼春满村"过赕"的饭桌上，公司领导与曼春满村的村委会主任波买罗说道："今年的开端很好，我们还要相互协调配合，共同管理。你们有什么需要的我们尽量提供；你们有什么要求，我们尽量达到；共同管理……公司的运营需要村民的配合，有什么矛盾，公司要出面协调。"短短几句话，"共同管理"出现了两次，是因为这句话说出的约半年前（2011年7月），5个村寨联合发动了围堵景区大门事件。这是13年来村民首次自发组织的利益诉求大事件。

长期的被管制以及利益分配方面的问题使得热情好客、温和隐忍的傣族人终于将不满付诸行动。根据五个村寨的村民反映，傣族园公司自1999年开始运营以来，从未按其承诺的"根据10%的门票收入比例"给村民分红。曼春满村民表示："公司一直没有分红给我们，十几年了，只是他们有利益，凭什么这样呢？"在5个村寨之中，曼春满的人口最多、势力最大，被公司租用的土地最多，利益诉求的愿望最强烈，与公司积累的矛盾也比较尖锐。他们要向迟迟不给门票分红的傣族园公司讨个说法并要求分红。曼春满村村委会主任波买罗说道："（曼春满）村民个个在喊还没分（红）？分不分？欺骗我们啊！这边是澜沧江，这边是大鱼塘（龙德湖），我们土地少，没地了。我就讲，人家开发利用了，给公司发财。公司经营了就富了嘛。土地被占了，要跟公司一起配合来做，与公司一起来经营开发，项目增加了，但是我们没富。一桌子5个菜，你们吃剩的就给我们吃，我们怎么吃呢……公司说，哎呀，5个寨子，今年带你们（村干部）去新马泰玩。我们想，你们给我们钱（去旅游），我们不帮你不行，我们就不去。他们想请我们去三个国家玩，但为了村民好，我们就不去。他说，这个组长搞不懂啊搞不懂……人家是给你们去旅游，不要你们花钱。"曼乍村的一家傣家乐经营户女主人也说道："门票他们收啊，说白了就是他们用我们赚钱啊。"曼听村村民指出："他们管我们？是我们管他们吧！现在傣族园（公司）怎么管我们呢？他们占了我们的地方，也要听我们的！"

村民对公司的不信任、村民期望的收益与现实收益的差距是造成2011年围堵景区大门事件发生的主要原因。在预感得不到、得不偿失、无利可图的情况下，村民只好用这种简单粗暴的方式来解决问题。曼嘎村村委会主任在访谈中说道："我们堵了3天，公司召集村里老人、村干部、能说话的那些人商量怎么办。现在怎么说呢，就像一家人一样，公司包括我们5个村寨，召集人一起商量，政府也出面，就把这个合同定下来了，从（2011年）7月1号开始，5年之内每年给15%，6年以后每年给20%，一直到合同期满。"村民将景区大门堵住，使得游客和车辆无法正常进出傣族园，给公司造成了不小损失。从访谈可以看出，2011年7月，围堵景区大门历时3天。事件最后，由勐罕镇政府以及景洪市政府出面协调，公司与村民签订《补充协议》。在与村民的协商下，公司在补充条款中承诺干栏式建筑的补偿将在4年内以每户15000元的标准补齐，并从2012年开始，每年以门票税后利润15%的比例向村民分红（税前利润若少于2000万元，则以2000万元为基数计算），从第6年（2018年）开始，分红比例提升至20%，直到2048年合同期满为止。对这样的解决方案，村民还算满意，分红后明显减少了一些负面情绪，与公司的关系稳定下来，但是交往互动的频率降低。虽然土地已经租给了傣族园公司，但是租金和补贴并不能使村民满足，加之他们的土地观念强，依旧认为傣族园就是"我们的地方"。进入密集的乡村社交网络来发展旅游并非易事。曼乍村的傣家乐经营户在访谈中说道："公司里面的人，其实我觉得他们不怎么样，他们当中有些人就是很有点傲气，我们是不能成为亲密的朋友啦。"这次争端的出现不仅打破了傣族园原有的平静，也是旅游发展过程中居民与公司之间较为激进的一次交往互动，与村民之间以往平和的待人处事方式存在极大的反差。

第四章　民族旅游社区的交往空间再生产 ｜ 97

三、游客与企业的交往空间

（一）社区的旅游化

游客与企业的互动是一种错位交往，并不是双方之间的直接接触。旅游者参与的是旅游活动，接触的是演员和当地居民；企业也并没有直接面对每一位游客，而是通过在社区这个场域内提供交往的物质基础、组织游览活动，借助社区平台实现与游客的互动。交往中的游客间接督促着企业不断为其营造更好的物质环境和社会环境，提供更优的产品和服务。游客与企业交往中的空间变迁集中表现为游憩空间中基础设施和旅游设施的日渐完善，即社区的旅游化。

傣族园公司进驻傣族园社区后通过修建旅游基础设施，为游客提供更好的游览环境。傣族园聚居着 5 个自然村寨，在其自主发展旅游的时期，基础设施建设的水平较低，也少有大规模的建设，公司进驻景区以来已经先后实施了两轮改造，并计划实施第三轮改造。改造的一期工程已经建成了傣族园景区大门，配置了景区全景导游图，修建了停车场、迎宾广场和主干道（包括从景区大门向里延伸的联结各村寨和主要观赏景点、主要游娱活动场所的道路），还有泼水广场（如图 4-3 所示，包括广场周边的傣楼看台）、泼水大道（如图 4-4 所示，包括大道中间的人物雕像和动物雕塑）、歌舞剧场（如图 4-5 所示）等主要的旅游活动场地。此外，公司在园内的不同路口设置了警示牌和游览标识牌（如图 4-6 所示），在人流量较多的地方设置了公厕、垃圾桶，在傣族园的中心位置设立了傣族园公司的办公区。

图 4-3　泼水广场

图 4-4　泼水大道

图 4-5 民族歌舞剧场

图 4-6 园内指示牌

2005 年，傣族园的二期提升改造工程开始动工，主要是对景区内的道路、水电设施、厕所、垃圾处理设施等进行了不同程度的建设完善。在道路方面，不仅有外围的滨江大道，还有一些傣族园公司下一步将要整改的由红砖铺成的乡间小径。这些砖石路成本较低，但上面的雨后青苔很不安全，急需修整。

从 2012 年 2 月开始，为打造国家 5A 级旅游景区，公司正在积极筹备三期工程建设。具体而言，规划在龙德湖北岸建设北大门、停车场、迎宾大道、环湖游路以及民族旅游风情园。风情园内将以民族文化的展示为主，投资建设新的干栏式建筑群。同时将进行环境改造、龙德湖水质改造，在湖面修建水上民俗风情游览通道。

表 4-2 显示了截止到 2012 年 9 月傣族园 5 个村寨内的旅游景点、傣家乐以及旅游生意（包括旅游小卖部、小吃摊、水果摊、照相摊、纪念品摊、服装店、纪念品店、饮品店、照相门面、傣装缝制店、古炮以及孔雀园等）的分布情况。从中也可看到，曼春满村和曼乍村是游客的主要活动区域。

表 4-2 傣族园 5 个村寨内旅游景点及参与旅游情况（截止到 2012 年 9 月）①

村寨名称	景点名称	景点数量（个）	傣家乐数量（家）	旅游生意（处）	周边设施建设
曼将	曼将佛寺	2	8	12	游览行道
	非物质遗产展示区				景区停车场
曼春满	曼春满佛寺	1	17	29	游览行道

① 部分资料来源：傣族园公司民族事务部统计资料。

续表 4 - 2

村寨名称	景点名称	景点数量（个）	傣家乐数量（家）	旅游生意（处）	周边设施建设
曼乍	泼水广场	4	36	7	傣族园公司办公楼
	歌舞剧场				餐饮中心
	曼乍佛寺				游览行道
	澜沧江观景平台				景区停车场
曼嘎	—	0	20	3	游览行道
曼听	曼听佛寺	1	19	10	游览行道
总计	—	8	100	61	—

（二）节事活动的常规化

傣族园景区白天的游娱活动主要是在泼水广场举行的两场泼水活动及其民族歌舞剧场表演。在传统的泼水节仍然保留的情况下，傣族园公司在正式开始营业时推出了新的旅游项目"天天泼水节"，它是傣族园最为重要的游览项目，是每天上演的一种戏剧行为（哈贝马斯，2004），也是一种重要的空间实践。

泼水节原是傣族的传统节日，在每年傣历的 6 月下旬（公历 4 月中旬）举行，其重要性如同春节在汉族节日中的地位，是傣族影响力最大、参加人数最多的节日。"天天泼水节"是公司打造的商业化的泼水表演，它使得民族传统活动变成了一项工作。不仅泼水的次数由原来的一年一次变为一天两次，公司还专门雇佣演员来与游客一起在泼水广场这个舞台上完成精心编排的泼水表演，作为观众的游客们认为"很有特色"。第一场泼水表演于 13：30 开始，14：00 结束；第二场泼水表演的开始和结束时间分别为 15：30 和 16：00。

歌舞表演于每天的 14：20 正式开始，集中展示了傣族的服饰、歌舞、民族器物和风俗，由傣语和汉语双语主持。表演由民族舞蹈（洗头舞、孔雀舞）开场，随后是歌伴舞《让我听懂你的语言》。气氛热络起来之后就到了民族服饰及劳动工具展演的环节，谓之"傣乡情"，展示包括傣家汉子的勇士舞、原始耕田农具、小女孩农闲时的捕鱼工具、纺线工具、红毛毯、淘米水洗头、花腰傣族贵族迎宾服、王子公主服。继而是歌舞《有一个美丽的地方》。接着是演员与游客的互动环节——送香包。游客需现场买香包（大香包 40 元/个、小香包 20 元/个），并为舞蹈演员带上香包来进行投票，按票数角逐出一、二、三名。曾有大老板一个人买下 500 元的香包送给女孩们。香包派送完毕后，就是最后的歌舞《想找竹楼安个家》。整场演出大约 1 小时。

四、小结

本章关注的是傣族园景区交往空间的变迁。傣族园社区的村寨、傣楼、院落、巷道是百年发展演变的自然结果，承载着当地的日常生活、社会交往、经济活动以及宗教文化。作为交往空间的物质要素，傣楼和景区内的基础设施、旅游设施历经了一系列的改造与变迁；村民的生活方式、交往态度作为空间的表征，也在他们与游客的交往互动中、在游客需求的刺激下渐渐改变着。生产方式属于空间实践的范畴，它的变化由傣族园用地功能的转变引起，又引发了行动者角色和交往关系的变化。

这些变迁并不是独立存在的，而是相互影响、相互牵制的。比如，村民对旅游活动的认知变化推动了傣楼的改造及其内部空间的变迁，主要体现在傣楼的使用、功能、空间性质等方面的改变。

值得一提的是，居民与公司之间的交往引发了一次较为激进的对抗行为，这与村民平日平和的交往方式大相径庭。虽然公司已经与村民签订合同，确定在从1998年开始的50年内对土地拥有使用权，但村民依旧认为傣族园的土地是"我们的"，有着"公司是靠我们"的对立心理。而面对傣族村民，公司采取亲民姿态，认为只有赢得村民的支持才能实现可持续的旅游发展，尽力避免可能产生的矛盾。而这样确实隐化了村民和公司之间的对抗情绪。

第二节　傣族园社区旅游交往空间的特征

交往空间的特征是多维度、多层次的，存在于不同的空间性质、交往层级和互动关系中。生活空间与游憩空间的重合使私人活动空间和公共游憩空间的界限逐渐模糊。从居民与外部交往主体的互动中可以透视交往空间的变迁，而居民内部的深层交往并未因旅游发生改变。对交往空间特征的分析，有益于进一步探寻民族社区旅游交往空间的生产和空间重构。

一、交往行为的空间性

（一）个人间互动的空间性

空间物质环境的变迁直接影响到实践主体对行动空间的选择。空间的引导性使得交往活动具有了空间性。空间性就是一种动态的关系性。社会空间就其根本而言即是人与人、人与事物（包括物质环境）之间的关系状态（郑震，2010），而交往空间作为从社会空间中抽离出来的交往层面，更是如此。交往活动及交往关系的空间性可在对空间实施改造的同时也生产或制约着空间性交往行为。旅游活动深入居民的生活空间，使得传统意义上的乡村公共空间被压缩，更多的公共空间兼具旅游交往空间的意义，社区就是游憩区，生产用地就是旅游用地。交往活动的空间性存在构建起了互动的情境性特征或场所的交往空间结构。

傣族园内主要的交往活动如图 4-7 中的虚线方框所示。从坐标轴来看，所有的交往活动叫以由四种方式来描述：公共空间中的主动交往、公共空间中的被动交往、私人空间中的主动交往以及私人空间中的被动交往。狭义上，傣族园的私人空间是指傣楼连同院落内的范围及村民拥有的其他自留地，公共空间则是指包括泼水广场、泼水大道在内的游娱活动区域以及村民日常生活中所使用的公共空间，还有一些较隐蔽的村道和寺庙属于半私人空间半公共空间。此外，交往态度的变迁直接影响到交往主体选择主动参与旅游交往或是被动参与旅游交往活动。

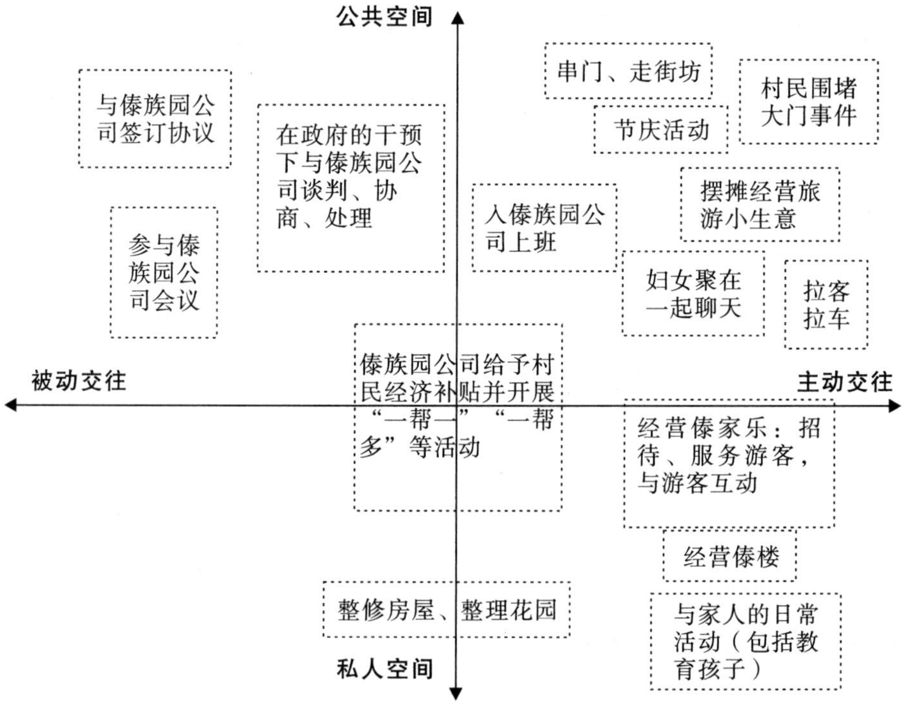

图 4-7　傣族园村民交往活动分类

整体而言，公共空间的交往多于私人空间的交往，主动的交往多于被动的交往，这说明傣族群众喜欢与人交往、喜欢热闹。他们的交往活动比较丰富，相互之间的依存关系比较明显。公共空间的泼水大道和歌舞剧场从无到有，并成了游客主要的游憩区，居民蜂拥至此，开始做各种旅游生意：卖水果、小吃、纪念品，拍照等。传统的节庆活动（如图4-8所示的曼春满大佛寺内的赕佛活动）、经营旅游生意（如图4-9所示的曼春满村内游客与村民在烧烤摊的互动）、在公司上班以及私拉游客进园都属于公共空间的主动交往，这些交往出于民族风俗或是利益驱动。私人空间内的交往多是在傣楼内的傣家乐交往场景中出现。而傣族家庭内部的交往一般都发生在其居住的私人空间内。

图4-8　为赕佛做准备的村民和沙弥　　　图4-9　游客与村民在烧烤摊的互动

公共空间和私人空间类似"前台"与"后台"，又不完全对等于这两个概念。这是因为，当旅游发展到成熟阶段之时，居民对旅游者的出现和存在早已司空见惯，并能够自然而然地把游客也当成是一道风景（treat tourists as part of the regional scenery）（MacCannell，1976）。傣族园虽然是景区，但更是当地居民生存与生活的地方，除了公司组织的泼水表演和民族歌舞表演之外，园内居民的日常生活（带孩子、串门、商量事情、干农活、妇女聊天等）并不具备表演性，但仍然是游客的观览对象。他们习惯了在游客的注视下自然而然地生活。

交往空间中存在行为的平行移动现象，生活空间与游憩空间的重合是行为平移的必要条件。在公共空间的泼水大道上，人流量较多的时候往往是在泼水表演开始前和结束后，村民们纷纷夹道向游客出售水果、小吃、烧烤、纪念品等。有趣的是，在表演进行中街道较冷清的时候，村民们开始互话家长里短，开始和放学的孩子一起玩耍、教孩子做作业（若没有参与旅游发展，此时应该是在家中与孩子玩耍、教孩子做作业），开始相互试戴准备出售的头花、项链，这种情景和傣楼前的邻里互动无异，即产生了行为的平行移动，这是交往行为在不同地理空间的自我复制，说明游憩空间对村民行为的约束作用并不明显。在村民的观念里，傣族园的泼水大道、泼水广场只是叫法和形式改变了，这块土地就是他们的家园，公司和游客都是"闯入者"，由于他们的天性热情好客、待人真诚友善，并不抗拒"他者"的进入。同时，居民也非常自然地把琐碎的日常交往活动植入旅游空间中。

（二）村落间互动的空间性

如表4-3所示，由于处在傣族园的几何中心位置，曼春满村和曼乍村被公司租用土地的面积较多。曼春满村是其中最大的村寨，户数多、拥有的土地多，因此，被租用土地的比例并不高；曼乍村和曼嘎村是被租用土地比例较高的两个村寨；曼春满村的橡胶地面积远远超过了其他4个村寨，可以初步推断其主要的经济来源依然是橡胶而并非旅游；曼嘎村是土地面积最小的村寨，其橡胶地的面积也远不如其他村寨，被公司租用土地比例相对较高。

表4-3 傣族园景区租用5个村寨土地情况

村寨名称	原有土地面积（亩①）	橡胶地面积（亩）	公司租用土地面积（亩）	公司租用土地占原有土地百分比（%）
曼将	418.50	137.50	109.02	26.05
曼春满	1015.00	1548.80	121.34	11.96
曼乍	454.70	476.90	161.35	35.49
曼嘎	276.60	42.30	93.79	33.91
曼听	728.40	317.40	46.34	6.36
总计	2893.20	2522.90	531.85	18.38

资料来源：根据傣族园公司民族事务部文件整理。

虽然5个村寨的地理界限逐渐被打破，被整合在"傣族园景区"之中，各类型的旅游活动也交织在不同的村寨中，但是，依照在景区内的地理位置和土地用途的差别，各村寨从事的旅游活动也有所区别和侧重。

曼将村是进入傣族园的第一个村寨，且全村46户中的45户都是干栏式建筑。原本八成以上的村民都参与了傣楼的经营（孙九霞、保继刚，2004），但现在几乎没有傣楼在运作了。由于远离主要的游娱区（泼水广场和民族歌舞剧

---

① 1亩≈666.67平方米。

场），人气也相对冷清。平日里只有少数家庭从事傣家乐经营，以及在游客较为集中的非物质文化遗产展示区等地方卖水果和纪念品。

曼春满村在 5 个村寨中人口最多，位于旅游线路的中心位置。曼春满佛寺作为橄榄坝的中心佛寺，具有较大的宗教影响。虽然在傣族园景区开业之前，就已经有村民自主组织旅游活动，但这个村寨仍然主要靠橡胶收入维持生计。1994 年前后，外地商人租用傣楼做沙金、沙银的买卖获取暴利，这吸引了村民的注意并开始效仿，全村每户出一个劳动力，自主分组经营（孙九霞、保继刚，2004）。由于客源不稳定加上傣族园外傣楼的竞争，如今坚持发展傣楼且较出色的只有 1～2 户村民。佛寺附近的前排民居楼已经全部变成商铺，村民自己经营旅游纪念品（如民族服饰、鞋帽、头饰、小工艺品等）或出租给外地生意人经营。曼春满村成了纪念品售卖最集中的区域。

曼乍村处于景区中央，从公司进驻傣族园社区以来就开始开办傣家乐，这也是曼乍村参与旅游发展的主要形式。曼乍村的傣家乐历经了从分组经营到以户为单位分散经营的过程。目前知名度较高的、客源较充足的是岩光和岩约两家，但是其他家的实力也并不弱小。

曼嘎村寨子小、户数少，且均分布于游路沿线，原先参与旅游的程度弱，而从 2008 年开始，村民陆续在自家傣楼翻修时建造了 5～6 间客房，现在几乎是全民出动开办傣家乐。但是，由于起步较晚、区位较偏等因素，总体来看，旅游生意不如曼乍村。

离景区入口和游憩中心最远的曼听村是发展旅游积极性较低的村寨。根据 2011 年傣家乐分布情况统计，曼听村经营傣家乐的户数占全部傣家乐的 19%，经营傣家乐的户数只占本村户数的 20.65%，比例不及曼乍（67.92%）和曼嘎（62.50%）两村的 1/3；曼听村的其他经济收入来源与旅游关系不大，绝大多数村民只在旅游旺季接待游客住宿，平日以务农为主，一些老咪涛（即老阿妈）在曼听佛寺售卖水果和旅游纪念品。这个村的异化建筑和半异化建筑也最为突出。

二、交往内容的层级性

从傣族园旅游社区居民的角度可以将傣族园交往活动分为三个层次，如图 4-10 所示。一个是基于经济利益的交往，表现为买卖交易，通过利益让渡实现，这是几乎不含感情的理性交易。另外两个是基于亲缘关系的交往和基于文化传统的交往，它们是带有感情共鸣的交往活动。前者主要存在于当地居民的日常生活中，而后者主要体现在宗教仪式和传统节庆活动中。此外，这三个层次的交往活动并不是一成不变的，而是存在一定的动态关系。

第四章　民族旅游社区的交往空间再生产 | 105

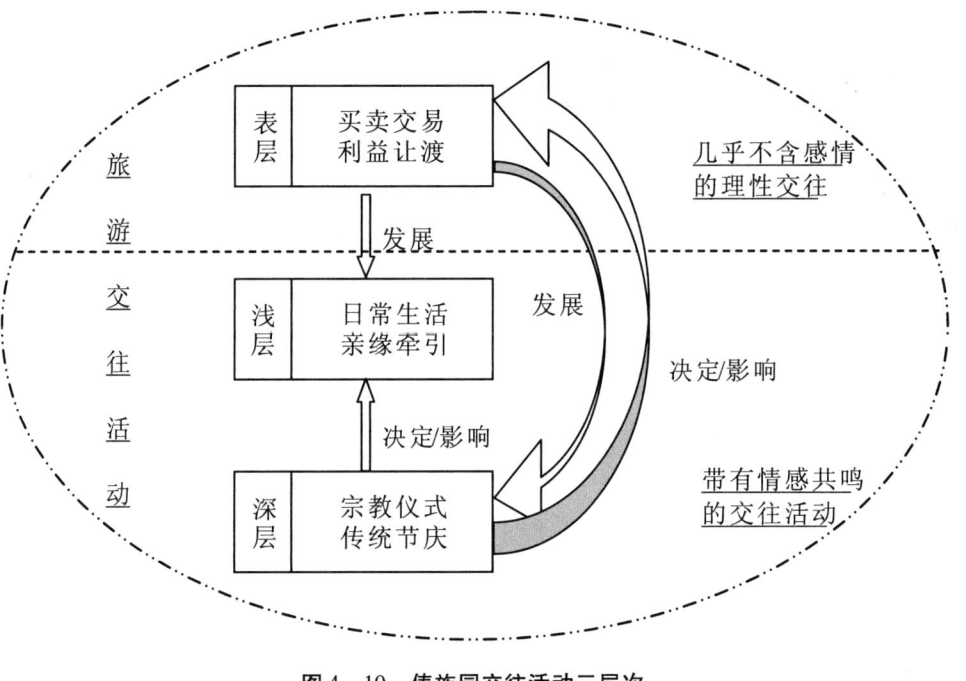

图 4 - 10　傣族园交往活动三层次

（一）基于经济利益的交往

这类活动最为常见和容易识别，在交往中直接体现了各个主体的利益诉求，几乎不含个人感情，包括村民将部分土地以 50 年的租期租给傣族园公司、公司把村民的生活空间作为旅游资源向游客出售、"天天泼水节"中的主客互动、村干部到傣族园公司领工资、公司每年发给村民补贴、游客和村民之间的旅游经济交往等。

在旅游活动中对利益的渴求强化了村民行为的工具性动机，即哈贝马斯（1981）交往行动理论中的目的性行为。随着时间的推进，村民们开始主动结交旅游者、叫卖旅游产品（水果、小吃等）。在曼春满村，年长的老咪涛也纷纷走上游步道，远远地寻找目标，主动靠近游客，一边说着"帮帮老人"，一边用近乎逼迫的方式向他们出售鲜花项链。

为了维护景区秩序，公司赋予村干部更大的权力，将他们纳入公司员工的范畴，按月、分等级给予"协调补贴"，与他们共同管理村民。交往的工具性动机使得利益最大化成为交往主体的目标。在交往过程中，村民之间、村民和公司之间，不同的主体为了维护自己的利益，不可避免地产生了摩擦，公司民族事务部的成员便在一定程度上起到了化干戈为玉帛的重要作用。

(二) 基于亲缘关系的交往

傣族园中纷繁复杂的亲缘关系是村民之间、村民与游客之间、村民与傣族园公司之间旅游交往活动的基础，为旅游生产活动创造了条件。爱串门子的傣族人在寨子之间结亲家不是稀奇事。亲人之间联合做旅游生意或者在旅游旺季相互帮助也是自然而然的事情。旅游旺季的时候，曼乍村岩化家的亲戚会过来帮忙，"像春节'黄金周'的时候，我们家来的客人比较多，我二姐和她女儿就过来帮忙，二姐一天只要300块钱，她女儿就给600块钱，她们一整天就像机器人似的没停过，但是也不多要钱。我们就是这样的"。

事实上，这样的例子在傣族园比较普遍。曼嘎村村民也提道："亲戚嘛，来帮忙两三天给500～600（元）。他们不会计较，他们还不想要呢。"亲戚来家里帮忙后，通常不好意思拿工钱，血浓于水，亲人之间深厚的情感和坚固的关系纽带在此过程中不断得到巩固和加强。

Ryan（1991）认为，主客交往最高水平是成为朋友关系。在傣族园，村民和游客的关系首先是经济关系，合得来就成为朋友，甚至超越朋友发展成为类亲属关系。比如，傣家乐的回头客和宿主之间容易产生感情，渐渐成为朋友或者认亲。曼乍村村委会主任岩光家作为资历最老的傣家乐经营户之一，至今已接待了众多游客，并与其中的不少人建立了良好的朋友关系，更与个别汉族常客建立了类亲属关系。

傣族园村民原本就热衷于建立类亲属关系，多为傣族园内的村民之间认干亲，现在此风俗已经将游客也卷入其中。"客人"已经不再是客人。逢年过节，游客以干爹干妈的身份回傣族园探亲，不需要购买门票。他们还给"儿子""女儿"买衣服、买玩具，送钱、送车。干儿子一旦认定，就会像亲儿子一样对待，相当于构建了一层亲缘关系。

(三) 基于文化传统的交往

傣族园内五村寨居民沿袭着先祖的传统，持有着特定的情感价值观、价值偏好及其理性秩序，若要与当地居民的交往达到这样的层次，必须充分尊重当地的文化，并将自己视为傣族圈的一分子。在全球化的浪潮中，越来越多的民族社区参与到了旅游的发展之中，有些地区的旅游活动往往因其蕴含了宗教因素而更加特殊。马克思（1996）曾说过："一切能影响群众的精神手段中第一个和最重要的手段依然是宗教。"南传上座部佛教以及深受其影响的傣族文化渗透在傣族园村民的思想中，尤其在年长的一代人中更是根深蒂固。

傣族人民热情细腻、重传统、尚礼仪、好学习、讲脸面、喜炫耀，自卑又自谦，怀着赤子之心，专注于制度上和感情上的联系，在交往中动用的是一种情感理性。在舍勒（Scheler）看来，情感理性是人类精神结构中非逻辑的法则和秩序，是价值情感现象学中一个模糊却重要的概念（冯凡彦，2009）。而公司员工倾向于带着商业利益与村民交往，是一种工具理性行为，即哈贝马斯（2004）所说的目的性行为，这决定了村民和企业之间的交往不能深入到文化共鸣的程度。

虽然村民与外界的交往机会在旅游的促进下大大增加，但是在基于文化传统这一层面，交往活动并没有发生质变。村民之间基于文化传统的交往惯习可以从一位28岁的曼乍村小伙的口中略知一二："我们（相互之间）都是很了解的，不像内地，门一关，大家互相都不认得。我们完全不一样，哪个（谁）出什么事，一叫全部都出去，办喜事也好，都来帮忙，或接待外面其他亲戚，不要钱，真的不要。我们也要挂礼（即随礼）、送红包，我们就是意思意思，跟着社会上走，人到了，心意到了就行。不像社会上，人不到，带一句话，这样最不现实（真诚）了。我们就是人一定要到，管你挂不挂（礼）啊，不计较的，人到了我就很高兴了。帮忙好了（帮完忙之后），其他客人走了，我们就坐下来一起吃、一起玩，反正我们这代都是这样的，所以有些人说我们是善男信女，比较团结。"

基于文化共鸣的交往活动没有从根本上发生改变，还可以从傣族园圣俗空间的互通互动中得知：①傣族园全民皆信奉南传上座部佛教，宗教生活渗透在村民的世俗生活中，神圣空间和世俗空间相互融合。不仅傣民在家中供佛，园内还有4座佛寺可供朝拜。②游客进入傣族园的神圣空间，并没能撼动其神圣性。宗教制度、村民的心性结构和行为模式的宗教性没有发生本质的改变。在各种宗教活动中，游客按照当地传统跟学仪式流程，佛事活动现场严肃而庄重。③游客参观和朝圣者朝拜也并没有造成神圣空间的分异。游客极少涉足僧人的生活区（禁足区），寺庙空间的功能分区与布局并没有因为旅游的兴起而发生改变。

以下的观察笔记记录了2012年2月7日曼春满佛寺的一次宗教活动。

2012年2月7日晚，曼春满的佛寺外挂满了纸灯笼。当地居民和游客带着供品，拿着玫瑰、竹篮子（里面有兰花和小碗）、小竹箱子等前往寺庙。寺内挂满了布幔。大殿内开始没有僧人，后来先进来的是大佛爷，① 后面跟着的是穿红袈裟的比库，然后是身着黄袈裟的比库；男在先，女在后。他们进殿的时候，周围等候已久的人用敬仰的眼神望着他们。其后跟随的是傣族的妇女、外地拜佛人。他们来到殿内跪在佛像前，跟着大佛爷唱经，唱几句就要拜一拜佛祖。小孩唱经

———————————
① 寺院住持，傣语为"都比龙"，俗称大佛爷。

的声音特别响亮。有人用傣语在交流着什么，另一个傣族阿姨就示意他们停止讲话。虽然外面有禁止拍照和摄像的标语，但是旁边的游客仍在拍照片、摄影，闪光灯不断。唱经完了就开始绕佛，大佛爷领头，后面先是红袈裟比库，再是尼姑，跟着是黄袈裟比库，然后是小沙弥。后面是村民和游客。他们拿着蜡烛（见图4-11），顺时针围着大殿绕了四圈后，进殿，再次开始唱经（比之前的短）。结束之后，一个比丘将白棉线系到佛祖的一根手指上，白线另一端的和尚开始念刚刚某某某捐了多少钱。这时候众人相继退场，还有傣族老咪涛留下继续跪拜。小沙弥和村里的孩子开始在外面玩起烟花来。

图4-11　曼春满佛寺仪式

旅游交往融汇在这三个层次的活动中，具有变化性和交叠性。这三个层次的划分标准是固定的，呈现出一定的关系等级；而其界限是模糊的，旅游交往活动并非局限在某一层级中，旅游交往关系也不能单纯地归为某一层交往类别。随着时间的变化，村民和旅游者之间的交往是一个由表至浅，甚至至深的过程；而村民与政府之间同时具备了表层和浅层的关系联结；村民和傣族园公司之间的关系从表层的基于经济利益的互动开始，通过公司"一帮一""一帮多"等慰问活动有逐渐变化成情感关系的趋势，又有可能随着活动热情的消退而使关系淡化；而傣族园公司同游客以及政府的关系主要还是建立在利益层面。

三、交往关系的复杂性

（一）傣族园各主体间的交往关系

新的社会交往关系使得传统的交往结构（如图4-12的虚线框部分所示）得到拓展，而居民的交往主体性地位并未改变。在图4-12所示的关系网中，核心结构是指居民之间、居民与僧人之间的基于傣族文化传统的交往结构与交往关系。在旅游的发展过程中，它几乎没有发生任何本质的变化。在此基础上，新的交往主体加入，核心结构得到拓展。

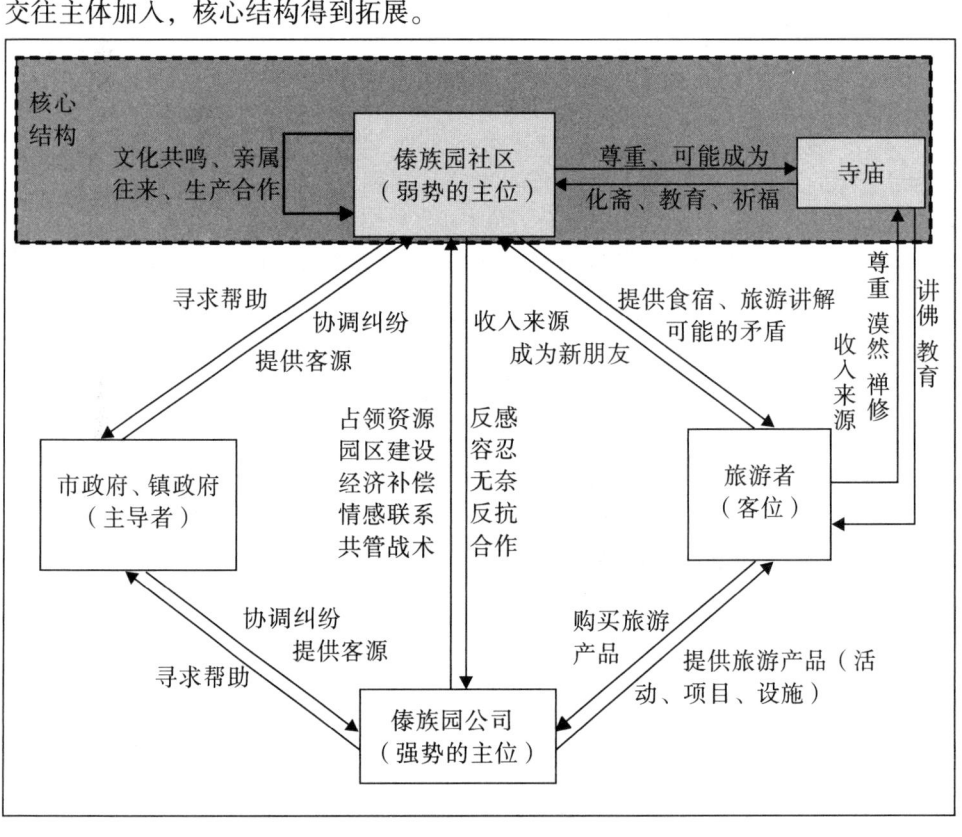

图4-12　傣族园各主体间的交往关系

如图4-12所示，各个交往主体掌握的社会资源不平衡，所拥有的权力相差较大，在面对其他交往主体时的行为规则各不相同。村民、傣族园公司、政府、旅游者为争夺有利于自己的资源以投入到旅游活动中而在不断的权衡、联合、背离、决策中循环，表现出来的就是主动或被动地参与到旅游交往活动之中，并促成了各个利益相关者的客观定位。这些位置是由权力或资本分配结构决定的。

公司占地，村民反抗，交往的双方地位、权利、知识不平等，认识不一致，导致矛盾产生。客观上，傣族园公司利用宗教信仰和村民对产权/公司制思想的不了解或者滞后的了解来获利，使得交往双方获益不均衡，进而使得村民成为旅游活动介入村寨后利益博弈中的弱势群体。村民一方面感到委屈懊恼，另一方面觉得自己文化水平低，害怕在与傣族园公司的对峙或交涉中处于劣势，让人看不起、丢面子，以至于开始变得被动。拖延下去，总是陷入用暴力的方法来解决问题，这样并不能有效地维护自己的权益，更不是长久之计。这是典型的知识缺乏所造成的权利丧失，利益漏损。公司在村民的反抗中明白，一定要取得村民的支持这个道理，于是开始巩固"公司 + 农户"的合作模式，主动提出"共同管理"的理念，还组织了帮扶活动。但是到后来，以疏通感情为目的的交往互动已经比较流于形式。村干部在门票分红之前可以拿到因额外付出协调劳动而由公司支付的"协调费"，但这一补贴在门票分红实施后已经被取消。

在与公司产生摩擦后，村民寄希望于政府，而政府的职能及其扮演的角色应该是怎样的呢？尊重并考虑傣族园社区居民对于发展旅游的意见，让全体社区居民享受到旅游发展的好处，促进旅游的可持续发展，实现多重效益。

公司和旅游者之间存在的是较为纯粹的经济交易关系。和尚作为一个"远离尘世"的存在，基本上在寺内的空间活动，在寺外公共空间与游客的交集比较少。他们之间也常常心照不宣地行动。曼听佛寺的禅修院内每年都会有从全国各地来的游客进行禅修。禅修的时间由各位"施主"按照自己的需要来决定。禅修期间主要学习宗教知识、打坐念经，禅修者一般都想通过在寺里的时间放下工作和生活上的压力，净化心灵。

（二）主客交往关系特征

村民和游客间的互动是旅游发展后在傣族园中新生成的交往空间。它经历了一个从被动腼腆到主动结交的过程——从害羞对客、不知所措、担心没有照顾好客人，到强行拉客、主动示好、招揽生意。有些村寨的居民因为失去了土地而认识到发展旅游是他们生活甚至生存的重要途径。作为众多中国民族旅游社区的其中一个，傣族园社区也面临着居民处于相对弱势地位、参与旅游的技能比较缺乏、积极性不足等问题，然而，在与各个外来主体交往的过程中，傣族人民表现得真诚大度、热情有礼。对于交往中产生的问题，他们不但能充分体恤对方，还能适度地隐忍。一般情况下，游客能与当地居民融洽相处。

第四章　民族旅游社区的交往空间再生产 | 111

孙九霞（2004）将傣楼和傣家乐的接待情况作对比，发现它们在游客类型（交往主体）、接触程度、游客体验、主客关系等多方面均存在差异。如今傣族园内的"上傣楼"生意只剩1～2家，而傣家乐生意仍然红火。在此情况下，再次审视傣族园景区的主客交往可以发现，当地居民与游客的交往可能是一次性的，也可能是多次的，甚至频繁的。前一种情况普遍存在于团队和部分散客的观光旅游中，而在傣族园景区，即便是一次性交往也具有其特色。在村民与游客的交往中，情感理性发挥着较大的作用，"金钱至上"的法则并不普遍适用。游客在村民家中一般都比较友好并尊重傣族的传统习俗；遇有态度较差的游客，即使有空房，主人也不见得会招待，而是推荐到别家。此外，以下这则曼乍村傣家乐经营户所讲述的故事可以说明傣族人较为宽容忍让的性格以及处理赖账游客遗失物的态度和做法。

有个来自四川的旅游团队，他们有20多人，来住了一天吃了3顿饭，我们也是做得很好，他们提前跟我爸定的嘛。本来已经谈好了"黄金周"是100元一天，平时是50元，一间住2个人。临走要付钱的时候，他不付！竟有这种人！我说，把你生辰八字留下，你走，你不需要付一分钱，你走。你来的时候既然想少一点，住之前就要讲好价。饭都吃好了，大概就是900块吧，他就跟我吵，呱啦呱啦吵。我说你什么意思？我要报警啦！他们还是有点怕，吃得光光的还说不好吃，盘子都想舔啦！剩在那里（哪里剩啦）？他就是故意不想给钱的那种人，他跟我吵我也没说什么，本来要1200块的，只要他们付900块，他们还不愿意。我说我也不要，你走嘛，把你的生辰八字留下。他们就害怕了。其实，我们傣族还是有人会这些的，还是有人会怕的。后来，那个女的就给了，给也没给完，早点钱一分都没给。我也觉得太扎精（小气、斤斤计较）了，巴不得他赶紧走。就这样了。然后其他游客也在说，怎么这样，煮好了吃好了还在讲价。

他们还忘记了一串金手链放在那里，我还在生气呢！我捡到了问家里的游客，这是谁的手链放在洗澡的台子上。没说是金的，怕游客会贪。都说不是的。然后他们就打电话回来："哎，我们的手链掉在你那里啦！"我就是直接、肯定、大方地跟他说，嗯，你的手链在这儿。本来我想说，我们傣族没有你们这样扎精。但是没有，想想也是顾客嘛，如果他乱造谣就不好。然后他还说让我们寄回去诶！还不自己来拿。他们大概已经走了两三天了吧。他当时在那大吵大闹的，别的游客还在睡觉，如果是别人的话，肯定不会还的。别的游客还在说，他这种人，为什么要还给他？如果是我的话直接不还给他。毕竟是人家的东西，我说我有的是，金银首饰，我们都有。有些人会还，有些人不会还。不还的话，有种恐惧感，怕别人说。

主人不仅拾金不昧，还既往不咎地把金项链送回失主处。他们虽然心里极度不愉快，但是却严格地遵循着傣族的传统规范，在环境的制约下出于自己的良心处理了这件事情。

此外，当地居民和常客之间的频繁交往使得其间的交往关系加深，主客关系倒置，产生了村民和常客之间互为主客的现象。"东道主—游客"作为旅游系统里的一对基本社会关系，已经遭到了质疑（Sherlock，2001）。在欠发达的目的地，"主"也通常是"客"，因为外来人口常常涌入其中做生意（Cohen，2006），而外来务工者作为"客"，也因临时雇佣而成了"主"（Janta et al.，2011）。在傣族园社区，除了有与以上故事类似的情形发生之外，游客（通常是回头客）同当地村民成为朋友，或者认村中小孩做干儿子、干女儿发展类亲属关系的情况屡见不鲜。此后，在傣族园居民作为游客出游时，在目的地接待他们的主人，正是之前游玩傣族园景区时住在村民家的客人。这种主客立场的颠倒不仅弱化了主客二元对立的观点，还使得主位和客位互换，产生了"互为主客"的现象。

（三）社区内部交往关系特征

1. 个人间的交往

一般情况下，旅游交往并不会因为利益纠葛而引发村民之间的矛盾。这首先体现在傣家乐的经营过程中。经营着傣家乐的村民之间保持着联络，不仅不会恶性竞争，反而会相互介绍生意。平日里，游客根据住宿条件和主人的服务水平自主地选择住在哪家，没有选上的傣家乐家主人会根据游客的需求帮忙介绍，这是一种"何乐而不为"的事情。在"黄金周"的时候，通过村民的关系网很容易找到还没有住满的傣家乐。正如曼乍村傣家乐经营户咪哈光所言："家里住不下了，就要将游客送到别的人家去，他（游客）就是要求我帮他找。有些时候还是会得罪人。找别的人家，他们（游客）还不去，人家就空了。我家空了还好说一点，人家空着，不好意思。"

他们不仅要满足游客的需求介绍其到相应的傣家乐，更重要的是，要维持和村民之间的关系。如果游客临时跑票，就会觉得十分对不起其他村民。特别的是，傣家乐的房价都是各家自己定，没有打听过街坊邻居的定价，更没有和邻居商量过，他们认为自己的价如果是合理的，就一定会有人来住。游客想住哪一家全根据自己的要求，凭自己的比较来确定。傣家乐都是以家庭为单位的经营规模，比较有经验的经营户为留住回头客，不会随意变化开价，更不会恶意降价。从这种完全自由竞争的市场背后，可以看到村民间建立在信任和互惠之上的默契。

这在水果摊、小吃摊、烧烤摊的互动中也体现得比较明显。在泼水广场周围生意特别好的地段，被公司聘用负责打扫卫生的老咪涛担心上班时间卖水果坏了规矩会被公司扣工资，就请水果摊上的另一位老咪涛帮忙卖波罗蜜，每次放两碗在她的水果摊上。摆水果摊的老咪涛在照看自己生意的同时也帮她销售波罗蜜，打扫卫生的老咪涛硬是要给她 20% 的回扣，但是摆摊的老咪涛并不在乎这个回扣，因此执意不收。

此外，带着孙子出来闲逛的老咪涛经过熟人的小吃摊时被叫去吃东西，不收钱。笔者也因为经常在泼水广场附近调研，水果摊的老咪涛看着眼熟了就送水果吃，送的比卖的还多，就好像请过路客去他家楼上吃顿便饭一般地招待着。而在民族歌舞剧场前的烧烤摊，时常可以看到穿着表演服的当地年轻演员们"自产自销"烧烤的食物，而摊主则在一旁休息，和她们聊天、收钱，并不用像招呼游客一样殷勤地为她们提供服务。

当地居民依然按照传统的交往规则行事。例如，曼听村村民一边洗衣一边和笔者说道："有亲戚在寨子里，平时有自己的事情要做，但是有困难了，相互都会很自然地过来帮忙的。寨子里的人也是，不管关系好不好，有事就要去帮忙的。现在村里没有小偷，我们都很团结，有什么事情都很帮忙，不会你不来我就不去（帮忙）。都是看自觉的，该干活的就去干活，该怎么样就怎么样。"曼乍村村委会主任岩光的儿子岩轰、女儿玉哈大学毕业后，没找工作，留在家做傣家乐。父亲岩光认为这样挺好，就算找了工作，收入也是差不多的，还比在家里累，又不在父母身边。傣家人的规矩是子女必须和父母住在一起。除非是儿子去做了上门女婿，入赘没有儿子的人家，才不用回来住。尽管傣族园已经是一个发展得较为成熟的景区了，但村民之间的日常交往关系并没有因为旅游发生根本性的改变。曼乍村村民岩轰也提道："（我们）对村里的事情肯定是很关心的。比如有老人死了，不管是谁家的老人，不管哪家出了什么事情，不管你在哪里，全部都会跑回来，大家很团结，相互关心，相互帮助。有一次发生火灾，就是雷劈掉了那个树，倒了，等消防车来的时候，我们寨子的火都已经灭完了。那时就是有个老咪涛上班经过，从这边一路叫上去，大声喊快点啦，着火啦！然后又叫过来（跑了个来回）说着火啦！家里是男的就全部跑过去了，女的帮不了，越帮越忙（就留在家）。来的消防官兵还不是消防员，我们没消防员。边防武警过来一看，火已经灭完了。当时，还有人将现场拍摄的视频发到网上。"

傣族园居民一向较为和气，有事集体出力，少有吵架的现象发生。婆媳之间的冲突也很少，媳妇要懂得忍让。曼春满大佛寺纪念品店的小沙弥也说："我们来这里三四年了，他们很团结的，从来没看到过他们争吵，本寨子的人讲话都很温和。"

居民之间不同性质的交往关系交叠起来。傣族园中的傣家乐和傣楼一般以家庭为经营单位，家人之间是亲属关系也是经营伙伴关系。旅游带来的经济关系覆盖在村中已有的社会关系上，亲友间相互帮忙的情况在傣族园十分常见，原先并不需要经济回报。而如今当人手不足时，岩约的姐姐过来帮忙，可以领到工资。还有少数曼降村的村民与其亲友合作经营傣楼或傣家乐，平分所得的收益。另外，自己专注于旅游发展而雇亲戚、本地人、认识的人割胶的现象已经越来越常见，因为他们的手艺比较好，值得信赖，产量高又保护树。故此，亲缘、地缘上覆盖了一层业缘关系。类似的还有通过友情维系在一起的玉忠和玉温。他们因为友情而成为生意伙伴，在傣楼生意日渐衰败的情况下，依旧维持着傣楼的经营。

交往层级的交织性和变动性造成了多重身份和多重关系，在一定程度上导致了角色错位和交往障碍。在旅游发展中，一些村民既是村民协调小组成员，要听命于公司，又是村干部，要服务于村民。当出现利益考量时，他们的天平将向哪一边倾斜？此外，部分村民认识到发展旅游是维持他们生活甚至生存的途径，为了赚"外快"，他们开始私自拉客偷逃门票。同为村民的保安出于人情，默许熟人私自拉客，公司就会让村小组出面，使这些村民员工成为寨子里的公敌；公司为了有效地牵制私带游客进景区的现象，还规定，一旦发现有此行为，立即取消全村的门票分红。这也直接造成了村民间表层经济关系的反转。还有一些村民贩卖自家的水果，在他们家果子还没成熟的时候说："我果园熟了再去摆，现在不去，你不要占过来。"就会在某个摊位上写上自己家的门牌号和自己的名字，不许其他村民占用这块摊位。不过，这些都并未造成村民之间较大的矛盾。

合伙经营傣家乐的村民之间也会出现交往障碍，他们既是经营者又是相互依存的亲友。出于对亲人、朋友关系的维护，他们会使经济联结断裂而保存其间的情感纽带。在1999年傣家乐发展初期，曼乍村分小组、联合各家共同经营，每户出一个劳动力，村民们分工明确、各司其职、相互学习；除去本钱，均分利润。但是，集结在一起的妇女之间的摩擦越来越大，主要是因为出力和利益分配不符且难以计算。为了不因经济利益的纠缠而伤害感情，村民们"不愿意再搅在那里面"。加上游客增加，接待容量也需要提升，从2004年开始，经营模式由联合变为分散。这是对亲朋好友关系的保护和维持，同时也达到了合理分配利益的目的。在亲密的血缘社会中，商业是难以存在的，因为在血缘、亲缘社会中的交易是以人情来维持的，而经济活动则要以无情的身份来进行，需要的是冷静和理性，而不是感情（费孝通，1998）。

综合交往内容和交往主体两个维度，还可以对不同主体间的交往关系进行更细致的分析与总结。不论是主客二元对立到互为主客，还是居民间的高频次交往；不论是纯工作关系的交往、情感共鸣的交往还是通过宗教文化联结起来的交往，都使得原来的傣族园交往空间发生了一定的改变，显现出一些特征。相同交往主体之间的交往关系开始分层。图4-13清晰地展示出了不同关系类型和交往主体之间的交往强度分布。交往强度由交往频率、情感浓度、亲密程度以及互惠交换来衡量（Mark，1973），用三个颜色梯度——黑、灰、白——来表示不同交往主体在不同层级的交往活动中所表现出来的交往强度，颜色越深说明主体间相应的关系越坚固。不同于强关系（strong ties）、弱关系（weak ties）理论，交往强度是对主体间关系的分层表达，是相对意义上的关系质量。

关系类型 ＼ 交往主体 关系浓度	居民与普通游客的一次性交往	居民与常客的多次交往	居民与亲友之间的高强度交往
工作交易	基于经济利益的交往	基于经济利益的工作交易关系转淡	淡薄利益，帮卖水果、帮忙照顾生意
情感交往	居民动用情感理性，如当地村民的拾金不昧	类亲属关系，游客回来探亲；互为主客	情感纽带坚韧，行为的空间平移
宗教文化交往	几乎没有文化共鸣	双方的文化开始互融	有共享的稳固的宗教文化基础

图4-13　傣族园景区居民与游客的交往关系浓度示意图

首先，从关系类型来看，大多数情况下，居民与各交往主体的关系是通过情感共鸣来连接的（情感关系在各主体之间存在两个黑色方块，是数量最多的），居民与亲友及其内部的情感纽带十分坚韧，且居民与常客在多次交往中还形成了类亲属关系（游客回傣族园探亲不需买门票）或是互为主客的关系，而居民一般动用情感理性与普通游客进行一次性的经济交往。宗教文化关系是最为坚韧的一层关系，但是在居民与普通游客之间，文化因素却不能发挥作用（白色，浓度极浅），因为他们之间没有共享的宗教文化基础，这与居民内部的交往刚好相反。在傣族园社区交往空间中，工作关系即基于经济利益的交易关系，存在于所有的居民与普通游客的一次性交往中，在居民与常客的多次交往中逐渐淡化，虽然也存在于居民与亲友间的交往活动中，但不是主要的交往类型。工作交往强度（两灰—黑）亚于情感交往强度（两黑一灰），又超越了宗教文化交往强度（一黑一灰一白）。

其次，从交往主体来看，居民与普通游客的一次性交往多是基于经济利益的交往，次之是双方都动用情感理性的交往，而几乎没有基于文化共鸣的交往。居民与常客的交往较为频繁，因此彼此产生了情感依赖，经济关系被隐化。居民与亲友及其内部的交往时日长久且强度较大，覆盖了从工作关系到文化互动的递进的三层关系类型，其间的情感纽带十分坚韧，有共享的稳固的宗教文化基础。居民与亲友间的关系最为牢固（两黑一灰），其中包括了深层的宗教文化关系，且亲友之间存在普遍的旅游工作关系或经济关系。其次是居民与常客（两灰一黑），最后是居民与普通游客的交往强度（一黑一灰一白）。

最后，总体趋势表明，随着接触的频繁度加大，从一次性交往到多次交往再到高强度的交往，交往强度也趋向于加深。强度越大越经得住考验，不易受外部环境的影响而发生质变。与此相反的关系较容易在旅游交往中变质，即旅游的确会给目的地社区带来一定的影响，但是居民与亲友及其内部的核心交往结构和机制不会轻易被改变。交往空间的变迁使得原来的均质社区产生了分异，主要体现在易被旅游影响的经济交往及其结果方面，而深层的文化交往的分异并不明显。对傣族园景区居民与游客的交往强度分析，实际上是将不同主体间的关系分情景分析，以便更透彻地认识傣族园社区交往空间的变迁和交往空间的生产。

2. 村落间的互动

旅游业带来的经济利益上的竞争使得傣族园景区内各村寨之间的关系出现了摩擦。首先是旅游生意经营上的摩擦。曼乍村从 2000 年开始分小组合作经营傣家乐，傣家乐发展得已经较为成熟了，也积累了一部分客源基础。自 2008 年左右开始，临近曼乍村的曼嘎村也开始经营傣家乐。曼嘎村由于是后来发展傣家乐的村落，地理位置又比曼乍村稍偏一些，因此，曼嘎村的妇女会前往大门停车场或傣族园公司门口的空地上拉客，曼乍村的村民通常不会这样做，且他们认为傣家乐是本村寨想出来的，各个村寨应该有不同的旅游生意类型以免发生冲突。比如在早些时候傣族园发展旅游，曼春满村也开始效仿曼乍村做起傣家乐来，但是曼乍村表明态度希望分工行事：曼春满村集中做傣楼、卖纪念品，曼乍村做傣家乐。这样不仅可以避免不必要的冲突，还可以增加园内游客体验的多样性。曼乍村的一些村民还认为，公司应该有相关的规定把不同村寨专营的旅游生意类型固定起来，以免其他村寨仿效而伤害到自己村寨的利益。其次是打击查处偷逃票时，作为公司员工的曼春满村村民利用公司赋予的权力，对私拉客人进傣族园的其他村村民进行警告和教育。傣族园景区门票为 100 元/人，但是村民用私家车走小路接客进园是按 80 元/人或 50 元/人的价格收费，可以迅速获益。然而，这违反了公司的规定。这种行为降低了总的门票收入，最终将使村民的门票分红变少，损害的是傣族园其他村民的利益。

关系摩擦并不妨碍同一个文化体系下的各村寨在日常交往中的和平共处。虽然曼嘎村的妇女频繁地去拉生意，但这并没有妨碍两村寨之间平和地交往与情感融合。傣族属于族内通婚，在傣族园的 5 个村寨内部，很多村民之间都是亲戚，嫁到曼乍村的曼嘎村人还是定期回娘家，由于村寨临近，回娘家也只需约 10 分钟路程，十分方便。实际上，5 个村寨都比较临近，从曼降村步行到曼听村（傣族园相隔最远的两个寨子）也不会超过一个小时，况且大部分傣家都有摩托车，跨村寨的人员来往十分便利。各个村寨之间的村民平静地生活，相安无事。平日他们忙于各自的事务不与其他寨子有过多接触，但在节庆、婚礼、小孩满月等仪式的时候，还是会邀请其他村寨的亲朋好友前来参加活动。他们之间很少出现争执。

3. 空间与空间的互动

（1）旅游生产空间对居民生活空间的挤压。交往关系作为一种社会存在，最终是一种空间化的存在。不同的关系分布于不同的区位，带来生产方式的改变、资源的重新分配，同时改变着傣族园社区内的空间功能。社区空间变为游憩空间，农业生产空间变为旅游生产空间，旅游空间不断挤压着原有的乡村公共空间和私人空间。游客涌入既是傣族园社区又是傣族园景区的场域，观光游览、参与泼水活动、与歌舞表演的演员互动，进入傣楼与当地居民交往互动发展了类亲属关系，还有进入寺庙与祜巴、比库、沙弥①以及与当地村民一起进行佛事活动。当地村民原本的村道、农田和日常生活被旅游设施和旅游活动侵占，真正属于村民私人领域的几乎只剩下他们谢绝游人参观的卧室了（如图 4 - 14）。

---

① 祜巴、比库、沙弥是按从高到低的等级顺序对南传僧人的称呼。沙弥一般是不满 20 岁的小和尚，傣语称为"帕"。比库是年满 20 岁的沙弥晋升一级后的称谓，傣语称"都"，俗称佛爷。具备一定条件的"都"便可升任一所寺院的住持，傣语为"都比龙"，俗称大佛爷。祜巴的等级和威望都较高，年满 40 岁的佛爷晋升后的称谓就是祜巴。

118 | 旅游社区的社会空间再生产

图 4 - 14　傣楼内主人的客厅和卧室的门

（2）生活空间对游憩空间的反噬（reverse invasion）。[1] 公共空间中的反噬通过日常交往行为或节庆时交往行为的空间平移来实现。比如，卖纪念品的村民在两场泼水表演的间隙带小孩，到别的摊位上"串门"、吃东西、聊天。还有在赕佛节时，村民聚在曼春满佛寺前的照相摊旁进行交往活动（见图 4 - 15），而摊主本人是曼春满村的村民，与这些前往佛寺参加宗教活动的人熟识，很自然地也参与到其中，还一边照顾照相摊的生意。私人空间的反噬是居民利用旅游活动的季节性，通过自主选择接客时间来实现的。比如，一些傣家乐只在旺季开门接待游客，这样就避免了自己的私人空间在一个较长的时期内变为旅游空间。

图 4 - 15　居民在照相摊前的交往行为

交往空间还被拓展出了新的意义，即进行空间生产。傣族园公司在临近 5 个村寨的地方修建景区大门、售票处等本身就是空间的物质生产。随后，以此为载

---

　　① 此概念根据米歇尔·德塞图所提出的日常生活实践中的"抵制"（resistance）和列斐伏尔提出的"反抗空间"（count - space）而来。

体生产着各种旅游交往活动。游客购买门票享受公司提供的产品和服务、村民在此拉客招揽生意、游客在外来者开的纪念品店购物等，都把一种旅游经济关系刻入傣族园社区的交往空间中。社区原本的交往关系被改写。同样的，傣族园社区内的泼水大道、泼水广场和民族歌舞剧场及其中的旅游互动，均赋予了空间新的意义，空间性质发生了改变。在居民与普通游客交往时，傣楼作为交往空间是一个工作性质的场域，而居民与常客的交往则赋予了傣楼更多的情感内涵，交往产生了新的深层的互动关系，使得相同的地域空间承载了不同的意义。而在神圣的宗教场所，在神圣性不减的前提下，经济关系的出现给空间赋予了又一层新的内涵。

四、小结

在交往行为的空间特征方面，傣族园内旅游交往主体的互动行为一般会以场所为定向，就是这种空间的引导使得交往活动具有了空间性。从公共空间和私人空间的划分标准来看，公共空间的、主动的交往多于私人空间的、被动的交往，这说明傣族群众喜欢与人相处，他们的交往活动比较丰富，有着强烈的依存关系。私人空间和公共空间、主动参与和被动参与、交往的经济性和情感性都是相对一定的交往情境而言的，并没有绝对不变的公共空间，也没有自始至终的主动交往，交往活动中更常常是经济理性和情感理性共存的。私人空间与公共空间概念在村民的意识中较为混淆，因而产生了行为的空间平移现象。此外，虽然5个村寨的地理界限逐渐被打破，被整合在"傣族园景区"之中，各类型的旅游活动也交织在不同的村寨中，但是，依照各村寨在景区内的地理位置的不同和土地用途的差别，村寨从事旅游活动也有所区别和侧重。

在交往内容的层级特征方面，基于经济利益的旅游交往较为肤浅，基于亲缘关系的交往在一定程度上发生了变迁，而基于文化传统的深层交往不仅没有因为旅游的到来而改变，反而带动外来的交往主体和当地村民一起按照傣族既有的习俗和惯例进行交往互动。最为典型的就是宗教场合的圣俗互动，比如有游客参与的祭祀活动和赕佛活动。旅游交往正是融汇在这三个层面的活动中，这三个层级的划分标准是固定的，而旅游交往活动之于其的界限是模糊的。高强度的交往活动生产出在不同交往层次中穿梭的社会交往关系以及错综复杂的角色扮演。

在交往空间的关系特征方面，居民与普通游客的交往可能是一次性的，也可能是多次的甚至频繁的。在村民与游客的交往中，情感理性发挥着作用，金钱至上的法则并不普遍适用。当地居民和常客之间的多次交往使得其间的交往关系加深，主客关系倒置，产生了村民和常客之间互为主客的现象。居民内部的交往特征通过人与人、村落与村落以及空间与空间的互动表现出来。一般情况下，旅游并没有因经济纠葛而造成村民间的矛盾，也没有改变当地居民传统的交往规则，由此可以看出村民间建立在信任和互惠之上的默契。居民在旅游交往中的主体性逐渐凸显出来，并获得了多重身份，这在一定程度上造成了他们的角色冲突和交往障碍。合伙经营傣家乐的村民之间也会出现交往障碍，但是，出于对亲人、朋友关系的维护，他们会使经济联结断裂而保存其间的情感纽带。

相同交往主体之间的交往关系开始分层。在图4-13中，交往强度运用黑、灰、白来表示不同交往主体（伴随着不同的交往频率）在不同层级（不同情感浓度）的交往活动中所表现出来的关系亲密程度和互惠水平，实际上是将不同主体间的关系分层讨论，以便更透彻地认识傣族园社区交往空间的变迁和交往空间的生产。

旅游业带来的经济利益上的竞争使得傣族园景区内各村寨之间出现了摩擦，但是这并不妨碍同一个文化体系下的各村寨在日常交往中的和平共处。旅游空间不断挤压着原有的乡村公共空间和私人空间，生活空间对旅游空间产生反噬现象，这赋予了交往空间新的意义。

第三节　傣族园旅游交往空间生产的过程与结果

由前文的分析可知，傣族园交往空间的空间实践促成了对傣族园旅游资源的规划开发，设计了一系列旅游项目和活动，使用园区的土地并把建筑、植物、民俗、传统文化等作为卖点来发展旅游，还经历了空间实践、空间表征、表征空间三个环节，不仅改造了原有的物质空间，更改造了村民的主观世界；纷繁复杂的关系生成并影射进空间，使空间各要素之间产生作用，即实现了交往空间的生产活动。综观交往空间生产的过程，实践基础与民族特性是空间生产的主要影响因素。旅游在一定程度上加强了民族认同和民族自豪感。傣族贝叶文化发展成熟且具有一定的稳定性，这在旅游交往空间的变迁中可见一斑，也映射在交往空间的关系特征中。内部原生文化的张力和外部现代管理文化的强势插入形成了两股力量之间的对冲与平衡，最终造成了交往结构拉伸和潜在的空间格局重构。

一、空间生产过程：温和抵抗与力量制衡

（一）强势的现代管理文化

1. "管理"傣族园景区

外来经营者进入傣寨开发旅游产品，势必会由于两种文化背景在势能与性质上的差异而造成交往地位的不对等，进而导致心理对抗以及对资源的争夺。具有资源、权利优势的一方很可能对另一方实行征服和重塑、改造和控制，这将对少数民族带来长久的悲剧（李剑鸣，1994）。值得庆幸的是，傣族园公司并没有试图去改变傣族的传统建筑和民族风俗，因为这恰恰是一切旅游经营管理的根本。但是，公司的领导和员工是以管理者的姿态出现在旅游交往中的。他们的优越感来自他们更擅长去经营一个景区，更擅长与不同背景的人打交道。然而，在村民眼中，他们在"我们"的地盘上还要"管我们"，还有点"傲气"，还有点"看不起我们似的"，这让本地居民一直以来对公司都产生不了好感，在交往活动中也很难把"他们"和"我们傣族"同一而论。

2. 垄断外部商机

从北京远道而来的《飘落的羽毛》（暂定名）电影摄制组前往傣族园，欲借当地具有特色的自然风光和人文风光完成其电影的外景拍摄。导演与公司市场部经理洽谈时，提出要请当地村民做群众演员，经理忙说所有的事宜都直接找公司接洽就好。

导演："我们打算请300～400人，有两场大戏。"

经理："这样也可以。占用演出时间的话要提前说，但不能占用太多时间，我们好调整。到时候你们给点……"

导演："早上排练，一个小时，（2013年）3月20日到4月30日，拍上一个月。"

经理："10多岁的要多少个，年轻的要多少个，老的要多少个，你说，我们民族事务部去招人。不用和演员签合同，全部跟公司交流就好了，不能跟演员……不能跟演员说的。"

导演："哦，不能跟他们说，好好好。那更好。"

经理："（我们）管理的地方不好管，本来（他们）就是少数民族，讲的很

多话都听不懂，所以有什么就直接跟我们交流就好了。"

导演："是的是的，有次我们去西藏也是，听不懂，这个边缘地区啊就是这样。"

从这场对话中可知，公司已经借权势的高位介入了外界与村民之间的交往活动系统。村民在那一刻仿佛成了公司的"棋子"，无论是合理的利益分配还是起码的尊重，村民都没有得到。

3. 制定交往规则

自从公司进入傣族园进行旅游开发建设以来，不论是门票分红的规则、干栏式建筑的补偿规则、各种补贴的发放标准还是园内的布局与建设，通通都是由公司定案。各种合同都是由公司草拟，从而产生了一系列问题。据曼听村村委会主任岩空哈反映："村民没有得到分红。公司就说每年都亏，但是来的时候，这些经理什么都没有，几年以后就什么都有了，车啊，这是明摆着的。当时的合同里没有老百姓的分红。（那怎么就签了？）就是历史造成的原因，老百姓没有意识到，也不会仔细去看，就是念一下（合同），翻译也不标准，误导了很多问题嘛，汉字只要是差一个字区别都很大嘛。"还有一些村民认为，有很多矛盾的产生就是因为公司和村民之间"缺乏沟通，甚至没有沟通"。曼乍村村委会主任也认为："（现在）公司的人也不经常上门（村民极少去公司，公司员工也不经常来村民家里），也不接触，没有往来。他们什么都不跟我们商量，经常自己就做决定，这样很不好嘛。什么都是他们自己决定然后告诉我们，所以就搞成现在这样子了。"

公司制定游戏规则，村民遵守游戏规则。在这样的语境下，双方共处的交往空间必然风波不断。村民也要求成为制定规则的人，但是一些先天的差异，如语言障碍、经商头脑、生活观念、价值追求等，都将他们拒之门外。

（二）稳固的傣族贝叶文化

1. 公司：沿袭尊老传统

傣族是十分尊老敬老的民族，傣族老人在村中具有德高望重的地位。媳妇一般不会跟老人顶嘴，小辈也要听从老人的教诲。在村寨重大问题的判决上，老人更有着举足轻重的地位。"公司本来就是靠村民的土地生存，所以一定要尊重村民的意见"，身为傣族人同时也是公司民族事务部副经理的岩香坦然地说出他心中的想法。村民的意见在很大程度上受到了老人的影响。公司固然有自己的经营方针，但在认识到老人的地位的同时也十分尊重村里的老人。在没有兑现门票分红的时候，公司会发给村民一些补贴，其中老弱病残等弱势人群的补助按照 200元/月/人发放；困难户补助 200 元/次，一年 4 次；老人补助按照 60 岁以上的100 元/人、70 岁以上的 200 元/人的标准发放，每年在开门节、关门节、春节、傣历年发放 4 次。如今，只有老弱病残补贴还在继续发放。这说明不仅是傣族人尊老敬老，公司也了解到老人在村里的地位与作用，十分重视老人。曼春满村的一位村民指出："我们傣族就是这样，不管年轻人多有理由还是要让老人，再有理也还是要让着老人。晚辈都要忍着，要忍耐，婆媳之间（关系）就好。所以，我们都喜欢聚在一起，我们不会孤单的。现在搞旅游就是（傣族园）外面的人多了一点。"

可见，老人在村里的威望高，对晚辈的决策和行为都有决定性的影响。公司对老人的态度间接地影响到村民对公司的态度。

2. 游客：入乡不一定随俗

游客进入傣族园之后，并不能完全适应傣族原生态的居住条件。如果遇到不满意的地方会提出来，傣家主人通常有两种反应：一种是肯定自己所在的文化价值体系，对游客的要求不予回应。例如，曼乍村的一位傣家乐经营户说："有的游客就很挑剔，（觉得我们）这也做不好那也做不好。既然你到这里来，就要入乡随俗。这个菜本来就是这个味道，他说这个味道坏了啊，你吃不了可以点汉味啊，他说退了，怎么可能呢？是你点了，我们才做的啊。我们就是傣味，就是这个味！还说我们只有地铺，没空调、没床，还挑。有时候我就直接回给他，既然你来我们这边，就是傣家的农民家、农村，怎么可能有空调啊、有床啊？既然你来体验傣家生活，怎么可能有这些？外面有宾馆，空调、电视、床、厕所全部都有。都是跟我们一个价钱的，我们就只能是这个条件，他们又不喜欢，他们很挑。"另外，同样经营傣家乐的曼乍村村民岩化也提道："昨天有客人来住，后来又要走。他们本来是农村的，过上好日子后就特别娇气，说出来本来就是要开心的，何必要受苦。我就苦（怼）他们：这是生活体验，不像宾馆，不是故意不给你们安空调的，然后还是送他们去宾馆啦。"可见，傣家乐主人默认游客已经对傣味、对傣家的住宿条件有了一定的心理准备，因而对游客不买账、要退菜的行为十分不满，谈话中反复强调"我们傣味就是这样的""我们傣族的床就是这样的"，认为"你既然来了就要适应我们的生活，我们一直这么过，过得很好"。

对游客要求的另外一种反应则是，迎合游客，逐渐改变自家的设施，改变自己的态度。结果却变成游客是象征性地入乡随俗。

3. 傣族：文化习俗保留

Browne 和 Nolan（1989）曾对美国西部和西南部印第安保留地的旅游发展进行研究。他们发现，约有 95% 的保留地在不同程度上发展了旅游活动。这些地区都具有独特的民俗风情和秀美的自然风光。旅游开发一方面给当地带来了经济效益，提高了当地人的生活水平，但是也改变了其淳朴的人际交往关系。土著仪式、传统风俗都被分解了。

傣族园同为一个民族风情园，在外来者进入和旅游开发的过程中虽然也遭受了现代化，但并没有落得如此下场。婚丧葬礼、上新房、满月酒、赛龙舟、放高升等集体活动都还原汁原味地保存着。例如关于丧葬仪式，曼乍村的村民岩香约告诉笔者："有个人去世了，也是个晚辈，男男女女都要去给他洗脚，用白帆布包起来捆好，在他的鼻子上挖两个洞，放一个晚上，第二天早上在鱼塘（龙德湖）规定的地方，用汽油、柴油、柴火将他烧了，7 天后，其他晚辈把他的骨灰包起来，埋起来，不做坟的。他的灵魂会到寺庙里，一年一次的过赕（似清明节）去寺庙时，我们把他要的东西全部捎过去赕了，不用去上坟。"

一些当地习俗不但没有被改变，反而还把外来者有选择性地包容进来成为其体系的一部分。例如，曼听村的一位村民告诉笔者："汉族嫁进来的都要信佛的，都要和我们一样。"因此，当地人和汉族通婚后，汉族人就融入了傣族家庭，成为家庭成员，不分你我。然而，一位傣家乐的成都籍帮工描述自己的切身经历时提到，他还曾被"赶"出村外，因为那晚村里请了巫婆来做仪式，只有本寨的人才能留在村子里。

在曼春满村过赕，开饭之前会进行例行仪式。公司的汉族人开始并不懂这些例行公事的含义，但是融入傣家的社会网络之后，也学着做起来。敬酒时，主人先喝一口，客人先倒一点在桌上敬祖先，自己再喝一口，跟着喊酒令"sui"①。在饭桌上，菜多为酸的、辣的、生的，原先是用手抓着吃，现在比较卫生了，糯米饭包在塑料袋里先用手捏捏，越糯越好吃，吃菜也用筷子了。傣味菜色很多，包括百旺（猪血，里面还有熟的肉酱）、用芭蕉叶包着的烤鸡肉和烤鱼肉、炸青苔、嫩竹笋、薄荷叶，还有的炒菜就地取材，傣家人会告知"这个就是旁边树上的叶子"。席间，客人还会跟着当地人唱傣族民歌。客人一批批地来又一批批地走，主人忙着换碗筷、添菜。客人之间的交流比较多，和主人（忙着招呼客人）客气地打交道。主人多数会说"这个菜是今天刚摘的""多吃点""还要酒吗"之类的话，不把客人当外人的样子。

———————————

① 傣语，表示"很高兴，要喝酒！"，是酒前助兴的常用方式。

居民在与外界交往的过程中，虽然日常生活中配置了一些现代化的设备，但是在深层的观念中仍然有意识地保留着自身的文化传统。即傣族园的交往空间在物质层面逐渐现代化了，但是精神层面仍然是传统的。例如，曼乍村村委会主任岩光指出："现在有一户村民家里盖了砖房，每天一回家，跟家里人都说不上一句话，就进了各自的小房间，又有电视又有空调的，和家人在一起的时间就大大减少了，自家人都不往来了。还是我们这种大客厅、大通铺好，还通风，凉快。那种房子很热的，而且，有个什么事情在房间里面喊一声外面都听不到，很烦的。开玩笑地说，就算有人死了，过了两三天都不会有人发现哦。"这段话表明了村民对现代化的楼房和传统傣楼的态度。他们对传统的东西更适应和偏爱，且傣楼的构造十分有利于家庭成员之间的沟通和交流。但是，保留傣族传统和满足游客需求的矛盾至今仍然存在。大部分傣家乐都更新了木床，在房间内安装了电扇，有的还准备配置电视机。也有少数村民认为并坚持"真正的傣家乐就是要睡通铺"，坚持不为客人换床，哪怕这样会带来经济损失。

现代化的悖论观认为，现代化会导致同质化。傣族园社区虽然也经历了乡村的都市化和现代化，但是其民族之魂仍然显现出坚不可破的一面。首先，如今傣族园景区每天面对着往来不息的游客，他们携带着不同的客源地文化来此游历，不但没有动摇当地的贝叶文化，反而入乡随俗，与村民一起遵循着当地的文化惯例。其次，傣族园公司带来的现代管理文化虽然强势，但是并不能征服傣族园原有的、内生的文化，两者之间是势均力敌的、寻求合作的、相互制衡的关系，既存在隐藏的对抗，又实现着潜在的融合。有些村民认为在公司工作会耽误过赕的相关事宜，且公司的工资并不高，请假还要扣钱，干脆选择不去公司上班。在传统文化制度和现代公司管理制度之间，并不是所有村民都倾向于后者。参加集体仪式是村里的文化传统，在村民心中的重要性排到到公司就职之上。

交往主体具有主观能动性，在交往中不断地改造着自然，也实现着自我改造。傣族园景区表面风平浪静，暗中却充满了居民与外来者之间的矛盾与冲突。交往实践中必然会有矛盾发生，但由于民族特性，当地居民对外部主体的抵触并不以激烈的形式为存在的常态，而是一种温和的抵抗。这些矛盾看似破坏了社会和谐，但是从深层的社会结构来看，恰恰是这些矛盾推动了空间生产的进程。矛盾是事物变化发展的源泉，温和抵抗与力量制衡存在于交往空间中，推动着空间的生产和交往结构的优化。

二、空间生产结果：结构拉伸与格局重构

傣族园各主体间的交往关系不仅展示出新生的、刻进空间的社会关系，交往

空间的运行机制开始改变，同时还表明原有的核心交往结构是具有弹性的，它被拉伸，但并未被打破。在这个民族旅游景区，旅游并没有达到能改变社区原有社会交往弹性的门槛，没有破坏最根本的交往结构。交往结构向外拓展、向深处发展，但是交往的核心部分并没有发生本质的改变。比如，社区内部的亲缘性交往和基于文化惯例、宗教习俗的交往没有发生根本性的改变，村民不会为了旅游生意而"反目成仇"；相反，村民之间的默契与互惠仍然存在。

但是，这并不能说明在旅游的冲击下，原有的交往结构没有发生变化。居民与公司、居民与游客的一次性交往则并没有遵照社区内部交往的规则和方式，目的地社区原来的交往结构确实发生了变化，但是这种变化是微小的。

每一次对传统的回归都使得傣族园核心交往结构的自我恢复机制发生作用，被拉伸后，它最终又回归到原本的模样。它承载着全村人共有的行为模式（自觉的）和传承下来的组织制度，傣族园那些深层和本真的要素并没有丢失。这实质上检验了旅游目的地文化对外来文化冲击的反应力与适应性，也表明此交往空间在空间的生产中并未实现严格意义上的空间的重构。

民族文化的张力决定了交往结构是具有弹性的，而交往结构的自我恢复机制决定了傣族园景区交往空间的发展轨迹是螺旋式渐进的。每一个质变都是由量变积累而产生的。在旅游还没有达到能改变社区原有社会交往弹性的临界点、交往结构没有本质上的改变时，空间的生产仍然处于一个量变的阶段。但是，任何的质变都有赖于一点一滴的量变，因此量的积累仍然十分重要。傣族园交往空间已经在空间功能、权力关系、资本构成三个方面逐渐积蓄了交往格局重构的势能。

（一）空间功能

傣族园公司成立并把 5 个村寨围拢划归到景区范围以来，驻扎在傣族园的几何中心，四周紧密分布着曼降、曼春满、曼乍、曼嘎和曼听 5 个傣族村寨。曼将、曼嘎和曼听这 3 个村寨的租用地主要建设成了景区电瓶车的观光旅游路线。位于景区中央的曼乍和曼春满被公司占用的土地面积最多，被租用的原本是水田的区域建成了如今的泼水广场、歌舞剧场等主要旅游活动场所。公司围绕曼春满大佛寺、傣族园公司办公区、泼水大道、泼水广场、民族歌舞剧场设计旅游路线以及旅游活动项目。在这些区位的村民全部投身到和旅游相关的交往活动中，如傣家乐经营或旅游纪念品售卖等。

（二）权力关系

原先 5 个自然村寨按照传统的傣族风俗和一般的乡村权力系统，由各村村委会主任组织旅游活动，各自为营。公司进驻傣族园后掌揽大局，作为景区的经营管理者，成立了民族事务部，专门负责调和旅游发展中的民族矛盾。具体而言，公司成立了"村民协调小组"，包括各村村干部（村支书、村委会主任、村委会副主任、妇女主任等）在内的一些较为有能力的傣族村民，他们与本族人可以实现更好的沟通，以达到协调公司与村民、游客与村民之间的关系，及时沟通协调矛盾的目的。虽然从地缘上讲，傣族园社区居民生于兹长于兹，但是从权力关系上讲，傣族园公司作为后来者已经掌控了傣族园景区的运营发展。

（三）资本构成

其一，傣族园公司租用了村民的土地资本，并承诺予以现金资本，即门票分红和一系列补贴。根据 2011 年 7 月份签订的补充协议中的相关条款，实现门票分红后，不再发放任何补贴，但是给 60～80 岁及 80 岁以上老人的相应补贴将由各村的门票分红中剥离出来继续发放。其二，新交往主体的进入拓宽了部分行动者的社会网络，增进了其潜在的社会资本，也有部分行为主体因为互惠价值判断的不对等而使得自身或者家庭社会资本有所损失。其三，在与不同知识背景、文化背景的主体交往的情况下，个体的知识资本也发生着变化。

三、小结

傣族所具有的特殊的民族性是居民之间交往的润滑剂，是维持家庭关系（婆媳之间、夫妻之间、长辈和晚辈之间）、邻里关系的灵药。然而，有一群"蛮不讲理""和我们缺少沟通""心高气傲"的汉族管理者进入，在与他们的互动过程中，这套交往规则就失效了。

公司是来管理景区和当地人民的，他们摸索着、遵循着客观规律，制定了空间的运行法则，一手统揽与旅游发展相关的所有事务。面对公司和游客时，村民考虑问题的方式、行为的准则和对自己与他人关系的认知都发生了改变。而作为文化基底的傣族贝叶文化，其结构是具有稳定性和张力的。当现代的企业管理文化嵌入这样的傣族文化中时，产生了温和对抗与空间制衡。公司可以控制交往规则，却不能撼动傣族文化惯例控制下的当地居民的行为模式；外来主体的入侵并没有稀释傣族的传统文化和精神；相反，强大的文化"场"把旅游者吸纳进来，也成为傣族居民交往系统的一部分。居民在与外界交往的过程中虽然表面上配置了一些现代化的设备，但是深层观念中仍然有意识地保留着自身的文化传统。即傣族园的交往空间在物质层面逐渐现代化了，但是在精神层面仍然是传统的。

傣族园景区交往空间生产的结果是原交往结构的拉伸与潜在的空间格局重构。新生的社会关系刻进空间，交往空间的运行机制开始改变，但原有的核心交往结构是具有弹性的，它被拉伸，但并未被打破。虽然在外来主体的作用下，交往结构发生了微小的变化，但是每一次对传统的回归都使得傣族园核心交往结构的自我恢复机制发生作用，被拉伸后，它最终又回归到原本的模样。这也表明此交往空间在空间的生产中并未实现严格意义上的空间重构，因为原有的最核心的交往结构并没有被解构。民族文化的张力决定了交往结构是具有弹性的，而交往结构的自我恢复机制决定了傣族园景区交往空间的发展轨迹是螺旋式渐进的。它已在空间功能、权力关系和资本构成方面积蓄了一定的势能，是交往空间重构的必要条件。

第五章　遗产旅游社区的日常生活空间再生产①

在空间与旅游地空间的相关研究中，社区居民及其日常生活所扮演的角色未得到充分重视。而本案例试图转向微观层面，关注空间演化中居民与日常生活的力量。研究以世界文化遗产"开平碉楼与村落"核心区的马降龙村为例，运用观察法与访谈法，探索由旅游发展所推动的旅游社区空间再生产的现象与特征。基于列斐伏尔的"空间三元论"与德塞图的"日常生活实践"理论，重点阐述在由旅游发展推进的空间再生产的过程中，居民如何通过日常生活，实现具有反抗性的表征空间，对抗景区管理主体操纵的空间表征，促使相应的空间实践的形成，体现出日常生活的创造性。

第一节　碉楼遗产旅游与马降龙社区概况

一、开平碉楼遗产旅游

开平属五邑侨乡地区，在漫长的移民历程与双边互动过程中形成独特的社会文化特点。然而，随着国内外形势的变化，其"侨"的特性有减弱的趋势。无论在人口流动、经济往来还是家族事务上，华侨与侨乡的联系都不如过去紧密。碉楼的人去楼空也是时代发展的必然结果。

然而，遗产运动使得碉楼重回众人的视野，并且成为申遗最核心的资源。在中国申报世界遗产的历史上，开平碉楼与村落是唯一由县级市独立策划、操作并完成的，申遗的成功与各级政府的关注和支持密不可分。申遗成功后，作为世界文化遗产的碉楼具有极高的旅游吸引力，当地政府开始积极进行遗产旅游开发。

---

① 本章的主要内容曾以《日常生活视野中的旅游社区空间再生产研究——基于列斐伏尔与德塞图的理论视角》为题发表于《地理学报》2014年第10期，收入本书时有所修订。

据普查，开平现存碉楼 1833 座，被列入世界文化遗产的开平碉楼仅指赤坎镇三门里、塘口镇自力村、百合镇马降龙村、蚬冈镇锦江里 4 个村落。

开平碉楼旅游的发展基本经历了三个阶段：

1. 第一阶段：市场井喷期

2007—2008 年是开平碉楼与村落旅游快速发展的阶段，市场出现"井喷"现象。根据政府公布数据，自 2007 年 8 月申遗成功后，全市主要景区门票收入同比增长 52%。2008 年，虽受金融危机影响，但当地接待国内外游客量仍增长 35.7%。

2. 第二阶段：发展滞缓期

2009—2010 年，申遗后的游客热潮退去，开平碉楼与村落的旅游经济发展渐缓（如表 5 - 1 所示）。各申遗点的旅游产品停留在"点线旅游"的观光模式，相关产业未见明显发展。企业原本承诺的开发项目也因资金不足或无人投资而始终不能兑现，包括村民在内的利益相关者参与旅游的热情不增反减。游客流逐渐集中在双休日与节假日，甚至沦为"半日游"。曾有媒体报道开平碉楼的门票经济是"捧着金碗要饭吃"（肖欢欢，2010）。

3. 第三阶段：二次调整期

自 2011 年始，影视旅游的发展给开平碉楼与村落带来新一轮的游客潮。由于拍摄电影《让子弹飞》，开平碉楼人气见涨。开平市提出打造五邑影视产业一条龙的计划。其后，又有《一代宗师》等影响力较大的影视作品在开平拍摄。2010 年成立的"广东开平碉楼旅游发展有限公司"（以下简称为"旅游公司"）的前身是开平旅游资源开发中心，属于旅游局下属的事业单位，由旅游局局长兼中心主任，实行收支两条线。看到新的契机，当地政府与旅游公司加大了投入力度，利用银行授信资金，建设立园的碉楼文化展示区与自力村的栈道以及停车场。同时，还大规模投放渠道广告，策划系列活动，开展网络营销等。2011 年，广东景区客流量普遍下降，但开平碉楼却逆势上涨。

第五章　遗产旅游社区的日常生活空间再生产 | 131

表 5 - 1　2006—2011 年开平碉楼与村落游客人数统计①

年份	游客量（万人）	增长率（%）
2006	28.0	—
2007	45.7	63.2
2008	48.4	5.9
2009	40.3	－ 16.7
2010	40.4	0.2
2011	42.0	4.0

目前，开平碉楼旅游已经历了市场井喷期、发展滞缓期与二次调整期，但旅游产品始终停留在观光旅游阶段。景区管理主体与旅游开发者采取一系列措施希望摆脱门票经济，民间组织与人士也加入了"开平碉楼与村落"发展之路的探索。然而，遗产保护利用的进一步深化仍面临巨大困难。

二、马降龙社区概况

马降龙地处开平市百合镇，位于开平市区东南 20 千米之外的山脚下，东枕百足山，西临潭江水。2007 年 6 月 28 日，"开平碉楼与村落"项目被联合国教科文组织正式列入《世界遗产名录》，成为我国第 34 处世界遗产、广东省第一处世界遗产。而马降龙是被列入名录的 4 个村落之一（武旭峰，2007）。值得注意的是，成为遗产的并不仅仅是"碉楼"这一建筑形式，在申报与开发过程中，村民集体搬迁的方案不能实施。

马降龙行政村辖管 10 个自然村。据村委会统计数据，全村共有人口 1030人。但是，1030 人中包括了大批户籍仍在本村，却生活在开平市区及其他地区的人。现居村中的村民又有不少求学、工作在外，节假日才返回家中。例如，其中一个自然村"庆临里"，日常"开门"的人家不过三四户。近年又有人陆续出国或进城，村中人口仍在不断减少，空心化现象较为严重。而长期居留村内的村民，或多或少地参与了旅游业的发展。

马降龙村的核心景区自西向东五村相连，分别为永安里、南安里、河东里、庆临里与龙江里。开平地区的传统村落往往格局规整，脉络清晰。村落倚山、面水、近田，因民居排列整齐，每户用地地块相同、主要立面一致，因此呈现出低

---

① 资料来源：作者根据广东开平碉楼旅游发展有限公司提供的数据整理。

层高密度的方格网状。而马降龙村就是其中的代表。村落遵循了传统的风水观布局，其中又以庆临里最为典型。庆临里背山望水、坐东朝西，全村可分为前、中、后三部分。村前两座门楼间为月牙塘，水塘后为道路与晒场，而晒场之后则为整齐排布的民居；民居后为竹林与林园，碉楼则掩映在竹林之间；村后与百足山之间，是大片田地。除庆临里外，其他村落也皆具备这一基本格局，如图 5 - 1 所示。

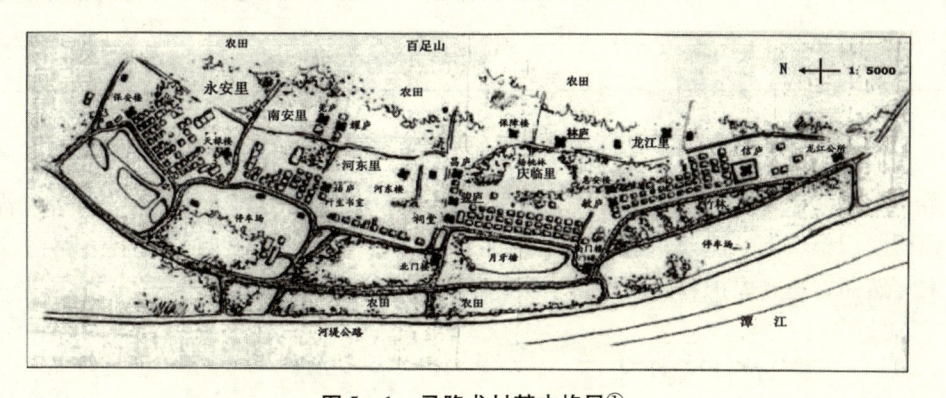

图 5 - 1　马降龙村基本格局①

　　作为景区，马降龙村于 2007 年才对外开放。根据村民与景区工作人员的说法，马降龙村的旅游在 2007—2008 年的形势较好。2008 年的春节、国庆期间，每日接待团队甚至超过 30 个。其后，渐渐遇冷。根据门票统计，2011 年 10 月，当地共接待散客 6240 人、团队客 1326 人。也就是说，平均每日接待游客一至两百人、团队一两个。但是，游客流多集中在双休日与节假日，平日较为冷清。目前，马降龙村的旅游资源和产品现状表现为产品单一、开发初级。团队游客的游览时间往往限定在半小时至一小时内，主要参观与逗留点在两座开放的碉楼附近。即便是由"最佳旅游线路"串联起来的各个景点，游客也并不遍览。

　　村民的生产方式处在农业与旅游业并存的阶段。大部分村民依旧种植双季水稻与蔬菜，供自家食用。近年来也种植黄豆、花生、芭蕉等经济作物。马降龙村的竹子作为建筑材料销往外地，村里现有 3 个竹制品加工厂，皆是对外承包。从事养殖业的村民较多，被承包的鱼塘就有 10 个，主要用于养殖鱼与鸭子。除此之外，马降龙村的"走地鸡"主要销往农家饭庄，向游客直接销售及外销。多数村民仍外出打工，少量在附近的工厂，更多的则远走他乡。

---

　　①　资料来源：广东开平碉楼旅游发展有限公司供图。

户籍村民能从门票收入中获得一定提成。核心景区的居民可以在每 50 元中提取 0.6 元，每人每年约几百元。除分红外，旅游公司聘请了多名马降龙村的村民作为工作人员，至 2011 年为 24 人，包括 12 名保安、10 名清洁人员、2 名碉楼管理人员。公司实行轮休制，村民在其余时间仍从事农业生产。部分村民在景区内长期摆摊销售当地特产，此类摊点约有 8 个。逢周六日，由于游客量增加，不少村民临时设摊，比平日增加五六个摊点。

第二节　不同空间主体作用下的空间再生产过程与表征

一、景区管理主体对空间再生产的操纵

旅游发展促进了马降龙村的空间再生产。根据列斐伏尔的空间生产理论，任何一种新的生产方式都有其相应的空间模式，生产方式的转变必然伴随着新的空间生产（田毅鹏、张金荣，2007）。旅游业在社区的兴起，自然也会要求其所在的社区改变原有空间结构，形成与旅游业发展相适应的空间功能，满足旅游消费与景区管理的需要。

旅游业的兴起首先意味着新的空间主体进入原本只属于社区居民的空间。在不少景区，社区居民、附近居民、政府与组织、旅游者、外来从业人员等都会进入这一空间，并企图以自身的方式去分割、使用空间（范文艺，2010）。而在马降龙村，新进入的空间主体主要是游客，以及旅游开发与管理者——由开平市旅游局直接组建的全资国有企业"广东开平碉楼旅游发展有限公司"及其设立的马降龙景区管理处。作为"世界文化遗产地"，景区采取了由政府主导开发、运营与管理的发展模式。同时，景区的旅游产品以遗产观光为主，游客对空间的直接介入程度不深，民间资本也缺少进入机会。因此，当地政府、旅游公司与景区管理处成为空间再生产的主导者，推动马降龙村由单纯的社区向遗产旅游地的转变。

在景区建设的初期，这一转变首先通过吸引物转型、旅游设施标准化等来实现。2001 年，马降龙村的村貌整治工作拉开序幕。当地政府将自己关于"世界遗产旅游地"的构想——投放于空间的物质维度，即空间实践上。在这一系列行动中，旅游公司以规划者、建设者与管理者的角色出现，意在实现旅游地空间的制度化、景观化与商业化，凌驾于社区空间的生活性之上。

村貌整治改变了社区空间原有的格局与意义。例如，对碉楼及其周边区域的

改造。首先，旅游公司通过"托管"获得碉楼的管理权，对碉楼内部进行整修布置；其次，按照观景需要设计"最佳游览线路"，将原本由民居区穿越碉楼区域直达村后农田的道路封住；最后，通过租赁农田以营植阳桃林、竹林等，美化乡村景观。而村内原本并无大面积的阳桃林与竹林，却在强化"篱竹环绕的世外桃源"的需要下挤压了原本的农林空间，从而将普通的、生活性的乡村转变为符合旅游景观审美价值的"最美丽村落"。

在这一过程中，村民的日常生活空间被侵占，日常生活的便利被牺牲。例如，过去一直为居民生活服务的小卖部因不符合规划要求而消失，而村中原本的道路系统在重修后反而不能允许大型车辆直通。晒场因修建游览小道而被缩小面积，月牙塘边的猪圈、球场被整修成为游客休憩区，屋前的菜地、鸡栏被改造成了花坛，而这并不符合村民的日常生活需求："农村里嘛，总要养几只鸡、养几只鸭。没办法，说客人来了不干净、不方便。"

改造工程的大举推进，引发了直接的冲突。为了恢复古色古香的面貌，相关部门要求村内洋楼重新装修，贴上青条砖，甚至一度要求将一批在20世纪80年代新建的两层半洋房改作一层半，以凸显其后的碉楼景观。按当地风俗，祖先牌位被供奉在居室最高层，因此，此方案激怒了当地村民，改造工作陷入困境。

碉楼的产权是另一个复杂的问题。村中碉楼虽空置，却有着明确的产权归属。相关部门提出"碉楼托管"方案，由碉楼业主将碉楼委托给地方政府代为管理。远在国外的碉楼主人一者不了解国内情况，二者如瑞石楼、天禄楼等因业主过多而意见难以统一，导致瑞石楼最后由私人开放收费，而马降龙村的天禄楼则始终荒废。在旅游开发初期，还出现过村民因对门票收益分配不满，而用布条、横幅将碉楼围起不向游人开放的事件。

"入侵"迅速而强烈，激发起同样尖锐的冲突。村民的抗争由其能直接体会的失权感、利益、情感等因素引起，围绕某一事件，有具体的行动意识、有明确的目标诉求。随后，相关部门与企业通过协调沟通、利益补偿乃至强行推动等措施，消解了多数有碍于村貌改造与景区建设的反对声音。村民们出于对"世界文化遗产地"的自豪感与对旅游业发展的期待，认可了马降龙村向"遗产旅游地"转变的逻辑："现在是遗产地，要开放旅游，弄得干净整齐一点，对我们来说也是好事，就算吃点亏也是没办法。"景区管理主体与企业作为具有推动力量的强势方，在村落的原本空间上进行了强空间生产，基本实现其对"遗产旅游地"这一"空间表征"的构想。

然而，对村民使用与改造空间的权力的限制一直延伸在日后的管理之中。在2008年公布的《开平碉楼与村落世界文化遗产地保护管理暂行办法》中，对遗产地空间的使用有着多样的限制。例如，遗产地建筑在外观、体量、色彩、高度以及风格上均需遵循规划控制，必要的话还需改造内部设施；新建民宅不得超过3层，高度在9米以下，且需经过文物行政主管部门等的层层审批方可建设。如庆临里的村民所说："现在这边还是有人盖房，但是批新村的容易，也没有那么多事情。"此外，在碉楼转变为旅游吸引物后，原本与民居、农田联通的碉楼区域在形态与意义上从整体的生活空间中割离，并被强调为旅游空间的核心。定期有旅游公司的工作人员巡视，检查环境是否整洁、空间与设施是否被侵占。村民说："以前都不管的。现在麻烦，东西不能乱丢乱放，因为游客来了都走这边的。"

随着改造工程的结束与管理工作的稳定，尖锐的矛盾逐渐隐去。随后，旅游公司与景区管理方的进驻，则通过监视、评判、检查等，将村民圈于这一种权力的支配之下，进一步强化这种"空间表征"（景志铮，2010）。"润物无声"的操纵无法用有意识的集体政治行动来抵抗，但并不意味着居民全盘接受了相关部门与景区管理主体的控制。村民的日常生活构成了空间的另一个面向——表征空间。日常生活始终以自身的逻辑支撑着表征空间，挑战以满足旅游业发展需要为诉求的空间表征。当地村民通过使用者的具体行为策略，满足日常生活的空间需要，提供自己关于空间的话语，让生活性又"渗透"进制度化、景观化与商业化的旅游地空间之中。同时，当我们从空间再生产的视角对这一过程进行回望，"强者"与"弱者"的定位并不绝对或时刻对立，"操纵"与"反抗"在二元结构中存在重叠、共生与互动。甚至可以说，一定程度上，是"操纵"为"反抗"提供了发挥日常生活"创造性"的机会。

二、社区主体日常生活中对空间表征的反抗

（一）嵌入

嵌入（insertion）指的是"统治者"与"使用者"的空间使用需求恰好达成一种彼此交错却又互不冒犯的状态。但是，这一现象仍体现出强势者的宏观统治下日常生活的创造性在空间上的体现。

作为景区核心地带的碉楼及其周边区域便存在嵌入现象。开辟游览道路及绿化带占用了原本的农田，但这并未给村民带来太大的不便。村中较严重的空心化趋向导致"地多人少"的状况。碉楼也是一样，正如村民所说"过去最好的房子，现在都没用了。我就用它来放一下杂物，要么用来养鸡"。在日常生活中，村民的足迹极少涉及这一区域。碉楼及其周边区域在过去就已经是一个荒弃、空洞的空间。它既不是生产资料，也不是消费对象；既不具备使用价值，也未发生

交换价值。在旅游开发之后，这一区域才作为资源为村民创造收益。村民从中得到经济利益，甚至是文化、政治上的地位。在从原本的空间到观光区域的转换过程中，村民没有牺牲其日常生活的需要，反而得到了意外的回报。

在这一点上，村民与碉楼主人的心态不同。对碉楼主人来说，这是一个空间主权让渡的过程。而目前多数留居村内的村民，对碉楼既没有所有权，也没有支配权。这不仅是法律上的界定，也是村民心理上的认知。多位村民向笔者表达了类似的想法："这些楼的主人都在国外，我们说什么没用的。"因此，村民没有必要，也不会站在此种无须付出代价，却又能得到收益的"空间秩序"的对立面。

与碉楼区域不同，河东里的晒场在原本的日常生活空间中就具有较高积极性。村民在此劳作、交往，活动频率也较高。晒场前的小路同时是游客活动密集的地带。然而，晒场及展现在其上的居民生活提醒了游客这是村民的"生活空间"。因此，晒场不仅保持了其作为社区空间的活力，还成为居民的私人生活空间即居住空间和游客的游览空间之间的一条分界线。

兼具生活和游憩功能的村落空间呈现时间上的嵌入性。在旅游地空间的体系中，庆临里游客活动密集，空间具有较高的积极性；而在社区空间的体系中，村民按照日常生活需要在其中活动。运作通过时间在空间上形成具有韵律性的运动，产生了生活的"节奏"（rhythm）。因为使用空间的"节奏"不同，村民与游客并没有产生矛盾。笔者通过观察与访谈了解到，游客主要游览时间在早上10点至下午4点之间，而村民则在清晨与傍晚在此放鸭、闲坐。时空交错间，两大空间主体都未曾体验到强烈的冲突感。

景区管理主体的"构想"或"实践"未必都给村民带来空间上的"入侵"感，或逼迫村民采取避让的策略。"旅游"与"日常生活"在空间上的矛盾基于对同一场地的使用需求。然而，如果这双重空间性质下的使用需求恰好达成一种交错状态，矛盾也就不存在。此现象可概括为"嵌入"（insertion）。

（二）抵制

在德塞图的理论中，所谓抵制（resistance），指的是在宏观上服从强势群体所设立的主流空间秩序，却暗中突破防范，灵活随机地实施小规模的违规（Lefebvre，2004）。

在马降龙村，散布的游客休憩区体现了景区的功能。但事实上，游客停留的地点集中在两座开放碉楼等少数地带，多数休憩区没能得到使用。在"景区"的属性中，空间的积极性因缺少实际使用的巩固而显得低迷。

于是，村民在此处寻找到突破的"缝隙"：河东里村口的游客休憩区成了堆放柴草、沙子等杂物的地带，孩子们则将其作为游乐区域；而庆临里靠近月牙塘的花坛、石凳成了老人日常晾晒衣服、劈柴烧竹，以及闲坐、聊天的场所。面对景区管理人员的劝告，村民回答："反正也没有用，东西堆就堆在那里了。真要用时，我们可以清掉的嘛。"

如果说旅游业涉入马降龙村后对空间的总体规划是空间表征的"战略"，那么村民就以微观层次上的"战术"对其进行"抵制"。之所以能够施行此类战术，是因为"消费是另一种生产"（another production，called consumption），产品并非由消费者原样接受下来，而是成为其手上的生产资料（德塞图，1984）。虽然游憩区的目标消费群体是游客，但这一群体放弃了对其的消费。转化到"社区空间"的空间性质中，村民才是真正的"消费者"，通过玩耍、休憩、劳作等日常生活行为对空间进行了功用上的改造，重新生产了这一生活的空间。

（三）进攻性抵制

进攻性抵制（aggressive resistance）同样延续德塞图"抵制"概念的内涵，在总体上并没有逃离景区管理主体与企业的势力范围，但却较前面的行动更为强势。其产生的可能条件是人们集体进行抵制，使得抵制力量以合理合法的姿态出现，营造出相对自由的空间。

除了休憩区之外，在花坛和林木景观带等空间的"抵制"更为公开与直接。花坛中的野菊花被锄掉，种上蔬菜、搭上竹架；林木景观带的林木也被烧伐，用铁丝网、竹篱笆围出鸡舍，养上鸡鸭，甚至将供游人休憩的石桌、石凳也围在其中。

"要是管得好，种些花花草草也好啊。以前种的那些野菊花，现在全都长草了，草还高过人了，没人管了。原来不让我们在这边养鸡种菜了，现在这样荒掉，还不如还给我们用。"这一"裂缝"的存在，使村民得以积极实践自己的空间主张。并且，这一个人行为在村民中扩散，逐渐转变为一种集体行动，形成了一种有意或无意的利益联盟。景区关经理抱怨说："一看见有人重新围起来，其他人就全部在那里围。只要一看到没人管，就开始围。"斯科特（James Scott）对"弱者的武器"（weapons of the weak）的分析为这一行动做出了注解："它们几乎不需要事先的协调或计划，它们利用心照不宣的理解和非正式网络，通常表现为一种个体自助的形式。"（斯科特，2007）由此，景区方不得不承认这一空间改造行为的"合情合理"，甚至调整政策去适应这种变化。例如，制定对鸡舍样式、范围的新规定，组织与帮助村民清理鸡舍与周边的污染等。

笔者将这一现象称为"进攻性抵制"。原因有二：一方面，"抵制"行为更彻底。对休憩区的改造主要是转换功能，为我所用。而从花坛到菜地，从林木到鸡舍，则在形态与功能上皆发生了变化。另一方面，"抵制"的结果不仅是为自己创造了空间，更基于其行为的合理性、集体性，迫使主流秩序的操纵者面对抵制，做出改变。居民的这一行为使得日常生活的需要渗透到其"避让但不逃离"（景志铮，2010）的机制之中。这体现出的是生活的空间对构想的空间的"战胜"。

（四）反噬

反噬（reverse invasion）指的是管理者基于自身目的所规划、设计、改造的空间，被日常生活反向吞噬，成为大众可掌控的空间。反噬并不是一种正面的冲突，却在具有"旅游地"与"社区"双重空间性质的马降龙村创造出独特的空间现象。并且，与列斐伏尔所提出的未与日常生活截然分开的工作时空的前现代社会不同（Lefebvre，2004），这里存在的是新的空间秩序。

景区的办公室、保卫处、售票厅等与村民原本的日常生活空间在形式与意义上有着清晰的分界。处于景区工作人员的角色中，村民也清晰认识到了这一点。但是，村民却可以采取"假发"（wig）策略：雇员们虽不旷工，却在上班的时间与场所做自己的事，改换场所的意义。作为保安的村民借"巡逻"时间在导游室与人闲聊，保卫处的人员借开会的名义在会议室喝茶、打边炉（吃火锅）。当笔者询问时，村民回答："我们又没有脱岗，还是在上班啊。"村民们将工作时间从服务于景区方、服务于"旅游地"，转施于自由的、世俗的、归属日常生活的事件，从而模糊了工作与其日常生活的界限，使得这一空间在构想中明确的性质也模糊于"景区工作"与"社区生活"两者之间。因为空间的动态性，在这一时间内，原本"工作"的"场所"，在被村民空间实践的激活后，被偷换成了日常生活的空间。

这种行为可视为村民对空间的反向吞噬。景区的办公场所以及停车场等因旅游发展而出现，是景区管理方与企业的创造。而今村民常在此喝茶、聊天，停车场俨然成为村民的一个新休闲空间。甚至于，村民可以因为日常生活的需要而利用这一空间。有红白喜事时，在此大摆筵席，而让预设中的空间使用者——游客，将车辆停到别处。原本似乎纯粹为旅游的需要而设计、创造的空间又成为村庄日常生活空间的一部分，体现出以村民为掌控主体的表征空间，这一现象可称为"反噬"（reverse invasion）。

（五）再生

再生（revitalization）指的是原本积极性降低的空间重新获得物质、精神或社会层面的功能与意义。但是，这种功能与意义未必与旧有属性相同。与"抵制"相比，"再生"更直观地展现出表征空间所激发出的日常生活的创造性。在这里，我们看到，问题不在于能否"反抗"，而是此种"反抗"是面对变革的一种惰性，还是日常生活的创造力对异化的破解。

游客的到来促使村民的工作、商业活动向碉楼及其周边区域集聚。其他村民也来此聊天嬉闹，用村民的话来说，这是"凑热闹"。马降龙村的空心化导致村内过于"冷清"，而游客的到来则带来久违的"人气"，这满足了村民们作为社会人的需要。旅游活动调动的不仅是作为"旅游地"的空间的积极性，也是作为"社区"的空间的积极性。

庆临里村口的转变充分体现出这一点。村口曾是村内最重要的公共场所，包括祠堂和公所，以及"榕树下"等休憩聚会的场所。常住人口锐减导致乡村公共场所失去原本的意义。村民们的日常生活局限在室内与田头，私人化、家庭化的程度不断加深。然而，游客的逗留使得庆临里村口成为村内核心的旅游商业空间。村民们来此摆摊，迈出原本狭窄化的生活空间，进入一个更具开放性与公共性的空间。在这个空间内，他们交谈、嬉闹，有了新的生活交汇。

空间的活力一旦得到提升，未从事旅游业的村民也会被吸纳其中。孩子们来此戏耍，去田间劳作的村民也在此闲坐聊天。对此，村民的解释仅是"在家也是闲着，这里人多，出来还热闹点"。村民不仅将此处作为旅游地的商业空间，同时也是日常交往、活动的空间。

于是，我们看到农家饭店门口"聚会"空间的形成。农家饭店的经营及女主人习惯性的活动使得门口的高台成了一个开放场所，吸纳在附近工作或偶然路过的村民，使其成为一处灵活、流动、非制度性的聚会空间。然而，我们不能说这是"保留"了公共空间的功能与意义。因为庆临里村口作为公共空间的积极性虽然重新显现，却并不是重获过去的空间表征。十分特殊的一点是，由于游客量的变动，新的空间积极性在节假日与非节假日的交替中以别样的"节奏"（rhythm）呈现（练玉春，2004），而这种时间与空间的对应关系不存在于过去。因此，庆临里村口的空间活力，与其说是"保留"，不如说是"再生"。

在空间性质的转变中，"旅游"与"社区"的双重性质并非此消彼长的抗衡关系。马降龙村作为旅游地的空间以其活力刺激或带动作为社区的空间，令其被使用、被认同，重获活力。这一状况可视为空间的"再生"（revitalization）。这也预示着，随着"旅游社区"这种属性的生成与固定，空间在形态、功能与意义层面上都不能再简单地被划分到"旅游"或"社区"两个范畴中。日常生活会逐渐创造出新的空间秩序。

三、低度开发下的"平衡"发展

整体看来，景区管理主体在空间再生产过程中的"统治"地位并没有获得压倒性的"胜利"。"旅游地"与"社区"的双重性使马降龙村空间的形态、功能与意义等方面体现出一种微妙的"平衡"。不少旅游社区的空间常面临严重的商品化与制度化的问题（汪永青、陆林，2008）。这是因为，由社区到旅游社区的转变，本质上是空间生产的目的由满足居民的生活生产向满足旅游经营的需要转变，或者说，是由服务于居民向服务于游客转变。游客表面上不直接参与旅游社区的空间生产活动，实际上却是空间生产的重要主体。一方面，他们是旅游开发者的服务对象；另一方面，他们也是规划中空间的使用者。当前，马降龙村旅游业发展的步伐徘徊不前，市场对旅游空间的需求处在较低水平，这为居民依据日常生活的习惯与需要做出决策提供了可能。游客量的压力与体验深度要求尚未达到对商业性空间迫切需求与严格限制的程度。旅游项目开发停留在碉楼观光的层次，游客对居民的文化与生活并不好奇，空间使用极少侵犯居民的空间主权。原本的封闭式、生活性空间的核心地带无须转变为开放式的商业性空间，也不存在被其挤压、替代的必要。相对而言，景区的规划高于实际游客需求，游客未能以实际的空间使用去回应与巩固这种规划。

然而，随着旅游社区的进一步发展，"平衡"也许会成为一个伪命题。因为，尽管"旅游地"与"社区"对应不同的空间秩序，但旅游社区的空间再生产并不是两种秩序的叠加或相抵，而是更多空间生产主体对空间秩序进行协商，并以自己的行为实践协商后的空间秩序。在马降龙村，由改造期大规模的、集体性的尖锐反抗，到如今小范围的、边缘化的隐形抵抗，居民已经成为旅游利益相关者之一。此时，景区管理者开始通过监管实践空间表征，而居民在宏观上囿于遗产旅游地空间秩序。居民会在宰制边缘进行抵抗，是因为他们的生活生产并未完全与旅游业发展同步共生。旅游地的空间秩序对他们日常生活的压迫，超越了他们参与旅游业的主动性。

依据这一逻辑，当旅游业产生的效益对居民有足够吸引力时，反抗是否就不复存在？笔者认为，生计方式的转变确实会带来空间活动范围与使用方式的转变，也会带来对自身角色认识的转变，使得居民更自觉地巩固旅游地的空间秩序。然而，组织结构和居民身份的特性以及土地的归属，使得居民不会完全像游客那样行动与思考。

景区管理组织的特殊结构以及居民的复杂身份，决定景区与社区双重定位在空间上的模糊性。这一点，即便在开发强度增加的情况下，也难以改变。马降龙

第五章　遗产旅游社区的日常生活空间再生产　│　141

景区的关经理本身是马降龙村人，兼任村党支部副书记，所处理的事务包括田地租赁、设施更新、房屋审批等，既属景区管理，又是村务。旅游公司早已意识到居民工作与景区工作的无法分离。如老村委会主任所说："在村里，人和人之间，你跟他关系好的话，说一下没准就听了。要用他们听得懂、做得到的办法来处理工作。"而景区管理处除部分管理人员与导游外，其他基层员工几乎都为当地居民。居民的双重身份，使得其日常生活与工作的界限不分明。因此，出现了我们在停车场、景区办公室所见到的画面：会议同时也是居民聚会，巡逻同时意味着闲坐聊天，上班间隙可以回家中、到田里处理事务。正因为处在旅游利益共同体的内部，居民的集体行为才可能对旅游公司的制度进行持续的挑战，并将这种挑战转变为潜在的秩序留存下来，改写着空间的属性。

在旅游开发的过程中有不少居民集体迁出的例子。其中，起关键作用的是居民放弃土地的支配权，将权力让渡给政府或旅游开发与经营商。在旅游开发的初期，马降龙村的居民曾出卖部分土地给旅游公司建设景区。如今，居民对土地的态度越来越谨慎。居民说："地是子孙后代的事，卖了就真的是没有了。再说就给那么点钱，太不公道。"甚至有部分居民逐渐产生社区发展的权利意识："公司说要开发的项目，酒店啊，度假村啊，都是说说。我们是搞不起来，但是他们也不搞，还不如放在自己这里放心。"土地是物质空间的基础，居民对土地拥有掌控权，他们要改造林木带与花坛等，景区方无法强行管制。景区管理人员说："到底是他们自己的地方，他们真的不听，我们也不好说什么。"

更重要的是，同样作为旅游利益相关者，居民与旅游公司的诉求依旧不同，对空间秩序的"协商"会一直进行下去。无论是嵌入、抵制、进攻性抵制、反噬还是再生，本质上都是居民就旅游社区的空间秩序与旅游开发者进行协商。比较笔者所给出的5种不同行动策略，得出的结论不是抵抗强度的增减，而是居民协商能力的加强。这种能力与居民在旅游发展过程中的角色对应，又影响了行动机制与意义（见表5-2）。

表5-2　表征空间实现机制、意义与居民角色

空间范围	行动策略	行动机制	行动意义	居民角色
核心景区和生活区	嵌入	共生性生产：各取所需，互不冒犯，和谐共赢	旅游与社区空间和谐共存	被管理

142 | 旅游社区的社会空间再生产

续表 5 - 2

空间范围	行动策略	行动机制	行动意义	居民角色
被闲置的游客休憩区	抵制	消费性生产：宏观服从，微观上灵活突破防范，小规模违规	改变空间功能，暂时影响空间生产	被管理
花坛和林木景观带	进攻性抵制	生产性改造：集体抵制，获取行动合法性	改变空间形态和功能，参与空间秩序生产	利益共同体成员
办公室、保卫处、售票厅等	反噬	"假发"性侵蚀：参与旅游管理工作，将日常生活渗透到工作场所	模糊工作与生活空间的界限，偷换空间属性	被动参与旅游
碉楼及其周边区域	再生	再生性生产：顺应空间生产，刺激空间活力再生	社区空间与旅游空间生产相互促进，产生新的空间使用模式	主动参与旅游

在行动机制上，当居民仅仅是被管理的对象时，若景区方对空间的规划未影响其生活，居民可能以"嵌入"方式使用空间。但是，在这种空间的共生性生产中，居民未能主动为正在重塑的空间秩序写入内容；一旦发生矛盾时，居民也只能以随时可能被"镇压"的空间消费来获得短暂的自由。所幸，由于整个社区都被纳入旅游利益共同体之中，居民可以发挥集体力量。这一机制使其真正参与固定空间秩序的生产。而当居民被旅游公司雇佣，尽管其未必有主动参与旅游发展的意识，但"体制内"的角色使其可能从内部造成制度的松动和生活的渗入。更进一步，当以摆摊、开设农家饭店等方式主动参与旅游业发展，居民看似顺应景区方主导的空间生产，实际却不仅参与了旅游空间的生产，也"借力"激活了社区空间的活力。当我们从旅游社区持续发展的视角来看待这些行动策略的意义，就会发现：嵌入在景区开发程度加深的过程中不会成为主流。并且，旅游与社区空间和谐共存，却也逃避了双重秩序的碰撞与融合。抵制、进攻性抵制与反噬等的发生则在不同程度上将居民的意愿与需要写入新的空间秩序。景区方若能正视居民及其日常生活的力量，则可能促进旅游社区的健康有序发展。而在再生等现象中，我们看到的不仅是社区空间与旅游空间生产的相互促进，更是多

主体、多目标的旅游社区空间再生产可能激发的活力，还有这一过程所体现的日常生活的创造力。

第三节　小　结

在旅游社区空间再生产的过程中，景区管理主体对马降龙的空间形态与秩序进行操纵，企图实践其构想中的空间表征。但是，居民并没有完全接受其控制，而是通过日常生活进行抗争，实现反抗性的表征空间。他们通过使用者的行动策略，重新满足了生活生产的空间需求，夺回了部分空间秩序改写的权力，并在空间实践的过程与结果中体现了生活性。在制度或资本的运作之下，空间既是日常生活的实践对象，也是个体抵抗的领域。日常生活的力量体现在表征空间与空间实践之中。可以说，本章的结论验证了列斐伏尔与德塞图对日常生活积极性的判断。

针对过往研究的缺陷，笔者提出希望在关注日常生活力量的基础上，着重对空间变化丰富片段的还原。延续德塞图对日常生活实践中空间使用者"战术"的分析，研究发现，马降龙村居民的反抗通过抵制、进攻性抵制、反噬等形式表达，产生了嵌入、再生等现象。正如德塞图指出的，使用者以各类"战术"重新占据由社会文化生产技术组织起来的空间，构建出了无数的实践。景区管理方与社区居民未必"两败俱伤"，甚至可以各取所求。"操纵"与"反抗"两者的共生与互动促使了空间内在秩序与外在形式的改写，体现出日常生活实践的"创造"。这也回答了对应用德塞图理论进行研究的疑问：德塞图所提出的"二元术语相互之间也存在着重叠，并且每一个都为对方提供对它们进行定义的那个本质要素"（李拓，2009）。因此，嵌入、再生与抵制似乎有着形式上的差异，但在内涵上却均体现出同样的"创造性"。

德塞图的研究强调的是弱势者具有反抗意识，且能够抓住"机会"进行反抗，却并没有具体揭示，何以产生"机会"？何以对于不同的情况与人群，反抗的强烈程度与成功概率有所不同？而这正是以本土化的实证研究对理论进行阐释与补充的意义所在。笔者认为，现阶段社区与旅游地的双重性在空间的形态与功能上形成微妙的平衡，但长期看来，旅游业对马降龙村的介入不仅仅是设施、建筑、场地等的物质性的更改，更重要的是持续影响居民的生产生活方式。然而，居民对土地的掌控权，以及景区组织与居民角色的特殊性保障了反抗潜力的延续。更重要的是，旅游社区的空间秩序不是旅游地与社区秩序的简单叠加，而是在旅游利益相关者的协商下重塑。

笔者所给出的 5 种不同行动策略显示，随着旅游发展过程中居民角色的变化，他们的协商能力逐步加强，对空间生产的参与程度有所加深，具体表现在表征空间的实现机制与意义也不断改变。回到空间三元论，我们可以发现，虽然在空间表征与表征空间之间存在着对抗，但却并不代表两者是二元对立关系中的两端，其中存在一种复杂多变的张力。以往的研究，或只看到现代性侵袭的单一逻辑，或过度夸大日常生活反抗的作用。这种二元结构的思维实际割裂了社会空间作为一个整体的发展。正如笔者一直所强调的，关键不在于反抗，而在于日常生活创造力的激发。在对旅游社区空间生产的关注中，我们更应注意的是在多主体、多目标的空间生产过程中，社区在空间乃至其他层面迸发出的新生活力。

第六章　家庭旅馆中的社会行为与空间互动

第一节　龙脊梯田景区平安寨旅游发展现状

一、旅游社区概况

平安寨（见图 6-1）与龙脊古壮寨、中六瑶寨、黄洛瑶寨和金江村毗邻，是桂北一个典型的大型壮族村寨，同时也是龙脊梯田旅游景区的核心。平安寨距龙胜县城 21 千米，距桂林市区 100 千米左右。占地约 3 万平方米，地势较高，位于龙脊梯田景区内金江河北岸的山腰间，海拔约为 800 米，属于龙脊十三寨之一。

图 6-1　平安寨全貌

平安寨在行政区域（平安村村委会）上除了现今的平安寨之外，还包括附近的葫芦山和二龙山村寨，但这两个村寨距离平安寨都较远，没有涉及任何旅游开发，故本书使用的"平安寨"这个词指代在地理区域上的平安寨，指现今旅游开发范围内的平安寨。

平安寨现共有 167 户，房子 198 处，总人口已接近 900 人，95% 左右为壮族。廖姓为主，由于当地较多上门女婿，还有近年来外来旅馆业主的增多，也存在其他姓氏的社区成员。寨内有耕地 900 多亩，水田 600 多亩。根据历史传承下来的三个不同家族分支（房）的居住区域，居民将整个寨子分为三个地理区域，分别叫作上寨、下寨和田寨。后来为了迎合旅游发展的需要，就改称为上寨、中寨和下寨。不同分支的后代分别居住在这三个地理区域内，每个区域又细分为 2 个村民小组，故平安寨现有 6 个村民小组。

在 1998 年开通公路以前，此地交通极不方便，游客和居民需要从黄洛瑶寨直接沿着山脊的青石板小路步行 1 小时左右才可抵达现今村寨门口的停车场位置；村寨也较闭塞，所有物资和生活用品都是靠人力或者马匹从山脚搬运至平安寨。平安寨 2012 年的村委会主任就说，那时的"寨民生活极为艰苦和贫困，居民人均年收入还不足 400 元"。修通从二龙桥至平安寨的盘山公路以后，驱车 30 分钟左右即可从山脚的二龙桥抵达平安寨，交通条件的改善极大地改变了整个社区面貌。

平安寨以前是比较典型的壮族村落，民居多为杉木结构的麻栏建筑。随着旅游开发，大部分的传统麻栏木楼都已经改造成适宜接待游客的木楼，但是其在外观上仍然是一个典型的壮族村落。值得一提的是，现今村寨有很多水泥建筑在不断兴建，很多山地也被开挖用来兴建水泥房，破坏了整个村寨景观和梯田景观。其建筑的现今使用状况见表 6-1。

表 6-1　平安寨建筑使用现状

建筑	分类	数目	备注
旅游主导类	家庭旅馆	83	63 家挂牌旅馆，20 家不挂牌旅馆（仍然接待游客）
	旅游餐厅	5	只经营餐饮服务
	其他旅游设施	15	咖啡厅（2）、足浴（5）、酒吧（2）、工艺品店①（6）
	水泥建筑②	27	包括在建和已经建好的建筑

---

①　分布于平安寨社区内，其建筑多为半干栏建筑；不位于平安寨社区范围内的工艺品店，一般都是临时搭建的木楼棚户，多由外地商人经营，不列入研究范围。

②　在建水泥建筑的空间设计都是标准的旅馆设计，建好的水泥建筑都是家庭旅馆。

续表 6-1

建筑	分类	数目	备注
非旅游主导类	民居	41	旅游发展之后兴建的不以接待游客为主要目的的麻栏建筑，或者是现在不接待游客的民居
	麻栏建筑	17	底层养牲畜或者堆放农具的传统麻栏建筑
	超市	5	面向游客、外来从业者和居民
	其他	5	村委、小学、米粉店（2）、卫生所
合计			198

可见，平安寨绝大多数建筑都为旅游开发所用，在一定程度上转化成了旅游用途的建筑。其中，又以开设家庭旅馆的建筑最多，有 110（83＋27）栋，相应的旅游配套服务设施也不少，比如餐厅、咖啡厅、足浴、酒吧、工艺品店等。但是，仍然有不少建筑保持其传统的建筑样式。至于在 20 世纪 80 年代或者更早时期兴建的麻栏建筑则剩余得不是很多，只有 17 栋，且由于维护不周，大多数都破旧折损得厉害。寨子里面没有任何庙宇，还有一间只招收学前班学生的平安小学。

整个寨子被层层梯田所环绕，梯田是当地最重要也是最受重视的旅游资源。沿袭着壮族悠久的稻作文化历史，龙脊地区的梯田都是壮人自明代起迁居此地后开垦的（徐赣丽，2006），历经千年形成了目前的"森林—村寨—稻田—水流"为一体高山稻作梯田农业文化系统。除了稻谷，当地的农作物还有玉米、红薯、芋头、辣椒、百香果等。红薯和玉米曾经是当地的主粮，现在多用来喂猪、酿酒，有些也拿来卖给游客，辣椒和百香果都以出售给游客居多。除此之外，平安寨壮族的服饰文化，当地居民的寨老制、打帮工、山歌文艺，还有一些节日传统，都是平安社区很重要的民族文化。

二、旅游发展历程

平安寨的旅游发展历程最早可以追溯到 1975 年（徐赣丽，2006），首次有记者前来平安寨拍照并做了宣传，当时是廖辅焕大队长专门去接待这些记者和乡干部，他家算是平安寨的第一家"旅店"，当时的接待更多是带有"政治性的接待任务"，住宿条件也极为简陋。最先开办家庭旅馆的廖某就说："住宿条件也是极为简陋，就是将自己木楼的客人房间整理一下就可以，他们白天拍梯田、走山路已经很累了，晚上回来对住宿条件也没有什么要求。"随后才有摄影爱好者和画家去平安寨看梯田，但是交通极为不便，路途遥远，需要从金竹壮寨步行到古壮寨，再到平安寨。1980 年之后，依靠先锋游客的口头宣传和图像传播，以及从和平乡至黄洛瑶寨沙子路的开通，才陆续有外国游客到龙脊旅游。随后，较多国内游客和摄影爱好者也来平安寨看梯田，平安寨也逐渐为外人知晓。1992 年，龙脊梯田景区金竹壮寨的试点开发，取得了成功，游客数量逐渐增加；同时，还出现了大批欧美、东亚游客，客观上带动了附近平安寨、黄洛瑶寨的旅游开发。

龙脊梯田经过 20 世纪七八十年代的早期旅游探查，1992 年龙胜县旅游总公司以金竹壮寨为试点最先开发龙脊梯田景区。1993 年以后，由于龙脊梯田景区平安寨梯田（"七星伴月"和"九龙五虎"）知名度的不断提高，平安寨旅游业才开始起步。1995 年，村委会开始向游客收取门票，国内游客门票 3 元/人，国外游客门票 5 元/人，门票收入按人口分配到户，居民从事家庭旅馆接待。1998 年，平安至黄洛瑶寨的公路开通，交通条件得到极大改善。1999 年，平安寨旅游开发经营权交予龙胜县旅游公司，平安寨旅游开发很快就进入了高速发展期，接待量持续猛增，发展至今游客年接待量超过 30 万（见图 6 - 2）。

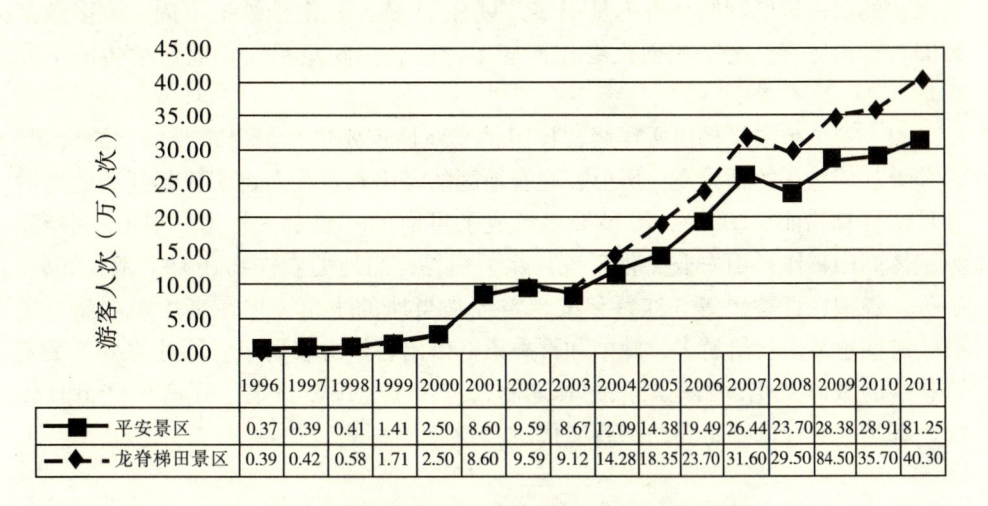

图 6 - 2　平安景区和龙脊梯田景区历年游客接待量

由图 6 - 2 可知，自 2000 年旅游发展起步的十多年来，平安寨和整个龙脊梯田景区的成长十分迅速，游客接待量持续攀高。而且，平安寨一直都是龙脊梯田景区的核心，因为绝大部分的游客都前往平安寨旅游。一方面是由于旁边的龙脊古壮寨交通不便，一直未能开发，直到 2011 年开始才缓慢成长；另一方面则是因为金坑大寨红瑶梯田景区区位较为偏远，且住宿条件较为缺乏，发展一直较为迟缓。而平安寨较早得到开发，其核心景观资源——"七星伴月"也广为人知。

第六章　家庭旅馆中的社会行为与空间互动　149

另一个重要原因就是平安寨住宿和餐饮服务方面的接待能力不断提升，使得接待大规模的团队游客成为可能。

但是，由于景区经营主体的一再变更、当地政府部门职责不明晰和多头管理、公司股权的历次变动，村寨、景区和当地政府之间的矛盾不断积累。可以说，这14年（2000—2013年）是发展的14年，也是平安寨利益分配斗争的14年，是东道主间各利益相关者的矛盾不断积累的14年。因此，导致居民对景区公司抱有很大的抵触情绪，同时也不信任相关管理部门，管理部门和景区公司一谈起平安寨也倍感头痛。

三、旅游发展状况

平安寨目前已经形成年接待量超过30万人次的旅游市场规模，是省级风景名胜区和享誉国际的稻作梯田文化景观旅游区。景区内主要的旅游景点有两处：一是2号观景点的"七星伴月"景点，一是1号观景点的"九龙五虎"景点，尤以"七星伴月"景点最具景观特色和欣赏价值，备受游客喜爱。游客还经常在寨子里面品尝农家饭菜、体验农村生活、参观民居木楼。自2007年以来，就鲜有歌舞表演、摄影比赛和节事活动等旅游活动了。此外，现在有很多国内外的摄影游客、背包客、户外爱好者等都会选择将平安寨作为中转站，徒步前往龙脊古壮寨、中六瑶寨和大寨，欣赏民族风情和梯田风光。

经过十几年的发展，平安寨的旅游基础服务设施不断完善，提供的旅游服务也日益全面，基本上涵盖了为游客提供吃、住、行、游、购、娱的整套服务。同时，平安寨村民参与旅游发展的程度相对较高，经营活动类型多样，其商业气息也越来越浓重。伴随着餐饮业和住宿业的极大发展，水源污染、梯田维护问题也日益凸显起来。围绕着旅游利益分配的问题，村寨、景区公司和管理部门之间的矛盾不断积累，使得旅游目的地各利益相关者之间纷争不断。

下面对政府管理部门、旅游景区公司、居民的参与状况进行阐述。

（一）政府管理部门

龙脊地区，甚至是整个龙胜县，在新中国成立以后的很长时间内都是国家经济扶助的对象。但是在旅游开发以后，龙脊地区的众多民族旅游村寨，作为农业生态和民族文化生态保护的重点对象，得到了政府诸多特殊的发展投资和建设机会，还享有民族倾斜政策的优惠。1996年，龙胜县政府确定了"旅游扶贫、旅游立县"的发展战略，并且制定了龙脊梯田旅游基础设施投资计划。1997年，广西壮族自治区人民政府主要领导到龙脊，指示要加强龙脊梯田景区建设管理，并批示对景区公路给予资金扶助。

1999 年，平安寨也自发组织村民，按户头义务出工开山挖土，开始修建从山下黄洛瑶寨抵达平安寨的盘山公路；同年，龙胜旅游总公司成立，县政府刚好利用龙脊梯田生态保护的名义，申请国家"旅游资源开发与自然生态环境保护"的扶贫生态保护项目专项旅游国债资金（两期共 1300 万元），扩建公路，加铺柏油路面，修建平安停车场和售票处，同时向游客收取门票 20 元／人。至 2000 年，全线开通由二龙桥（靠近黄洛瑶寨的一个路口）到平安寨的长达 6.5 千米的柏油马路。交通条件得到极大改善，使得平安寨旅游开发很快进入了高速发展期，大部分游客都前往平安寨旅游，接待量持续猛增。由此可见，当地政府对龙脊平安寨旅游发展的重视。

可以说，公路的开通对平安寨的旅游发展以至于后来长期处于龙脊景区的旅游核心地位，都是至关重要的。龙脊古壮寨村民告诉笔者："其实，当初公路的规划是从现今景区门口经过我们古壮寨，然后再从古壮寨到平安寨的，但是，由于沿路要经过太多梯田、林地和坟地，一直协调不下来，平安寨就自行发动居民修通了那条很弯的盘山公路。"在平安寨的访谈也证实了这个说法，"寨子里面很有地位和政府关系的人看到了开发旅游的势头，争取到了这一政策优惠"。可见，平安寨居民迫切希望通过发展旅游、争取政府政策优惠来改变其贫困的面貌。

2001 年，龙胜县政府将龙脊梯田景区 40 年的经营权以 500 万元的价格转让给桂林旅游发展股份有限公司，合资成立桂林龙脊温泉有限公司。从 2001 年开始，平安寨的景区经营权就一直属于该公司。其后，在村民不知情的情况下，平安寨的经营权和管理权经过历次交接变更，导致景区管理的无秩序、不规范，各管理部门职责不明、工作职责重叠并且权力有限，引发了很多次冲突事件，让平安寨居民对管理部门逐渐失去了信任。

自 2001 年始，龙胜县旅游局成立的龙脊景区管理处全权负责整个龙脊景区的管理工作。由于 2002 年发生了"五一黄金周事件"①，龙胜县旅游局于 2002—2004 年在平安寨设立旅游景区管理办公室，负责景区的旅游秩序的管理。由于当时的风景名胜区隶属于国家建设部，因此，2004—2007 年，龙胜县建设局又在平安寨成立了龙脊风景名胜区管理办公室，组织架构里面包含旅游局和建设局的工作人员。2007 年，龙胜县政府在景区外和平乡成立了龙脊梯田风景名胜区管理局专门负责龙脊梯田景区的规划建设和管理，独立于旅游局和建设局的管理

---

① 2002 年"五一黄金周"，当地居民赶走在景区收取门票的工作人员，自行卖票，主要原因是景区公司支付给居民的进寨费仅占门票总收入的 5.8%，与景区旅游资源所带来的实际收益相差甚远，平安寨居民对此十分不满。

体系，龙胜县旅游局则主要负责龙胜县县域的旅游总体规划和宣传工作。现在，龙脊景区和平安寨的政府管理部门主要是龙胜县旅游局和龙脊梯田风景名胜区管理局。近年来，龙胜县旅游局主要统管整个县域的旅游工作，龙脊景区只是其中4个民族风情点之一，具体到平安寨的管理工作，主要由龙脊梯田风景名胜区管理局负责。

（二）公司经营

2001年4月1日，桂林旅游发展股份有限公司出资500万元，从龙胜县政府处获得了龙脊梯田景区40年的经营权，同时出资1500万元购买了龙胜旅游总公司温泉宾馆60%的股权。这样，由龙胜旅游总公司和桂林旅游发展股份有限公司共同出资组建了桂林龙脊温泉旅游有限责任公司，经营龙胜温泉和龙脊梯田两个旅游景区。

公司成立后，龙脊梯田的所有权和经营权实现了分离，经营权转让给了由投资商控股的桂林龙脊温泉旅游有限责任公司，负责龙脊景区的门票经营、旅游宣传和游客管理；而龙胜县旅游局只需要负责龙脊梯田景区的规划建设方案工作、环境保护的监督管理。

2006年，桂林龙脊旅游有限责任公司成立，注册资本为1000万元。当时为了便于景区管理经营，桂林龙脊温泉旅游有限责任公司又分离成桂林龙胜温泉旅游有限责任公司和桂林龙脊旅游有限责任公司，分别主营龙胜温泉的休闲度假产品和龙脊梯田景区的观光产品。分离后，龙胜旅游总公司股东分别占有两家子公司11.7%的股权，其余的股权都为桂林旅游发展股份有限公司所有。分离后的公司在龙脊景区的经营权和管理权、相应的工作职责并没有发生变化，只是公司的股权和名称发生了变化而已。

2007年，桂林龙脊旅游有限责任公司再次发生股权变动，桂林旅游股份有限责任公司将其39.3%的股权以109万元的价格转让给龙胜县旅游开发有限公司[①]；同时，该公司又以117万元的价格购买了龙胜县旅游总公司11.7%的股权。这样，龙胜县旅游开发有限公司就占有桂林龙脊旅游有限责任公司51%的股权，另外49%的股权为桂林旅游股份有限公司所有。

不论其公司的股权如何变化，在龙脊梯田景区管理方面，该公司具有雄厚的资金支持和丰富的管理经验。2001年，该公司向游客收取门票20元/人；2003年门票价格提至30元/人；2005年景区门票为50元/人；从2010年开始，景区门票为80元/人。自成立以来，每年进入龙脊梯田景区的游客量都持续增长，

---

① 龙胜县旅游开发有限公司是一家隶属于龙胜县建设局的国有企业。

2011 年接待游客 40 余万人（见表 6-2）。

表 6-2 龙脊梯田景区历年年接待量及营业收入

年份	龙脊梯田景区游客年接待量（万人次）	龙脊梯田景区营业收入（万元）
1996	0.39	3.68
1997	0.42	4.10
1998	0.58	4.50①
1999	1.71	19.50
2000	2.50	44.36
2001	8.60	84.86
2002	9.59	87.98
2003	9.12	245.57
2004	14.28	628.45
2005	18.35	861.00
2006	23.70	1034.00
2007	31.60	1484.00
2008	29.50	1533.80
2009	34.50	1793.80
2010	25.70	1856.20
2011	40.30	2095.40

桂林龙脊旅游有限责任公司在获取较高的经营收入的同时，也有较多的景区投资。就平安寨来说，自 2002 年后，桂林龙脊旅游公司投资修建了平安寨内的停车场、石板路、旅游标识等设施，景区内的旅游基础设施有所改善。2007 年，修建 1700 米的石板路，维修扩建平安寨停车场；2008 年，维修平安寨风雨桥，兴建平安寨垃圾周转池的防护栏，维修平安寨门口银田宾馆至平安酒店的石板路；2011 年，出资维修平安寨塌方梯田，同时出资修建平安寨梯田的田间小路，拓宽维修了从平安寨至隔壁龙脊古壮寨的徒步道路；从 2012 年开始，以每年 1000 元/亩的资金补贴耕种梯田。

---

① 1996—1998 年，龙脊梯田景区三年的营业收入仅为金竹壮寨的旅游收入。从 1999 年起，平安寨的旅游才由政府管理，其后交由公司经营。

第六章　家庭旅馆中的社会行为与空间互动 | 153

（三）居民参与

平安寨景区以梯田景观为核心旅游资源，其居民在兼顾梯田耕种、水稻生产的同时，还积极地不断通过其他方式参与到旅游行业中来，如帮游客背行李上山、抬轿子、担任摄影模特、做地方导游、出售土特产、卖旅游纪念品、开米粉店和小卖部等。其中，将自家传统壮族干栏式木楼房改造成家庭旅馆，提供餐饮和住宿是平安寨居民参与旅游最主要的方式。

1. 抬轿子和背行李

抬轿子和背行李是当地居民提供的最普遍、最直接的两种旅游服务。由于从景区门口到平安寨中心和观景点都只能步行，且大部分都是沿阶直上的青石板路，步行大约需要20～30分钟。老年游客、小孩或者妇女往往体力不支，当地壮族男性便两人一组，用竹轿抬游客上山；部分游客会携带沉重的行李前来住宿，当地壮族妇女便带着竹篓帮游客背行李前往旅馆，以获取经济收益。这种旅游参与方式可以从村民的表述中得到体现："整个寨子有8个村民小组，其中6个村民小组排队去背行李和抬轿子。原先有3个村民大组，后来又分为6个小组。其中第五村民小组有33人，有的小组有20多人，不是很平均。总共差不多有200人去干这个活。一般是男的去抬轿子，女的背行李。"抬轿子和背行李都是严格按照事先约定好的顺序进行排队管理。管理人员由村里面推选出来，称为"旅游协管员"，每天轮流管理，其工资由村委会统一拨付。村委会向每位抬轿人员每月根据收入收取一定费用以支付旅游协管人员的费用。

目前，抬轿子往返一趟①的价格在280元左右，视游客体重而有所变动，在200～400元之间浮动，有时外国客人会给小费，往返一趟甚至可以赚到500元。如平安寨某居民所言："抬轿子的价钱是变动的，一般到山顶'七星伴月'那里260元，到下寨200元，一天最多两趟。傍晚抬到客人的住所又便宜点，有时100元也抬，因为不用上山顶，直接到住所。"导游也往往从抬轿中获取大量回扣，有的村民反映："我们的底价是260元，400元的话，导游要拿去140元。我们不能和客人说是260元，导游说你要说400元，回扣要给导游140元。"尽管抬轿是比较辛苦和耗费体力的劳动，甚至有时一天等不到一个客人，但是经济收益较多且来得快，因此，当地有很多壮族男性都在景区门口等客人坐轿。

壮族妇女一般都是帮客人背一箩筐行李到旅馆，再和客人约定时间，帮客人

---

① 一趟，指抬客人到景区2号景点"七星伴月"，然后再抬回来。中途客人可以选择下轿步行，或者换人上去乘坐轿子，一个来回就是一趟。

背行李下山到停车场，价格较为固定，30 元/次。廖阿姨就说道："客人好的话，就给得多点。游客是自由给的，原先说好的 30 元，到了有些客人会给 50 元，有些客人也会给 20 元或 25 元之类的。一天一般可以背行李 2 ～ 3 次，也能有个 70、80 元的收入。"

2. 担任摄影模特

担任摄影模特是早期旅游开发中很常见的一种旅游服务，近几年来，基本上没有游客会要求当地居民担任摄影模特去田间拍照。据当地居民回忆，"在 90 年代旅游刚开发的时候，很多摄影游客和记者来到我们平安寨，会让我们带路去参观梯田，同时，也会让我们穿好壮族的民族服装，让我们做摄影模特，去田间拍照"，"一开始是 4、5 块钱，后来是 20、30 块，到 2000 年的时候，客人一般都会给我们 100 多块，那时候算是挺多钱的了"。现在大众游客多了之后，游客践踏梯田的现象增多，同时居民都将自己的大部分精力投入到旅游业中去，对梯田倒是不很上心，梯田塌方和丢荒都不予管理，导致梯田景观遭受了一定程度的破坏，使得很多摄影游客都不来平安寨拍摄照片了。笔者在采访黄导①的时候也验证了这一现象："摄影游客眼光都是很挑剔的……90 年代我带队来这里做摄影任务的时候，梯田很漂亮，这里的人也很淳朴，都可以拍到很好的照片，后来逐渐的就很难拍出好照片了。我对这边的景观很失望，就不带朋友来这里拍照片了。"现在进行拍摄照片的都是一些路边的摄影棚，他们备有很多民族服装，还配有电脑和打印机可以现拍现打印，摄影模特就站在路边拉客人前来拍照。

3. 做地方导游

做地方导游，也是当地居民参与旅游的方式之一。村民导游一般会在大景区门口等待团队客人的到来，然后负责引导游客和介绍游览平安寨景区。此外，村民还在当地开设面向游客的土特产摊点、米粉店和小卖部等，而整个平安寨 50 多个卖旅游纪念品的铺面绝大多数是外地人在经营，来自桂林的较多，也有的铺主来自云南、四川、大理等地。他们租赁当地居民的铺位进行经营，5000 元/年是最低的租金价位，一些地理位置好的铺位需要 20000/年。另外，还有一些居民参与旅游客运、旅游售票、为景区看护梯田水源、打扫卫生、做旅游协管员②等旅游服务工作。

---

① 导演，从事人类影视学工作，现就职于广西广播电视台。

② 当地很特殊的一种旅游服务岗位。他们在景区门口负责统计实际进入平安寨的游客人数，同时安排居民抬轿子、背行李的秩序，处理突发游客事件，维持正常的旅游运营，工作报酬由村委负担。

4. 耕种梯田

作为一个以梯田景观资源为核心旅游资源的景区，居民在旅游发展过程中也逐渐认识到了梯田的景观价值。但是，由于龙脊地区梯田的特殊地貌环境，耕种梯田、维护梯田、收割稻谷都需要很大的劳动力投入，精耕细作，且大部分都是靠人力来完成。简单来说，就是需要付出很多，却收获甚少。而从事旅游服务行业，却可以很快地获取较为可观的经济收入。

以平安寨叶果木楼为例，其业主廖某自 2003 年开办叶果木楼，经营 5 年后倒闭，现在主要从事抬轿子，还有耕种位于"七星伴月"景点的 4.1 亩梯田，访谈时，他给笔者算了一笔很有意思的账：

> 像我种田，我种 4 亩地，全部都是在"七星伴月"里面，百分之七八十都是我的田。一年产粮食 3000 斤，像我今年，自己吃不完呀，卖给旅馆，大米是 2.5 元一斤，稻谷打成粮食大米，四六分，有 1800 斤的大米，乘以 2.5 元，总共有 4500 元。但是，需要花费肥料、农药，肥料的成本为 780 元、农药为 100 多元，加起来成本要 1000 元，所以最多收入只有 3500 元一年。但是，这个耕种的农活需要引水、看田水、挖田、收割，可能平均一天下来还不到 20 元。相同的收入，（抬轿子）就算现在 100 元一天，只要干一天，也有 5 天可以休息；但是我干这个农田活，一天到晚才 20 元。所以，人家都把这个田荒了。
>
> 你看像我们抬轿子，今天我可以赚 200，平均下来，算我 150 元一天，总共有 6 个村民小组，我一个月至少可以轮到 5 次。一个月干 5 天的活，而且不是很累，爬上爬下就可以有 800、900 元。我情愿去抬轿子，没有轿子我就躺着休息！
>
> 像是开旅馆，客人来了，吃一餐饭，一个菜 15 元，我杀个鸡，80 元，可以赚 30 元，比你干一天的活还要赚得多。这样子，谁还会去干农活呀！所以说，收入不平衡，就把这个田给荒了！现在一亩田只有 22 元的国家补贴。像这个梯田很难种的，天天都要干农活，铲草呀，七七八八，很难弄的。

所以说，巨大的利益不平衡给如今景区内的梯田耕种带来重重困难。正如黄导所言："他们（居民）也是觉得梯田这样丢荒下去会很危险，他们就认为企业应该拿出一部分钱来维护梯田，因为是景区嘛。他们（居民）也认为不是因为他们懒，他们下去抬行李的，也是挺辛苦的。种田没有多少收入，去买米吃绝对没有问题，所以，这个田对他们的收入影响不大，去种了就是有利于景观。但是，旅游公司很明确，他们有一种心态：你们农民不是本来就要种田的吗，干嘛要把钱给你，反正你总是要种田的，我就是不给。有些人又说，那些人懒呀，不愿意种田。不过，有些人就是真赌气不种的，也有些人就是不想种。"

但是，目前梯田仍然是有人耕种的，只是存在一定的耕种隐患。村民担忧："像我们的子女，没一个人去耕田。人家过得去，我也过得去。我们这帮人都种田，下一代就没有人种田了，他们什么时候下种都不知道。像我的两个女儿，你问她们，什么时候下田，什么时候播种，（我）保证她们不知道，叫她们去下田，她们也不去。我老了，我不想种了。去年我才买了一台耕田机，上田埂呀，都靠我们两个老人抬着，有 50 公斤重，抬上抬下，而且我都 54 岁了。最多再干 5 年，也够辛苦够累了。过了 5 年后，不耕种怎么办呀？像整个寨子，30 岁往下的，没人往田里面走了！如果没有这个耕田机器，就更麻烦了。以前我们打背工，你帮我拉一天，我帮你拉一天！现在谁帮你拉？！"

大多数旅馆业主将自己的梯田送给别人耕种，但是很难送出去，甚至送给亲戚耕种，也没有人愿意耕种。但是无论如何，最后梯田都是会有人耕种的，居民都不会将梯田荒弃掉，毕竟有梯田才会有游客，有游客才会有生意。也还有很多居民是基于一种很朴素的思想在耕种梯田，如村民廖某所说："我是这样子考虑的，我们不在了，到下一代，你们把田荒了，那是你们的事情，但是不能在我们这帮人手里把这个田给荒了！田在我们手下不能丢荒，田是老祖宗流传下来到我们手里的，所以要保留这个祖辈给我们留下来的东西。这不是我们开出来的田，但是，我们是去保护、保留这个田，保留这个梯田的生态！不种田，对不起我们的子孙和祖先。我的想法是，如果（现在）不种了，以后再来耕这个就很难搞了！"

5. 梯田维护费

涉及旅游社区居民参与的利益分配，不得不提的一个话题就是"进寨费"，也称"梯田维护费"。1993 年，平安寨的旅游开始起步。1995—1998 年，村委会开始向游客收取门票，国内游客门票为 3 元/人，国外游客门票为 5 元/人，门票收入按人口分配到户。1999 年，景区管理权交接给政府，并在门口设置景区售票处，① 旅游总公司开发平安寨梯田，从门票收入中按一定的比例或者约定分配一部分收益给平安寨居民，一开始称为"进寨费"，后期改为"梯田维护费"。其分配方案是按照每户家庭在 1998 年开通盘山公路时所开挖的土方数来计算分红份额的。在旅游开发初期，居民对梯田维护费的要求不高，觉得梯田耕种"本来就是我们祖祖辈辈的事情，不给钱也是要好好种的，这梯田一年不种丢荒了，

---

① 直到 2002 年，景区售票处才迁至和大路口景区，也就是大景区门口，平安寨景区门口只设立验票处，同时也销售散客门票。

以后要想再种水稻就难了",因此,一开始合同约定的只是1999年付平安寨进寨费2万元,2000年2.5万元,2001年3万元。

后期随着游客增多,特别是门票收入的增加,居民感觉到景区公司收入与居民收入的巨大差距后心理不平衡,心理期望、要求利益分配的比例都变得很高。2002—2004年的三年合同迅速将梯田维护费提高到15万元/年,2005—2006年为35万元/年。2007年重新签订合同,约定自2007年1月1日到2011年12月31日,每年度按照进入平安寨的实际游客人数的门票收入的7%作为梯田维护费,支付给平安寨居民。2007年,平安寨得到梯田维护费73万元,2009年为79.4万元,2010年为83.8万元。历年梯田维护费明细如表6-3所示。

表6-3 平安寨历年所得梯田维护费用及龙脊梯田景区营业收入①

年份	平安寨梯田维护费(万元)	龙脊梯田景区营业收入(万元)
1996	0.00	3.68
1997	0.00	4.10
1998	0.00	4.50②
1999	2.00	19.50
2000	2.50	44.36
2001	3.00	84.86
2002	15.00	87.98
2003	15.00	245.57
2004	15.00	628.45
2005	35.00	861.00
2006	35.00	1034.00
2007	73.00	1484.00
2008	66.36	1533.80
2009	79.47	1793.80
2010	83.80	1856.20
2011	90.60	2095.40

① 数据来源:访谈调研整理所得。

② 1996—1998年,龙脊梯田景区三年的营业总收入仅为金竹壮寨的旅游收入。从1999年开始,平安寨的旅游才由政府管理,其后交由公司经营。

6. 开办家庭旅馆

将自家传统壮族干栏式木楼房改造成家庭旅馆以提供餐饮和住宿，是平安寨居民参与旅游最重要的方式。居民将自己传统的干栏式木楼进行改造，尽量保持传统外观，改造内部空间结构和布局以满足接待游客的需求；同时向游客提供热情周到的家庭式服务，与游客沟通交流，让游客居住在具有浓郁壮族特色的干栏式木楼建筑中体验乡村生活、欣赏梯田风景、感受壮族文化。自 1999 年柏油公路开通以来，平安寨出现了民居的"家庭旅馆化"趋势，几乎家家户户都将自己的木楼改造成旅游接待导向的民居旅馆。其内部物质空间变化非常大，已经不完全是传统的壮族麻栏建筑了。居民开办家庭旅馆的进入门槛较低，成本也不是很高，而且收益快、灵活性强。对比抬轿子、背行李、耕种梯田等旅游形式来说，经营家庭旅馆的利润相对较高，因此，随着游客的增多，很多家庭都将自己的麻栏建筑改造成家庭旅馆，以提供游客住宿和餐饮服务。

第二节　平安寨家庭旅馆的演化特征

一、家庭旅馆经营现状

截至调研结束的 2012 年 4 月初，平安寨共有 63 家挂牌经营的农家旅馆，其中由本地人独资成立的有 54 家，由外地人投资成立或者主要由外地人控制经营的家庭旅馆有 9 家。另外，还有 20 家未挂牌经营的家庭旅馆，27 处在建或将近建好的水泥建筑形式的家庭旅馆。其主要的家庭旅馆分布见图 6 - 3。

当地壮族居民利用自己的木楼改造成家庭旅馆，提供住宿和餐饮服务；或者重新修建水泥房，外观上是当地传统干栏民居，但其内部却是能完全适应游客需要的现代化旅馆设施。但是，当地居民经营的家庭旅馆与外地人开办的家庭旅馆在经营理念、生存状态上却是各不相同。笔者对平安寨现今经营得较为成功的22 家主要的家庭旅馆进行了较为详细的研究，其基本信息见表 6 - 4。

第六章　家庭旅馆中的社会行为与空间互动 | 159

图6-3　龙脊平安景区家庭旅馆分布示意图

表6-4　平安寨现今主要经营的家庭旅馆（部分）

名称	法人代表	开业时间	投资总额（万元）	投资方式	土地产权	建筑面积（亩）	床位数	餐位数	从事旅游人数
丽晴旅社①	廖甫军	1993	80	自筹	土地自有	1.5	64	170	12
龙颖饭店	廖义谦	1998	50	贷款	土地自有	0.5	54	120	6
龙脊宾馆	廖元壮	2000	30	贷款	土地租赁	0.4	50	50	5
揽月阁	廖克检	2000	50	自筹	土地自有	0.4	32	70	5
银田酒店	廖超海	2000	30	自筹	土地自有	0.3	34	70	3
彩云阁旅店	廖国洋	2001	50	自筹	土地自有	0.3	28	40	3
平安酒店	曾宪敏	2003	150	集体	土地自有	0.5	75	180	4
聚龙酒店	周亚婷	2005	35	自筹	土地租赁	0.4	30	80	4
山行饭店	廖翠杨	2005	50	贷款	土地自有	0.5	40	110	7
双龙阁	廖龙思	2005	20	贷款	土地自有	0.2	30	30	6

---

① 丽晴旅社发展至今已有三栋木楼，两栋正常营业，一栋正准备开业。

续表 6-4

名称	法人代表	开业时间	投资总额（万元）	投资方式	土地产权	建筑面积（亩）	床位数	餐位数	从事旅游人数
听泉阁	廖子典	2005	70	贷款	土地自有	0.3	37	50	6
九龙寨	廖院藕	2007	30	自筹	土地自有	0.3	22	40	3
红豆杉酒楼	唐小琰	2007	40	自筹	土地自有	0.4	27	120	2
乡村酒店	廖道福	2007	30	自筹	土地租赁	0.2	34	100	5
望月楼	廖道勤	2008	20	贷款	土地自有	0.3	12	50	2
月亮湾酒楼	廖忠勤	2008	50	自筹	土地自有	0.5	40	600	4
神龙堂酒店	何丽平	2008	250	自筹	土地租赁	0.3	15	30	7
仁和楼	廖克资	2009	30	自筹	土地自有	0.2	20	30	2
龙门客栈	廖元建	2009	18	贷款	土地自有	0.2	15	30	4
龙脊一楼	廖春暖	2009	120	自筹	土地自有	0.3	15	40	2
星愿山庄	秦荣生	2009	300	自筹	土地租赁	1.2	35	72	9
真辰温泉宾馆	lisa	2011	200	自筹	土地租赁	0.6	42	60	5

经过一个多月的观察，笔者粗略估计，在3月份的旅游淡季期间，这22家旅馆几乎包揽了平安寨至少80%的接待生意，另外40多家挂牌的家庭旅馆和20家未挂牌的家庭旅馆只能争取到少量的散客入住。但是，有27家正在兴建的水泥建筑形式的现代旅馆，估计建成以后，这一批家庭旅馆的兴起会对整个平安寨的旅馆经营格局有很大的影响。

（一）亦农亦旅的兼业方式

大部分经营家庭旅馆的平安寨居民，都还没有完全脱离农业生产，其家庭旅馆经营和农业生产往往是密切结合的。

当地大部分居民过着亦农亦旅的生活。一方面体现在一年的季节工作安排上。平安寨的旅游具有很明显的季节性，春节前后大约有十几天是旅游的旺季，下一个旅游旺季从"五一"劳动节开始，之后进入7、8月份的暑假期间，再延续到"国庆黄金周"。过了"国庆黄金周"，旅游基本上处于淡季。在旅游旺季来临之前，居民会提前做好农活，以腾出足够的时间来在旺季时参与旅游，比如在"五一"前将梯田的水灌满，6月份抓紧时间种好水稻，在"国庆黄金周"过后再收割水稻，而其余的时间则自由安排干农活和经营旅游活动。

另一方面是体现在一天的时间安排上。居民一般在早上6点就起床，下地里干农活，直到9点左右回来吃早饭。10点钟左右，游客开始陆陆续续上山，此时居民就会去从事旅游业赚钱，直到下午五六点游客下山后，居民又会下地里干农活，直到晚上7点多天黑了，才会回家吃晚饭（见图6-4）。

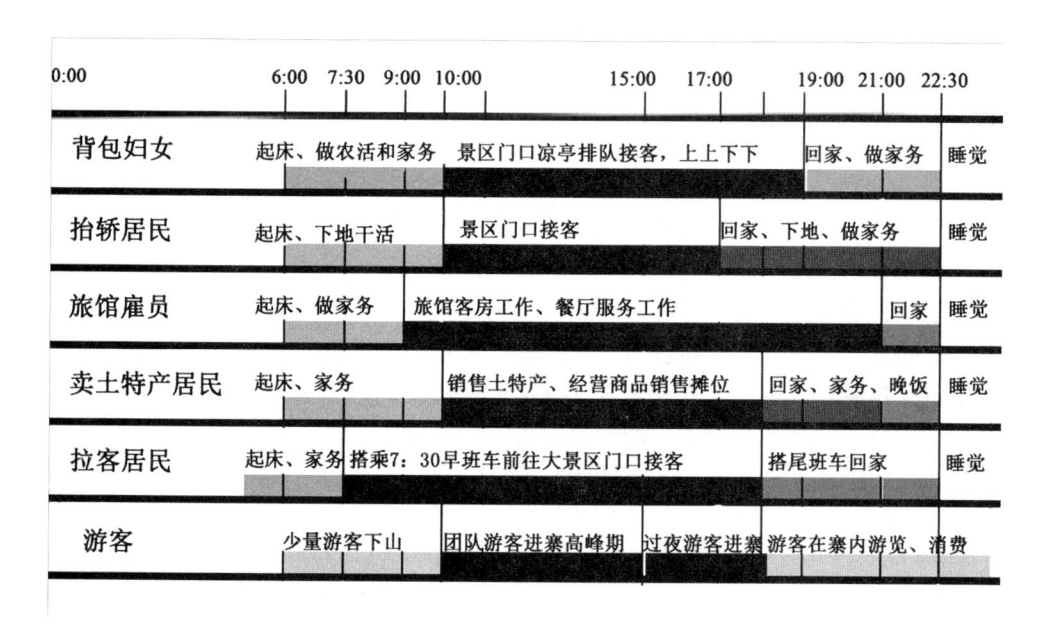

图6-4 平安寨居民旅游生产作息时间

另外，农产品的生产也直接与家庭旅馆的经营挂钩。青菜、豆腐、辣椒、芋头、竹筒饭都是家庭旅馆商品的重要组成部分，通过家庭旅馆的生产转化为更高的经济收入。

（二）日趋激烈的竞争现状

家庭旅馆的激烈竞争让当地很多农家旅馆处于倒闭的边缘。叶果木楼的老板曾说道："因为竞争，现在大部分家庭旅馆都搞得很好，竞争很激烈。以前都是搞农家旅馆，条件一般，客人也来；现在你必须搞好，还要装空调，建得像宾馆一样，大家互相竞争。而以前大家都是农家旅馆，也会有游客来住的，2003、2004、2005年还是有客人来的，那时，每个人都是像我这样做的。现在不开了，因为要发展呀，我们开农家旅馆就没人住了。大部分人都要求高档，所以我们就不开了。我们从2003年开始经营，经营5年就不做了。现在就这样丢在这里了。

我们这里没有独立卫生间，但是每一层都有公厕。现在竞争都搞得这样了！我们自己是做不下去了，如果有老板愿意租我的房子，我愿意租给他们来做生意。"

特别是从 2006 年以来，外来者的进驻加剧了竞争，他们拥有更专业的旅馆经营意识、经营理念和专业知识，其经营的旅馆首先在硬件服务设施上就超越了当地居民经营的家庭旅馆。但是，与当地大多数普通农家旅馆形成竞争关系的其实不是位于平安寨的那些乡村精品酒店，如理安山庄、神龙堂、星愿山庄之类，而是那些价位在 100～200 元的经济型酒店，比如真辰温泉宾馆、民族酒店和利得连锁酒店等。外来业主利用其自身资源与旅行社进行联合，垄断了大部分具有中端消费能力的国内大众游客，导致平安寨普通的由农家经营的家庭旅馆只能去景区门口争取少数散客入住。

由于竞争日趋激烈，开办家庭旅馆还会涉及很多利益纠纷。比如家庭旅馆的经营必然会触发从事旅游经营的社区居民之间因等客、接客、拉客和抢客①而产生的矛盾，还有本地业主和外来业主的抗衡、家庭旅馆承包者与寨内家庭旅馆经营者之间的矛盾、外来经商者与本地居民的矛盾、旅馆服务过程中居民和旅游者的矛盾、建设旅馆引发的人地矛盾等，甚至家庭旅馆的经营也会引发村寨与村寨之间的矛盾。现今各个村寨都派人去大景区门口争夺客源，对龙脊景区的整体形象和村寨居民之间的友邻关系都会产生不良影响。

（三）得过且过的经营状态

目前，平安寨大部分由本地居民开办的家庭旅馆都维持着一种得过且过的经营状态，但与国外追求"生活方式型"的家庭旅馆又有所区别。

这些农家旅馆处在一个非常尴尬、进退两难的境地。一方面是由于外来业主的进驻，他们开办的乡村精品酒店、经济型酒店和农家旅馆往往在旅馆的装修风格、住宿条件、经营理念和营销渠道方面远非本地居民开办的农家旅馆所能达到，客观上造成本地居民的农家旅馆在淡季基本处于"空房"的状态；另一方面，由于是自家的房屋，经营需要的成本很低，而且大多数旅馆开办都有五六年以上的历史，其前期投入早已经收回，七星伴月旅馆业主廖某就说，"好死不如赖活着，依靠旺季还是可以赚一点点钱的"，抱着这样一种心态，很多民居对旅馆既不增加投入，也不贸然结束经营，而都在勉力维持。

---

① 居民在旅游参与和提供旅游服务中出现的日常专门用语，不同于其他语境中的特殊含义。等客，指平安寨居民按事先规定好的小组和日期轮流去到景区门口停车场等候游客，以提供游客服务，获取一定收益。接客，主要是指家庭旅馆的业主亲自或者安排人员去停车场接待客人前来住宿。拉客，是指由于家庭旅馆竞争日益激烈，很多农家旅馆业主不得不亲自或者安排人员去到景区门口询问游客，以争取其前来自家住宿，而不是等客上门。抢客，指代居民之间为了经济收益而争夺游客的现象。

第六章 家庭旅馆中的社会行为与空间互动 | 163

笔者在 2012 年 3 月 3 日进入平安寨调研，适逢平安寨的旅游淡季，一直持续到清明节（4 月 4 日），发现有很多农家旅馆这一个月以来没有一个客人，但是在清明节三天假期中有一天却是满客状态，按 20 个床位来算的话，团队游客每个床位扣除成本可以赚 40 元钱，这一天就有 800 元的不菲收入。

（四）网络营销日益重要

信息化、网络化时代的来临，促使很多游客特别是散客都会提前预定好旅馆住宿。网络预订、网络营销一下子成为平安寨的一个新鲜词汇，打破了以前旅馆经营中等客上门的思想。目前，国内游客大部分都是参团前往平安寨旅游，团队主要来自桂林和阳朔。2007 年，团队游客比例达到 66%；2010 年，团队游客的比例已经上升到 83%。因此，争取团队游客入住是家庭旅馆经营中很重要的考虑因素。

家庭旅馆网站的开建，或者利用一些网络平台，比如"去哪儿""猫途鹰""百度推广"之类的网络渠道就显得非常重要。目前，在百度搜索里面搜索"龙脊旅游"的关键词就会出现很多平安寨家庭旅馆的网站链接，以外来业主开办的网站居多。本地居民经营的家庭旅馆中，只有阿蒙家、山行饭店、龙脊一楼、龙脊国际青年旅舍、银田酒店这几家拥有网站。

网络营销需要一定的中介费用，同时也很容易被模仿，一定程度上也阻碍了居民对网络的应用。比如，据龙脊国际青年旅舍业主反映："我们最先开始在2008 年使用百度推广，只要搜索龙脊旅游，我们的网站链接就会出现在最前面，但是百度需要我们每年交 5000 元的费用，同时，还会根据点击次数来收取额外的费用。开始那一两年，只有我们一家在百度推广栏目里面，生意的确好了很多；但是，后来其他旅馆知道以后，他们也去百度推广，这样我们的生意也就和平时差不多了，于是我们就把百度推广撤了下来，毕竟每年的费用太高了。"但是不可否认的是，居民越来越重视网络渠道的利用，以争取更多的客源。

二、家庭旅馆演化特征

（一）民居的家庭旅馆化

民居的家庭旅馆化主要表现为物质空间的家庭旅馆化和建筑功能的家庭旅馆化两方面。一方面，在物质空间方面，民居建筑大量向家庭旅馆发展，新建的建筑也不断改造成家庭旅馆。特别是自从公路开通以来，平安寨大量的民居建筑被不断拆除，然后在原来的地基上新建旅馆。原阿蒙家旅舍老板就透露："那时候，我们每年收割完水稻，在秋冬季节农闲的时候，基本上每天都要出去打背工①，帮别人家建房子开旅馆，主家②在中午一般会款待前来帮忙的村民，我们每天去帮不同的人建房，但是在中午吃的饭菜基本上都是一样的，都是那规定的9个菜，而且是天天有得吃，吃得我们都腻了。"可见，在那段时间建起新房开旅馆的居民非常多，起新房开旅馆是当时平安寨的一种风气。

另一方面，民居的家庭旅馆化还体现在建筑功能的家庭旅馆化。回顾平安寨家庭旅馆的发展历程，发现家庭旅馆开始兴起时是利用原来的老房子稍加改造而成，再添加一些住宿设备。客房主要分布在三层的空间，二层还保留着堂屋、神龛、火塘、退堂、主人房等建筑元素，以实现居住、维系家庭和生活起居的家庭功能，居民家庭功能还是占很大部分的空间。

2000年以后，在重视经济、实用主义思想的影响下，当地居民大规模地拆掉旧房子，新建木楼开办旅馆，其空间的设计理念变成游客导向，如增加客房、添加卫生间等。此时，二层和三层都完全改造成了客房，甚至有加高楼层以添加客房的趋势。因此，家庭旅馆都是以游客的喜好为导向的空间生产，游客是空间的主导者。旅游发展正在不断挤压居民的生活空间，同时生产空间和生活空间一并成为游客的游憩空间。但无论其建筑如何发展，旅馆的主要功能仍然是满足游客的旅游活动，主人家庭活动退居其次，旅游功能日益被加强。

（二）传统社区向现代旅游社区的转化

1. 旅游功能不断完善

平安寨旅游服务产品一直遵循着"需求引导供给"的原则。1993年，丽晴旅社和美景来旅社最先开办，自此，家庭旅馆提供了最主要的餐饮和住宿的旅游服务。随着进入旅馆行业的人数越来越多，竞争益发激烈，家庭旅馆在硬件设施、住宿服务、餐饮服务和配套服务等方面越来越完善和精细；在住宿条件上，从最开始简单的铺位，到客房的观念，最后发展到观景房、豪华套房等住宿概念；在餐饮服务方面，涵盖中西餐各类菜式，还有很多龙脊壮乡特色菜，深受游客喜爱。

由家庭旅馆衍生出来的旅游服务也是日益完善。担任摄影模特、给游客带路、背行李、开小卖部、卖一些土特产给游客是2000年以前最常见的旅游服务，

---

① 打背工，即打帮工。平安寨有人要建房的话，亲戚朋友都会免费来帮助主家建房，主家会记下来，到时候他们起房子时，自己也要去帮忙，互帮互助。

② 主家，当地人的说法，表示主人家。

后期发展到抬轿子、背行李、做地陪，还有沿路开设店铺、销售旅游手工艺品等。平安寨2012年时有13家壮乡浴足馆，专门给游客提供休闲泡脚的服务。酒吧、卡拉OK厅和咖啡厅也逐渐出现，满足了不同游客不同的旅游需求。

2. 地域空间不断扩展

以前，地理位置是制约家庭旅馆开办的一个限制因素。2000年以前的家庭旅馆具有一个明显的空间特点，就是重视经营位置方面的微观优势，例如最先开办的10家旅馆中，有8家都是位于景区内部通往"七星伴月"和"九龙五虎"观景点的核心路段旁边，形成了一个明显的家庭旅馆带。那时候，地理位置因素在居民的心理判断上就意味着有更好的入住率、更好的经营收入。正如神龙旅馆业主所说："以前我们都说那个位置（村寨入口处的银田酒家位置）不好，处于村寨的入口处，如果晚上有人打劫的话，非常危险，周围没有人可以照看到。而我这个位置很好，位于半山腰，周边都有房子。现在不同了，旅游发展后，那个位置变得很好了，游客一进来就可以看到，而我的这个位置反倒不好了，因为交通不便，景观也不好，开旅馆就比较不好了。"

但是在2000年以后，家庭旅馆大规模兴起，整个寨子的190处房子，已经有110多处被改造为家庭旅馆了。其空间布局早已经不局限于路边，一些主干道附近、游客经常走动的地方都开办了家庭旅馆，只有位于村寨深处、离景区主干道较远的农家居民楼没有被改造成家庭旅馆。2012年笔者前去考察时发现，当时位于主干道旁边的房子几乎都是旅馆或者旅游商铺，已经没有空间再盖楼房了。

（三）乡村生活方式的城市化

伴随着家庭旅馆业的不断发展，村民的生活环境、家庭设施、旅馆设计都是为了满足来自城市里的游客需求，一些村民以接待游客为主要的生计方式，这使得村民的生活方式几乎都城市化了，村民的生活观念也随之发生了一定的改变。

平安寨社区的乡村居住形式虽然仍保留着，但是很多人的生计方式已经发生了根本的改变，就像在吧台工作的居民所说："我现在在吧台工作，也是像天天上班一样呀，生活也比较有规律，早上八点要起来给客人做早餐，晚上要忙到八九点，也不种田了，和你们在大城市一样嘛！"这种生计方式的改变在开办家庭旅馆的业主身上表现得特别明显，某家咖啡厅的梁老板就说："如今的平安寨，开旅馆的人都不是农民了，田租给别人种，自己都不种地了，和城市里的人的生活差不多。"在平安寨，旅游服务成为和城市工人类似的新职业，农业传统社会里那种面朝黄土背朝天的农业场景不见了，到处看到的是为游客忙碌奔波的人，抬轿子、背行李、烧竹筒饭、做地方导游……

生计方式的改变，带来了农民乡村生活方式的改变，其衣食住行也都向城市居民靠拢。开办家庭旅馆之后，民居的外观和内部结构都发生了很大的变化。特别是现今水泥建筑的大量兴建，更加重了城市的味道，很多游客都反映"这里就是一个城郊农村嘛"，"现在的平安寨由于城市化，其民族风情已经大打折扣了"。

此外，家庭旅馆的卫生设备、厨具、客房住宿条件等都力求向城市贴近，使用城市居民习惯的现代用具和设施。服装上追逐城市风尚、围绕着旅游市场进行生产和消费、生活节奏的加速等都是城市化的标志。

（四）乡村空间由封闭走向开放

平安寨传统的乡土社会内部空间是基于地缘、血缘或亲缘的较封闭的，人们长期处于一种"无事件之境"的生活状态之中，发生的都是具有乡土本色的重复事件。

开办家庭旅馆、从事旅游业经营后，村民与外来者面对面接触的机会越来越多。面对大量外来文化的进入，同时大事件不断发生，村民在语言、思想观念、消费观念方面都变得越来越开放。以语言为例，过去平安寨的居民只会说壮话，少数人会讲瑶话和桂柳话①，会讲普通话的人很少。而现在，很多老年人的普通话都还算标准，就算不会讲，也都能听得懂；平安寨居民之间的交流都还是使用壮话，与广西人的交流基本上都用桂柳话；小孩子回到家里面基本上都是使用壮话，一些小孩子不会讲壮话，但是可以讲桂柳话；在平安寨，很少人会讲英语，但是学习英语的积极性很高。

随着旅馆不断扩张经营、商品经济意识不断加强，人们之间更多地基于业缘而发生社会关系，其社交范围也有了很大的拓展。在和青年旅馆老板聊天的时候，他感慨道："我现在的朋友很多都是在开旅馆之后认识的，比如跑去阳朔、桂林派发宣传册的时候认识一些老板，还有很多朋友是来这里住宿认识的。小时候的初中同学、高中同学，现在倒是比较少联系，尽管是在一个寨子里面，也只是在过节聚会的时候一起喝喝酒，但是很难聊得来。"

平安寨的很多居民还会利用旅游淡季和农闲时间出去旅游。有个多次外出旅游的村民说，"每年到冬天的时候，村里面就会有一些人组织我们去一个地方旅游"，"先报名，看报名的人数凑够了，就一起参团去旅游"，"去年冬天我就和我老婆去上海旅游了一个星期，前年去了北京，也知道了去旅游的滋味"。可见，随着旅游的发展，平安寨居民的乡村空间正由封闭走向开放。

---

① 西南官话，现今西南少数民族地区的官话仍然是桂柳话。

第六章　家庭旅馆中的社会行为与空间互动 | 167

第三节　家庭旅馆演变中的社会行为与空间互动

本节借鉴"社会空间"理论中的社会行为与空间互动的视角，从物质空间实践和社会行为两个层面来探讨家庭旅馆发展历程中的社会行为与空间之间的互动关系。空间会以一种特有的方式去影响人们的行为和互动，但这种方式是最初的空间设计者所未能考虑到的；个人会通过社会活动、人际互动来改变现有的空间安排，并建构新的空间来表达他们的诉求。

本节的社会空间分析，从空间实践的物质维度来探讨家庭旅馆的社会空间，不涉及空间的表征和表征的空间的维度。家庭旅馆的物质空间的实践分析不仅包含着各种物质性要素对空间意义的建构，还包含着家庭旅馆中主客成员的家庭生活和旅游生产。本节所阐述的家庭旅馆的社会空间，实质上就是围绕着旅馆经营而产生的日常生活行为。

一、物质空间变迁分析

在物质空间实践层面上，平安寨家庭旅馆的空间是由客房、卫生间、餐厅等建筑元素及其相应的服务设施所组成的。同时，每一种物质空间元素、元素的组合及设施并不仅仅是一种物质性的存在，还有其指代的社会内涵。对物质层面的空间要素，我们将其分解为两个层面来解读：第一层面是构成性要素，由家庭旅馆固定的、必不可少的因素所构成，主要包括旅馆建筑及其相关部分——客房、卫生间和餐厅；第二层面为象征性要素，是建立在构成性要素基础上的空间要素，包括传统象征要素（堂屋、神龛、火塘等）和新象征要素（比如家庭旅馆里面的装饰、图片等），这些是可以很快地被改变的要素，体现了空间社会成员建构一个适合自己的空间的倾向。

（一）构成性要素

1. 家庭旅馆建筑

人们建造建筑的最初目的是给人提供遮风挡雨的庇护所，具有实用功能，同时还决定了我们的生活环境，塑造了我们的生活。自从有了人造建筑，人们就开始以自我为中心，去刻画空间，去理解什么是属于自己的地方、什么是不属于自己的地方，什么是好的、什么是不好的，一切都在建筑形成的过程中被人们赋予了不同的意义。

旅馆建筑的形态是通过建筑所围隔成的空间来体现的，并围绕着旅游经营和家庭生活而展开的。平安寨的家庭旅馆在其发展过程中，其建筑形成了不同的空间组合和设计。经过调查，笔者将平安寨的旅馆建筑空间组合分为三种空间类型：传统式"家居＋客居"空间、外部传统"客居"空间和现代"客居"空间。

（1）传统"家居＋客居"空间。

传统"家居＋客居"空间，指的是在空间设计上保持传统麻栏建筑设计，仅仅只是将其部分闲置空间改造成客房，是一种民居兼家庭旅馆的空间组合。

这种设计最主要的特点是依然保持着传统麻栏建筑设计。传统麻栏建筑一般为三层，一楼底层用来养牲畜及作为家庭生产活动空间，二楼为人居，三楼用于仓储。现今一楼被改造成餐馆，将牲畜养殖移到房屋旁边或者取消。二楼仍然保留着神龛、堂屋、火塘等传统壮族建筑元素，其主要功能仍然是满足主人家的居住功能。客房主要布置在三楼，原来三楼的仓储空间被改造成客房，客房数一般为5～10间。

这种家庭旅馆的经营主体多为本地平安寨居民，最主要的功能是满足家庭的"适用"功能。在旅游淡季期间基本上不接待客人（发展到现在，一定程度上也是由于淡季接不到任何游客），以实现"家居"功用为主；只有在旺季的时候才会接待游客，将其部分家庭空间变成"客居"空间。

（2）外部传统"客居"空间。

外部传统"客居"空间，指仅仅保留着传统麻栏建筑的外观形式和木楼骨架，但是其在内部空间布局和设计上却是完全符合游客需求的旅馆空间。

这种设计的特点就是借用了壮族木楼的木质架构，外观上为灰瓦木楼，但是内部却是能完全适应游客需要的现代化住宿和餐饮设施。但是，在空间布局上仍然是一楼为餐厅，二楼和三楼都是客房，客房数一般在15～20间。这种空间主要有全木结构和砖木混合结构两种建筑设计形式。

第一种是全木结构，整个旅馆建筑都是采用木板、木柱、灰瓦搭建起来的。第二种是砖木混合结构，采用主体木质支架，但是在建筑中间堆砌砖块，设计成为楼梯、过道和洗手间，这样可以减少上下楼梯和在过道上走动时的声响，并且每间客房还可以设立独立的卫生间（见图6-5）。

第六章 家庭旅馆中的社会行为与空间互动 | 169

图6-5 全木结构和砖木混合结构的外部传统"客居"空间

这种家庭旅馆的经营主体也多为本地居民，大多数都是在 2000 年以后旅馆高速发展阶段新建的。这种建筑空间组合，保持传统民居外观，二楼或者更高的楼层空间被全部设计成客房，没有神龛、火塘、堂屋等传统建筑元素，或者经过转换和搬移而发生了变化。其空间设计都融合了旅馆自己的装修风格和经营理念，特别是自 2007 年以来进驻的外地旅馆业主，他们将壮族麻栏建筑外观和现代化旅馆设施条件融合得比较好。其空间设计蕴含着空间设计者的主观意愿，反映了旅馆经营的理念和服务档次，具有较强的社会意义。

（3）现代"客居"空间。

现代"客居"空间，是一种以钢筋、水泥等现代建筑材料所围合成的旅馆建筑空间。其建筑形式、空间布局方式已经脱离了传统麻栏建筑的设计理念和设计形式，完全是城市经济型酒店建筑的"农村再版"。酒店一般为 3～4 层，一楼为大堂，包括餐厅、厨房、前台、卫生间等基本元素；二楼、三楼中间为过道，两边设置成至少 6 间客房，每间客房由独立的卫生间、房间和阳台组成；顶层还会设置两间观景房，有阳台等设施；顶层阁楼还可以存放或布置一些住宿设施。一般为 15～30 间客房，可以接纳团队游客。

现代"客居"空间的兴起与外来业主的激烈竞争和游客需求的提升有很大关系。外来业主进驻后，给当地很多普通农家旅馆带来较大的经营压力，很多农家旅馆都在提升自己的住宿条件。同时，游客对住宿条件和服务质量方面的要求也越来越高。于是，很多居民都将自己的旅馆拆除，重新建水泥房，以提升住宿条件。在 2010 年以前，只有少数几家旅馆拆除了木楼重建水泥房，但是 2011 年平安寨防火带政策的出台便引起了水泥建筑的盛行（见图 6-6）。由于防火需要，居民被要求将被划定在防火带的居民建筑拆除，以防发生火灾时火势会迅速蔓延。拆除的木楼建筑不可以重起，只可以起钢筋水泥建筑。同时，被拆除建筑的家庭还可获得由政府派发的 6～8 万元不等的建筑拆除补贴。于是，在 2011 年就有 27 处地基在动工兴建水泥建筑，并且都建设成家庭旅馆。

图 6 - 6　不断兴建的水泥建筑

除此之外，农村信用合作社的贷款政策也直接促进了水泥建筑的不断发展。由于往年旅游发展的良好势头和平安寨居民往年良好的还贷历史，平安寨被农村信用合作社评为"信用村"，故其对平安寨的贷款政策非常宽松，一般居民都可以贷款 10 万元以上。

旅馆建筑是家庭旅馆最主要的构成性要素，是作为家庭旅馆必不可少的元素，它为游客和主人在家庭旅馆物质空间里面从事旅游活动、家庭活动提供了重要的物质环境和活动场所。同时，平安寨的旅馆建筑由于其本身具有的美感和风格，且屋顶是清一色的灰瓦，形成了梯田景区一道独特的、不可或缺的景观。

2. 餐厅与客房

餐厅与客房对经营餐饮和住宿业务的家庭旅馆来说，也是必不可少的构成性要素，其空间的存在为旅游活动的进行提供了可能性和机会，同时还体现出旅馆经营水平的差异。

餐厅和客房在物质空间上较为单一。一楼餐厅由简易的前台、餐桌和厨房构成，而二楼的客房和主人房间的空间布局大致相同，传统"民居 + 客居"的家庭旅馆由于二楼的堂屋占据了较大的空间，往往客房数量较少，一般是 5～10 间；"客居"式家庭旅馆的二楼以上的楼层中间只有一个公共过道，其余两边都是并排的客房，因此客房会较多，至少有 15 间客房。

由于餐厅和客房是家庭旅馆最具有代表性的构成性元素，其物质空间形态直接代表着硬件设施条件的差异，代表着旅馆经营水平的差异。如今，平安寨建设了各个档次的旅馆。例如，由中高端的星愿山庄的老板撰写的关于客房和餐厅的介绍如下：

酒店为五层楼建筑，楼体主要采取砖混结构，坚实安全；内外装修采取实木饰面，保持当地民居风情；每间客房根据不同主题装修，独具特色；餐厅酒吧提供各式中西简餐和本地风味。酒店尤其注重卧具和卫浴设备的配置以及客人对餐食健康的需求。因此，床垫为棕植物的保健床垫，卫生间淋浴采用大水量的热带雨林喷头，厨房为开放式DIY厨房，一切都只是为了让客人有家的感觉。

酒店共有客房21间，其中12间以星座命名的为星座房，3间快乐房，2间甜蜜房，家庭房、双喜蜜月房、月亮花园房、仙境房各1间。每个精心设计的房间都按国际四星级酒店标准配置，独立卫浴设施、24小时提供热水、冷暖空调、有线电视、无限宽带上网等。

但是，很多普通民居家庭旅馆的客房住宿设施是很难企及这种硬件水平的。它们的住宿设施非常简单，一张弹簧床、一个书桌而已，没有电视，只有公共洗手间，客房之间只隔一面木板墙，隔音效果不理想（见图6-7）。

　　(a)　　　　　　　　　　(b)　　　　　　　　　(c)

图6-7　普通民居家庭旅馆［宏木楼（a）］、乡村精品酒店［星愿山庄（b）、神龙堂（c）］客房

3. 卫生间

卫生间作为旅馆服务供给中不可或缺的一个要素，在平安寨经历了从"无"到"有"的过程。传统的麻栏建筑是没有卫生间的设计元素的，只是在一楼底层养牲畜的旁边设置一个简易的厕所，粪便都用作农作物的肥料。1993年最早开发的丽晴旅社最开始也没有卫生间的设置，后来也仅仅是在外面搭建了一个简易的洗手间。后来，随着旅馆的发展，卫生间的物质建筑形式经历了木楼"内置"卫生间、"外挂"卫生间和砖木混合独立卫生间的三个阶段的物质形态变迁。

"内置"卫生间，就是在每一层木楼中间过道尽头的房间设置成卫生间。一般做法就是在木楼房间周边铺设一层混凝土防水，再在里面安装马桶、洗手盆及淋浴设备。麻栏建筑向来以干爽、轻便著称，这样设置卫生间会造成木楼的承重、防水问题，因此，这种做法并不合理和不科学，很容易损坏木楼。

为解决木楼的承重和防水问题，后期旅馆建筑就采用"外挂"的形式建筑卫生间。外挂，就是在紧贴着木楼建筑的外部的一面建设钢筋水泥架构的卫生间。这种做法简单实用，同时对原来木楼建筑的损害又不大，因此成为很多民居旅馆建设卫生间的选择。其缺点就是在外观上影响了建筑的景观价值，因此很多居民又用木板将卫生间的外表面包裹起来，以维持建筑整体的美观和形象。

毕竟将卫生间"外挂"在建筑外面是很影响建筑美观的，同时一层楼只能设立2间公共卫生间，影响了游客的住宿体验。2003年，由平安酒店开创，砖木混合结构的独立卫生间开始出现了。其做法是在木楼建筑中间沿着木柱和横梁搭建钢筋混凝土框架再横向堆砌砖块，设计成为楼梯、过道和洗手间，这样可以减少上下楼梯和在过道上走动时的声响，每间客房还可以设立独立卫生间。而两边的客房则依旧保留木楼的建筑形式和外观。

可见，围绕着旅游服务，卫生间这一旅游供给服务设施也在不断升级，不断追求卫生间的安全性、适用性和美观性。游客成为空间的主要使用者，经营者则围绕着游客的需求去设计和改造物质空间。

（二）象征性要素

如果说，家庭旅馆建筑中不可或缺的构成性要素——餐厅、客房、卫生间用自身演奏了一曲凝固的乐章的话，那么家庭旅馆空间中的象征性要素则是其中跳动的音符。它们带来了旅馆空间的多样性生机，神龛、火塘、堂屋、图片等组成了家庭旅馆的动态表征，在不同的家庭旅馆建筑单体中有着不同的差异，每一个象征性要素又向游客、居民、社区表达着它自己的社会含义。

1. 传统象征

（1）堂屋与神龛。

传统麻栏建筑的第二层是以"住"为中心的居住层，主要包括了堂屋、卧室、火塘间、厨房等部分。而堂屋最具有象征意义，是家庭最神圣的地方，表达着家族延续和家族得以存在的精神功能作用。堂屋的正中后壁会设置神龛，上立牌位，前面设置一张长条形供桌，做工考究、雕饰丰富，上面摆设祭品。堂屋兼有精神与实用、生活与生产、起居与交通等多方面的功用，但是其主要的实质是一个家庭维系的空间，是一个精神生活中心（见图6-8）。

图 6-8　传统民居中的神龛与堂屋

这在传统"家居+客居"的旅馆空间里面仍然体现得较为明显，它们对这些传统建筑元素保留较多，而外部传统"客居"空间几乎都没有保留这些空间要素，二层全部被装换成为客房。水泥建筑就更不用说了，基本上都没有保留这些社会意义丰富的壮族建筑元素。

堂屋还是民居家庭式旅馆的交通枢纽。它不仅仅是一个穿堂，更重要的是通向室内外和内部上下左右的联系中心。在水平方向，由堂屋可以自由进入各个房间；在垂直方向，堂屋也会设木制楼梯与楼底、楼顶沟通。

而在民居外观式家庭旅馆里面，一方面是由于堂屋过于占据旅馆空间，并不能产生直接的经济效益，另一方面是因为有些游客害怕堂屋的神龛设置，因此，堂屋要么已经被完全取消，要么只是在一楼餐厅的中间设置一个简易的且并不显眼的神龛，普通游客很难会注意到它。一楼的前台和餐厅成了主客交流互动的中心。可见，游客是有选择的，经营者也会自主选择。但是，游客成为空间的支配者，对空间的设计和使用拥有一种隐形的权力，决定什么有价值、什么该保留、什么该生产。

（2）火塘。

相对于堂屋的严肃，火塘间则是一个富有人情味的空间。以温暖的火塘为中心，四周摆设坐凳矮椅，大家可以围着温暖的火塘，聚谈家常，家务会客，还可设宴就餐，极富壮家人民的生活气息（见图 6-9）。

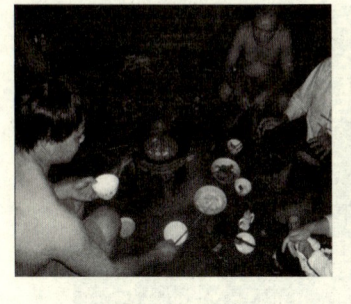

（a）　　　　　　　　　　　（b）　　　　　　　　　　　（c）

图6-9　传统居民家的火塘间（a、b）与移除火塘间后的二层旅馆大堂（c）

　　笔者恰好曾在2012年3月前去调研，此时的平安寨山高气寒，山上经常云雾弥漫，雨水非常丰富，空气的湿度也很大，故很多壮族居民，特别是年纪较大的居民，都有围在家里面烤火的习惯。他们在火塘上放置铁制圆形三脚架，在上面放置锅烧煮饭菜，平常是在厨房做主食，在火塘做副食。而在冬季，主、副食几乎都在火塘间烧煮（比如围着火塘吃火锅），实现了取暖和做饭两方面的功效。考察发现，很大一部分的家庭生活都发生在火塘间，火塘间实际上是壮族实质性的一个生活起居中心。

　　家庭旅馆的物质空间是很难设计布局火塘间的，但是火塘间在传统壮族居民里面的确是非常重要的，一方面是满足上述生活要求，另一方面还有生产上的用途，比如借火塘烘烤谷物、烟熏腊肉等。很多民居旅馆业主把火塘间从二楼居室搬迁至一楼厨房，将厨房和火塘间合并；或者另外新建一个偏僻的副楼，作为火塘间和厨房。如今，普通居民家的火塘间仍被较多地保留下来，但是都位于较为隐秘的角落里面，游客一般很难进入火塘间。

　　可见，在家庭旅馆经营中，只有那些具有商品经济价值的东西才会得到保留和加强，而那些并不具备经济价值的空间元素则会经过居民的价值选择后，逐渐淡出游客视野，或者被废弃不用。

2. 新象征

（1）图片。

　　图片是平安寨家庭旅馆建筑中最主要的装饰。进入每一家家庭旅馆，随处可见挂有龙脊风情的唯美图片，或是风景，或是人文，给人一种龙脊梯田旅游的氛围。

　　目前，图片的内容主要有两种类型，一种是由摄影游客拍摄的唯美照片，有关于龙脊梯田美丽的自然风景照片，也有家族成员以前担任摄影模特时候拍摄的照片；另外一种是居民自己穿着壮族服饰拍摄的写实照片，比如外出旅游合影、合家照之类。以第一种照片居多，且版面很大，很多家庭旅馆都是将自己作为摄影模特时候拍摄的照片巨幅冲印出来，挂在一楼餐厅里面作为室内装饰。

旅游是一种高度互动的实践活动，而图片成为家庭旅馆中主客交流互动的重要工具。旅馆业主在与异文化的交流中，形成参照系统进行反思，重新认识自己的地位。在笔者对 33 位国内游客的访谈中，绝大部分游客都对平安寨的旅游资源和民族风情做了很正面的评价，认为这边的"壮族人民很诚实，不欺诈游客""热情友好""人情味很重""风光也很好"等。而居民也从游客的评价中重新认识了自己的民族地位和景观价值，还有文化价值。因此，他们会更加通过一些展示手段来宣传自己的文化和价值。而照片正是这种主客互动的一种生动体现，一旦游客接受了照片、肯定了照片，甚至是漠视照片，都成为其空间与行为互动的一部分。

另外，图片作为一种建筑装饰物，是将"房屋"转化为旅馆的要素之一。旅馆装饰的目的就是要让房屋的物质性淡化，进而建造一种具有独特旅馆氛围的空间。

（2）现代设施。

旅馆的现代设施元素无声却无处不在地表达着自己，表达着背后丰富的社会内涵，体现其经营水平的差异，因为建筑并不是独立地获得意义的，无论用什么方法来研究建筑，建筑都是在和其他建筑的对比之中获得意义的。

无论是平安寨众多普通的民居家庭式旅馆空间，还是各式各样的民居外观式旅馆空间，比如青年旅舍、经济型酒店如真辰温泉宾馆、乡村精品酒店如星愿山庄和神龙堂，还有豪华的理安山庄，其家庭旅馆的内部设备，如卫生设备、厨具、客房住宿条件等，都力求向城市生活靠拢。以笔者所住宿的龙脊国际青年旅舍来说，自来水、煤气灶、微波炉、消毒柜、烤箱、空调、投影仪、卡拉 OK、大型冰箱、大型洗衣机、无线网络、电脑等现代设备一应俱全，都是城市居民习惯使用的现代用具和设施。

此外，不同家庭旅馆单体建筑的建筑层高、旅馆的微观区位、旅馆的外观、旅馆的规模，都是在对比的基础上来判别意义的，不同空间构成的差异是家庭旅馆建筑所能获得意义的前提。每一个象征性要素都在向游客、居民、社区表达着它自己的社会含义。

二、空间变迁中的社会行为

旅游社区的家庭旅馆的空间，是居民家庭功能实现的基础空间，还是游客与居民互动的特殊空间；同时，也是游客、居民、景区和政府之间利益关系的交互空间。在物质层面上，它满足了居民和游客的现实功能需求；在精神层面上，它创造出特定的空间，影响着游客和居民的本能心理感受。家庭旅馆的空间也是一种言语，在社会语境中不断表达，表达了自身，也表达了旅馆建筑中活动的人。

在关于家庭旅馆中的社会行为层面上，笔者主要研究了物质空间的使用者和行动者（游客和主人）与空间的互动行为。行动者是空间中最活跃、最重要的构成要素，在不同的旅游发展阶段、社会情境下，家庭生活和旅游生产反映了行动者的空间诉求。

在家庭旅馆的特殊空间状态下，游客是空间的支配者和主要使用者，而居民和旅馆业主则相对处于被支配和屈从的空间地位。我们可以把家庭旅馆物质空间比作容器，但是它"盛放"的东西不单单是具体的构成性要素和象征性要素，还包括主客之间在物质空间产生的互动活动。

（一）旅游生产方式下的空间实践

旅馆业主作为空间的设计者和提供者，在旅游生产方式的主导下对物质空间进行设计和改造，致力于家庭旅馆的空间实践生产，改造民居建筑，主动向游客提供家庭旅馆式的旅游服务。

伴随游客需求和竞争态势的演化，平安寨家庭旅馆的物质空间实践经历了摸索阶段、标准化形成阶段和多样化发展阶段。

1993 年以前是家庭旅馆的孕育阶段，民族旅游刚刚兴起。其后从 1993 年旅馆开创阶段到起飞阶段，家庭旅馆物质空间的改造在不断摸索着前进，最先开始时，仅仅是业主利用原来的老房子稍加改造，添加住宿设备，其形象也不是特别明朗。后来，人们利用麻栏建筑，将其全面地改造成适合接待游客的传统"家居＋客居"的旅馆空间。

2000 年以后，在重视经济、实用主义思想的影响下，当地居民大规模地拆掉旧房子，重新兴建木楼开办旅馆，其空间的设计理念就是以游客为导向，客房数目的不断增加，卫生间档次的不断提升，都说明了家庭旅馆行业围绕着游客需求而不断地进行完善，出现了大量的同质性很强的外部传统"客居"空间，由此，家庭旅馆也开始进入标准化阶段。

2007 年以后，外地企业的进入在加剧当地竞争的同时，也提升了当地接待设施的水平，规范了一些服务标准，带来了经营旅馆的新理念。整个平安寨的旅馆行业结构也更趋合理，旅游服务更加完善，涵盖了各个档次的旅馆设施，经济型酒店、精品酒店、青年旅舍等不同形式的家庭旅馆也纷纷出现，使得家庭旅馆进入了多样化发展阶段。后来，水泥建筑空间的出现也是当地居民面对游客需求的一种应对措施，也促进了当地旅馆的物质空间实践向多样化发展演进。

无论家庭旅馆的建筑如何发展，它的主要功能仍然是满足游客旅游活动和主人家庭活动的物质环境和活动场所。因此，平安寨的旅馆业主作为空间的设计者和提供者，在旅游生产方式的主导下，围绕着游客需求，对民居建筑进行建设或者改造，主动向游客提供家庭旅馆服务。

（二）游客支配下的空间实践

2000多年以前，罗马伟大的建筑家维特鲁维斯在论述建筑的时候非常强调其实用功能，毕竟建筑的首要目的就是满足一定的实用功能，从而把"适用"功能列为建筑三要素之一。到了近代，在科技发展进步的情况下，为了满足社会的特定需要，人们更加强调功能对建筑形式的影响和作用。美国建筑师沙利文提出的"形式由功能而来"的看法，更加集中地体现了这种观点。

家庭旅馆由于其本身具有的美感和风格，是梯田景区一处独特的、不可或缺的景观，同时也是游客在旅游社区内享受住宿、餐饮和购物等旅游服务的重要物质环境和活动场所。对于作为家庭旅馆空间的支配者和使用者的游客来说，旅馆建筑的首要出发点在于实现其旅游功能。

游客成为空间的支配者和控制者，游客决定着空间元素的价值，因为存在着一个游客旅游需求市场，而在市场经济中，金钱是最明显的价值象征物。在当地业主看来，游客付费来住宿和消费，说明其所提供的服务在他人眼中是有价值的；没有被市场选中的产品，就意味着其价值还没有被外界认可，其价值性较低。在这种价值选择过程中，居民会去衡量家庭旅馆里面的空间要素，决定要生产什么、摒弃什么、保留什么。

游客在使用家庭旅馆空间过程中表达着他们的诉求，追求更舒适的住宿环境、不受干扰的客房私密空间、更具有壮乡特色的饮食等。比如，当地餐厅里面盛行竹筒饭，因为游客认为竹筒饭是很有壮乡特色的，是代表壮家风味的特色饮食。而竹筒饭其实在过去是农民迫于离家干活不便才携带的简易饭菜，其菜式也没有那么丰富，只是白饭而已。后期旅游开发后，人们又在其中加入番薯、肉末等食材，因而深受游客欢迎。

总之，游客是家庭旅馆空间的支配者和主要使用者，他们通过旅游体验活动和主客互动使用着现有的空间，并通过不断表达诉求来促进物质空间的改造。比如，在平安寨家庭旅馆的发展过程中卫生间的空间形态的不断变迁，其实就反映了游客诉求的不断升级。卫生间的物质建筑形式经历了木楼"内置"卫生间、"外挂"卫生间和砖木混合独立卫生间，其服务条件和服务质量逐渐提升。观景房的引入也是居民对景观价值和微观区位优势的利用，火塘间的搬迁、堂屋和神尢的淡化或者折中，都是在游客作为空间的支配者和控制者下，作用于物质空间实践的一种结果。游客不断改变着旅馆的物质空间实践。

三、社会行为与空间互动分析

（一）互动模式架构

这里所说的家庭旅馆社会空间，并不仅仅局限于一个客观的几何物质空间，还可以在里面"填充"各类社会内容，包含着家庭旅馆中主客成员的家庭生活和旅游生产。家庭旅馆的社会空间，是指在同一时间内由游客、旅馆业主实践并由社会创造的空间，实质上就是围绕着旅馆经营而产生的日常生活行为，是行动者的实践习惯的集合体。游客的"在场"不仅仅意味着存在于空间的一点，更意味着其参与到蕴含着旅游生产和家庭生活的空间互动网络之中。家庭旅馆的空间为社会行为互动提供了活动场景，反过来，旅馆活动的场景又是限定着互动情境性的重要因素。

根据以上空间变迁过程中主客行为的社会行为分析，笔者尝试构建出家庭旅馆空间的设计者、使用者与社会空间实践的互动模式，如图6-10所示：

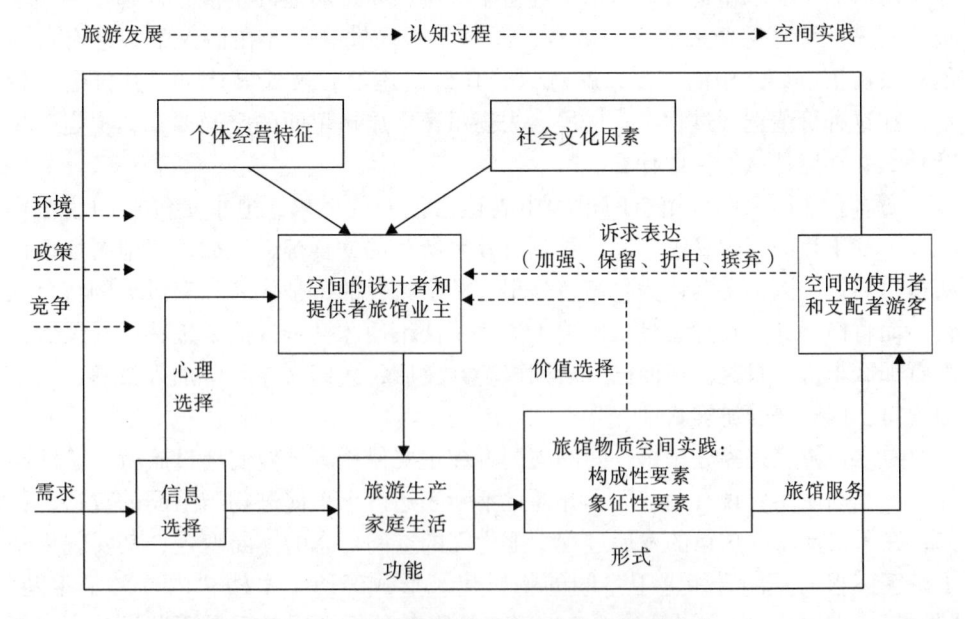

图6-10 家庭旅馆社会行为与空间互动模式

首先，旅馆业主作为旅馆空间的设计者和提供者，是家庭旅馆社会行为和空间互动过程中的核心要素。第一，他们在旅游生产方式的主导下对物质空间进行设计和改造，致力于家庭旅馆的空间实践，改造民居建筑要素，主动向游客提供家庭旅馆式的旅游服务。前面论述的旅馆的三种建筑空间，餐厅、客房、卫生间等家庭旅馆的构成性要素的物质变迁的选择，都是旅馆业主以自己的行动来改变和调整环境，使之能够满足并实现人们的价值。第二，旅馆业主也被自我所创造和居住的旅馆空间所控制着。列斐伏尔曾经明确地表示了空间是一种政治过程，它"并不是一个排除于意识形态的政治学之外的一个科学客体，它始终具有政治性和战略性"（Lefebvre，1991）。旅馆的物质空间实践会通过旅游经营的战略性来体现其空间要素的价值，反作用于旅馆业主。

其次，游客作为家庭旅馆空间的支配者和主要使用者，通过旅游体验活动和主客互动使用着现有的旅馆空间，并构建新的空间来表达游客的诉求，比如要求更好的住宿条件、更安全的住宿环境等，而这些空间的诉求都是当初空间设计者（旅馆业主）未能完全充分考虑到的，因此游客也会通过主客互动来表达他们的诉求：要加强什么、保留什么、摈弃什么，使得旅馆业主或加强构成性要素的实践，或选择性地接受象征性要素，不断改变着旅馆的物质空间实践。

最后，主客行为作用于旅馆的物质空间实践，与外部经营竞争环境息息相关。在旅游发展的外部环境刺激下，作用于其中的空间主体（游客、居民和外来业主），会依次做出相应的反应，实现空间实践。

（二）互动意义解读

1. 旅馆空间实践是一种有目的的社会实践

旅馆建筑为旅游活动的进行提供了可能性和机会。建筑最初的目的在于安居，但是发展家庭旅馆后，旅馆建筑很快就背离了安居的初衷，而指向这样的一种趋势："主让位于客。"旅馆建筑是游客行为的发生场所，旅馆建筑的功能就是服务于旅游的目的。不同的旅馆建筑提供了不同的旅馆空间，为不同经营水平的旅游活动提供了不同的场景。

家庭旅馆的空间仍然是家庭活动、传统习惯维系的基础。尽管现今平安寨旅馆建筑的空间实践是以游客为导向的空间实践，其主要功能是为游客提供住宿和餐饮方面的旅游服务，但是，一方面由于家庭旅馆固有的"家庭性"特征，另一方面则是平安社区传统力量的延续，使得旅馆空间仍然是壮族居民家庭活动和传统习惯维系的基础空间。在一些节日庆典、红白事件等传统活动中，家庭旅馆经营活动也必须给社区传统活动让步。

180 旅游社区的社会空间再生产

2. 旅馆空间实践暗含着特定的空间支配思想

家庭旅馆的空间设计、空间组合无声地反映出：游客成为空间的支配者和控制者。家庭旅馆往往是旅游社区居民参与旅游的重要手段和方式，围绕着游客需求，居民往往将自家的传统壮族干栏式木楼房改造成家庭旅馆以提供餐饮和住宿。它至少透露出这样的信息：旅馆是游客和主家共同使用的，但游客是这个空间的支配者和主要使用者；作为支配者的游客希望其他人应该尽可能在空间中按照他们的意志和要求来行动。

3. 旅馆空间实践体现着社会空间的辩证法

在旅馆的社会空间与主客行为的连续双向作用过程中，体现出一种社会空间的辩证法，即人们在创造和改变空间的同时，也被他们所创造和居住的空间以各种方式控制着。空间被创造、维系和改造，同时，行动者的价值、态度和行为也不可避免地受到周围环境以及由此带来的其他人的价值、态度和行为的影响。

第四节 小 结

本章以龙脊梯田景区的核心景区——平安寨的家庭旅馆为分析对象，首先展示了平安社区的旅游参与现状，再追溯家庭旅馆的发展历程及其经营现状，描述了家庭旅馆在物质空间变迁方面的作用因素和规律特征，最后从社会行为与空间互动的视角出发解读旅游社区的家庭旅馆的空间实践与空间使用者之间的互动关系，得出以下 5 个结论。

1. 经过 20 年的梯田旅游发展历史，平安社区实现了由传统社区向现代旅游社区的转化，现已完全发展成为一个由旅游功能主导的民族旅游社区，但当中的矛盾和纠纷却是日益凸显

通过早期先锋游客的口头宣传和图像传播，平安寨的旅游发展很快就经过了早期旅游探查阶段；随着交通条件的改善，从 1999 年起，平安寨旅游很快就进入了高速发展期；近 10 多年来，平安寨一直都是龙脊梯田景区的核心。

经过 20 年的发展，平安寨的旅游基础服务设施在不断完善，村民参与旅游发展的程度也相对较深，居民围绕着游客从事着各种各样的经济活动，其商业气息也越来越浓重。其中，旅游餐饮业和住宿业得到极大发展，使得水源污染、梯田维护问题也日益凸显。同时，围绕着旅游利益分配的问题，村寨、景区和管理部门之间的历史矛盾不断积累，使得东道主间各利益相关者也矛盾重重。

2. 平安寨 20 年的家庭旅馆发展历程大致经历了 5 个发展阶段，发展至今，已经成为当地居民参与旅游最重要的方式

平安寨家庭旅馆 20 年（1993—2012 年）的空间实践经历了 5 个发展阶段：旅游孕育阶段、开创阶段、成长起飞阶段、高速发展阶段和成熟规范阶段。

家庭旅馆是当地居民参与旅游业的重要方式。居民经营着家庭旅馆，但都还没有完全脱离农业生产，过着亦农亦旅的生活方式，维持着一种"得过且过"的经营状态。同时，由于竞争日趋激烈，涉及很多利益纠纷，这些也是很多居民在参与旅游中社区矛盾产生的源头。

3. 平安寨旅游发展作用下的旅馆物质空间的变迁，极大地改变了平安寨的乡村社区空间、居民生活方式和价值观念

伴随着家庭旅馆空间的不断扩展，平安寨的建筑在物质空间和建筑功能方面都不断地向家庭旅馆转化。旅游发展正在不断挤压居民的生活空间，同时生产空间和生活空间一并成为游客的游憩空间。家庭旅馆的生产都是以游客的喜好为导向的空间生产，游客成为空间的主导者。但无论其建筑如何发展，旅馆的主要功能仍然是作为满足游客旅游活动的物质环境和活动场所，居民家庭活动退居其次，旅游功能日益被加强。

遵循着"需求引导供给"的规律，家庭旅馆业得到不断发展，村民的生活环境、家庭设施、旅馆设计都是为了满足游客的需求，旅游功能不断得到完善，家庭旅馆衍生出来的旅游服务也日益完善。接待游客成为居民的主要生计方式，使得村民的乡村生活方式不断城市化。另外，家庭旅馆的大规模兴起使得地域空间不断扩展，传统社区向现代旅游社区转化，乡村空间也由封闭走向开放。

4. 家庭旅馆的空间实践和行为互动，在物质上满足了居民和游客的现实功能需求；在精神层面上创造出特定的空间，影响着游客和居民的心理感受

家庭旅馆的物质空间的实践不仅包含着各种物质性要素对空间意义的建构，还包含着家庭旅馆中主客成员的家庭生活和旅游生产。我们可以从构成性要素和象征性要素两个层面来理解家庭旅馆的物质空间变迁。

旅馆业主作为空间的设计者和提供者，是家庭旅馆社会行为和空间互动过程中的核心要素。在旅游生产方式的主导下，旅馆业主对物质空间进行设计和改造，致力于家庭旅馆的空间实践生产，改造民居建筑，主动向游客提供家庭旅馆式的旅游服务。

游客作为家庭旅馆空间的支配者和主要使用者，通过旅游体验活动和主客互动使用着现有的空间，并构建新的空间来表达游客的诉求，而这些空间诉求都是当初空间设计者未能完全充分考虑到的。因此，游客会通过主客互动反作用于物质空间实践。

5. 在旅馆的社会空间与主客行为的连续双向作用过程中，体现出一种社会空间的辩证法

人们在创造和改变空间的同时，也被他们所创造和居住的空间以各种方式控制着。家庭旅馆的空间为社会行为互动提供了活动场景，反过来，旅馆活动的场景又是限定着互动情境性的重要因素。

家庭旅馆的社会空间，实质上就是围绕着旅馆经营而产生的日常生活行为，其空间是在同一时间内由游客、旅馆业主实践并由社会创造的空间，是行动者的实践习惯的集合体。游客的"在场"不仅仅意味着存在于空间的一点，更意味着其参与到蕴含着旅游生产和家庭生活的空间互动网络之中。

通过旅馆空间与社会行为互动，家庭活动、传统习惯得到维系，同时也为旅游活动的进行提供了可能性和机会。最重要的是，家庭旅馆的空间设计、空间组合暗含着游客成为空间的支配者和控制者的意味。

第七章 族群文化空间的去地方化与再地方化

第一节 非旅游社区族群文化空间的"去地方化"

一、现云村概况

现云村隶属于云南省丽江市古城区祥和街道办事处祥云社区居委会。距离祥云居委会1.5千米，距离祥和街道办事处2千米。该社区的经济收入主要依靠农业，有耕地268亩，人均耕地1.5亩，主要种植的作物有玉米、小麦等。全村有农户41户，有乡村人口145人，其中农业人口145人（男性72人，女性73人；纳西族144人，汉族1人），劳动力98人。其中，从事第一产业的人数为90人，其余适龄劳动人口以从事交通运输业为主。2008年，全村经济总收入51万元。其中，种植业收入15万元，畜牧业收入36万元，工资性收入4.3万元（有6人在昆明、大理等省内城市务工），人均纯收入1650元。[①] 截至2008年年底，该村已实现通水通电；有24户通有线电视，全村41户均拥有电视机；安装固定电话或拥有移动电话的农户数41户，其中拥有移动电话农户数37户；全村共拥有汽车12辆，拖拉机4辆，农用运输车4辆，摩托车8辆；有16户拥有太阳能设施。该村的主要组织有中共党小组和老年人协会，其中，中共党员总数为8人，老年人协会则有30余人，基本上包含了村内所有的老年人。

现云村这样一个离城市较远且没有发展工业和旅游业的纳西族聚居村落，如中国西部广大民族社区一样，其族群文化受到了城市化、工业化等现代化力量所带来的冲击。因此，我们可以将它看作一个没有旅游力量推动现代化进程的普通社区。

---

① 资料来源：对现云村村委会主任访谈整理所得，人口资料为截至2009年年底的数据。

二、现代化背景下现云村族群文化的 "去地方化"

本节试图通过对现云村的调研去还原一个未经旅游开发的普通纳西族社区的原貌，从对社区生活的全面观察与体会中寻找一种暴露于现代化、全球化浪潮下的 "真实" 的纳西文化。[①] 当地社区居民汉化的过程或许就是伴随着现代化进程而来，就如中国的现代化过程伴随着西化一样，是一种强势文化对弱势文化的涵化，这种涵化体现在很多方面，下面主要从建筑、服饰、语言、民间组织和族群认同五个方面来分别进行论述。

（一）现代化建筑代替了传统民居的地方性

房屋建筑可以说是一个纳西族最为明显的文化表征。纳西族传统民居一般都采用土木结构，外部结构特点明显。这种民居以 "面阔三开间" 为一单体单元，叫 "一坊"，以一楼一底二层楼为主，以院子为中心组成内向庭院。家家都有宽敞的厦子（外廊），各坊房屋均由厦子相联系；辅助用房设置于 "漏角"[②] 内。入口在厢房厦子的端墙上，并设门控制，保持正院的整洁与宁静；因院子面积较大，周边房屋高度适中，通风采光良好；正房是庭院中的主导建筑，正房坐西朝东或坐北朝南，体现 "紫气东来" "彩云南现"，取其 "反宇向阳"[③] 好风水的东、南朝向（斯心直，1992）。而在内部设置上，纳西族民居的正房均为三间，中间一间较大，为堂屋，供起居和接待客人之用，左右开间为卧室。正房有宽敞的檐廊，设有四扇或六扇雕花木格门，正房建有楼层的，亦用雕花门窗装饰。纳西族民间的雕刻、彩绘艺术常用来装饰住宅，尤其是六角形、正方形或圆形的镂空花饰，以及用卵石、瓦片、碎石镶嵌而成的图案花纹地面，显示了纳西族民间的装饰技艺。而两边的厢房，一边用来堆放杂物、柴火或做厨房、客房，另一边则给晚辈居住（徐仁瑶、王晓莉，1992）。但近些年来，随着建筑材料的日新月异、居民居住观念的改变，纳西族传统民居也在悄然发生着变化。现代人对居住条件的诸多要求，也逐渐在纳西族传统民居上得以体现。而在现云村，这样的情况则更加明显（见图 7 - 1）。

---

① 相对于已经发生旅游商业化的古城而言，未开发旅游的社区，其族群文化可以成为研究古城族群文化的参考与对照。

② "漏角" 是纳西族、白族等少数民族民居中处于两座正房之间接头处的低矮房屋，一般用作厨房、杂物间或者书房。

③ "反宇向阳" 是指我国古代建筑中为了解决采光与灼热之间的矛盾而对建筑屋顶的屋檐起翘（飞檐）的处理。

第七章 族群文化空间的去地方化与再地方化 | 185

（a）现代化的民居建筑外观　　　（b）铝合金等现代建材的使用

图7-1　现云村民居外部形态

首先，从建筑材料上看。笔者在 2009 年的调研中发现，该村农户住房以土木结构为主，有 26 户居住在土木结构的房屋，另有 15 户居住在砖混结构的房屋，而在 2006 年时，该村的砖混结构房屋只有 5 户。也就是说，村中土木结构的房屋仍然保持多数，但砖混结构的房屋已经呈逐渐增加的态势。而且，很多没有修建砖混结构房屋的村民并非喜欢居住在传统房屋，或者愿意保持民族特色，村民认为，"水泥房子当然好啊，我们这个房子（指土木结构房屋）虽然住着也舒服，但是不牢，经常要修修补补的，而且光线也不好，白天在里面也要开灯"，"木头房子有木头房子的好处，住着舒服，冬天不冷，夏天还不热。但是，时代在变了嘛，水泥房住着方便很多，厕所、厨房也都在房间里面，冬天下雪了也不用跑出去"，"你们城里面的人也是住的水泥房子嘛，我们农村人也想住上你们那种房子，等我们生活好了（经济收入好了），就要盖了"。从这些访谈中可以看出，虽然村民认为土木结构的房屋有一定的好处，但是，砖混结构房屋的坚固、防水、结构合理、采光良好等特点带来的现代化便利生活，以及一种对城里人生活的追求，还是让他们对砖混结构的房屋充满了向往。他们之所以没有建砖混结构房屋，更多的是受到经济条件的限制。村中一些率先修建砖混结构房屋的家庭，基本上都是依靠家庭成员跑运输、进城务工的收入。该村村委会主任就谈到："现在村子里修砖混房子的主要是跑运输和出去打工的人，他们一年七八万元的收入还是可以建得起来的，其他村民也想修，只是没钱啊！"确实，对现云村其他依靠农业为生的村民而言，修建砖混结构的房屋在经济上还是具有很大难度的。当问及村民有能力时是否愿意修建砖混结构房屋时，绝大多数村民都表示愿意，如其中一位村民就说"等生活好了，就要盖"，村中抱有这种想法的村民不在少数。与此同时，也有部分老人仍然坚守着自己的生活习惯，表达了不愿意修建砖混结构房屋的想法。他们普遍认为，"现在的房子住着也很舒服了，虽然不方便但是也习惯了，不想再去改了"。担心住进水泥房屋后会改变生活习惯的观点在老人中很有代表性。但是，由于老人在家中的话语权逐渐降低，他们更多的时候还是听从子女的安排。因此，老年人对传统民居的留恋、对以往生活习惯的固守，往往让位于年轻人对现代化建筑风格的喜好。

其次，随着建筑结构和材料的改变，当地社区民居的外立面也出现了较大的改变。砖混结构的房屋自然与传统民居不同，就连一些传统的土木结构房屋在近些年装修、整修时，也在外立面上大量使用各种瓷砖、马赛克（主要用于装饰墙体）和铝合金材料（主要用于装饰窗台）。即使一些家庭由于经济收入没有用上这些材料，也会选择用石灰将整个外立面刷白。村民谈起使用这些材料装饰外立面的原因时，认为"比较好看，像是小洋楼"，"用瓷砖，一是因为看起来好看，而且有很多花样可以选择；二是比较耐用，防水效果比较好"。可见，村民对外立面装饰材料的选择更多的是出于对现代生活场景以及方便舒适的现代化生活的追求。

再次，传统民居中对房间功能的分配也出现了变化。这主要是由于近些年来，周边一些田地被村民出租给外地人耕种，因此，一些村民的房屋便出租给了外来务农人员，以换取一定的经济收入。这使得纳西族传统民居中正房供起居及接待客人、厢房供晚辈居住的功能难以维系。这种情况下，子女和父母基本都在正房居住，而将厢房出租给外地人。如果家中人口较多，那么就连正房中间的堂屋也会成为供人居住的房间。村民将自己原本的居住空间改变成用于营利的租住场所，主要出于对经济现代化的渴望。而那些没有将房屋出租出去的村民，主要是由于其房屋太过破旧，难以满足外来人员的居住要求；但也可能是他们不喜欢和外地人一起住。"他们不讲卫生，随地大小便，也不讲礼貌，见到人都不知道喊人（打招呼），不愿意租给他们！"当被问及为何自己的房屋没有出租时，一位老者如是说道。这里暂且不对当地人和外地人之间存在的矛盾与纷争进行深究，但可以看出：外来人员租房的需求，改变了现云村纳西族家庭房间的传统分类和功能，加快了民居建筑的"去地方化"。

最后，在房屋的内部装饰（见图7-2）上，现代装饰材料也取代了传统装饰材料。虽然现在村中还有部分老宅，如尚有四五处房龄在七八十年的房屋还保留了传统纳西风格，但是，对于其他一些在改革开放之后修建的房屋或者经过装修的房屋，其传统纳西风格的消失相当迅速。经济条件相对较好的家庭对各种现代装饰材料，如用于吊顶和墙体美化的石膏模型、乳胶漆、喷漆、墙纸等的使用已经司空见惯、屡见不鲜了。而在一些经济条件较差的家庭，墙纸也是必不可少的。谈到使用这些现代装饰材料的原因，居民认为"这个搞起来方便一些，装修起来也比较快，虽然那种木雕的更好看，但是费时费钱呢，有些好的还要请木匠来做，更费力，这些现成的就好了"，"主要是省钱，你看这个（指墙纸）才20多块钱一块，要是整些木料来，请人雕就太贵了"。可见，方便与经济实惠是现代装饰材料取代传统装饰材料的重要原因。

（a）民居的内部布置

（b）民居堂屋的摆设

图7-2　现云村民居内部形态

通过对现云村社区房屋的建筑材料、外观和房间功能以及内部装饰的调查发现，虽然现云村中部分老宅仍然保留着纳西传统的建筑、装饰风格，但是，村民出于对现代房屋坚固、防水、采光等特点带来的现代化便利生活和现代化生活场景的向往，以及外来人员租房的需求都加快了现云村民居建筑的"去地方化"。因此，在现云村，对房屋进行现代化的改造才是这里的主题。

（二）纳西服饰成为节假日的符号

纳西族的服饰具有浓郁的民族特色。其中，纳西女子服饰又可分为丽江服饰和中甸服饰。丽江服饰一般上身内穿立领有袄上衣，前幅短、后幅长，布纽、宽腰、长袖；外罩一件用棉布或毛质布料、灯芯绒制成的右袄圆领坎肩；系围腰或搭裙，背披七星羊皮背饰；下着深色长裤；穿绣花鞋、布鞋或胶鞋。中甸服饰常见于中甸纳西族女子，她们的穿着与丽江当地又有所不同（李劼，2007）。

丽江妇女服饰最大的特点莫过于象征"披星戴月"的七星羊皮背饰。关于羊皮背饰图案的形成，有不同的传说。一种认为：缀在羊皮上面的大圆图案，左圈代表太阳，右圈代表月亮，七个小圆则代表七颗星星，因而被称为"披星戴月"，象征纳西族妇女的辛勤。另一种认为：在纳西族东巴经及民间口头传说中，都有纳西人在古时很崇拜青蛙的说法，将其视为本民族的图腾，人们把羊皮剪成蛙体形状，表现的是纳西族对图腾的信仰崇拜。同时，蛙有较强的生育能力，反映在服饰上是强调妇女的生育观（周映河，2009）。

纳西族男子的服饰则相对简洁。丽江一带的纳西族男子蓄短发，戴毡帽或缠包头；上身内穿麻布或棉布衣，外穿羊皮坎肩或披羊毛毡；下着深色长裤，束腰带；穿布鞋或皮鞋。但是，历经"改土归流"、辛亥革命、"文革"等社会变革与政治运动之后，纳西族男子的服饰已基本汉化（全晓男，2004）。例如，在"文革"中，纳西族的服饰曾被列为"四旧"，纳西族的人民曾被要求剪掉长衫的后摆、去头箍，统一戴解放帽、穿汉装。到了今天，在丽江，除了部分老年女性还穿着族群服饰之外，也很难再见到其他群体在日常生活中穿着纳西服饰。

现云村村民的着装基本上也与以上的描述一致。在日常生活中，男性村民已经不穿具有民族特色或配饰的服装，从衣着上无法将他们同汉族区分开来：年轻人普遍穿着 T 恤、运动衣、牛仔裤和运动裤；中年男子下身主要穿蓝色或黑色长裤，上身穿衬衣或长袖内衣，外配毛背心、夹克；老年男子穿着同中年男子相差不大，但习惯戴蓝色或绿色的解放帽或鸭舌帽。女性着装的风格则与年龄有较大关联。老年妇女的穿着在一定程度上会体现出民族特色，如穿着前幅短、后幅长，布纽、宽腰、长袖的上衣（见图 7 - 3）。一些外出劳动而需要背箩筐的老年妇女也会披上羊皮背饰用于垫隔。

（a）日常生活中的村民　　　　（b）穿着纳西族服饰的老年妇女

图 7 - 3　现云村村民的日常生活着装

问及从何时不穿着民族服装时，某村民回答道："好久都不穿了，男人从我小小的时候（大约 50 年前）就不穿了。现在只有些老奶奶会穿，年轻人都没有人穿了。"现在村中只有部分老年妇女会穿着民族服饰，而汉化的穿着方式已经完全被村民们所接受。关于不穿民族服饰的原因，男女受访者给出了不同的回答。年老的女性受访者认为，"平时我们还是会穿那个衣服（民族服装），习惯穿了，祖祖辈辈都在穿，我们也就穿了。而且，这个衣服劳动起来还有好处，后面要拿块羊皮垫着点，背箩箩（箩筐）不会太重（指不会直接压在身体上，显得不那么难受），也很热和（暖和）"。从这些老人的话语中可以看到，族群传统的衣着方式在她们身上还有所体现，而这种体现一方面是由于"习惯"，另一方面也是因为这种穿着方式本身所具有的一些功能，如暖和。年轻一些的女性受访者则认为没有必要穿着民族服装，普遍认为民族服装"不够好看""颜色不鲜艳，样式也土""和电视上面的不一样"。她们所追求的是符合现代审美观念的美观、新潮，并且生怕自己穿着纳西服装而显得落伍。男性受访者则认为，"以前都没有人穿啊，我们纳西族的民族服装主要就是（体现）在女的身上，男的都和汉族一样了，你们穿什么，我们也穿什么，没有区别"，这则反映了纳西族传统服饰在男性身上早已失去了其日常穿着的功能。这些不同的回答也确实印证了以往的研究记录，纳西族服饰在经历过各种外来文化的侵袭之后，其特点主要体现在女性身上。而年轻女性较少穿着的原因主要是穿与不穿民族服饰，对她们的日常生活没有任何影响，而且，她们认为民族服饰在颜色、款式上都不如汉装那样好看、新潮，因此，集体选择对民族服装说"不"。当被问及是否还留有民族服装时，村民们都表示自己还有至少一套民族服装，但只有在领导来考察或者参加集体活动的时候才会穿一穿。而村委会主任提供的一张照片也反映出村民在集体活动时确实都穿着崭新的民族服装上台表演（如图7-4）。

（a）穿着民族服装表演的村民　　　　　（b）老年妇女穿着民族服装

图7-4　现云村的民族服饰

资料来源：现云村村委会提供。

现云村居民的穿着正如他们的房屋一样，失去了族群特色，出现了"去地方化"。所不同的是，这种失去既包含着他们无法抗拒的强大外力作用，如"改土归流"政策的实施、"文化大革命"的破坏等，同时也包含着他们内心对现代生活、现代审美观念的向往。正是在这样一外一内两种动力下，服饰的族群特色正在远离这个村落。

（三）汉语与纳西话的并行使用

由于村中纳西族村民占大多数，因此在日常生活中，村民之间的交流以纳西话为主。村民基本上都能说丽江本地方言（汉语），一些年轻人还能够说一些不是很标准的普通话。笔者在村中调研时发现，在村中，汉语的使用频率在渐渐提高，特别是村中一些年轻人在交谈时既会使用纳西话，也会使用汉语方言。这种改变在近些年来特别明显，当被问及原因时，某村民说道："现在什么东西都是汉语的，书也是，报纸也是，电视上也都是说汉语的，什么都是汉语的，你不可能不接触啊，接触得多了，自然就习惯了。"村民的这种表述表明了汉语作为通用语言，其优势是体现在多方面的，而随着现代传媒的迅猛发展，汉语已经渗入到现云村村民日常生活的方方面面，身为纳西人的他们在不知不觉中也习惯了使用汉语进行交流。也有村民认为："现在社会不同了，只说好纳西话不行了，要说好汉语，你看和红华（音）（在昆明务工）家去年就盖了水泥房。要出去和别人交流就要用汉语，所以汉语是很重要的。"可见，随着交流的日益频繁与交流范围的扩大，汉语作为一种普及性的语言，其优势不言而喻。在这样的优势面前，作为本民族传统语言的纳西话就显得更加弱势。另一位村民谈道："现在说纳西话的时候没有以前多了，主要是因为来了很多外地人，有时候和他们交流要用汉语。不过，和我们本民族的人说话还是用纳西话多一点，只是有些东西纳西话没有那种说法。"笔者让其举出几个例子，受访者举出"电视""手机""农药"这类现代化产品的名称。这表明，随着现代化进程的推进，纳西语言采借了越来越多外来词汇，这样一个文化交融的过程使得汉语在村中的使用频率在逐渐提高，地位也在逐渐提高。不会说一句纳西话的外地人可以在村中用汉语交流，但很难想象不会一句汉语的人在村中如何通过语言与他人交流。

另一个造成汉语使用率提高的原因则是学校教育。村中的孩子与父母交流时基本上还是使用纳西语，但与同伴交流时更习惯使用汉语。笔者曾观察过 5 个小学生在回家路上的交谈，[①] 发现他们基本上都是使用汉语方言在进行沟通。在观

---

① 笔者之前未与他们有任何接触，只是在调研路上偶遇；且其谈论的内容均为学校、同学、动画片等内容，与观察者无关。故应该不会存在"观察者效应"问题。

察一段时间之后，笔者与他们进行了简短的交流，当问他们是否都是纳西族时，他们均给出肯定的回答。当问及他们会不会说纳西话时，几个小学生相互攀比似的说了起来。而对于为何使用汉语而不是纳西话沟通时，其中一名小学生说道："老师说要说普通话，我们说的就是普通话。"当笔者提出他们说的是方言而非普通话时，这名小学生仍然坚持认为他们说的就是普通话。这一方面表明，在这些孩子看来普通话就是汉语，而说汉语方言的他们自然就是在说普通话；另一方面，这样一个小例子也表明，中国的学校教育至少在推广汉语上是成功的。当询问他们何时会说纳西话，他们则表示在家里会和父母等长辈说纳西话。学校教育中对普通话的强力推广，使得这些纳西族的孩子在学校之外仍然使用汉语进行交流，弱势的纳西话只能退守到在纳西族家庭中才被使用。

而作为纳西人书面语的东巴文字，在现云村这个普通的纳西族社区消逝已久了。现在的村民早已不认识东巴文字，而用于交流的书面语就是汉字，不论是村中的各种公告或是小卖铺赊账的欠条，都是采用汉语书写的。

（四）民间组织功能的改变与弱化

"化賝（cóng）"是丽江纳西人一种最普遍、最独特也是最重要的生活方式和文化现象（和立勇、和少英，2007）。"化"在纳西语中是"群"之意，比如在纳西族东巴教最大的仪式，也是纳西族最大的传统节日"祭天"中，有各种"祭天群"的活动，"祭天群"在纳西语中称为"蒙本化"（mee biuq hua），"蒙本"是"祭天"的意思，"化"即"群"的意思。"賝"是个比较生僻的古汉字，其本意与货币有关。《说文解字·贝部》中注释为："南蛮赋也，从贝宗声。"可见，賝是秦汉之际南方少数民族交纳的一种赋税（和颖，2008）。化賝是在民间自愿的基础上，地缘性熟人和朋友等相识之人，人人拿出同等数额的钱物凑集在一起，先行帮助这一群体中需要帮助的一个人，这叫"措可"，以解急难，同时"措友"之间利用大家在一起相聚的机会增进友谊的社会行为（和立勇、和少英，2007）。与此相对应，纳西人成立了各种各样的"賝会"以方便交流和联系。有学者专门对纳西人的賝会按地缘、业缘、学缘、趣缘、志缘、血缘、亲缘等进行了分类，指出多种多样的賝会已经渗透到纳西人日常的生活中，并成为纳西社会中最常见的民间组织（和颖，2008）。可见，在纳西族传统社会中，賝会是一种基于经济互助之上，并以组织活动为纽带的民间组织。

现云村作为一个纳西族聚居的社区，是否也存在着这样的民间组织呢？笔者在调研期间专门对这一问题进行了调查。受访者对这一问题的回答随着年龄的不同而呈现出不同的情况，老年人基本都会参加賝会，而村中的中青年人则基本没有参加。在对村中老年人的访谈中发现，由于过去一直都存在着賝会与化賝的习俗，这些老人多少都参加了一些赊会，最常见的就是邻居赊和棋牌赊。以前主要依靠象棋的棋友或者扑克的牌友形成组织，而随着这些年麻将的流行，麻将牌友的来往更加密切，但棋牌赊会的名称还是保留了下来。一位老人就说道："邻居赊是有的，每家有点什么困难，大家都是会帮的，只是如果是赊友，帮得就多一点，平时关系也好些，其他都差不多。"而中年人则认为，赊会已经没有什么意义了，"现在借钱也不会找赊会了，都是找银行、信用社。国家现在对买农资的小额贷款还是很好的，而且也很放心，不会出现'赖赊'的事情"。可见，现在赊会的经济互助功能早已消失，其功能已经被现代的金融银行业和正规的存贷款所取代。而另一位老人谈到棋牌赊，则认为"（棋牌赊）赊会一直都有嘛！不过，我们现在也不过赊，主要是大家聚在一起玩一下的！老人嘛，比较闲，也下不了田，平时就来这里（老年人协会）下下棋、打打麻将，这就是我们的主要活动了"。可见，在老年人这里，赊会原有的经济互助功能已经改变了，而社会活动功能则基本上被老年人协会这一新型的社区组织所取代，从而转变成休闲、娱乐的社区组织。而除了老年人以外，其他群体基本上很少有参加赊会的了。

（五）地方性族群认同依然保持

作为族群，纳西族人具有自己的族群意识和族群认同。有学者认为，族群的界定应该在客观上具有共同的渊源与文化，在主观上要有自我认同并且具有一条显著区分于其他群体的边界（孙九霞，1998）。因此，族群认同对一个族群区别于其他族群具有重要意义。而族群认同又是一个复杂的集合体，包括对一个族群的归属感、肯定态度，对该族群文化感兴趣以及参与族群传统活动（Phinney，1996）。那么，现云村中的纳西族村民是否具有独特的族群意识，或者说强烈的族群认同感呢？笔者在调研过程中，从族群态度、族群知识认知、参与族群活动以及他们同其他族群之间的关系等方面对村民进行了调查。

族群态度中非常重要的一个考量因素就是族群的自豪感以及对族群特征的认知。而从访谈的结果来看，村民对于作为一个纳西族人并没有特别的自豪感，村民只是认为，作为一个农村人"生活得很安逸，没有太大的压力，很幸福"。而且，较差的经济实力还让有些村民有"自己不如汉族"的感受，如某村民说："我们差得多啊，又是农民，没什么文化，钱也没有，怎么会有什么自豪感呢？"可见，有的村民的族群自豪感已经渐渐丢失，很大程度上已经将自己的族群身份与自己的农民身份相混淆，并且由于自己的经济条件不好，而认为自己没有什么值得骄傲的地方。可以预见，如果没有其他因素的激发，现云村村民的族群自豪感将会日益淡化。

当被问及"纳西族有什么特征"时，受访者一方面认为纳西族具有少数民族的一些特点，另一方面认为自己在经济、物质上存在距离。如有受访者谈到，"纳西族的房子和汉族不一样，我们的是木头房，汉族的是用水泥建的"，"我们有民族服装、歌舞、活动，特色强一点"，"我们主要是农民多，平时就是干活，回到家里就看看电视、大家吹吹牛、养花养草，以前那些有钱人还会搞些字画、养鸟玩，像我们这种经济条件比较差的就养养花草了，可能要比你们城里人闲一点"。也有一些受访者提到在文化上存在差异，如"我们说纳西话，你们说汉话"，"纳西族文化独特一点，有东巴文"。村中一位老人谈到东巴教也是纳西族的特点时说道："纳西族以前是信东巴教的，现在虽然不参加什么活动了，但也还是有点不一样。"当笔者追问有什么不一样时，这位老人思考良久之后回答："纳西族有一些节日，像火把节、七月会（骡马会）、棒棒会（正月农具会）都是我们民族的节日；另外，我们还有祭天、祭风、祭署和祭祖那些仪式。"虽然每位受访者对何为"纳西族特征"都有自己的说法，但他们的回答至少表明了村民对纳西族有别于其他民族的一些特征还是有认识和思考的。

族群知识认知中最重要的就是村民对本族群的历史、传统是否了解，以及了解的途径和渠道。现云村的村民对纳西族的历史和传统有一定的了解，对纳西族古代从西北迁徙到丽江的历史较为熟悉。在传统习俗方面，他们对红白喜事的介绍较为详细，但其中也有部分存在矛盾之处，如有的村民说现在结婚和以前一样，也要"挂人情"，意指送米、麦、糖、酒等实物，并由专人登记，很少送钱；而另一位村民则认为，现在结婚送实物已经不太多了，还是送钱的比较多。这表明，随着村民与其他族群的交往日益频繁，过去的一些传统习俗都已经发生了改变。虽然他们在具体问题上存在不同看法，但总体而言，每位受访者对本族群的历史、传统都有一定了解。对于祭祀活动，大部分村民只知道一些关于祭祖的细节和礼仪，对于大型的祭祀如祭天、祭风、祭署等则基本不清楚，只有部分老年人还能记住一些细节，这主要是因为祭天、祭风、祭署等行为曾经被认为是"封建迷信"而被取缔了，而且，对于现云村这样的小村庄而言，这样的祭祀活动可能就从来没有举行过。

当被问到如何了解到有关纳西族的历史、习俗、传统的时候，村民的回答基本可以归为两种。一种来源是祖祖辈辈口头相传的"口述教育"，这种传承方式对中老年村民较为重要。囿于自身文化水平和当时有限的文化传播渠道，这一部分人只能向家中或村中老人学习到一些关于纳西族的历史、传统等知识。而另一种来源则是电视、书籍、学校教育等方式，这在青少年身上体现得最为明显。有一位中学生在回答自己如何了解到纳西族文化时说："我爸爸妈妈懂得都不多，他们也没有教我，我就主要是从电视上看来的，① 还有就是在学校里上课老师也会讲到一些，我们还专门有一本课本是讲我们纳西族传统的。"由此可见，随着获取信息能力的提高、信息传播渠道的拓宽，村民获得传统知识的方式也发生了较大的改变。

对于传统的节庆或娱乐活动，现云村大部分村民已经很少参与了。当被问及不参加的原因时，有村民说道："现在每天都要下田做农活，没有空闲去活动啊，除了棒棒会和骡马会要去一下，其他的都不去了。"大部分村民平时都忙于农活或跑运输，没有参加活动的时间，只是为了购买农资才会参与到一些传统的节庆中去。也有村民提到，自己虽然想去但是没有人组织，因此就没有参与什么活动，一位村民就谈道："现在没有人组织了，就连村干部都忙着自家的生产，没有组织什么传统活动了。"相反的，老年人协会开展的活动就比较多。在调研期间，笔者就看到在老年人协会的所在地，老年人在进行各种活动，包括打麻将、玩扑克、下象棋等娱乐活动，也有老人在一旁练习民族歌舞——打跳。现在，村民参与较多的传统族群活动就只保留了祭祖这样社会意义较强的活动。村民普遍认为，"祭祖一定要参加的，一家人难得在一起祭拜一下祖先，这个传统是不能丢的"，"祭祖从来都是要去的，毕竟都是自己的祖宗，哪里有不祭拜的道理？而且，一家人在一起可以多一点交流，不然平时大家也比较忙的"。这表明，即使是如祭祖这样具有很强社会意义的活动，村民的参与兴趣也不完全是出于拜祭祖先的意义，其中也同时包含了与亲戚、同宗之间的交流与联系。

与发展旅游的古城相比，现云村村民能接触到的外来人或者其他民族的人要少得多。他们与其他民族的关系更多的是体现在与外来务农人员的交往上。村民认为，他们和外来务农人员的关系很好，也能互相帮助、交流。他们自己也结交了不少非纳西族的朋友，如有受访者就谈道："租我家房的那家四川人还是不错的，平时客客气气，还会买东西给小娃娃，有时候家里面要搬搬抬抬的，他们也很乐意来帮忙。"当然，并不是所有人都觉得自己和外地人相处融洽，如前文所述的老者就认为外地人"不讲卫生""不会喊人（不打招呼，没有礼貌）"而"不愿意租给他们（房子）"。但是，大部分村民均认为外地人和自己的相处并没有太大的冲突，大家相得比较融洽。同时，村民也发现，原本他们没有意识到的少数民族身份在和外来人员的对比中才显现出来。正如一位受访村民所言："原来周围都是纳西族，虽然晓得有汉族和其他民族，但没有接触过，所以就不知道自己到底哪里特殊，现在和他们相处了才发现，我们还是有一些不同的地

---

① 笔者在丽江调研期间，确实发现丽江电视台、丽江古城区电视台每天都有一些有关纳西族传统的节目，如晚上 20：00 在丽江电视台就有一个教授东巴象形文字和纳西族礼仪的节目。

方，说的话、一些礼貌（指礼仪）上还是有不同的，最大的就是文化还有习俗上的不同。"可见，原来这些纳西族村民由于缺少和外界的直接接触，意识不到本族群的特色及认同感，而在与外来务农人员接触之后，他们才更加关注自身所独具的族群特色与族群文化。

综上所述，现云村的纳西族村民在传统的节庆或娱乐活动上参与得较少，对纳西族人身份的自豪感下降，但是，对族群的知识、族群之间的关系方面，都还依稀保留着纳西族的族群认同，只是这种认同在现代化、全球化力量的冲击下，显得越来越难以为继。

现云村族群文化缓慢的"去地方化"源于村民对现代化生活的向往。不管是他们的建筑、服饰、语言或是民间组织，乃至族群认同，无一不处于走向现代化的过程中。而引发现云村族群文化"去地方化"的原因，一方面，现云村村民出于对现代生活的追求，而自愿、主动地放弃了大量民族传统文化，这一过程使得他们的地方性族群文化将随着现代化的进程、全球化的入侵而日益消退；另一方面，现代化的推进，势必带动当地的全球化进程，也就是说，现云村这样一个地处中国边远西南地区的纳西族聚居村落也面临着全球化的巨大浪潮。这股浪潮将席卷社区的方方面面，直到将地方的特色夷平，使之成为全球化中无差异的一员而失去地方性。当现云村的族群文化面对现代化这一强大外部推力时，弱势的族群文化处处发生着"去地方化"的现象。这种族群文化的削弱甚至被取代的进程虽然缓慢，但确实正在发生，如果从族群文化保护、文化多元性的角度来看，这种取代无疑是一种不可逆转的损失。

第二节　核心旅游社区族群文化空间的"去地方化"

一、新华社区概况与旅游发展

新华社区位于丽江古城的西北部，下辖萃文段（今新华街）、双石段、黄山上段、黄山下段等几条街道。该社区以社区中的新华街来命名。新华街在新中国成立前属义正甲，在新中国成立后分拆为黄山街、萃文街、双石街；1952 年，将三条街合为黄山街；1955 年，并入新义街；1961 年，又分出新华街，具繁荣昌盛之意。而在纳西话中，这条街叫作"乌伯"，意为"山包的边沿"，是古城与新城的分界点，也是丽江古城最为古老的街道之一。据笔者于 2010 年年底对该社区组委会进行的调查得知，新华社区共有户数 476 户，居民 1604 人。其中，纳西族 1416 人、汉族 35 人、白族 35 人、彝族 2 人、藏族 4 人、普米族 4 人、傈僳族 3 人、回族 9 人、蒙古族 2 人。① 在该社区，纳西族居民的占比达 88.3%，可以说是一个以纳西族为主的多民族社区。但是，现在绝大多数居民已经将自己经营的店铺、客栈转租给外来经营者，或者直接将房屋出租②给外来经营者，自己则拿上几十万元③的租金收入到新城购买房屋。截至 2009 年 7 月，新华社区共有外来经营户 2368 家。④ 而在丽江古城的旅游业兴起之后，新华社区成为当地旅游发展的核心区域，究其原因主要有以下四个因素。

首先，该社区聚集了古城内较多的旅游景点，如四方街、科贡坊、万古楼、接风楼、文昌宫、嵌雪楼（现已改为客栈）、大水车、酒吧一条街等。这些景点品质较高，对游客的吸引力较大，因此，成了游客参观、游览古城的必到之处。

其次，新华社区具有靠近丽江古城与新城之间的主要连接道路金虹路（大水车以北约 200 米）的地理优势。而自从丽江旅游发展以来，金虹路就成为大多数游客从新城（客运站、机场和火车站等均设置在新城内或周边）进入古城的必经道路。因具有这样的地理位置，新华社区的旅游发展可谓"近水楼台"，具有先天优势。

再次，则是因为新华社区的主要街道——新华街与古城西河的位置相近，小桥流水的景致成为众多酒吧的理想选址；而黄山街由于背靠狮子山，呈现出西高东低的特点，利于游客俯瞰狮子山以东的古城全貌而成为众多客栈选址的不二选择。因此，自丽江旅游发展以来，新华社区就成为最早出现客栈、酒吧等游客接待场所的社区之一。

最后，新华社区在历史上就是古城内商业聚集的区域，四方街更是纳西族人民集市的所在地，因此，在旅游发展的初期，居民并未对与外人做生意、打交道而感到陌生和不知所措，这种场景反而符合了社区居民的要求与一贯营生的手段，受到居民的欢迎。

———————————

① 本节部分资料由新华街道社区提供。人口数据截至 2010 年 1 月，但是，这里的人口数据指的是户籍人口，实际上，原住民已基本不在社区内居住，纷纷搬迁到新城生活。

② 由于古城属于世界文化遗产，且古城内的土地属于集体所有，因此，居民无权将自己的房屋及其土地出售，政府和古城保护管理局也禁止居民将房屋卖给外地人。有的本地人会与外地人签署房屋的长期出租合同。

③ 对于古城内房屋的租金，从笔者在调研期间得到的信息来看，酒吧和客栈的租金最高。例如，在四方街这样的黄金地段，一家客栈的年租金能够达到 15～30 万元，一家酒吧的年租金则为 30～40 万元，周边地区相对便宜。而一般来说，租房合同至少会签 3～5 年。因此，只要村民能将房屋出租，普遍可以获得几十万元的租金收入。

④ 资料来源：据笔者对新华社区居委会工作人员的访谈整理得来。

正是由于以上四点因素，自丽江古城旅游兴起之后，新华社区就成为丽江旅游发展的核心与热点区域。如果说游客来丽江旅游必进古城的话，那么进古城的游客就一定要在新华社区进行游览、观光。也就是说，在 2009 年进入丽江的758.14 万人次游客中，绝大部分人都会到访新华社区。新华社区的发展就是在旅游这一外部动力的推动下开始的。但是，随着旅游业的持续、高速发展，新华社区却出现了"居民大量外迁，民居破坏较为严重""商铺凌乱不堪，到处都是卖纪念品的"情况。笔者在对社区居委会工作人员进行访谈时得知，现在社区的居民基本上已经全部搬到其他地方，如古城旁边的北门社区或者新城其他社区居住，真正留在古城里的"没有几个了，怕是连十个人都没有"。这也从一个侧面反映出现在新华社区在旅游发展过程中所出现的问题。那么，究竟是什么原因使得新华社区这样一个以旅游为发展动力的社区逐渐失去其地方性，出现"去地方化"的现象呢？

二、新华社区的过度商业化与"去地方化"

（一）旅游的极速发展引发了过度商业化

新华社区旅游业的极速发展催生了社区的过度商业化[①]。丽江古城原本就是茶马古道上由滇入藏的一个重要节点，从大理北上的马帮和从西藏南下的马帮都在此汇合。可以说，丽江作为滇西重要的商业集散地，从来就不缺乏商业氛围。但自旅游发展之后，这样的商业气息出现了新的变化。原本走南闯北的马帮变成了衣着亮丽的游客，古城中卖马料、铜器的小店变成贩卖各种旅游纪念品的商店。因此，作为丽江古城旅游发展的缩影和急先锋，新华社区出现过度商业化虽不足为奇，但对社区本身而言却是难以承受的。

一方面，从旅游性店铺的数量来看，旅游的快速发展确实给新华社区带来了严重的过度商业化现象。截至 2009 年 7 月，新华社区共有外来经营户 2368 家，登记在册的旅游性店铺（后文称为"旅游性建筑"，以避免与"旅游店铺"相混淆）346 家，其中酒吧 26 家、客栈 112 家。在店铺和酒吧的数量上，笔者的调查数据和社区居委会提供的数据相差不大。但是，关于客栈的数量，笔者的调查数据则比社区居委会提供的数据多出 22 家，有 134 家。之所以在客栈数量上存在

---

① 由于国内学者对"过度商业化"并无确切定义，因此，部分学者认为应采用"旅游商业化"来替代"过度商业化"的说法，如保继刚和苏晓波于 2006 年对丽江的研究成果中就使用了"旅游商业化"一词。而在本案例中，由于新华社区的原住民已经完全迁移出去了，社区已经成为游客与外来经营者买卖的场所，因此，采用"过度商业化"一词并不为过。

较大差异，可能是源于客栈所处的地理位置不如店铺明显，所需门面不如酒吧那么大；而且，一些客栈虽然已将招牌挂出去却还没有来得及进行登记、注册，属于"黑"客栈，由此造成社区居委会提供的数据不准确。在这个只有476户人家的社区，却拥有至少368家旅游性店铺，而针对社区居民的店面却寥寥无几。换句话说，大部分的房屋从原本的居住或者生活商业用途转变为旅游商业用途。这种转变对原住民的日常生活造成了很大的不便，如有的居民就说道："他们卖的都不是我们需要的，日用品都没有，（以前）要买东西都要到新城去买，特别不方便。在这里，要买个牙膏、毛巾都买不着。"这种情况成为居民外迁的重要因素。

另一方面，从旅游商品的同质化和异化现象来说，新华社区的过度商业化现象也相当明显。在新华社区中，售卖手工艺品较多的是黄山上段，这里的手工艺品琳琅满目。笔者对一共32家此类店铺进行了清点与归类，发现银器店有11家，各类少数民族服饰店有6家，东巴象形文字饰品店有4家，木雕店有4家，电烙铁木画店3家，其他店铺4家。在这些店铺中，出售的产品既有傣族的民族乐器葫芦丝，也有苗族的刺绣、白族的服饰和银器。虽然也见到几个卖木雕或者银器的人在一些店铺门口敲敲打打，但这些店内挂着的大量同质化商品却毫无疑问是来自某些工厂。

在对一家白族银器店进行访谈时，老板没有使用大理话或云南方言，而是用一口标准的普通话热情地为笔者介绍各种银器，并称"这是大理新华村的银器，绝对假不了！"。但是，当笔者表明身份并指出其并非大理人氏、所售也非新华村的银器时，老板一开始略显尴尬，随后向笔者坦言："我是外地人，银器也是从昆明批来的，原产地应该是温州一带，肯定不是纯银，里面是用铅锡合金做的，只是在外面包了一层银而已。"在接下去的访谈中，老板也谈到自己这么做的原因："现在古城里的银器店中的很多产品都是假的，其实我们也有真的银器，但是游客一般都不会买那么贵的。这年头，游客也都是走南闯北的，见识多了，也就不吃这套了。"但是，游客也并不觉得这有什么问题，有的游客直言："那么便宜，肯定是假的！真的在外面卖这个价都还嫌低了呢，更何况是在古城里面，这里是旅游区啊！不过买了就是随便戴着玩玩儿的，应应景嘛！"可见，在充斥着各种假冒伪劣的旅游纪念品的古城，游客已经具有了很强的"免疫力"，他们购买所谓的旅游纪念品时，本就没有抱着体现地方性的想法。有些游客想购买具有地方性的纪念品，却又限于自己的经济能力而没有购买；有些游客出于担心购买到价高货次的心理，也不会购买那些能够体现地方性的纪念品。这些情况在一定程度上又加剧了旅游纪念品的虚假化和同质化。

笔者并没有对其他一些手工艺品做更多的调研，但一位从2005年外迁至此

第七章　族群文化空间的去地方化与再地方化 | 199

的社区居民的话是对现在古城内旅游商品的代表性看法："都是些骗人的银器，从外地整来（运来）的披巾、民族服装，那些哪里是我们丽江的啊？都是外地进来的，好多都是来自浙江、广东的。真正摩梭人的手织披巾都买不到了。"或许这位社区居民的看法有些偏激，但现在新华社区大部分的旅游纪念品确实早已失去了原有的独特性和地方性。

（二）旅游业的过度发展导致原住民外迁

新华社区旅游业的过度发展导致原住民的大量外迁。丽江快速发展的旅游业在新华社区留下了深深的痕迹，这种痕迹不仅仅体现在游客数量的增加以及纪念品店、酒吧、客栈的增加，更多的还体现在曾经的原住民的外迁选择。在这里强调"曾经"，是因为作为原住民的他们原本居住在这里；但作为搬迁户，他们对这里来说，只能是一种"曾经"的身份。

笔者在调研期间发现，想在新华社区找到一个原住民进行采访实在很难，这种难并不是因为居民忙于工作无暇接受访谈，或是居民不愿意配合笔者的调研。这种难是一种最直接的"难"：很难找到一个原住民！而在对新华社区居委会主任的访谈中，他也提到"我们这个社区可以说没有原住居民了，怕是连十个都没有了"。当问及外迁历程时，这位主任说道："一开始搞旅游的时候，搬的还不多。到2000年，那一年游客老多了，而且很多铺面也租给外地人用来卖手工艺品，用来开酒吧、客栈。加上游客又多，买东西、办事都不方便，所以，大家就想搬出去了。一开始都是有钱的先在外面买了房子搬出去，后来大家有钱了也才渐渐搬出去的。"而在新华社区所完成的对2位原住民的访谈都是在新华社区居委会内进行的，他们是因为要到居委会来办证明才进古城一次，否则是不会进来的。就连社区居委会的工作人员也是每天上班时从新城来古城，下班了又回到新城的家中。一位从小在新华街长大，在2005年外迁到新城的受访者告诉笔者："我们确实是很舍不得走的，但实在是没办法住了，我们家原来就在酒吧一条街旁边，一到晚上乒乒乓乓搞到半夜两三点，很吵啊！我爸爸妈妈经常被吵醒了，所以我们才搬出去的。今天要不是要开证明，我也不会回来的。"

为了印证这一说法，笔者在调研过程中就对新华街由北向南分处不同区域的4家酒吧及其周边从19：00—01：00之间的游客数量、入店消费人数、表演形式和噪音程度等进行了调查和记录。总结规律如下：

19：00—20：00，街上游客较多，有少量游客开始进入酒吧，酒吧的开桌率约为15%～20%；此时的游客主要以用餐为主，喝酒只是为了佐餐，酒吧也没有太多的音乐表演，主要是播放音乐等来营造气氛，音乐类型多为较舒缓的轻音乐或钢琴曲；街上噪音较小。

20：00—21：00，街上游客增加，同时酒吧的开桌率也上升到30%～40%，顾客以喝酒、聊天、打扑克为主；部分酒吧开始有节目表演，以演员唱歌为主，曲目多为流行歌曲，并有穿着少数民族服装的女性服务员到酒吧门口揽客，揽客词一般为"进来看看嘛，贵的也有，便宜的也有""看表演嘛，看表演不用钱的"等；此时街上噪音增大，但仍不觉得吵闹，处于可接受范围内。

21：00—23：00，街上游客持续增加，酒吧的开桌率急剧上升，普遍能达到80%～100%，顾客以喝酒、欣赏表演为主；表演则一般有民族歌舞表演，但并不局限于纳西族歌舞，也有傣族的孔雀舞、佤族的长发舞等，同时歌曲也更多地偏向民族风格，除了纳西族常见的《纳西篝火阿哩哩》以外，更多的是藏族民歌；各酒吧为了吸引顾客，有意将对外的音响开大音量，此时街上噪音很大，令人难以忍受。

23：00—24：00，街上游客减少，但酒吧内游客离开的不多，开桌率保持在80%～90%，顾客以喝酒、对歌、聊天为主，此处的对歌是指游客在酒吧服务员的带领下与其他客人（本酒店或其他酒店的人）对歌，歌词通常涉及男女关系等，有的歌词还含有性暗示，较为不雅；表演仍然以歌舞为主；此时街上噪音更大，令人无法忍受。

24：00—01：00，大部分游客经历过"对歌"之后，再逗留约半个小时后离去，此时酒吧的开桌率约为50%～60%，顾客以喝酒、聊天为主；酒吧内的表演基本结束了，但一般会继续播放音乐，此时街上的噪音较小，但靠近四方街一带的酒吧仍然较吵闹。

从调研来看，酒吧一条街晚上的噪音扰民问题确实很严重，部分地区甚至到半夜三四点都还会发出扰人清梦的噪音。当问及新华社区居委会主任这样的情况是否普遍时，他直言："是很多的。大家不愿意住在古城里有比较多的原因，有人说不能装太阳能——不方便，有人说不能通车——不方便。但是，我们这条街（主要指酒吧一条街）上的居民主要还是因为噪音大，影响休息。他们就都搬出去住了，把房子租给外地人还能有些收入。"笔者转而向之前的受访者询问其旧宅是如何处理的，他也坦诚说道："租给外地人当厨房了。"另一位原先住在黄山上段的居民，则是因为生活不便和租金收入选择出租旧宅到新城安家的，他说："古城就是给游客住的，你要是天天住在这里肯定受不了的。车又没有，随便买点东西都要肩扛手拿的，而且家里面经济本来就不是很好，租出去可以补贴一些家用。"

我们可以将原住民外迁的原因总结为：①旅游发展带来的游客、酒吧对居民日常生活影响严重；②旅游性商铺的增加和生活性商铺的减少给社区居民日常生活带来了较大的不便；③将自己的住房出租给外地人可以获得不菲的租金。虽然在本次调研中参与访谈的社区居民太少，但从他们口中得到的原因与以往的研究结果相吻合（李玉臻，2008；杨宁宁，2009），因此，可以认为他们的看法基本上代表了新华社区居民的总体看法。在调研中，笔者也从古城保护管理局获知，政府每个月都会给居住在古城的居民发放 10 元/人的补贴，希望通过发放补贴的方法让居民留在古城居住。不过，这边是每个月发放的 10 元/人的补贴，那边是十几万元甚至几十万元的租金，居民的选择自然不言而喻。

而现在，离开的不仅仅只是原住民。很多游客，特别是常住客也开始渐渐远离吵闹、嘈杂的新华社区，转而到古城周边较为宁静、安逸的社区内居住、休闲。有游客就直言："本来在城市里就很吵很累，来丽江就是寻找安宁与舒适的，没想到这里（新华社区）那么乱、那么吵。下次不会再来这边了。"而一些居住在周边的游客说，他们也是因为受不了中心区域的吵闹和喧嚣才选择在周边住宿的。

随着居民的大量外迁，整个新华社区已经完全成了充满游客和外来经营者的地方，而那些原本是这个地方的主人的居民则早已搬迁到社区以外的地方居住，将自己的"地方"让渡给那些从异地而来的人。不论是游客抑或是外来经营者，他们的进入通过建立起一种新的地方性而"侵占"社区原有的地方性。从某种程度上来说，这种地方性的替换等同于社区传统族群文化的置换。

（三）过度商业化下新华社区建筑的"去地方化"

日益严重的过度商业化气息成为社区居民纷纷外迁的重要原因，而居民的外迁又将原本用于生活的空间让渡给外来经营者从事旅游商业活动，从而加剧了过度商业化的程度。两者相互作用，形成了一个恶性循环。与此同时，随着新华社区的商业化气息日益浓重，原住民纷纷外迁，社区的族群文化也伴随着主人的离去而丧失了"地方化"：留在社区中的早已不再是充满地方性的纳西传统文化，取而代之的是一种具有表演意味甚至是虚假意味的旅游文化。失去了研究对象的新华社区只剩一个"空壳"，其建筑文化成为族群文化在社区最后的表征与体现。笔者的调查对象也只能替换为住在这里的游客以及经营者，对他们进行访谈和观察，从他们身上搜集到一种并非本地纳西文化，且难以名状的"旅游文化"。笔者在原来的调研计划中，希望对社区建筑、服饰、语言、民间组织和族群认同等方面进行调研和分析。但是，除了无法移动的建筑以外，其他各种文化表征都无法再从已经外迁的社区居民那里观察和访谈到，于是笔者在新华社区的调研只好着重于社区中的旅游性建筑。这些建筑由于旅游而兴起，为了满足游客

202 │ 旅游社区的社会空间再生产

的需求而存在，它们的改变直接来自旅游业的发展，并最终形成了地方文化改变的证据。我们可以将新华社区的旅游性建筑分为三种类型：旅游店铺、酒吧和客栈。以下将分别对它们的外观形态、内部结构、建筑的保护情况等方面进行阐述和分析。

1. 旅游店铺：外在形态的良好保护及内部结构的有限改变

旅游店铺是新华社区最常见的旅游性建筑，在新华社区 346 个旅游性建筑中，有 196 家旅游店铺，占所有旅游性建筑的半壁江山。而这些旅游店铺又可以分为三类：服饰类（卖印有东巴文字的 T 恤、民族服饰、摩梭披肩等）有 25 家，手工艺品类（卖银器、木雕、电烙铁画等）有 82 家，以及地方特产类（卖茶叶、玉器、螺旋藻、牦牛干巴等）67 家。它们共有 174 家，占所有旅游店铺数量的 88.8%。可见，新华社区的旅游店铺以此三类为主。

笔者有针对性地对不同类型的店铺随机抽取 12 家，对这些旅游店铺的外观形态、内部设置进行了观察和拍照，并与这 12 名店主进行了访谈。其中，包括服饰类店店主 2 名、手工艺品店店主 6 名、地方特产类店店主 4 名，[①] 抽取的样本基本能够反映出不同类型的店铺所占的比例。在地理位置上，这 12 家店铺中有 5 家位于新华街双石段，另外 7 家则集中于黄山段（包括上下段），也符合新华社区内旅游店铺的空间分布规律。

从对这些店铺的观察来看，房屋的外部形态还是能够较为完好地保持着纳西族传统民居建筑的特点（见图 7 – 5），如外立面都是用石砌勒脚，木外墙或者砖外墙的墙面抹灰、墙角镶砖，采用青瓦铺顶等。而在内部结构上，每个店铺都会根据自己经营的需要进行改动，如服饰店主要是对店铺内的墙面进行装修，多会将钢架、木架或竹架等支撑物钉入墙体内，以便将衣服挂起；银器店则会将店铺一分为二，一边用玻璃货柜展示银器，另一边供游客走动，方便游客沿玻璃展柜挑选银器；虽然售卖牦牛干巴的店铺也会一分为二，但出于卫生角度的考虑，盛放牛肉的一侧采取封闭的方式，只留一个小窗口方便顾客挑选和收钱。但是，这样的改变只是停留在对内部空间功能上的改变，大部分店铺并没有对内部的装饰、装修进行过多的改变。

---

① 这 12 家店的店主中有 5 家为丽江人（他们来自丽江周边地区，但无古城原住居民），3 家为大理人，其余为外省人。

第七章　族群文化空间的去地方化与再地方化 | 203

（a）依然保持纳西民族特色的店铺　　　　（b）黄山下端店铺聚居区

图7-5　旅游店铺的外部形态

在之后笔者与店主进行的访谈中，店主也谈到，对店铺的保护出现"内外有别"是一种普遍现象。他解释，是因为"我们也是租用别人的房子，没必要做太多改动，就是小本经营，没必要投入太大"，"我们卖的主要是服饰，靠的是颜色、款式还有价格来吸引顾客，我就从来没想过通过改变一下外部装修来吸引顾客，那样应该没什么效果的"。而在他们看来，建筑内部的改变则再正常不过了："那（对房屋内部进行重新装修）肯定要呀！要是不加这些吊灯和射灯，银器看着就不好看了。"当然，正如前文所述，大部分店铺的内部并没有出现新的大规模装修，一位开服装店的店主就说："原来租过来的时候也是商铺，和现在也差不多，只是在墙上钉了几颗钉子，把衣架挂起来，其他的也没有去动它。又是租的房子，而且如果改得不好，管理局的人还要来管，所以我们就不搞了，随便做点小买卖好了。"

可见，现在在新华社区内，店铺这一旅游性建筑的保护情况相对来说较好，不论是建筑的外部形态还是内部设置，都保持了一定的地方性和民族特色。而地方性能够保持的原因，一是政府的监管或者说对世界文化遗产的保护；二是因如果对建筑进行大规模的改动，其成本势必上升，而对这些靠出售旅游纪念品为生的小店铺来说，这样的成本显然是不划算的。就如一位来自福建的茶商直言："如果丽江败了，我就去其他地方接着做，去香格里拉也可以啊。"因此，出于成本—收益的考量，这些店主并没有对店铺的外立面形态做过多的改造，从而得以维护其地方性。

2. 酒吧：从内到外的剧烈变化

新华社区内的酒吧主要分布在新华街，在不足1千米长的西河两岸聚集了大大小小共有24家酒吧，因此，这条街也被称为"酒吧一条街"，其名气之大，使得今天越来越多的人已经忘了这条街真正的名字叫作"新华街"。"酒吧一条街"真正热闹的时候是在每天夜幕降临、华灯初上之后，[①] 白天则显得较为冷清（见图7-6），但比较适合观察和访谈。

（a）早上10点时的酒吧街　　　（b）晚上22点时同一地点的酒吧街

图7-6　新华社区的酒吧街

这些酒吧所在的区域原来基本上都是商铺，但是总体来说，现在这些酒吧对建筑物外部形态的民族特色和地方特性的保护不如店铺那么完整。比如，我们经常可以看到有些酒吧将原来的墙面打开，在临河或临街的位置装上窗户，供游客使用；有些酒吧为了表现其独特性，会在其外立面上设置一些新潮装饰，如丝带、海报以及一些涂鸦；有时也会贴上一些季节性的装饰品，如笔者在2010年的调研期间看到一家酒吧还没有将2009年的圣诞节装饰品和圣诞老人头像取下。这些酒吧内部结构的保护情况也远不如店铺的水平。一般来说，每个酒吧都有其主题，如"小巴黎"突出了欧洲式的酒吧风格，高高的酒吧台、实木高凳和欧式的装修使得这里看上去更像处于欧洲的某个酒吧，而不是在丽江；樱花屋酒吧更多的是一种日本酒吧风格同当地纳西风格相结合的产物。

不同的酒吧经营者对"酒吧一条街"的保护以及各自酒吧的保护情况有着自己的看法。桃花岛酒吧的老板"涛哥"就谈道："现在酒吧的竞争越来越激烈，我们只有突出自己的特色，才能和别人区分开来，只有这样才能吸引到我们希望争取的游客。同时，你又要做好每个酒吧都会提供的服务，就比如表演，虽然每个酒吧请的人有所不同，但其实内容都差不多，歌换来换去也就是那几首。所以，还是要突出自己，而装修就是其中很重要的一块。所以，大家才会搞得各

---

① 酒吧最热闹的时间段为晚上19点到第二天凌晨1点左右。酒吧经营规律可见"旅游过度发展导致的原住民外迁"一节中的描述。

不相同，各自有各自的风格嘛！内部的保护就更没办法了。外面的话，哪家都不敢搞得太过，管理局要检查的，但是他们不管里面，只要你符合消防、卫生、税务、工商那些手续，他们就会发经营证的，所以，里面的变化要大一些。"可见，为了吸引目标游客，每家酒吧都在树立自己的特色与风格，从而对建筑的外部与内部结构进行各种装修，以达到符合自身设定的目标。而政府的管理部门对酒吧的监管更多的是停留在外部形态而非内部设置上，因此，内部出现更大的变动并未引发过多的干预。青鸟酒吧的老板也表达了同样的观点，同时他还认为："我们会下那么大工夫去做（指对建筑内外的装修、改动），是因为我们做酒吧的投入是很大的。你看，那么大的酒吧，连上各种费用，一年没有一两百万元是下不来的。既然都投入那么多了，那肯定要搞好啊，所以，只有再搞装修。"从他的话中我们也可以发现，较高的投入也使得酒吧经营者在对建筑内外部的装修上与旅游店铺等小本经营者有着显著的差异。

3. 客栈：外部的良好保护与内部的彻底改变

客栈是古城内游客接触更多，也是游客能更加深入了解的旅游性建筑。因此，其受到旅游的影响也更加明显。新华社区的客栈主要分布在双石段和黄山上段这两个区域。与旅游店铺和酒吧相比，客栈对地理位置的要求不尽相同：店铺和酒吧要求的是处于游客的主要游览线路上，人气较旺，游客较多；而客栈则要求视野开阔，环境较好。因此，新华社区的客栈主要分布在双石段和黄山上段这两个地势较高、视野较好的区域。

笔者在对新华社区内各条大街小巷中的 134 家客栈统计的过程中，也对大部分客栈的外观形态进行了观察、对比和分析。与传统的纳西族民居相比，其外在形态并没有发生显著性的变化，但其内部却出现了颠覆性的改变。现以黄山上段的同福客栈为例进行说明。

同福客栈位于黄山上段接近万古楼处，是一对四川情侣在 2009 年时租来经营的。现有 5 间房，其中豪华观景房 1 间，其余为普通标间，租金为每年 10 万元。原来这里也是房屋主人自己开办的客栈，但后来生意不好，主人就在 2009年 4 月将客栈出租给他们。该客栈属于典型的纳西族"两坊房"，这种房屋呈长方形，面南和面东为两层房屋，其中面南一坊为正房，面东的为厢房。现在，该客栈的客房主要分布在主楼的一、二层和厢房的二层，这对情侣自己住在厢房一层的一间，另一间为厨房。两坊房相连接处为传统房屋中的"漏角"，现在用作卫生间和杂物间。另外两边都是围墙（照壁），从而将中间的空间围成天井，并在天井内放置盆景或种花木。客栈是在纳西族民居的外部结构不变的情况下，在内部进行了很大的装修和调整，主要是为了满足游客的需求。因此，在每个房间内所进行的装修都像宾馆一样，提供标准化、规范化的产品和服务。每个房间室内的布置一般为两张床，有独立的卫生间，有采用电加热的 24 小时热水（古城内严禁使用太阳能）可以洗澡，房间里有冷暖两用的空调，配有机顶盒的电视、免费宽带等设施，应该说非常现代化了。而在内部的立面上采用双飞粉进行粉饰，并贴上一些墙纸和照片用于美化（如图 7 - 7）。由于接待游客的需要，客栈房间的功能和布局与传统纳西族民居中的格局很不一样。例如，传统纳西族民居分为正房、厢房等不同级别的房间，不同的家庭成员所住的房间不同，房间又按长幼秩序的不同而排列。但是，客栈里的房间没有长幼秩序之分，只是价高者得，如同福客栈的豪华观景房就比普通的标间贵 50～80 元，但仍然有很多游客冲着能够看到的美景而趋之若鹜。客栈经营者提到，之所以要将房间的内部装修成像宾馆一样，主要是他觉得"那样比较有档次（应该是指能够吸引游客）。而且，现在的游客一般都要求有这些设施。一开始有游客说没卫生间，不能洗澡，不方便，于是就把普通房间改造成了标间；后来游客又说没有电视，于是又装了电视；再然后又说没有空调，我们又装了空调；现在又说没网络了，我们又得把网络给装起来。你不装又不行，那其他客栈都有了，你没有的话，就竞争不过他们。而且，游客很多时候都很看重这些东西的"。可见，游客对客栈内部功能的要求越来越多，而客栈经营者出于满足游客需要的目的，便对房屋的内部进行了越来越多的改动和改造，这种改造的结果便使得丽江这些客栈内部与其他任何地方的酒店、宾馆一样，提供同质化、标准化的产品与服务。

(a) 同福客栈客房内部　　　　　(b) 同福客栈观景房外景色

图 7 - 7　同福客栈内外部景观

三眼井客栈位于三眼井附近，笔者与其老板进行了深度访谈。在访谈过程中，她也为这件事情忧心忡忡。三眼井客栈是古城内较早由本地人开办的客栈之一，据老板回忆，它是在 1999 年昆明举办世界园艺博览会的时候开办的。该客栈现在有客房 8 间，其中标间 4 间、普间 4 间。据老板说，即使普间比标间的价格低 30% 左右，游客也普遍不愿意住普间，她家客栈的生意也因此冷清了很多。与古城其他客栈相比，三眼井客栈由于是当地人开办的，因此在室内外装修、设置上都基本遵从了纳西族传统民居的风俗，如正坊的堂屋一直都是供起居和会客，而并没有改造成客房用于出租，对旅游唯一的妥协就是改造了 4 间标间。该客栈老板的担心不是没有道理的，在激烈的竞争环境下，三眼井客栈由于自身的条件达不到游客的需求，陷入了经营的困境。在笔者半年后第二次到丽江进行调研时，客栈已经停业，主人已将房屋出租给一家名叫"丽江亿邦旅游投资有限公司"的公司进行"别墅客栈"①的改造和经营。一间由本地人经营了 10 多年的客栈就这样终结了它的生命。

从以上两个案例可以看出，游客出于对舒适、享受型住宿条件的追求，从而对原本并不适合进行旅游接待的纳西族民居一次又一次地提出要求，而客栈的经营者从逐利的角度出发，自然需要满足游客一直在增加的需求。于是，出现了一次又一次纳西族传统民族文化向游客妥协与让步，而正是这种妥协与让步，使得新华社区用作客栈的传统民居的内部出现了一次又一次的"去地方化"。同时，游客为了追求新鲜的"异域"体验而希望住进纳西传统民居的愿望，又使得他们要求客栈的外貌一定要保持传统的风格，起码不应该成为钢筋水泥的"宾馆"。于是，客栈经营者便竭尽全力保持好客栈外观的地方性特色，甚至在出现某些破损需要修复时，客栈经营者也很愿意采用"修旧如旧"的方法来维护。

正是由于游客和经营者基于本身利益的考量，新华社区内用于客栈的纳西族民居建筑得以出现外部"再地方化"保护与内部"去地方化"改变。旅游的发展给新华社区带来的不仅仅是经济的发展、基础设施的改进，同时也带来了影响居民正常作息的噪音和烦扰，带来了挤占居民生活空间的旅游商业化，更带来了取代本地文化的外来文化。而除了带走大量的原住民，还带走了原有的景观和氛围，更带走了新华社区这个地方性的来源——纳西族群及其文化。社区居民的大量外迁，使得新华社区完全成为一个游客与经营者发生交易的"市场"，而非一个拥有世界文化遗产美誉的纳西族社区。居民的大量外迁，使得社区中原本存在的服饰、语言、民间组织和族群认同成为"空洞"，失去了存在的载体，而无法外迁的建筑在成为旅游性建筑之后则经历了各种类型的变化，这种变化的结果或许就是一种地方性的消失，或许就是一种地方文化的"猝死"。或许，在新华社区族群文化正在上演的乐章就是它的谢幕曲。

---

① "别墅客栈"是当地社区居民的称呼，公司将其称为"纳西庭院式精品酒店群落"，是指将客栈作为一个整体出租给同一批人或者同一家人。丽江亿邦旅游投资有限公司是一家总部设在上海的多元化民营公司，其网址为：http://www.yb-map.com/。

新华社区的发展完全依赖于旅游业的兴起。旅游的发展使得社区的基础设施、居民生活方式和生产方式发生了重大改变，也正是旅游业的发展，将以新华社区为代表的丽江古城核心区域搬上世界的舞台来接受全球化的洗礼与冲击。因此，可以说，旅游发展才是新华社区族群文化"去地方化"的主要推动力量。正是由于旅游的过度发展引发了社区内的过度商业化，社区居民纷纷选择外迁，族群文化在旅游发展中出现了断裂的"去地方化"过程。在新华社区里，当社区居民面对日益严重的商业化，居民的生活受到极大影响之后纷纷选择外迁。而失去了文化主体的纳西文化在面对旅游发展所带来的外来文化时，马上就陷入了族群文化全面的"去地方化"。除了无法移动的建筑之外，其他文化要素全都被外来文化所收编。原住民对自己的未来生活会进行自主选择，当无法继续在已经被旅游发展所占据的原有社区内延续传统的生活方式和生产方式时，他们选择退让，这在某种程度上也是一种自我保护式的防御性反应。因旅游的急剧扩张而失去主人的文化，全面呈现出"去地方化"。即使留存下来的建筑物也由于商业化的兴起而遭受到了各种改造，成为游客们消费的空间。在旅游过度发展的带动下，新华社区的"去地方化"如此剧烈与彻底，让人还没来得及回味便发现族群文化的丢失早已发生。

第三节　边缘旅游社区族群文化空间的"再地方化"与"去地方化"[①]

一、义尚社区概况及其旅游发展

义尚社区，因境内竖有一座牌坊，上面刻有"圣旨宗义"的文字而取名义尚。1950 年为义尚行政村，1955 年与文智村合并为文义乡，1958 年为管理区，1961 年为义尚大队，1963 年为义尚公社，1966 年又改称为大队，1984 年为义尚办事处。该社区位于丽江古城的东北角，现隶属于古城区大研街道办事处，下辖文明、文华、文林 3 个村民小组。该社区现有 328 户、1324 人，其中，农业人口1136 人，劳动力 725 人，从事第一产业的人数为 436 人。义尚社区主要由纳西族构成，其中，纳西族 1249 人、汉族 65 人、白族 10 人，纳西族占社区人口的

[①] 本章的主要内容曾以《旅游发展中族群文化的再地方化与去地方化——以丽江义尚社区为例》为题发表于《广西民族大学学报》2012 年第 4 期，收入本书时有所修订。

94.3%。全村面积 1.48 平方千米，耕地面积 210 亩，农业种植以蔬菜等农作物为主。但由于近几年来，丽江市政府对古城东郊进行环境整治和征地拆迁工作，现在该社区的农民已成为失地、少地农民，人均耕地 0.16 亩。农民的收入主要来自以旅游为主的第三产业。2009 年，全村经济中第一产业收入为 220.24 万元，第二产业收入为 203 万元，第三产业收入达到 660 万元，总收入 1083 万元，农民人均纯收入 8187 元。[1] 截至 2008 年年底，该社区已经实现通水、通路、通电等"五通"。该社区基本实现了电视机、有线电视、电话 100% 普及；有汽车 22 辆，拖拉机 5 辆，农用运输车 65 辆，摩托车 10 辆。该社区的主要组织有党支部 1 个，下设 9 个党小组，共有党员 62 人。其他组织还有老年人协会、妇女之家；另外，为了弘扬纳西民族文化，宣传纳西古乐，该社区在文林村还成立了一支纳西古乐团。

由于义尚社区处于古城的东北角，远离古城旅游发展的核心区域，因此，自丽江开发旅游以来，该社区一直处于旅游发展的边缘地区。但是，区位上的劣势并没有阻挡义尚社区的居民参与到旅游业中去。从丽江旅游起步开始，义尚社区中的村民就已经参与其中了。主要体现在两方面：首先是开办客栈。该社区在 2003 年就已经有客栈开业迎客，2010 年，义尚社区共有 16 家客栈、1 家咖啡室，旅游店铺尚未出现。其次是参与丽江纳西洞经古乐的演奏。据当地社区居民的说法，在古城东大街"大研纳西古乐会"中的表演者有部分人是来自义尚社区的，同时也有很多年轻人在这个纳西古乐团学习。而该社区内的 16 家客栈中也只有 3 家是由外地人承包的，其余客栈都是由当地社区居民在经营。可以说，历经十余年，义尚社区的旅游发展仍然较为和缓，并没有如新华社区那般极速。原因主要有以下两个方面：

第一，义尚社区处于传统旅游开发核心区四方街的边缘，是一个边缘旅游社区。较少有游客会从四方街走到义尚社区来，因此，游客量的不足导致该社区的旅游发展一直处于温和状态。接受访谈的义尚社区（居委会?）刘主任也认为"距离（核心区域）较远是一个主要原因"。虽然这是义尚社区旅游没有迅速发展的制约因素，但是，由于现在古城核心区过于吵闹和喧哗，部分常住客和休闲度假客也会选择在义尚社区常住。例如，一对来自北京的情侣就已经在义尚社区的一个客栈里居住了 2 个多月，而他们选择义尚社区的原因就在于"这边安静很多。我们来这儿就是休闲来的，不是来吵来闹的，那样不用来丽江也可以啊!"。可见，远离核心区的喧哗也成为义尚社区旅游发展新的吸引力。

第二，义尚社区地处古城边缘，社区与新城交织的地方，既有部分在公路边

---

[1] 本节部分资料由尚义街道社区提供，人口数据截至 2010 年 1 月。

缘的商铺，又有一些田地，该社区的村民既可以通过铺面贩卖日用品等杂物给新城居民，也可以耕种田地以取得一定的收入（见图 7-8）。因此，与新华社区居民完全依靠旅游商业的模式不同，义尚社区居民的经济来源更广一些，所以，他们对旅游发展的重视程度也不如新华社区的高。社区的居民也对这一观点抱同意态度，有一位拥有铺面的村民说："旅游开发虽然好，但是人很累，要做好多事情的。现在开个超市也挺好的，赚得不一定比做旅游少啊。"

（a）义尚社区周边的商铺经营　　　　　　　（b）耕种田地

图 7-8　义尚社区居民的经营方式

基于上述原因，义尚社区的旅游业一直稳定发展，并没有出现旅游发展所带来的过度商业化、居民外迁等现象。可以说从表面上看，义尚社区的居民没有像新华社区的居民那样纷纷外迁，从而引起社区族群文化的断裂。为了对义尚社区在适度旅游推动下的族群文化进行研究，并与其他社区进行对比研究，下面采用在现云村案例研究中所使用的 5 个指标来对其进行分析。

二、旅游的适度发展下义尚社区"再地方化"与"去地方化"的并存

为了揭示出义尚社区的旅游发展与当地族群文化保护的情况，有必要对义尚社区的族群文化进行梳理，通过对建筑的外在风格及内部设施、居民服饰进行观察，与村民、村干部和旅游从业者以及部分游客进行访谈，以还原义尚社区旅游发展后的族群文化变迁脉络，从而回答如下问题：旅游的发展是保护、复兴了当地的族群文化，还是对族群文化的保护和复兴没有任何作用，甚至是存在消极的作用？

第七章　族群文化空间的去地方化与再地方化　211

（一）建筑发生了明显的"再地方化"

义尚社区居民房屋以砖木结构住房为主，有215户居住在砖木结构住房；另外，有71户居住在土木结构住房，有38户居住在砖混结构住房。笔者在对义尚社区建筑进行调研时发现，单从外观来看，义尚社区的民居保存得不如新华社区等古城旅游发展的核心区域那么好。义尚社区内除了有38户居住在砖混结构的房屋，还有约20%的砖木或土木结构房屋的外立面使用了马赛克、瓷砖等装饰材料。在义尚社区连接五一街的一条小道上，一边是纳西族传统的土木结构房屋，另一边则是使用现代建筑材料的纳西民居。（见图7-9）

（a）传统建筑与现代建筑隔街而临　　　　　（b）正在重建的纳西民居

图7-9　义尚社区建筑的"再地方化"

笔者一开始对此疑惑不解，认为在世界文化遗产地的保护政策之下不应该出现这样的异化建筑，显得与周边传统的纳西族民居格格不入，很不和谐，故对丽江古城保护管理局保护建设科的张科长进行询问，张科长对此进行了详细的解释：新中国成立初期，这一带原来是丽江市古城区民族服装厂的所在地，因此，以前这里有一些厂房和员工宿舍。1995年服装厂倒闭，古城保护管理局认为厂房影响了丽江古城的整体景观，就在1997年申遗时将厂房拆除。考虑到服装厂职工的居住问题没法解决，因此职工宿舍便没有拆除，这也是为什么紧邻古城旁边就有一栋4层楼高的水泥房。在此之前，周边居民已纷纷效仿服装厂建水泥房。现在，古城保护管理局由于历史原因，对这一块并没有像对古城核心区一样管理得那么严格，还允许这些砖混结构房屋的存在。但是，古城保护管理局已经完全禁止在古城内修建此类结构的建筑，并且这些砖混结构房屋如果需要拆除重建的话，就只能恢复成传统的砖木或者土木结构的房屋。当笔者追问居民是否愿意将砖混结构房屋改为砖木或者土木结构的传统房屋时，出乎意料的是，张科长说"很多居民都很愿意住回传统的民居"。究其原因，他认为主要是三个方面："一是因为古城成为世界文化遗产、东巴文化成为世界记忆遗产都让居民感到很自豪，也愿意为保护古城做一些事情；二是古城保护管理局会提供一定的资金支持，帮助他们盖传统的纳西民居，他们自己花费得也不多；三是一些居民希望开客栈，而游客又不喜欢住水泥房子。"

针对张科长的这种说法，笔者在义尚社区进行调研时，与当地居民进行了多次沟通，发现居住在传统纳西族民居中的居民很满意现在的居住条件，认为"冬暖夏凉"，"厦子好晒太阳，天井里面养花养草有利于环境卫生"；而住在砖混结构房子中的居民则希望能够住进传统民居中，有一位老人说道，"还是老房子好住，新的太冷了，而且养花养草都不好，会死，鸟也冷了，不会叫"，这位老者的话显然补充了张科长的回答。而一些中青年一是比较看重政府给的补贴，认为"现在给就应该建，不然以后不给了，想建还要全部自己掏钱"；二是有着经营客栈、参与旅游的愿望："现在建好了，先自己住着，等以后这边游客多了，我们就可以开客栈啦！"对于张科长提出的第一个原因，大部分人表示虽然很自豪，但还不至于因为这样就把自己的家给拆了去建回传统民居。显然，对自身利益的考量才是居民决心恢复传统民居的最大动力。

笔者在社区走访时，也确实发现义尚社区有很多地方都在修建新的房屋，且绝大部分都是在修建砖木结构的房屋，当然在修建时也会使用到一些现代建筑材料，如水泥、石灰等，但这些材料的使用并没有影响到这些房屋保持古朴的纳西族风格。这也正如 Thomas Philip（1988）在马达加斯加乡村研究时所发现的情况一样，建筑在义尚社区出现了明显的"再地方化"。而房屋的主人主要是基于两点考虑而恢复成传统纳西族民居的：第一，自己愿意住在传统民居中，而且政府对建房有补贴；第二，希望以后能够开办客栈，参与到旅游发展当中。现在，该社区内也有部分原来从事运输业的居民希望通过租借其他村民家地理位置较好的传统民居来开办客栈的情况。可见，居民对参与旅游业的热情还是很高的。

由于政府对居民恢复传统民居的补助措施，以及居民希望以后能够凭借传统民居这一优势参与到旅游发展当中等原因的影响，建筑在义尚社区出现了明显的"再地方化"。

（二）服饰成为纳西族身份的象征

在日常生活中，除了上了年纪的老妇人会穿着象征"披星戴月"的特色服饰外，其他纳西族人都不再穿民族服饰了，特别是男子的服装，已经完全汉化了。这一点与现云村的情况差别不大。但有一点值得注意：在义尚社区中，有一群年轻女子在古城核心区域从事如迎客、招待、歌舞表演等与旅游相关的工作，因此，她们时常穿着纳西服装在社区内活动，虽然她们可能只把这件民族服装当作纯粹的"工作制服"，但在客观上既成为一道独特的风景，又让其他纳西女孩看到有人穿着纳西民族服装而具有示范效应。问及她们是否愿意平时也穿着工作时候的"制服"时，这些女子都表现出"愿意穿着"的意愿。这在一定程度上减少了穿着纳西族服装时那种"怕被别人笑话的羞耻感"（宗晓莲，2006）。从这个角度来说，在社区内也穿着工作时的民族服装能够对族群服饰的恢复起到积极的作用，有利于族群服饰的新的继承和发展。

如果说义尚社区的建筑已经出现了明显的"再地方化"特征，那么服饰还没有到达这样的程度，但从减少陌生感、羞耻感的角度来说，旅游的发展确实将族群服饰带回给义尚社区的纳西人。这里的人不再像现云村的人那样，认为民族服饰"难看"或"不一样"，而是认为民族服饰是一种美和族群身份的象征。

（三）旅游的发展加剧了语言的"去地方化"

如果说旅游的发展在建筑以及服饰方面都给义尚社区带来了"再地方化"的积极信号的话，那么旅游发展中的义尚社区，纳西话反而越发地不受重视了。笔者在调研中发现，社区中除了一些老人在说纳西话外，连一些中年村民之间的沟通都是使用汉语，问及原因时，他们回答："工作的时候就改过来了，不说纳西话，现在也习惯了，听是能听懂，也会说，但是每次一张口就是汉语。"笔者在一家小卖铺前，偶然与4名正在打桌球的年轻人进行了交流。这群年轻人年龄都不大，应该是处在高中的年龄段。但是，他们当中竟然没有一个人能够将小卖铺里的东西的名称用纳西话说出来。而小卖铺里的东西都是一些日常用品，或者经常能够接触到的商品。其中，两个年轻人甚至连喝水（jjiq teeq）、盐巴（cei）这样最基本的纳西词汇都不会。通过和他们的谈话发现，他们认为会不会说纳西话并不重要，只要能说好普通话和英语就可以了。问他们为什么那么认为时，他们说："现在游客来得多了，都是说普通话和英语的，所以要学好。"从他们的回答中，除了能看出英语和普通话的重要性是多么地深入人心外，还可以发现，他们通常以能否与游客交流来判断自己的语言技能，也就是说在潜移默化中，旅游和游客成为他们思考自身、思考未来的参照物。

相比现云村中老年人说纳西话但后代不会说的情况，纳西话在义尚社区处于一个更加困难的境地。渴望参与旅游、发展旅游的村民更多的是在意自己能否与游客或者外来经营者交流，并不强调纳西语言的传承与保护。可以说，旅游的发展使得纳西话在居民的日常生活中、在与他人交流中的重要性大大降低，从而加速了义尚社区纳西话"去地方化"的进程。

214 | 旅游社区的社会空间再生产

（四）民间组织的复兴

化赊作为纳西族社区中普遍存在的民间活动，义尚社区同样也有着各种各样的赊会。而从实地调研来看，义尚社区的赊会活动与现云村的相比更为频繁，赊友之间经常联系，在周末或者节假日时，经常一起到周边的农家乐进行各种娱乐活动。而且，就化赊这样一个行为，又可以具体分为三种：第一种是吃赊，即大家只是吃吃饭，并不攒钱①；第二种是不吃饭，只攒钱，叫攒赊；第三种是又吃饭，又攒钱，就称之为化赊。义尚社区的化赊行为之所以比现云村更为频繁，可能是和两地之间的经济发展水平和人们的自由支配时间存在差异有关。

除了各式各样的赊会外，义尚社区还有一个最有特色的民间组织，即古城第一支纳西古乐团：文林古乐队。这只古乐队虽然没有宣科在东大街主持的"大研纳西古乐会"有名，但却是古城内成立的第一支古乐队，并在 1994 年时得到过云南省旅游局授予的"先进集体"称号，在 2001 年 5 月代表纳西东巴古乐团到日本高山市进行了访问演出（见图 7-10）。况且，这里还为古城内的纳西洞经古乐队培养了很多人才。

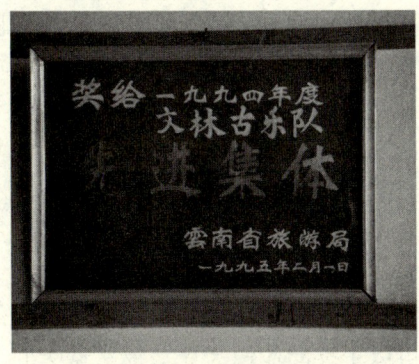
（a）古乐队受到的奖励

（b）古乐队在日本高山市的合影

图 7-10　古城第一支纳西古乐团——文林古乐队

资料来源：笔者翻拍于义尚社区居委会。

有一次在对义尚社区的居民进行入户调研时，笔者恰好认识了一位姓田的男子，现在在"大研纳西古乐会"演奏古筝的他恰好就是在文林古乐队学习古筝和其他乐器的。和他谈及文林古乐队时，他感受颇多，认为文林古乐队的演奏水

---

① 攒（音 cuán），意指大家拿出钱、物等凑在一起。

平也挺不错的，只是缺少了"宣科"这样一个人物对它进行管理、营销和包装。当问到他如何看待旅游对古乐的影响时，他坦言："旅游的发展确实让古乐迎来了第二次生命，要是没有游客来听，很难想象没有经济来源的古乐会发展成什么样子。"他还特别强调，旅游发展对下一代人认识古乐、爱好古乐产生了很好的引导作用，"特别像男娃娃，争强好胜的，哪个能够在外人面前来上一小段（古乐），那在玩伴儿里面就很厉害了"。或许老田回忆的是自己童年时某次的得意，但不可否认，旅游的发展为纳西古乐提供了广阔的市场，为纳西古乐的发展提供了动力。而文林古乐队更像是专门为宣科团队培养和输送人才的文化源泉，因此，旅游的发展对文林古乐队所在的义尚社区中的年轻人产生了不小的影响力和号召力。正如居民所言："也有很多年轻人在我们这个纳西古乐团学习的。"旅游的发展为文林古乐队这样一个民间组织的兴起提供了存在的必要条件和市场的基础。

（五）"纳西人"族群认同的逐渐凸显

如前文所述，族群认同是一个复杂的集合体，包括对一个族群的归属感、肯定态度、对该族群文化感兴趣以及参与族群传统活动（Phinney，1996）。为了探究旅游发展之后义尚社区居民的族群意识及其认同，笔者也对义尚社区居民的族群态度、族群知识认知、参与族群活动以及与其他族群关系等方面对居民进行了调研。

相比现云村，义尚社区处于旅游发展之中，因此，首先应该探访的便是社区居民对旅游发展的看法以及社区居民与游客的关系。调查发现，居民对旅游业的发展确实有着较为完整的态度和认识，既能看到有利的一面，同时也能看到旅游发展所带来的负面影响。例如，有居民认为"旅游带来游客，游客多了，收入高了，变发达了"，"来的人多，古城里面也修得好多了，以前有很多水泥房子很难看"，等等。同时，也有居民谈道："东西不好买了，都是些卖给游客的纪念品，我们买个酱油都要走去公路边买，不方便"，"有点吵，不像以前那么安静了"，"肯定有不好的，不然那些人（核心发展区的居民，如新华社区居民）也不会搬出去了"。可见，一方面，居民清楚地看到了旅游发展所带来的好处，并认为旅游的发展对当地经济和古城保护都是有益的；另一方面，由于存在如新华社区之类由于旅游业而造成过度商业化、居民纷纷外迁的"前车之鉴"，他们也认识到旅游发展之后所带来的一些后果。而关于居民与游客的关系方面，由于义尚社区的旅游业一直处于平缓的发展情况，游客数量并不太多；而且客栈数量较少也在一定程度上限制了居民与游客更深层次的接触，因此，义尚社区的居民与游客的交流程度有限。但不可否认的是，作为古城旅游吸引物的构成要素之一，社区居民与游客的交往是日益密切了。姑且不论越来越多的居民参与到旅游业当中去，更多的居民与游客的交往可能来源于一次相视的微笑、一声问好、一句交谈。居民与游客之间的关系也正是建立在这样的交往之上的。义尚社区的居民因保留了纳西民族的好客传统而对游客的到来持积极和欢迎态度。"欢迎游客来！"成为居民回答"是否喜欢游客来古城里？"的第一答案。而在与游客或长或短的交流中，居民们也认为和游客"关系很好"，"大家能够谈得起来，有些东西还可以互相学习"。一位中年男性居民就和笔者讲到游客教他使用GPS定位系统，他告诉游客纳西民居上悬鱼的意义，并认为"我们的东西，不管房子、生活习惯，他们（游客）都很感兴趣，我也很高兴能够告诉他们"。与此同时，正是和游客的交往，让身为纳西族的居民更加清楚地认识到自身文化的独特性及其所具有的价值。在访谈过程中，不论是老者还是中青年人都对自己的文化充满了骄傲，而他们作为一个纳西人的自豪感更是溢于言表。居民们对自己的文化不吝赞美之情，从音乐、文字、东巴造纸、房屋建筑等各个方面都褒扬有加："你看宣科的那个音乐会，为什么那么多人去听啊？还不是因为这个是我们纳西人从古传下来的，是我们纳西人的自豪呢"，"东巴文字是世界上最后一种还在使用的象形文字了，好多外国人都争着来我们这里学呢"，"好多人都只知道东巴文，其实东巴纸也很有特色的，上次还有一个台湾人来我们这里学习怎么造纸"。可见，村民在与以游客为主要代表的"他者"眼中得到的不仅仅是一种交流和对自身文化的认识，游客对纳西文化的追逐和学习已经成为村民身为纳西人骄傲和自豪的来源。在与"他者"接触之后，他们开始认识到自己族群文化的价值，为身为一个纳西人而感到骄傲和自豪，族群意识开始凸显。

这种骄傲和自豪也体现在他们对自己族群知识的认知上。毕竟"游客都很重视了，我们自己更应该重视起来"，这是一位义尚社区老者的心声。这位老者现在在自己家中开设了一个东巴文化班，免费为社区中的小学生补习各种纳西文化知识，虽然刚刚起步，而且学生也不是很多，但老人家还是希望把自己知道的纳西文化知识传授给下一代人，更希望社区中其他老人也能像他这样，把自己知道的纳西文化知识传授给后代。而当笔者问及小孩子是否愿意学习时，老者认为："现在的娃娃太爱玩了，家长送来上课时总是不专心，还三天打鱼两天晒网的。但是，我觉得能多教一点算一点，以后他们可能才会晓得有用的。"老者的话中虽然透露着些许的无奈，但能够让下一代多受一些族群文化的教育，这种薪火相传的意义也是他的动力。

除了希望将纳西文化传授给下一代以外，居民们对纳西族的各种仪式、活动也都较为重视。每家的祭祖活动一般都很隆重：必定要人人到齐、穿着一新，对供奉在正房一楼堂屋的祖宗牌位上香、献贡。平时居民也会经常参加各种活动，如前文所提到的文林古乐队便吸引了一群年轻人，他们很有学习热情，经常在居委会的活动室进行练习、比赛等活动。平时老年人除了进行如扑克、象棋等娱乐活动外，也经常组织如打跳、勒巴舞等族群文化活动来自娱自乐。可见，与现云村不同的是，在义尚社区，人们参加纳西传统文化活动和仪式的程度更深、频率更高。

可以看出，义尚社区的纳西族居民对自己的族群文化抱有一种很强烈的自豪感，这种自豪感不仅体现在他们积极参与各种族群仪式和活动、希望将纳西文化传授给下一代上，更重要的是体现在他们在与以游客为代表的"他者"相处时所表现出来的对自身族群文化的自信。而很有意思的是，正是由于游客对纳西文化的追逐和学习，才使得居民认识到自己族群文化的价值，从而促发他们产生内心的族群自豪感，而自豪感的出现又加深了居民与游客相处时的自信。或许真是这样一个互相促进的过程，使得今天义尚社区的居民为自己的纳西族身份而自豪不已。

综上所述，与新华社区相似，义尚社区也是依靠旅游业来进行发展的。但是，由于其旅游发展一直处于较为温和的态势，确保了义尚社区的纳西族族群文化在很大程度上得以保留。同时，旅游的发展致使族群文化在很多方面都出现了"再地方化"现象。义尚社区的建筑出现了明显的"再地方化"，社区居民出于对政府补助和居住习惯的追求、对参与旅游业的向往，主动地恢复传统的纳西族民居；居民对纳西服饰已经没有了过去的"羞耻感"，转而成为一种旅游从业者的象征；民间组织如古乐队，由于旅游业的发展迎来了新生；游客的追寻成为社区居民族群认同的"参照物"，旅游的发展成为社区居民身为纳西人骄傲的来源。另外，我们也不应该忽视旅游发展对地方文化中某些方面所造成的"去地方化"加速的后果，如旅游发展对纳西语言的传承就起到了较为消极的作用。但是总体而言，旅游发展对族群文化的"再地方化"作用远远大于"去地方化"影响。而未来如何，可能需要我们明确在不同的社区出现"再地方化"和"去地方化"这两种不同方向力量的原因。只有清楚了其出现的原因，才有可能尽量去控制"去地方化"的危害，彰显"再地方化"的力量。

第四节　社区族群文化空间"去地方化"与"再地方化"的原因

一、现代化与旅游是族群文化"去地方化"与"再地方化"的外部推力

通过对三个不同案例地社区族群文化的"去地方化"与"再地方化"现状

进行深描和总结，我们可以看到，以现云村为代表的那些与旅游无涉、与工业化过程没有直接联系的、普通的纳西族社区的族群文化所经历的是一种缓慢的"去地方化"过程。而在有旅游发展的两个社区中，新华社区由于旅游的过度发展所导致的过度商业化、原住民的外迁而带来了族群文化出现断裂式的"去地方化"；义尚社区则由于适度的旅游业发展而对族群文化提供了一种"再地方化"的保护。可以说，旅游的发展既能够迅速使得族群文化消逝，出现"去地方化"，也能保护族群文化，促进其继承与发展，提供"再地方化"的力量。因此，有必要就旅游对族群文化"再地方化"和"去地方化"的原因进行简要分析。

（一）现代化是非旅游社区族群文化"去地方化"的外部力量

现云村族群文化缓慢的"去地方化"伴随着现代化、全球化的进程。现云村社区为本研究提供了一个与旅游无涉、与工业化过程没有直接联系的、普通的纳西族社区中族群文化的变迁案例。通过对现云村 5 个具有表征意义的文化现象所进行的描述，我们可以看到，在现代化和全球化的浪潮冲击下，这个小村落的族群文化是如何发生变化的。村民现在的衣、食、住、行已经与纳西族的传统文化相去甚远。

随着交通的改善、现代信息传播手段的日新月异，地理的封闭再也无法阻挡现代化和全球化的脚步，即使如现云村这样一个普通的纳西族小村，其族群文化也产生了巨大的变化。这种在现代化外力推动下的变化是缓慢进行的，族群文化所经历的是一个缓慢的、常态的"去地方化"过程。随着现代化的推进，势必带动当地的全球化进程，也就是说，现云村这样一个地处中国边远西南的纳西族聚居村落也面对着全球化的巨大浪潮。这股浪潮将席卷社区的方方面面，直到将地方的特色夷平，使之成为全球化中无差异的一员而失去地方性。在这里，地方性已经纷纷被现代化、全球化的生活所肢解，偶然残留下来的破碎的地方记忆也只是保留在某些老人的内心深处。当然，这还会导致精神层面文化的丧失，这种丧失虽然还没有完全发生，但确实有显著的趋势。在这里，纳西本地文化在面对外来强势文化时，渐渐被现代化所解构，被全球化所同化，变得和其他地方一样，失去了原本的民族特色和地方性。弱势的地方性面对强势的现代化、全球化时，只能选择退让。这种退让既可以是物质层面文化的丧失，如穿着纳西民族服装的人越来越少，纳西民族服装逐渐让位于汉式服装；村民希望能够住进砖混结构的楼房，不论是在建筑材料，还是在房屋内外部装饰上，都遗弃了纳西族群的特色。这种退让也可以是组织和制度层面文化的丧失，如纳西族传统中的睐会等组织的作用与功能让位于今天现代化的银行和信贷服务，活动组织功能则让位于老年人协会等社区组织。

可以说，没有旅游发展的现云村，其族群文化的"去地方化"正是在现代化及其夹带着的全球化这样强大的外部推力下发生的。这样的"去地方化"进程虽然缓慢，却在时刻发生着。

（二）旅游的过度发展成为核心旅游社区族群文化"去地方化"加速的外部推力

相比现云村族群文化"去地方化"进程的缓慢，新华社区作为核心旅游社区而言，其族群文化的"去地方化"进程完全可以用"急促"来形容。而这种急促来源于两个方面：一方面，旅游迅猛发展所带来的过度商业化；另一方面，族群文化主体的迅速外迁导致族群文化主体的"空洞化"。这两个方面并非毫无关联，旅游迅猛发展所导致的过度商业化，使得居民原本的生活方式和生产方式受到极大的影响，无法改变这一状况的居民只好"用脚投票"，纷纷外迁；而居民的外迁又加剧了旅游所带来的过度商业化。因此，短短十几年间的旅游发展，使得新华社区族群文化出现了急速的"去地方化"。现在，该社区内充斥着各种商业文化、交易文化、旅游文化，甚至还有来自国内外各种地方的文化，却独独缺少纳西族群文化。

即便那些现在仍然留在社区内的纳西族传统建筑，也由于功能的改变而经历了各种各样的变化与改造。旅游店铺的外在形态虽然得以保留，但内在却已经发生了改变；客栈的外部保护良好，却掩盖不了其内部如酒店标间式的"同质化"和"标准化"；而作为酒吧存在的传统民族建筑，更是受到了颠覆性的改变，不论其外观还是内饰，都早已失去了社区族群文化的印记。旅游为社区带来巨大经济利益的同时，也带来了蜂拥而至的游客与外来经营者，他们各自带着自己的目的来到社区，将社区改造成为商业交易的市场。

如果想将现在在社区中居住的外来经营者或者游客培训、教育成新的古城人，那是极其困难的，并且，想把一群逐利而居的投机经营者塑造成新纳西文化的载体也是难以实现的。即使社区能够培养出一些具有纳西族传统的社区新居民，那也需要较长的时间。因此，当新华社区族群文化在面对汹涌而至的旅游大潮时，弱势的族群文化出现了急促的"去地方化"。这种"去地方化"对族群文化的削弱、破坏迅猛而彻底。失去了主体的新华社区，难以逃脱族群文化断裂的尴尬局面。

可以说，正是旅游的迅猛发展造成了新华社区这样的旅游核心社区出现过度商业化和原住民大量外迁的局面。也正是这种局面的出现，使得社区族群文化的"去地方化"进程加快：旅游成为核心旅游社区族群文化"去地方化"加速的外部推力。如果从文化多样性和族群文化保护的角度来看，这无疑是一种无法挽回的损失。

（三）旅游的平缓发展成为边缘旅游社区族群文化"去地方化"和"再地方化"交织的外部动力

旅游的适度发展为义尚社区这个边缘的旅游社区带来了族群文化"再地方化"与"去地方化"交织的局面。如果说非旅游社区经历的是一种暴露于现代化与全球化浪潮下的普通纳西族社区族群文化开始渐渐消失与"去地方化"，核心旅游社区经历的是一种在旅游极速发展下带来的过度商业化、主体外迁并引发社区族群文化的断裂，那么，旅游业在边缘旅游社区的适度发展并没有造成旅游商业化的盛行和原住民的外迁；相反，旅游业的发展既为社区族群文化带来了新的存在空间和物质基础，又给居民带来了作为一个纳西族人继续传承族群文化的自豪感与动力。

一方面，旅游的适度发展为社区族群文化带来了新的存在意义和经济支持。就如义尚社区古乐队的存在，虽然其不直接对游客进行表演，但它的存在是以旅游的发展为平台、以游客的需要为前提的。如果没有旅游的发展，很难想象现在文林古乐队的存在环境。另一方面，旅游的适度发展为社区的居民带来了更多关于自身的认知，这是一种出于对现代化、全球化浪潮中自己民族的文化独特性与价值性的认知。就如义尚社区的居民现在对纳西族服饰的看法已经出现了很大的改变，出现了新的认知。当他们拥有了这种认知的时候，他们便会做出合适的调整，在现代化与全球化的背景下来延续自身的族群文化。这种改变并不是一种退缩，而是一种纳西族居民具有主动性的选择。旅游适度发展所带来的两方面的力量共同作用，促进了社区族群文化在一些方面出现了"再地方化"，如义尚社区族群文化在建筑、服饰、民间组织和族群的意识与认同等方面出现了"再地方化"的过程。但同时也应该看到，旅游发展所带来的并不全是对族群文化的"再地方化"力量，在某些方面，它甚至有可能引起族群文化的"去地方化"加速，如义尚社区纳西语言的流失。

在义尚社区，族群文化正经历着"保存、发扬"与"遗忘、丢失"交织的现状，但从现阶段来看，旅游发展对族群文化"再地方化"的力量明显大于"去地方化"的动力。可以明确的是，义尚社区族群文化的"再地方化"和"去地方化"交织的进程还在进行，或许还需要我们对这一进程做更多的研究。但有一点可以肯定："去地方化"和"再地方化"的二重奏还会继续在义尚社区上演。"去地方化"和"再地方化"在义尚社区的同时存在，说明旅游背景下的义尚社区族群文化体现出交织的特点，即族群文化的一部分受到"再地方化"力量的约束，而恢复了族群文化的地方性；族群文化的另一部分却受到"去地方化"力量的作用，加速了族群文化地方性的丢失。

二、利益主体的选择成为族群文化"去地方化"与"再地方化"的内部动因

在对社区族群文化"去地方化"和"再地方化"的外部力量进行分析之后可以发现，现代化力量推动了非旅游社区族群文化发生缓慢的"去地方化"进程，急速发展的旅游会加速社区族群文化的"去地方化"进程；相反，旅游的适度发展却能够给社区族群文化带来"再地方化"与"去地方化"交织的现象。这些分析都是从社区外部对族群文化的"去地方化"与"再地方化"的解释。但应该注意的是，不论是现代化力量还是旅游，都是从社区外部的角度对"去地方化"与"再地方化"进行解释，而缺少了对社区内部各种利益主体的关注和研究。因此，我们还需对社区内各利益主体进行分析，希望能够通过对不同利益主体的行为及其背后隐藏的动机进行研究，揭示出旅游发展背景下，族群文化"去地方化"与"再地方化"出现的具体原因。

（一）游客对地方性族群文化"好恶交织"的心理

游客，作为旅游发展中占据强势地位的群体，对族群文化的影响是深远的。游客在旅游地时，通常都有两种矛盾的心理。其一，游客有希望得到安定、稳定的心理：人们在安全、稳定的环境中生活得比较踏实，没有人希望自己生活在动乱之中；其二，出于探索新奇事物的动机，游客又希望追求一种新的生活，希望出现变化，因此，他们又有求新、求异、探寻异域文化的心理（马莹，2007）。游客这种矛盾的心理也会体现在他们对待旅游目的地的族群文化上，对异于自己的其他族群的文化，他们既表现出"喜好"的一面，同时也存在着"厌恶"的一面。正如王宁（1999）所提出的"旅游反映了人们对于现代性的'好恶交织'（ambivalence）心理"一样，旅游背景下的族群文化所出现的"去地方化"和"再地方化"并存的现象，也反映了游客对族群文化的"好恶交织"的心理。

一方面，他们在旅游目的地时，总是希望能够欣赏到更多的目的地文化，更多地了解当地居民日常生活中的点点滴滴。例如，游客在古城里欣赏纳西族传统建筑、纳西古乐，参与中老年人组织的打跳活动时，他们抱着欣赏、喜爱的心理为这样的族群文化叫好、助威。在笔者对游客的访谈中发现，绝大多数游客都会选择观看具有纳西风情的传统歌舞、纳西古乐等，这也是许多游客来丽江旅游的重要原因之一。而这种对异文化的追求和好奇，转变成为旅游发展下促进当地族群文化"再地方化"的力量；也正是游客的追寻，又为纳西族族群文化的存在

提供了空间和物质基础，激发起了纳西族居民的族群自豪感，从而获得族群文化"再地方化"的动力。

另一方面，求安定、稳定的心理又促使他们追寻一种"家的熟悉感"，寻找一种能够让他们感到放心和安全的环境，哪怕不能完全如家一般熟悉，但至少不会感到陌生。于是，标准化和同质化便应运而生。很多游客对客栈的住宿要求都体现了这一点，他们在选择客栈的时候，虽然也考虑是否为纳西族传统民居，但更关心的是"能不能上网""是不是能24小时供应热水""床单、被套是不是一天一换"这些现代化的住宿条件，毕竟游客还是难以接受一种完全不熟悉的"异域文化"成为其私密居住空间的主题。这样的心态也同样反映在游客对待族群文化的其他方面，而且，正是这种心态成为社区族群文化出现"去地方化"现象的动力。

但我们也应该注意到，由于一般的观光客和重游的常住客对族群文化的认知程度不同，其影响也就有所差异。大众观光客一般在丽江逗留的时间不会超过3天。他们在丽江所待的时间较短，因此，并不能对纳西文化有足够的了解。而且，大众观光客的特点还在于无论是参加旅行团还是个人自助旅游，他们都很依赖于一种在家的熟悉感，也就是所谓的与家生活类似的"熟悉的环境"，只有这样，他们才不会有过多的恐慌与担心。因而，大众观光客所追寻的"传统"文化，是有限的"传统"。同时，大众观光客对当地的族群文化缺乏一种有意识的保护。相对来说，在这一点上，重游的常住客则由于对纳西族群文化有所了解，而且加上多次到丽江常住，主动保护族群文化的意识比大众观光客更强。例如，一位义尚社区的常住客就提道："我们来旅游，只是停歇而已，而生活在这里的纳西人才是主人，对于他们的文化和传统，我们不应该去破坏。"但是，他们对现代化生活的依赖却一点也不会减少，也是这位提及"主动保护"的常住客同时也很在乎客栈"能不能上网"，因为她需要每天接收邮件。

因此，虽然在主动保护族群文化上大众观光客与重游常住客有所差别，但他们对族群文化都怀有"好恶交织"的心理，这就使得族群文化一方面出现"去地方化"现象，另一方面又出现"再地方化"现象。

（二）社区内诸群体对旅游发展的集体选择

下面，我们将采用社会交换理论对社区居民的行为及其原因做出分析和探讨。社会交换理论又可称为对策理论，来自经济学，在引入社会心理学后，又扩充了其术语的含义，比如收益、代价、估量、价值、结果等。其基本的原理是：人们在交往过程中，往往力求尽量扩大收益和缩小代价。在人际交往中，往往是既有收益又有代价。如果收益大于代价或者收益与代价平衡，则这种相互作用能

第七章　族群文化空间的去地方化与再地方化 | **223**

够维持；如果收益小于代价，或者没有收益，则这种相互作用就难以维持（时蓉华，1988）。而在旅游发展中也存在这样的情况，通常认为，发展旅游活动的目标就是使居民与旅游者之间达到"成本—收益"平衡，居民根据他们的付出与所得报酬的"成本—收益"平衡来评估社会交换的作用（孙九霞、史甜甜，2010）。由于旅游是动态持续的过程，因此，被强加承受旅游影响的居民也有机会重新评估这社会交换的作用，当居民发现交换得到的收益大于成本时，他们将会继续交易；而一旦发现收益小于成本时，便会退出交易，作为对另一方的惩罚（李有根等，1997）。这样的情况在三个社区都存在，但基于本章的研究问题，在此着重对新华社区、义尚社区两个旅游社区的诸群体进行分析。

1. 普通社区居民

普通社区居民是指那些与旅游无关，同时在经济、文化、政治方面也没有占有特殊资源的普通社区成员。他们是社区中为数众多的一个群体。虽然他们与旅游业的关系不是那么直接与频繁，更多的时候，他们只是成为旅游资源中的一种背景和氛围，但这并不意味着普通社区居民没有参与到与游客的交易行为当中来。他们在成为游客眼中风景的同时，也间接享受着由于旅游发展而带来的种种好处（收益）——经济水平的提高、基础设施的改善、环境的改善、族群认同感的加强等；同时，他们也同样有所付出（成本）——上涨的物价、拥挤的社区、日益嘈杂的生活环境、传统文化的商业化等。因此，他们和游客之间也构成一种间接的交易行为。他们也会对这种"个人收益—个人成本"的交易模式进行考量。当收益大于成本时，社区居民会接受这样的交易，并继续下去；但是，当收益日益变小，而成本日益扩大时，社区居民就会停止这种交易，并采用"用脚投票"方式，直接、彻底地停止这种交易，离开交易发生的场所——社区。

在对新华社区2位原住民进行的访谈中，他们认为，旅游发展确实给他们带来了诸多好处，但也同时带来了"太多人了，时不时都有人跑进家里来参观""晚上太吵，根本没有办法休息"之类的代价。在权衡再三之后，他们选择全家搬迁到古城外的北门社区居住，从而远离了新华社区的喧嚣和不便。因为相对旅游从业者而言，他们的外迁成本更小，这也就是新华社区大部分普通居民纷纷外迁的原因。而在义尚社区，普通居民与游客之间的交易还没有出现让居民无法忍受的成本，或者说收益还处于大于成本的范围内，因此，该社区的居民并没有选择搬迁出去。居民的外迁使得社区族群文化出现了断裂式的"去地方化"，而居民继续留在当地生活则在一定程度上保证了族群文化的延续。

2. 旅游参与者

旅游参与者是指那些在旅游发展之后利用自身优势参与到旅游业中去的社区原住民。在新华社区和义尚社区的旅游参与者主要有：客栈、酒吧、旅游店铺的经营者，表演歌舞、古乐的社区居民，客栈、酒吧等地的本地服务员等。

旅游发展初期，在竞争并不激烈的情况下，他们往往选择自己直接参与到旅游中去，如古城内最早开办客栈的溢灿旅社老板就说："自己看到有很多人来，就开起客栈了，一开始房子是租给做生意的，后来看到越来越多的游客，就专门改造了用来接待游客。"这部分人是古城内最早从事旅游接待活动的，也是较早与游客直接接触的社区原住民。他们身为社区居民，却游走于社区和游客之间，游走于社区族群文化和游客带来的"他者"文化之间。作为旅游参与者，他们与游客之间的交易更多的是集中于经济方面，因此，经济方面的"个人成本—个人收益"分析应该是这类居民的主要考量。

但是，当他们面临剧烈的市场竞争、经营技能不足或者设施设备难以满足游客新的需要时，他们可能会考虑到自己经商将会面临竞争压力以及资金困境，而出租房屋能够获得快速而稳定的收入，从而提高生活水平。因此，在这样的情况下，旅游参与者也会选择退出旅游参与，改自我经营为承包收租。这时，他们就变为社区的普通居民，一旦无法忍受作为普通居民在古城生活的各种成本之后，他们同样也会搬迁到生活成本较低的新城居住，从而离开古城。如三眼井客栈的和老板，正是由于自家客栈硬件条件难以满足游客日益增加的需求，经营的日益困难使得他最终选择了退出旅游。这说明部分旅游参与者作为社区的成员，在除去自身因参与旅游所带来的"个人成本—个人利益"考量之外，也会考虑到普通居民所考虑的"个人成本—个人收益"中的因素来决定自己的去留。他们与普通居民一样，都是族群文化的主体，他们的离去也同样使得族群文化陷入"去地方化"的危机之中。

3. 社区精英

社区精英是指那些在社区中拥有某种资源或资本较多，并具有一定地位和影响力的社区居民，包括经济精英、政治精英和文化精英。相对于普通居民，他们更能够发出"社区的声音"，因此也更值得关注。

旅游社区中的经济精英，一般可以分为两类：第一类经济精英就是旅游参与者，他们是较早参与旅游业的当地居民，往往具有一定的经济头脑和市场意识，能够从旅游的发展中获得经济上的收益；第二类是没有参与旅游，靠着其他与旅游无涉的行业而成为社区经济精英的居民。对第一类经济精英的分析已在上文叙及，在此不再赘述。而对于第二类经济精英而言，他们在经济上并没有从旅游发展中得到好处，因此他们所承受的"成本—收益"与普通村民无异。但是，由于相对于一般村民，他们的经济实力更强，因此，他们在外迁方面显得更加自由，经济限制更少。正如新华社区居委会的主任所言："一开始都是有钱的先在外面买了房子搬出去，后来大家有钱了，也才渐渐搬出去的。"而另一方面，也是由于他们在经济上的优势，使得他们更容易投身于旅游业中。毕竟在旅游业发展初期，旅游业还是当地人一条不错的生财之道。就如现在的义尚社区，已经有一些通过跑运输、做生意富起来的居民，在社区内游客较多的地段承租部分民居，打算将其改建成客栈。因此，虽然这部分经济精英承受的出旅游业带来的"个人成本—个人收益"与普通村民一样，但在经济上的优势，使得他们更容易"逃离"社区，或者进入旅游业。

社区的政治精英一般都具有一定的政治地位，在社区的日常生活中发挥着重要作用，具有较强的影响力。在新华社区和义尚社区这两个社区中，则以社区居委会主任为代表人物。他们拥有一定的实权，在考量"成本—收益"时，除了和社区普通居民具有共同点之外，他们还有一定的政治诉求。而这种政治诉求的获得来源于两个方面：一方面，他们需要通过旅游来发展本社区的经济，将经济发展转化成政治功绩以换取政治诉求；另一方面，他们也要对作为世界文化遗产的本社区族群文化如建筑、东巴文化等进行保护与管理工作，避免由于旅游的过度发展而导致族群文化的"去地方化"，以此来确保自己的政治前途不受消极影响。因此，社区内的政治精英除了要考量社区普通居民的"个人成本—个人收益"外，还需要对旅游发展和族群文化保护对自己政治生涯的"个人成本—个人收益"影响进行分析。这种分析在客观上也是他们为社区的发展与保护进行的考虑。作为社区的政治精英，他们有义务对"社区文化成本—社区发展收益"进行思考。因此，他们的行为在很大程度上充满了矛盾的意味：既要确保旅游的快速发展带动经济发展，又不能因为旅游的快速发展而危害到族群文化的保存与传承。

文化精英是指那些在族群文化方面具有很强认知能力的社区成员。他们作为社区的一员，同样也有普通居民"个人成本—个人收益"的比较。但更多的时候，他们还会体现出自己作为文化精英的属性：更多地从文化成本与族群收益的角度出发来考虑自己的行为，就如文林古乐队的几位老乐师、那位免费开办学习纳西文化的老者，都是这类文化精英的代表。他们在对自身的"个人成本—个人收益"进行比较时，也会考虑到本社区文化的长远发展，从而做出有助于族群文化"再地方化"的行为。（见表7-1）

表7-1 社区诸群体在旅游中的"成本—收益"考量

身份	个人成本	个人收益	成本大于收益时的行动	收益大于成本时的行动	对社区的考虑
普通居民	物价上涨、拥挤、嘈杂的生活环境、传统文化的商业化……	经济水平提高、基础设施改善、环境改善、族群认同感加强……	离开社区	继续日常生活	无
旅游参与者（第一类经济精英）	物价上涨、拥挤、嘈杂的生活环境、传统文化的商业化、参与旅游的经济成本……	经济水平提高、基础设施改善、环境改善、族群认同感加强、参与旅游经济上的收获……	1. 退出旅游业 2. 离开社区	继续参与旅游业	无
第二类经济精英	物价上涨、拥挤、嘈杂的生活环境、传统文化的商业化……	经济水平提高、基础设施改善、环境改善、族群认同感加强……	更早地离开社区	积极参与旅游业	无
政治精英	物价上涨、拥挤、嘈杂的生活环境、传统文化的商业化、对世界遗产的破坏影响个人政治前途……	经济水平提高、基础设施改善、环境改善、族群认同感加强、旅游发展对个人政绩的推动……	1. 采取修正措施，降低"个人成本" 2. 离开社区	继续旅游业在社区的发展	"社区文化成本—社区发展收益"
文化精英	物价上涨、拥挤、嘈杂的生活环境、传统文化的商业化、族群文化被旅游业商业化……	经济水平提高、基础设施改善、环境改善、族群认同感加强、旅游发展为族群文化提供经济基础……	离开社区	积极推进族群文化的传承与发展	"社区文化成本—社区发展收益"

（三）政府对旅游发展与族群文化保护的两难抉择

"政府是有理性的'经济人'，以追求自立为目的。在政治市场上追求自己最大的政治利益，而不管这些利益是否符合公共利益。"（保继刚等，2005）同时，"旅游业的发展符合政府的利益，如果没有预先判断商铺的影响，政府会允许商铺的扩散，让商铺在市场中竞争；一旦商铺的增加和业主的非法行为威胁到政治利益，政府官员将会采取行政手段干预商铺"（保继刚等，2005）。而当政府面对全球化的挑战时，高速发展和现代化是政府的主要目标。政府更为关心的是如何通过旅游获取高速发展的手段，争取外来的投资和技术（徐红罡，2005）。无疑，政府的选择根源于其政治诉求，即政绩的体现。而在现阶段中国的政治体制下，经济发展才是政府政绩的最大体现。因此，对于发展旅游业的地区而言，政府总是紧紧抓住旅游发展的机会大力引入资金额大、投资回报率高的项目。例如，古城刚开始发展旅游时，丽江市引入了几个大型项目，这些项目对于促进丽江旅游业发展、提高当地旅游接待能力具有重要意义。在古城内部修建体量超大的四星级酒店，这对于古城的承载力来说是一个不小的挑战，即使如此，当地政府仍然主张修建，这是一种对外来文化、资本介入的放行。管理部门对古城内其他旅游经营活动的宽松管理，也在一定程度上导致了如新华社区这类核心社区"去地方化"现象的加剧。同时，如果政府将旅游的发展主要放在经济考量上，那么毫无疑问的，政府对其他方面，如旅游对环境的影响、旅游对社会文化的影响自然就不会那么看重了。总而言之，如果政府过分强调旅游发展所带来的经济效益，就会抑制旅游进一步发展的空间，并会迅速改变当地社区族群文化的传承与发展，出现断裂式的"去地方化"。

当地政府意识到遗产保护出现危机并可能会影响到旅游业的长期发展之后，开始采取行政补救措施：发放每个月10元/人的补贴来激励古城居民继续在古城内居住；对传统民间艺人提供政府资助，请他们在古城内开店、经营；对拆除砖混结构房屋改建砖木传统民居的居民提供建房补贴。政府对经济发展的过分重视营造了"去地方化"的环境，而对族群文化采取行政手段来保护又在客观上维持了族群文化的"再地方化"。可以认为，政府在族群文化的"去地方化"和"再地方化"过程中所表现出来的矛盾行为，体现了政府对旅游发展与族群文化保护这样一个两难问题难以应对的处境。

（四）外来经营者基于逐利心理对族群文化的改造

外来经营者参与旅游业的目的就是追逐他们个人利益的最大化。因此，他们是基于逐利的心理来对待和改造社区族群文化的。

一方面，他们一般很少了解和关心当地的族群文化，其逐利的价值观与当地居民之间存在很大差异，其经营行为和生活方式很难融入当地社区。可以说，他们"既无爱家的情感，也少有保护古城的意识"（宗晓莲，2006）。在他们那里，社区族群文化只是可以用于出售的商品。一些外来经营者充分认识到族群文化能够为自身带来极大的利益，为此，这些外来经营者让自己和员工都穿着纳西服装，在招牌上刻着东巴文，有的甚至刻意臆造一些所谓的纳西族传统饮食和手工艺品来吸引对纳西文化知之甚少的游客。

另一方面，由于游客对族群文化"好恶交织"的矛盾心理，必然决定游客所满意的文化产品不可能是原汁原味的族群文化产品。于是，外来旅游经营者为了满足游客的需要，便生产出各种伪族群文化产品。正如古城内客栈的保护内外有别一样，游客所需要的是一种完全属于自己的"族群文化"及其体现。因此，经营者只有提供了让他们满意的产品，他们才会给予经营者相对应的收益。可以认为，外来经营者的进入加速了社区族群文化的"去地方化"。

第五节　小　　结

1. 现代化和旅游是社区族群文化"去地方化"和"再地方化"的外部力量

现代化力量成为非旅游社区缓慢"去地方化"的外部力量。交往的日益频繁、信息交流的通畅、大众传媒和交通条件的改善打破了过去族群、地理之间的隔阂。即使是那些没有发展旅游的少数族群社区，同样会随着现代化、全球化的推进而引起族群文化的"去地方化"。这种"去地方化"过程显得缓慢而平静，可以说是一种最正常不过的文化变迁情况。也就是说，随着现代化、全球化的巨大浪潮而至的强大同化力量，最终将会席卷少数族群社区的方方面面，直到将地方的特色夷平，使之成为全球化中无差异的存在而失去地方性。

旅游成为旅游社区族群文化加速"去地方化"或"去地方化"与"再地方化"交织的外部力量。而造成这种不同的结果，取决于旅游发展的速度、程度以及旅游力量作用的方向。当旅游带来了过度商业化，并因此驱赶了大量原住民的话，那么社区族群文化将不可避免地陷入断裂式的"去地方化"。而如果旅游的发展较为平缓，并没有造成过度商业化，社区的原住民也并未出现大量外迁现象时，旅游就会为社区族群文化带来"再地方化"与"去地方化"交织的情形。

2. 社区内各利益主体的选择是社区族群文化"去地方化"和"再地方化"的内部动因

社区内主要的利益主体有游客、社区居民、政府和外来经营者。其中，社区居民又可以分为普通居民、旅游从业者和三类社区精英，即经济精英、政治精英和文化精英。他们各自不同的选择成为社区族群文化"去地方化"和"再地方化"的内部因素。

游客对族群文化抱有"好恶交织"的心态。一方面，他们希望消费纳西族具有族群原真性的文化产品，对社区族群文化抱有好奇、求异的心理，体现出他们对族群文化"好"的一面；另一方面，出于追求安定、稳定的心理，他们又希望在一个熟悉和安全的环境中进行旅游活动，因此，又对族群文化抱有"恶"的看法。正是这种"好恶交织"的心理，使得族群文化一方面出现"去地方化"的现象，另一方面又出现"再地方化"的现象。

社区居民出于自身"成本—收益"的考虑，从而对旅游发展与族群文化保护做出不同的反应。他们在享受旅游带来的好处（收益）时，也必须要承担一些旅游带来的成本。不同的社区居民的个人成本和收益有所不同。当他们发现成本大于收益时，他们很可能选择退出交换——离开社区；而当他们发现收益大于成本时，他们则会有不尽相同的行动，如第二类经济精英可能会积极参与到旅游业中来，政治精英则会支持旅游在社区中的发展，文化精英则会推动族群文化的传承与发展等。另外，政治精英和文化精英除了对个人"成本—收益"进行考量外，还会对社区族群文化和旅游发展进行"成本—收益"的考量，只是两者的出发点并不完全相同：政治精英可能有部分原因是出于对自己政治前途的考虑，文化精英则是纯粹地出于对族群文化的保护。

政府作为社区中强势的利益主体，在社区族群文化的"再地方化"与"去地方化"中扮演着矛盾的角色。一方面，为了社会和经济发展，它鼓励外来文化、资本"侵入"社区，破坏族群文化，使之出现"去地方化"；另一方面，当它发现族群文化的保护出现危机并有可能影响到旅游业未来的发展时，又会采用各种行政手段来对族群文化进行补救。这种矛盾的角色其实反映出政府在旅游发展与族群文化保护上的两难抉择，也体现出政府在发展的短期利益与长期利益之间的两难选择。

最后，作为逐利而生的外来经营者，族群文化只是可以出售的商品，其价值仅体现于此。由于他们对族群文化并不了解，对族群文化也缺乏主动保护的意识，同时他们又要满足游客对族群文化"好恶交织"的需求，因此，外来经营者的进入加速了社区族群文化的"去地方化"。

第八章　亚运会背景下的城市社区空间再生产

第一节　荔枝湾的社区概况与发展历程

一、荔枝湾的社区概况

荔枝湾地处广州荔湾区，是广州经济、政治与社会文化的发源地，具有2000多年的历史，相传因汉高祖时期陆贾在此广植荔枝而被称为"荔枝湾"。2000多年来，荔枝湾经历了很多重要的变化。根据历史记载，唐代建有"荔园"；五代十国时期，统治南粤的南汉在荔枝湾处建"昌华苑"；明代以"荔湾渔唱"列入"羊城八景"；清代以"海山仙馆"而扬名；到了近代，特别是在20世纪20年代后出现许多著名建筑，如历史人物故居陈廉伯公馆、蒋光鼐故居、小画舫斋等，人们可在此漫游"一江春水绿，两岸荔枝红"的风景区。直到现在，荔枝湾仍保留着一些传统的建筑与社会空间格局，居民住户历史大多超过三代，以中老年人居多，邻里关系十分密切。

1999年，荔湾区政府就提出了关于"复建荔枝湾故道"的提案，但由于技术、资金等资源有限，一直没有实施。但在广州举办亚运会的契机之下，荔湾区委、区政府依托深厚的历史文化资源，全力打造"五区一街"的文化特色建设项目（荔枝湾文化休闲区、陈家祠岭南文化广场区、沙面欧陆风情区、十三行商埠文化区、芳村水秀花香生态文化休闲区、上下九商业步行街），展现"岭南老风情、广州新风尚"。其中，荔枝湾文化休闲区是整个项目的重中之重。

起初在荔枝湾文化休闲区规划对外公布时，几乎所有居民都反对这一工程，他们对此都有着不同程度的担忧：住在附近的居民担心政府工程虎头蛇尾导致居住环境变差，经营古玩的商户担心商铺拆迁后饭碗不保，面临拆迁的居民担心迁出之后找不到房子。总之，在当时几乎很难听到赞成的声音。然而，荔枝湾文化休闲区建设的一期工程结束后，取得了圆满成功，几乎所有人都用了"想不到这么好"的语句来形容这个工程的成功。原先反对的声音渐渐消失而转变为赞美，一些居民和商户甚至联名给广州市政府写了一封感谢信。对于整个变化过程，广州的各大媒体如《广州日报》、广东南方卫视《城事特搜》等都进行了持续的追踪报道，将所有事件透明化。

在政府的高度重视之下，荔枝湾的一期改造工程只用了半年的时间就得以完成，并取得了圆满的成功。在亚运会期间，它作为广州的"会客厅"多次迎接国内外领导人，如亚奥理事会主席艾哈迈德亲王，时任中共中央政治局委员李长春、汪洋等人。与此同时，广州市领导多次视察荔枝湾，将其作为广州旧城更新改造的标杆继续推进荔枝湾文化休闲区建设的二期及三期工程（见图 8-1）。

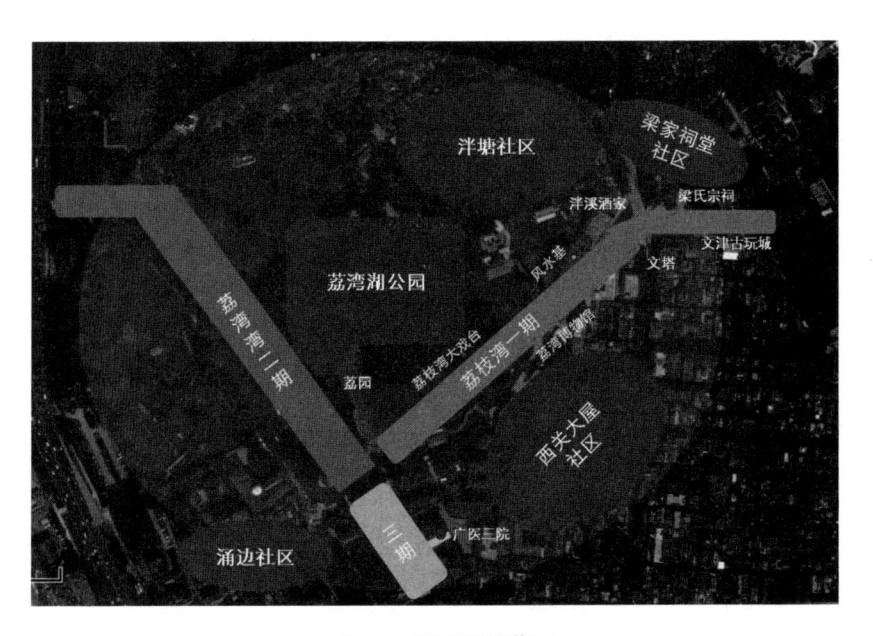

图 8-1　研究区域范围

二、荔枝湾的发展历程

结合荔枝湾发展的有关历史资料，我们可将荔枝湾的发展历程分为三个阶段：清末以前作为达官贵人的"后花园"，20 世纪初至 2009 年作为居民生活的场所，2009 年至今作为政府主导的旅游区（见图 8-2）。不同时期的荔枝湾所呈现的空间属性有着明显的差异，其发展的动力以及含义都有差别。

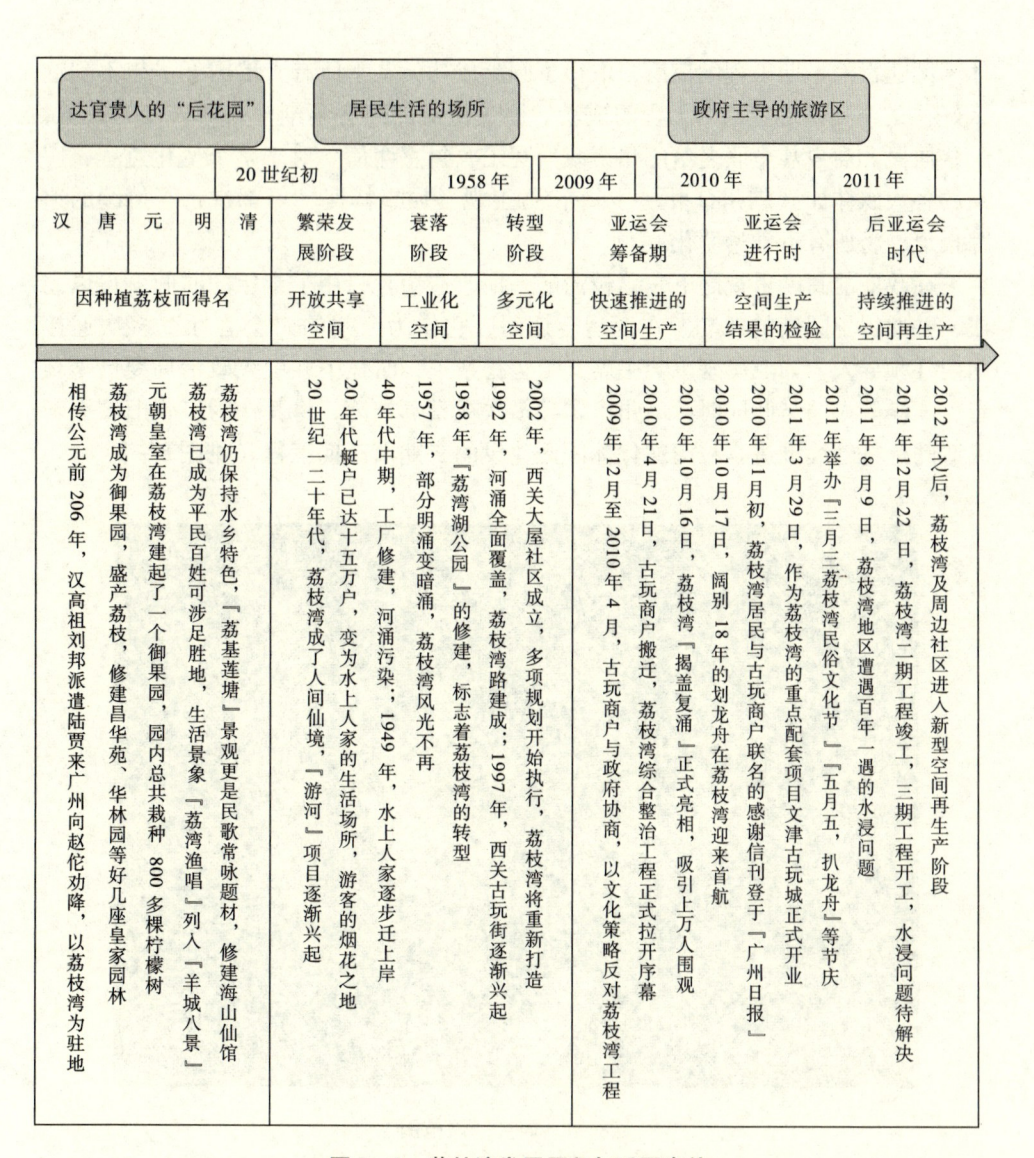

图 8-2　荔枝湾发展历程与重要事件

西汉至清末这一期间，荔枝湾因其独特的环境、便利的区位，不少王侯将相在此兴建果园，来此消遣，故称这一时期的荔枝湾为达官贵人的"后花园"。其空间使用者大多非富则贵，都是王侯将相、富商巨贾、文人墨客。虽然在明朝时期，已有不少渔民在此活动与生活，但只是少数，真正在荔枝湾消遣娱乐的仍是社会资本很高的群体。荔枝湾因盛产荔枝而得名，其主要功能便是种植荔枝并供达官贵人享用。

自 20 世纪初以来，广州成为我国南方最早开放、最重要的通商口岸，荔枝湾的水运功能也逐渐显现，在此生活的普通百姓、商人也不断增多，此时的荔枝湾演变为居民生活的场所。市民可以乘坐游船欣赏周围美景，水上人家便提供一些海鲜、鱼生粥、烟果酒帮补生计，构成了 20 世纪初 30 年代荔枝湾的生活场景。20 世纪 40 年代中期，随着工厂的修建及污水的排放，荔枝湾的水不再清澈，游客也渐渐变少。新中国成立后，在政府的关怀下，水上人家逐渐上岸，原本的水上生活景象已一去不复返。1958 年，随着荔湾湖公园的建立，荔枝湾进入了转型阶段，成为当时居民一个休闲游憩的空间。改革开放后，荔枝湾作为广州最具文化底蕴的地区一直是发展与保护的重点，政府对此做了多项规划，始终强调文化保护与发展并存。在这一过程中，荔枝湾的空间使用者以及功能都产生了变化，具体如表 8-1 所示。1949 年之前，荔枝湾的发展所受到的外部干预较少；而在这之后，荔枝湾的发展始终由政府主导，各时期的发展过程中都充满政治特色，如 1958 年兴建荔湾湖公园便是作为建国十周年的献礼。

表 8-1　荔枝湾作为居民生活的场所

	繁荣发展阶段	衰落阶段	转型阶段
时间	20 世纪初至 30 年代	20 世纪 30 年代至 1958 年	1958—2010 年
空间使用者	当地居民、市民、游客	当地居民	政府官员、当地居民、市民、游客、古玩商户
功能	水运、生活、排水	排水	排水、商业、交通

2009 年，在广州举办亚运会的契机之下，随着"揭盖复涌工程"的启动，荔枝湾的发展揭开了新的篇章。各级政府高度重视，将其定位为"广州会客厅"，同时通过增强旅游服务功能，引入中高端文化休闲项目，开展地方特色民俗活动，着力将其打造成一个集文化展示、生活休憩、饮食娱乐、旅游购物等为一体的多功能文化休闲旅游区。这也标志着荔枝湾进入重生阶段，逐步演变为由政府主导的旅游区。关于这一阶段荔枝湾的发展与改造情况将在下一节中做详细介绍。

第二节 亚运会背景下的社区改造

本节以亚运会背景下荔枝湾文化休闲区建设推进中的事件为线索，通过解读荔枝湾各空间使用者的行为态度及其背后含义，以探讨亚运会推动下的荔枝湾社区改造与空间生产过程。

一、亚运会筹备期（2009—2010 年）：快速推进的空间生产

2009 年 6 月，为了复活荔枝湾涌的水乡文化记忆，同时传承岭南文脉，荔湾区委、区政府决定以迎接 2010 年广州亚运会为契机，贯彻落实广州市"中调"战略，并根据广东省、广州市相关领导关于加快推进西关特色文化商业街区建设的要求，对荔湾湖公园及周边西关古玩城、荔湾涌、文塔、西关大屋社区等进行综合整治和升级改造，建设具有浓郁岭南文化特色的荔枝湾文化休闲区，其中最大手笔的动作便是复原荔枝湾涌。通过拆墙透绿、还湖于民、显涌露水，改善美化区域环境，优化街区结构布局；同时，挖掘展现历史文化资源，恢复荔枝湾历史风貌，传承岭南文脉，调整提升业态内容，让荔枝湾重新焕发生机与活力，使之成为亚运期间广州城市的文化名片和"会客厅"，迎接世界各国来宾。2009 年 11 月 18 日，荔湾区正式公布了荔枝湾文化休闲区规划方案，这也标志着荔枝湾重生的开端。

（一）居民的担忧

当荔枝湾文化休闲区规划出台后，荔枝湾成了当时街头巷尾热议的话题，广州各大媒体如《广州日报》、广州电视台等都进行了追踪报道。大多数居民对这一工程表示担忧，有的甚至采取了上访行动。因为 20 世纪 80 年代时期的臭涌记忆还深深映在当地居民的脑海里，他们对类似的工程表示不信任，担心河涌揭开后又变臭，影响日常生活环境。各空间主体都表达了他们担忧的原因，如西关大屋社区居委会前任主任表示，"当时我们出来调查的时候，基本上 90% 都不同意复涌，都担心管理不好变成臭涌"；涌边社区居民也谈到，"担心相关部门虎头蛇尾，不能如期做好，揭开后就不理"；而文津古玩城店主认为，"主要是想不到他们做得这么好，因为从历史来讲，像黄沙市场啊，很少是成功的"。

对于居民担忧的原因，涌边社区居委会主任认为："我觉得是媒体给人们造

成了不太信任地方政府的感觉。因为现在负面新闻的影响太多，现在的人已经没有像五六十年代的人那样，对政府那么信任。我们做这个居委会工作也深有感触。我们也会跟前一代的社区居民探讨，也都了解五六十年代的人是怎么样的，他们都很支持政府的工作。你看，现在那些新闻对居民的影响，有的人不是很理解政府。当然，政府里面也有一些负面现象，但是，只要一件事情，就能把你所做的东西全部都抹杀掉了。"

由于前期的河涌治理案例以及媒体的宣传，导致了居民对类似工程的不信任，从而表示对自己生活环境的担忧。但是，普通居民往往处于底层，同时这一工程也并未侵害到自己的经济利益（除被拆迁的少数群体），因此，都只是采取了"只讨论不参与"的行动，但实则在内心上担忧并反对这一工程。

（二）古玩商户的抗议

2009年12月20日，广州市西关古玩城有限公司向各商铺发布了一份通知，表示公司和西关古玩城有关业主单位与各租户所签的《广州市西关古玩城铺位租赁合同》于2009年12月31日到期，并且不能在原地继续签约。这一举措招致了古玩商户的不理解与极力反对，他们联合起来集体上访、贴横幅、邀媒体采访，以反对这一工程。

对于古玩商户的抗议行为，西关大屋社区居委会前任主任说，"那些商铺，他们刚刚做了几年，刚上正轨，却要被拆了，当然不同意了，就出现了上访"。社区居民也反映："这个肯定啦，挺多人抗议的。反正每样东西都有利益在里面，人就是生活在利益上面的嘛，人就是站在自己的立场上说话。政府也想把这里变成一个样板，让市民有一个更多的去处。但是，做生意的人，原来有生意做，自食其力，也有好的一面，一下子要让他拆，对他这个饭碗有很大的影响。站在他们的立场，肯定是不想干的。"

从以上分析可以看出，其核心争议点在于"拆迁补偿以及日后的生活"。然而，这些古玩商户并没有直接以"经济利益"即"拆迁影响个人生计"为策略进行反抗，而是变相地以古玩城的"文化"为策略来反对"揭盖复涌"。古玩商户巧妙地运用"文化"作为"弱者的借口"，将现实的空间与经济、权力问题转化为文化传统等问题。这种以文化为工具表达利益诉求的手法，体现了人们保护自己的技巧。在此，文化成为一种"空间的策略"或者"行动的策略"，也侧面回应了民间把风水观念这样一套"过去"的文化改造为能够表述当前社会问题的"交流模式"的策略（吴红娟，2009），而这里的文化借口就是指西关古玩城。

经过了近4个月的沟通协调，相关管理部门终于与古玩商户协商成功，达成一致，出台了具体的搬迁补偿标准。2010 年 4 月 21 日，古玩商户陆续迁出荔枝湾路，"揭盖复涌"工程大规模启动。

（三）快速推进的"揭盖复涌"

在解决了古玩商户、拆迁户的搬迁问题之后，政府为赶在亚运会开幕之前完成荔枝湾综合整治工程，投入了相当大的人力、物力以及财力。荔枝湾综合整治工程就此拉开序幕，封路→绿化迁移、钻探、临铺拆迁（围蔽）→揭盖→围堰→清淤净化（消毒防疫）→截污工程→调水补水→搭建桥梁→河堤景观及绿化建设，环环相扣。在第一期工程中，主要有以下重点工程和措施："①建筑抽疏，拆违建绿。地块现状建设量为 14 万平方米，按规划将保留建筑 10.63 万平方米，拆除建筑 2.6 万平方米，新建建筑 1.3 万平方米，同时尽量营造绿色空间。②恢复河涌，调水补水。重新掀起水泥盖板使河涌重新展现，河涌复原 743 米，并采用调水、补水与截污相结合的措施对湖水进行生态净化。③文塔广场恢复整治。文塔广场面积约为 2000m 平方米，以文房四宝——笔、墨、纸、砚为广场主体景观。④建筑立面整饰与景观塑造。根据不同的建筑类型（骑楼、西关大屋、独栋洋楼等）进行不同的立面整饰及景观塑造。⑤相关配套工程。主要包括景观工程，以及灯光、弱电和监控等相关工程。"（赖寿华、袁振杰，2010）

直至 2010 年 10 月 16 日亮相，荔枝湾综合整治一期工程用时不到半年，空间生产过程呈现急剧性特征，这也体现了政府"花大钱、办大事"的高效率。该工程作为广州城市形象的载体，是由上级下达的政治任务，即使再困难也不容有失。此时的政府行为同样以"文化"为策略，构建旧城区的空间差异性，不仅给居民提供一个休闲游憩的空间，更重要的是将其作为"会客厅"展示给外界，象征着政治与权力。历史文化的书写和构建是官方重要的课题，国家借此选择性地吸纳与排除各种文化元素，透过各种再现机制，抚平创伤、自我定位、凝聚市民认同、塑造城市独特意象以及充实文化根基，其中包含了不同势力的协商角力，中介了文化治理（包含文化领导权、文化经济等）（王志弘，2005）。荔枝湾的重生也正是政府文化治理的一个载体，政府通过选择性地构建广州"水文化"并不断加强（如广州亚运会开幕式水文化的展示），进一步影响人们的认同与意识形态，塑造在广州亚运会的举办中政府为人民办实事的这样一种意识形态，改变人们对"面子工程"的认识，同时向外界展示广州深厚的文化底蕴，可谓一举两得。

二、亚运会进行时（2010 年）：空间生产结果的检验

（一）荔枝湾惊艳亮相

2010 年 10 月 16 日，广州荔湾区荔枝湾，人山人海，熙熙攘攘，好不热闹。原来，当天是荔枝湾"揭盖复涌"正式亮相的第一天，吸引了近万名周围的市民过来一睹其芳容，人们被它的美丽所震撼，在古桥边纷纷留念拍照。综合整理《广州日报》《羊城晚报》等媒体的相关报道，可以发现：人们都没有想到荔枝湾能弄得这么漂亮，超乎了他们的想象；荔枝湾是广州人记忆的一部分，不少人专门赶过来一探究竟，回忆过去；省市领导与市民一同庆祝，为荔枝湾涌的重生喝彩。原本对荔枝湾综合整治工程表示担心或反对的居民与古玩商户也表示，这超出了他们的想象。文津古玩城某店主就说："花这么大力气，这是要从根本上来解决问题的，不像原来的黄沙那样。从水的气味就可以看出，花了很多钱。"泮塘风水基的居民也说："想不到半年就搞好了，我们都没想到。不管它用了多少人力，人们下了多少决心，都是政府的事，起码都做出了个样子来。"

媒体的报道、人们的反映，一切都集中于两个关键词："想不到""漂亮"。而在这之前，几乎是人人反对的。为什么居民的态度会有这么大转变，之前为何会有那么多的担忧与反对？原因主要有三点：①河涌整治工程没有成功的先例，居民难以信服。②居民对相关部门的不信任。正如当时的涌边社区居委会主任所说，因为媒体报道的负面影响，所以当时的居民对当地政府的信任度不高。③涉及自身利益。古玩商户面临拆迁、饭碗不保，附近居民担心河涌变臭影响生活。

荔枝湾的再现解除了大部分人的忧虑，同时成为广州治水与政府民生工程的一个范本。就像当时的市委领导所说的："广州的治水压力大，但决心更大，治水能够取得这样的成绩，得益于全市上下一心，得益于市民群众的支持。"这表明，政府希望荔枝湾的成功能够引导市民支持广州治水，支持政府工作，暗含了政府为人民办实事的意识形态，以此维护社会稳定、促进社会发展。

2010 年 10 月 17 日，阔别 18 年的龙舟在荔枝湾迎来"首航"，场面十分壮观。划龙舟在西郊村（今中山八路、泮塘）有 600 多年的历史，对当地居民有重要的意义。这一传统的再现对荔枝湾的宣传起到了"锦上添花"的作用。一时间，荔枝湾成为全城热点话题，更是亚运会期间的热门景点。

（二）一封感谢信

荔枝湾华丽变身为一个休闲旅游区，也让居民对治水的态度从抱怨转变为理解和支持。居住在荔枝湾涌旁边的居民看到来来往往的游客，嗅到了商机，纷纷在自家门口经营起了小吃摊档，获得了实实在在的收入。也因此，"泮塘五秀"（莲藕、茨菇、马蹄、茭笋、菱角）得到重新挖掘，人们运用它们生产了许多传统的西关小食，如马蹄爽、斋烧鹅、芝麻饼等，广州很多媒体都报道了这一现象，风水基的居民也因此变得出名。风水基的"刘广记"就将电视节目"广州闯荡"采访的照片贴在房门上，用来宣传自己的店铺。

居住于附近的居民即使没有得到实质上的经济利益，绝大部分人对这里的评价也都很高，表示"地方变漂亮了，多了一个休闲的地方"。例如，泮塘五约某居民高兴地说："当然是现在好了，现在好。现在出来活动很好啊，整个荔枝湾都改变了，靓很多了。现在我天天都过来活动。"

一切都在向好的方向发展，荔枝湾的环境变好了，居民的生活环境得到改善，部分人的经济收益也得到提高，古玩商户也得到合理的安置。2010 年 11 月23 日，一封特别的感谢信寄到了广州市主要领导的手中并登在了《广州日报》上。在信中，群众与商户们回忆道：

> 我们是荔湾区昌华街荔枝湾涌旁边的住户和在荔湾湖一带休闲活动的市民。以前，虽然我们这儿是古西关的核心区，当时因西关大屋名声远扬，但实际上有很多"西关大屋"因年久失修未能显现它的文化风貌，道路破旧、不连贯，文化古迹被"埋没"，我们没有真正感受到"宜商宜住"。
>
> 荔枝湾涌改造工程和亚运整饰工程启动初期，我们曾因施工对我们生活产生的影响有过怨言和不理解，也曾产生过抵触的情绪，个别商户还因眼前利益产生过激的言行。
>
> 我们万万没有想到，如此复杂的荔枝湾涌改造工程，能在短短的几个月顺利、安全地完成了。
>
> ......
>
> 我们万万没有想到政府会投入如此的"大手笔"，使我们的居住环境得到明显改善，荔枝湾涌古时的"一湾溪水绿，两岸荔枝红"的景象得以再现，我们觉得这是一项真正的民心工程！我们群众是真正的受益人，我们很满意！我们也为政府的英明决策感到了自豪！
>
> 为此，我们代表荔枝湾全体业主和群众，感谢市委、市政府，感谢

荔湾区委、区政府！同时，我们也要感谢日夜奋战在现场的施工人员！我们对你们表示衷心感谢！

恳请市委、市政府继续把荔枝湾涌全部揭开，还我们儿时美好的梦境。

荔枝湾群众和商户①

在亚运会的推动之下，荔枝湾综合整治工程在亚运会举办前夕得以惊艳亮相，超出了许多人的想象。在亚运会期间，荔枝湾是各方的焦点，也是检验该工程的最佳时段。作为"广州会客厅"，荔枝湾接待了国外嘉宾、国内外领导人以及各方的游客，大家都持满意的态度。亚奥理事会主席艾哈迈德·法赫德·萨巴赫亲王便是其中一位。2010 年 11 月 19 日，艾哈迈德亲王来到荔枝湾游览，一进入景区便被荔枝湾的景色迷住，多次用"a nice place"热情赞誉。居民与古玩商户的态度也在这一时期明显转变，他们看到了荔枝湾重现了过去的美景，不仅美化了环境，也给自身带来了收益。其态度的形成与转变仍然以"利益"为出发点。荔枝湾的成功几乎超出了所有人的想象，政府在后亚运会时代也对其进行了再生产，持续推进该工程，并冠以"民生工程"的定位，隐含了为人民办实事的意识。

三、后亚运会时代（2010 年至今）：持续推进的空间再生产

（一）文津古玩城开业

2011 年 3 月 29 日，荔枝湾畔，文塔侧旁，荔湾区政府和广州市供销合作总社联手打造的广州市文津古玩城隆重开业。该项目作为荔枝湾综合整治工程的重要配套项目，广州市供销合作总社投入 4000 多万元对原日杂公司龙津仓进行了全面的改造和装修，使其成为拥有 360 多个商铺、经营面积近 10000 平方米、广州规模最大、集交易展示服务于一体的现代化专业古玩商城。

文津古玩城是打造广州文化名片的重要组成部分，是对原西关古玩城的升级，也是拆迁古玩商户的重要安置地。政府对这部分拆迁商户制定了很多优惠措施，如提供 6 个月的原西关古玩城租金补偿；拆迁商户拥有在文津古玩城优先选商铺的权利；租金第一年减免 20%，第二年减免 15%，第三年减免 10%。在此

---

① 《一封来自荔枝湾畔的感谢信》，见人民网（http://gd.people.com.cn/GB/123937/123963/13286438.html）。

经营的原拆迁商户在经营一段时间后，大多表示，虽然荔枝湾的游客很少过来买东西，但现在的经营环境比以前更好，规模也扩大了一些，对现状很满意。如某店主说："环境好了，大家心情都好了，生意也好了，我们生意都做大了一点点，面积比之前的扩大了一些。"原本曾拉横幅反对的一名商户也表示："基本上来说，肯定是好事。现在是一个专业的市场，环境变好了，规模更大了，购物的条件也好一点了，更舒适一点。你去过文昌北就知道，那边的人啊、车啊，乱糟糟的，外面人山人海，氛围不怎么舒服。"

随着文津古玩城的专业化发展，其租金也越来越高，有店主就反映："后面很多人都想插进来，所以现在的租金就慢慢地水涨船高。后来，我们租这个摊位时是每平方米一个月几十元，转一下手就是100元，再转一下就是120元，再转一下就是150元，越往后越贵。"

总的来说，搬迁至文津古玩城的商户生意比以前更好，态度由以前的强烈反对转变为满意。作为生意人，他们的核心诉求点是"经济利益"，正如一位商户所说："我们的宗旨就是：有生意做就行，其他的都不理。"

（二）文化节庆的塑造

农历三月初三，万物开春，这是我国传统民俗中很重要也很特别的一个节日——上巳节。荔枝湾是广州地区"三月三"民间休闲游玩的传统胜地，清代诗人胡鹤就曾经写过"冶游风景似江南，佳节欣逢三月三。千队红妆万枝桨，荔湾春水胜鹅潭"这一诗篇。为进一步展示西关荔枝湾千年的文化积淀，荔湾区政府决定在"三月三泮塘仁威庙会"的基础上，结合荔枝湾景区的开放，进一步挖掘提升这一传统民俗，让其内容更丰富、更地道，规模更大，并且让更多的市民和游客参与，以更好地体现文化和旅游的效应。于是，根据历史资料和专家学者的研究及部分地方老者的回忆内容，荔枝湾区政府在2011年4月2—6日于荔枝湾举办了"三月三荔枝湾民俗文化节"，共安排"转文塔、逛庙会、会男女、游船河、乐童玩、睇大戏、对诗画、叹美食、拎手信、派福米"十项传统活动。每项活动都十分精彩，具有很强的地方性与民俗性，参与的市民也从这些项目中了解并认识传统文化。其中，身为"三月三"重头戏的"转文塔"活动备受关注。荔枝湾的文塔是广州市区内唯一的功名塔，有400多年历史，据传文塔之内原供有魁星即文曲星，手执一笔。民间传说，若被此笔一点，便可高中秀才、举人、进士等，而文塔就是这支笔的象征，广东清代的三个状元都是到此拜祭过后上京赶考科举中魁的。这次活动是文塔大门许多年来的首次正式重启，市民和游客都可来转文塔祈愿，并可进塔内参观许愿，特别是很多即将参加中考与高考的学生都来此许愿。

2011 年 6 月 6 日端午节，阔别 18 年的扒龙舟活动重回荔枝湾涌，"仁威龙舟""盐步老龙"等 11 条龙舟重现游龙戏水之欢腾景象，吸引了近 5 万街坊围观。[①] 据传，泮塘"仁威龙舟"与"盐步老龙"结缘 500 多年，盐步是"契爷"，仁威是"契仔"。每年五月初五，"契爷"会"契仔"；五月初六，"契仔"拜"契爷"。传说，盐步老龙每年来访泮塘，老龙所经河涌流域，"泮塘五秀"便会格外丰收。

2012 年，荔枝湾区政府将原有的"三月三荔枝湾民俗文化节"升级为首届"老广州民间艺术节"，活动时间为 3 月 23 日（农历三月初二）至 3 月 28 日（农历三月初七），为期 6 天，全面展现了以西关文化为代表的岭南民俗风貌，复兴三月初三游荔枝湾的地道传统风俗。荔湾区景区管理中心估计，活动举办期间，接待市民和游客约 150 万人次。

文化节庆的塑造充分展示了荔枝湾深厚的西关文化，也是荔湾区"文化引领"发展战略的体现。市民和游客通过参与活动，不经意间就认识了这些文化，并接受"这些就是荔枝湾的传统文化"观念。一般来说，越是不明确以及越不容易察觉的象征符号，其所能发挥的影响力就越大；当人们察觉某个事物带有的意识形态时，其效果将不如以往。本身展示是传递知识的场所，具有文化上的记忆，更是以走入居民社区、唤醒大众对历史建构的追寻来凝聚共有的情感与回忆的生命脉络（林淑惠，2003）。但是，往往文化节庆所展示及表演的内容都是由官方构建的，其在本质上就不是中立的。知识是被创造出来的，而不是被发现的。知识是一种社会产物，它反映了我们所处社会的权力关系。

（三）8 月 9 日"水浸街"

2011 年 8 月 9 日上午，一场暴雨的袭击，导致荔湾区内多个路段水浸严重，家住荔枝湾涌附近的街坊纷纷抱怨，都是因为荔枝湾涌的两个水闸没能及时打开排洪，使得雨水不能及时疏通而形成大范围"水浸街"的情况（见图 8-3）。许多居民表示从来没有见过这样的水浸，以前没有浸过的街巷这次全部都浸了，这是百年一遇的水浸。涌边社区居民就说："当时我们这里全部都被浸了，淹到电视和沙发了。整个涌都是黑的、臭的，在以前没揭涌的时候，这都是没有过的。"

---

① 《11 龙舟闹腾广州荔枝湾涌 5 万街坊聚集围》，见南方网（http：//nf. nfdaily. cn/nfdsb/content/2011 - 06/07/content_ 25092489. htm）。

图 8 - 3 荔枝湾 "水浸街"

资料来源：微博@澄锋澄锋。

据当时的涌边社区居委会主任回忆，当时群众的抱怨声比较大，甚至要上访。"那次群众意见比较大。这里全部受灾了。当时居民的情绪很激动，他们说，在这里住了五六十年都没有浸过，也就是说，荔枝湾改了之后才浸。其实呢，是因为当时的水闸没有来得及开，水闸不开的话就排不了水，其实不是下雨导致的，而是因为污水管排水排不出去。我在这里做了 10 年，在 2010 年之前，我从来都不担心社区会被水淹的。人家四面八方都淹了，我们不会淹的。但是那一年就迷糊了，刚回家不久就接到电话，就是一整夜都因为处理工作没有回家，早上大概 8 点的时候，居民就跑过来，说他家给淹了，我说不可能吧，我们社区从来没有发生过这个事情的。我过去一看，糟了，整条巷子都淹了，水都进家里了。"

其实，"水浸街"问题在荔枝湾"揭盖复涌"不久后在局部地区就已经出现，特别是在 2011 年 4 月广州雨季的时候，逢源街道与荔枝湾两旁的西关大屋社区与泮塘社区就已经被淹过一次，当时居民就已有所抱怨，表示荔枝湾虽然变漂亮了，但"水浸街"的问题出现了。加之荔枝湾综合整治一期工程原来就不被一部分人看好，因为揭开的河涌是一条"死涌"，不对流，每隔一段时间就要重新换水，不然水就会变黑变臭。一位在此生活了 70 多年的老大爷表示："这个水只能坚持 10 天，如果 10 天之后没有治理，水底那些黑色的泥，就会像沼气一样，不断地向上滚，与那个水一起滚上来。今天早上，这里的那些沼气就呜呜地冒上来，很脏。这里的水只能坚持 10 天。现在采取的办法是用机器将水抽走，只是 10 天就要抽一次，一超过 10 天，就会出问题。"

究竟荔枝综合整治一期工程的质量如何，为何会接二连三地发生"水浸街"？根据对政府有关部门以及相关居民的访谈得知，荔枝湾涌原本就担当着整个荔湾区泄洪的重任，未揭涌之前，它就是排水道。但在揭涌之后，荔枝湾涌变成了景观河道，新建的排水管道不是很大，排水能力有限，一旦下大雨，荔枝湾涌的两个水闸（荔枝湾综合整治一期工程的一头一尾各一个）就必须要打开，以帮助上游泄洪。而此时，泄洪的荔枝湾由于排放污水，整条涌又黑又臭，似乎又回到了荔枝湾在20世纪八九十年代的样子。8月9日的大范围"水浸街"就是因为当时的水闸没能及时打开，导致荔湾区大面积被淹。荔枝湾长远的规划是实现"雨污分流"，那样才能从根本上解决"水浸街"的问题，同时展示荔枝湾的文化景观。但距离这一天有多远，此时在居民的心中是一个大大的问号。

（四）荔枝湾综合整治二期工程竣工

2011年12月22日冬至，在这个特别的日子里，荔枝湾综合整治二期工程展示在市民与游客面前。省市主要领导一同出席了荔枝湾综合整治二期工程竣工暨三期工程开工仪式。荔枝湾综合整治二期工程全长860米，景观面积6.2万平方米，开放后的荔枝湾景观体量比原来增加1.5倍。相对一期工程，二期工程最大的亮点就是更加宽敞，活动空间更大，新建了四合院式建筑名为"荔园"、广场以及休闲栈道。另外，二期工程与一期工程相连，将荔枝湾涌联通珠江，使得原来的"死涌"变成了"活涌"，水可以对流了。市民与游客喜爱的游船项目也进一步扩大，游客可以坐着游船到临近珠江口的水闸前。据游船公司经理介绍："我们会一直沿着这条河涌做，政府允许开到哪里，我们就开到哪里。"对于备受关注的"水浸街"问题，政府相关人员在这次开幕式中也做了明确解答。中共荔湾区委书记就表示："荔枝湾二期的设计，充分考虑到'水浸街'、水安全的问题，二期完工后，周边的'水浸街'问题将得到很大的缓解。荔枝湾三期预计在2015年完成施工，届时随着三期的完工，整个老西关地区的'水浸街'问题将得到彻底解决。"

然而关于二期与三期工程的规划，中间出现了不少变化。原本规划中的二期工程共分四段，工程总长4.235千米，拆迁量达到12.7万平方米，总造价约为43.7亿元。而在12月22日宣布竣工的二期工程只是原规划二期工程的一段，即食养坊至珠江口一段。二期工程的另外三段在这里被重新定义为三期工程，预计在2015年完成。为什么将原本的二期工程拆分成了二期与三期呢？一些人表示是因为工程量太大，还有一些人表示可能是因为上层领导决策的变动。虽然没有明确的解释，但是，从一些新闻报道分析中可以看出，因为省市领导对该工程的重视与市民的关心，政府需要对现阶段的工作做一个阶段性的展示，以让群众放心。

2011年12月31日，为迎接2012年元旦新年的到来，荔枝湾举行了亮灯活动，从当晚至 2012 年元宵节，为期 38 天，共展出 38 个大型灯组。特别是在 2012 年 2 月 6 日元宵节当天，荔枝湾以璀璨夺目的自贡灯饰及温婉独特的西关风情吸引了众多市民与游客，一起欢度元宵。整个春节期间，荔枝湾景区每日迎客量高达 5 万多人，荔枝湾各老字号手信店的营业额基本比平时增加一倍以上，最高的达 4～5 倍。通过政府主导不断地塑造节庆文化，荔枝湾文化休闲区已切切实实成了广州最出名的文化旅游景点，其经济带动效应已充分显现。

2012 年 4 月 20 日，连日的暴雨再次侵袭广州，荔枝湾的水闸及时打开辅助泄洪，然而，荔枝湾的水呈一片黑、臭，水中漂浮着塑料袋等生活垃圾，不时还有团团淤泥向上冒，散发阵阵臭味。

荔枝湾综合整治工程在当时来说仍是一个未完成的故事（见图 8-4），"雨污分流"还未能实现，荔枝湾涌仍然承担着排洪泄洪的责任，当地居民在雨季仍要忍受荔枝湾涌的恶臭，何时能真正将"荔枝湾文化休闲区"打造为"广州威尼斯"，政府、媒体、市民、游客都热切关注着。

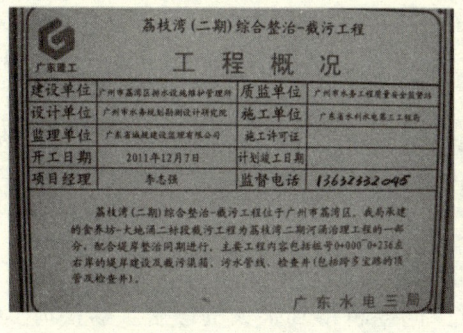 

(a) 荔枝湾综合整治三期（原二期）工程介绍   (b) 施工中的三期工程

图 8-4　荔枝湾综合整治三期工程

后亚运会时代的荔枝湾进行了再生产，如文津古玩城开业、各类文化节庆得以塑造以及荔枝湾综合整治二期工程竣工。然而，随着亚运会的结束，其外部及内部作用力也渐渐减少，后期的改造工程没有了一期的速度，只能缓慢地进行。而与此同时，由该工程所产生的"水浸街"问题也一直困扰着当地居民，影响了他们对该工程的评价，甚至有的居民再次认为这样的工程"虎头蛇尾"。后亚运时代的荔枝湾将何去何从，何时能给世人一个满意的答案，尚未可知。我们这两年开始关注荔枝湾周边街区的空间更新，如恩宁路永庆坊的旧城微改造模式，其通过"政府主导、企业承办、社会参与"的路径塑造出了历史文化与现代生活交融的新型社会空间，值得持续探究。

第三节 荔枝湾社区的空间生产

地方的自然资源影响且限制了当地居民长久以来的各种活动与生活方式；反之，人类长期在空间中的活动也将改变地方景观与自然资源，各地方正是在自然与人文的相互作用下不断发展演变，形成独具特色的地方历史文化。荔枝湾的发展也是这样一个过程，本章综合采用列斐伏尔空间生产理论以及苏贾的第三空间理论，建立三元分析框架（见图8-5），从而探讨荔枝湾在亚运会背景下所进行的空间改造，以及在这一过程中各空间使用者的互动行为与其背后所蕴含的意义。

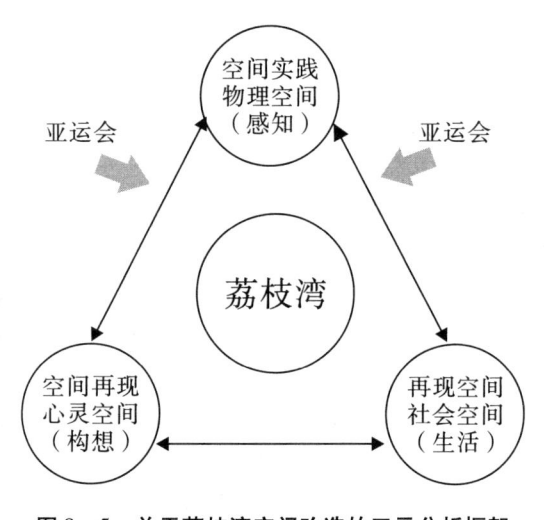

图8-5 关于荔枝湾空间改造的三元分析框架

其中，空间实践指可感知的物理空间，被呈现为既是人类活动、行为和经验的媒介，也是结果，用于分析荔枝湾空间生产过程中的物质变化；空间再现指构想的心灵空间，它是由各种专家和技术官僚构建的空间，隐含着意识形态与权力，用于分析政府官员、规划专家等群体如何主导荔枝湾政治工程的实施，并揭示其中所隐含的政治与权力等意义；再现空间指生活的社会空间，兼顾真实与想象，是充满了象征与意义的空间，用于分析各空间使用者的日常生活、人际网络与行为态度的变化，解读其中的象征意义。三者并非相互独立，而是相互联系与作用的。

一、荔枝湾的空间实践

空间实践主要指物理空间，又包含了社会生产与再生产，其概念包含了以下几点：①具有物质性特征；②确保了社会的连续性和凝聚性；③保证社会成员的日常生活延续。辨识不同的空间，进行不同的活动，识别空间的意义与规则。简而言之，空间实践创造了城市形态与建筑等特定环境，而与此同时，人们通过该场所进行日常生活实践活动，从而保障了社会结构的连续性与凝聚性。因此，本节将论述荔枝湾空间生产过程中主要物理空间（荔枝湾涌、文塔广场、历史建筑、文津古玩城、荔枝湾大戏台、风水基小吃街）的变化，并根据访谈与观察的材料，分析各空间使用者在日常生活实践中的社会互动与其对空间属性的感知。

（一）荔枝湾涌

荔枝湾涌是荔枝湾空间生产最为核心的物质与文化体现。通过前文对荔枝湾发展历程的叙述可以发现，荔枝湾涌经历了"明涌"—"臭涌"—"暗涌"—"明涌"四个阶段，其功能也经历了"休闲、生活"—"排水排污"—"游憩"的转变。目前，荔枝湾的空间改造已完成前两期工程，一期复原743米，二期复原860米，目前复原总长度为1603米，东起梁家祠堂，西至如意坊，并连通了珠江以及荔湾湖。如今的荔枝湾涌再现了其20世纪30年代的繁荣景象，不仅仅是居民的生活场所，也是游客的游憩空间，他们进行的主要活动有划龙舟与坐游船。

对于居民而言，荔枝湾涌是他们的生活之水，承载了他们对广州水城的文化记忆。在20世纪30年代，荔枝湾涌是灌溉"泮塘五秀"的源泉，也是居民的生活水源，还是居民划龙舟、游泳的场所。对于以前的荔枝湾涌，泮塘风水基的居民说："以前我也是在这里学游泳的，吃的也是这个河涌里的水，以前是很干净的，有鱼啊，马蹄啊，田鸡啊……以前端午节的时候，我们这里都是要扒龙船的。"如今复原的河涌虽然不再与居民的生活密不可分，但它的变化仍然牵动着居民的心。据笔者观察，常常会有居民站在河涌旁边静静地看或者拍照，有时候他们会带一些亲戚、朋友过来观赏并讲述荔枝湾涌的历史。特别是"扒龙舟"这一重要活动的恢复（见图8-6），通过将以前参与划龙舟的老年人组织起来在五月五端午节集体划龙舟，重现了当年的历史，延续了之前断开的社会网络，增强了当地居民的归属感。例如，有居民就表示："现在呢，就在荔枝湾划，虽然有点窄，但总归是在自己的地方。"

（a）荔枝湾夜景 （b）划龙舟

图 8-6 荔枝湾涌美景

对于游客而言，荔枝湾涌是他们的游憩空间，主要的活动项目是坐游船。游船在 20 世纪 30 年代是一项重要的休闲活动，当时有钱人在河涌上游花艇，歌舞升平。如今的游船项目由荔湾区景区管理中心牵头，将河涌的游船经营权交给广州十三行国际旅行社有限责任公司，该公司经营着不同类别的、富有西关特色的花艇游船，一般价格是 50 元/人、80 元/两人。游客可乘坐游船欣赏荔枝湾两旁的美景，一边喝茶，一边听导游解说。据相关负责人介绍，乘坐游船的客人很多，特别是在节假日。起初即刚揭涌时，是一些广州的老年人过来乘坐，以体验并回忆过去在这里生活休闲的点点滴滴；而后在荔枝湾名声扩大后，不少外地游客前来乘坐游船，并在导游的解说之下了解荔枝湾的历史。许多游客听后，都表示很满意，认为这是一个具有广州文化特色的地方。

无论是对于游客还是居民来说，文化属性是他们对荔枝湾涌的主要认知。除了文化属性，荔枝湾涌目前还担负着整个荔湾区的排洪泄洪工作，一旦下大雨就要打开荔枝湾涌的两个水闸，用于排放污水。这也是为何仍有很多居民关注荔枝湾综合整治工程的进程，因为它与居民的生活息息相关。

（二）文塔广场

文塔广场面积约为 2000 平方米，是以文塔为中心，以文房四宝——笔、墨、纸、砚为主体景观的广场。它是"三月三""五月五"等重要节庆活动的主要举办场所，活动开幕式、"转文塔"等活动都是在此举行。因此，笔者对此的讨论分为无活动期间与活动期间。

（1）无活动期间。文塔广场是居民带小孩的场所，是游客观赏的必经之路。据笔者观察，在无活动期间，由于文塔广场空间较大、座位够多，附近的居民常常会在下午 3 点之后将自己的小孩带过来玩耍。经笔者询问，附近居民都表示这里给他们提供了一个很好的地方，小孩子也很喜欢。一般来说，小孩玩耍的时间都会超过一个小时，活动规律常常是从下午3点玩耍到5点，然后回家吃饭。而对于游客来说，因为广场没有树荫，游客很少在此停留休息，他们往往仅仅是路过这里，并与标志性建筑物合影留念。

（2）活动期间。文塔广场增加了很多展示元素，如花灯、许愿墙等，现场十分热闹。每次活动开幕式都在文塔举行，也证明了这一场地的重要性。特别是"三月三荔枝湾民俗文化节"的"转文塔"活动十分受欢迎，居民与游客纷纷购买吉祥文礼［包括葱（聪明）、芹菜（勤力）、粽子（高中状元）、蚬（显贵）等民俗手信］和许愿签，而后绕文塔转一圈行文运礼（见图8-7），并在大榕树下系结许愿签祈福。虽然这一仪式是活动主办方根据历史材料的建构，但丝毫不影响居民与游客的体验，并接受了这一仪式所象征的意义。

（a）无活动时期的文塔广场　　　　　　（b）"转文塔"活动

图8-7　文塔广场

（三）历史建筑

历史建筑的保护与修复是荔枝湾改造工程的重要内容。荔枝湾综合整治一期工程修复的重要历史建筑包括梁家祠堂、陈廉伯公馆、西关大屋博物馆、蒋光鼐故居、逢源路33号故居、小画舫斋等，二期工程新建了四合院式建筑名为"荔园"以及休息亭（见图8-8）。历史建筑的展示有一个重要的任务，就是要让参观历史建筑的人们，自觉到自己在世界和历史里的位置，并且唤起人们对历史"记忆"的能力（林淑惠，2003）。这也是为何大多数游客都停留于一些标志性建筑旁边进行观赏，并且合影留念。历史建筑的展示，让游客了解了荔枝湾的文化，也增长了他们的知识。

第八章　亚运会背景下的城市社区空间再生产 | **249**

（a）陈廉伯故居

（b）蒋光鼐故居

（c）梁家祠堂图片展（领导视察）

（d）荔枝湾综合整治二期工程建筑

图 8-8　荔枝湾历史建筑

同时，这种空间展示也往往带有一些"政治"目的。景区通过观光活动，使得前往放松、休闲的游客无意识地接受了当地政府事先规划好的商品、展示品以及活动内容，成为政府宣扬政绩的方式。梁家祠堂的空间展示就是如此，原本用于社区公共事务的祠堂变成了荔枝湾发展历程的展示空间。所展示的影像资料，除了荔枝湾前世今生的样貌以外，还有各级政府领导人在荔枝湾视察的情景以及荔枝湾综合整治一期工程的施工情景，从而说明该工程在政府的高度重视之下快速推进，为人们创造了一个良好的生活环境，这实质上也是在宣传当地政府的政绩。

除了规划岸上的历史建筑外，荔枝湾的改造工程还在涌面上规划设计了 5 座桥梁，全都是仿古风格，并参照了包括海山仙馆旧图片等历史资料进行设计，但具体样式各不相同。每座桥的命名都是通过向社会广泛征集并经过评审组甄选得到的，分别名为龙津桥、德兴桥、大观桥、至善桥、永宁桥。各桥梁有着十分重要的交通功能，是居民与游客穿越荔枝湾涌的必经通道。其中，龙津桥是唯一通行车辆的桥梁。

（四）文津古玩城

文津古玩城作为荔枝湾"揭盖复涌"工程的重要配套项目，是在荔湾区政府主导下，由广州市供销合作总社投入 4000 万元对原日杂仓进行的全面升级改造，使其成为拥有 360 多个商铺，经营面积达 10000 平方米，集交易、展示、服务于一体的现代化专业古玩市场。前文已经说明，荔枝湾"揭盖复涌"工程的推动成就了这个项目。该项目是成功的，通过专业化、规模化运作，吸引了众多广东以及港澳地区的古玩商家过来开店，租金也因此不断上涨。因为国外的古玩较多且价格相对便宜，故他们大多是从国外进货并在此销售，而销售的对象大多是熟客和行家。由此看来，古玩是一个门槛较高的行业，需要建立个人的关系网络，找准渠道，赚取差价。

但对于荔枝湾而言，文津古玩城是一个相对独立的商业空间，游客一般很少进入，即使有人进入也只是观看而已，极少游客会购买。正如一位店主所说："你说游客，谁会来买你的古董啊？游客看你这些东西，超过 10 块钱以上的东西，他们都是不会考虑的，更别说买古董需要几千、上万的。他们最多欣赏一下，在这里照个相，对不对？"

对于曾经在西关古玩城经营古玩店的商户来说，文津古玩城是一个新的经营空间（见图 8-9）。尽管这些古玩商户起初十分反对荔枝湾的改造工程，甚至拉起横幅、邀请媒体采访和前往市政府上访，但经过与相关部门的沟通协调后，最终确定了补偿标准，很大一部分古玩商户搬迁到了文津古玩城，经营效果超出了他们的想象。他们都表示，目前的经营环境更加舒适与安全，也更加专业化，由此知名度也扩大了，许多行家都来此购买古玩。此时，古玩商户纷纷对以前拉横幅等冲动行为表示后悔，他们原来都没有想到搬迁后的经营效果会这么好，正如当地居民没有想到荔枝湾"揭盖复涌"后会这么漂亮。深入分析，可以发现，古玩商户的行动逻辑一直是以经济利益作为指导原则的。当初被要求搬迁，他们对赔偿不满意，未来经营效果不明朗，因此坚决反对；而现在生意好了，有钱赚了，他们当然也就满意了。正如一位商户所说："我们的宗旨就是：有生意做就行，其他的都不理。"利益决定了他们对空间的认同态度。

第八章　亚运会背景下的城市社区空间再生产 | 251

（a）文津古玩城开业　　　（b）文津古玩城内部展位

图 8-9　文津古玩城

（五）荔枝湾大戏台

荔枝湾大戏台是由荔湾湖南门改造而成的开敞式戏台，与蒋光鼐故居隔涌相望。每逢周末与节假日，由荔湾区文化局牵头组织的荔湾区工会艺术团会在此进行表演，路过的居民和游客可以零距离地接触演员，观看他们从后台的化妆到前台的演出。因此，每当有表演时，都会吸引不少游客围观，也有一些居民成为忠实的票友。

对于演员来说，大戏台是他们的表演与交往空间。这些演员并不是专业的粤曲歌唱家，大部分都是业余爱好者，他们在此自娱自乐，同时也成为一道风景。与此同时，一些年纪较大的忠实票友也常常过来听粤曲，并与其中的一些演员十分熟悉，建立了良好的关系。据该艺术团团长介绍："我们这个团，目前光演员是 59 人，很多人都是兴趣所致加入了这个团，最小的有 5 岁，最大的有 78 岁，大家过来这里都是免费表演，也当作是一个锻炼……粤曲比较难学，也很难听懂，一般都是老年人在这里听，年轻人和游客只是路过看一看……当然，有些爱听的老年人会经常来，也会经常和我们的演员进行交流。"

而对于游客来说，荔枝湾大戏台仅仅是一个被创造出来的消费空间。据笔者观察，绝大多数游客看到演员的装束时，都会好奇地停留并观看，也尝试去听一听粤曲（见图 8-10）。但是，这些都只是停留在表层的活动，大多数人只是好奇地去看与听，消费的是演员的免费表演。

在荔枝湾大戏台旁边有一块较大的广场，在地界上属于荔湾湖公园的范围。由于广场树木浓密、空间较大，很多当地居民都来此休闲，最主要的活动是"踢毽子"，且大多数是已经退休的老年人。而这一活动也是居民相互沟通与认识的最重要的方式，他们通过踢毽子而相互认识，熟悉后常常一起喝早茶、聊天。正

252 | 旅游社区的社会空间再生产

如游船公司的经理所说："在这前面有一个很大的广场，全部都是踢毽子的人。大家互相认识，关系都很好。这边很适合生活，因为生活脚步比较慢一点，特别是整治了荔枝湾之后，很多人都过来散步，定期有唱粤曲的表演，还有踢毽子的活动。其实，荔枝湾的整治对于他们来说好一点吧，因为有一个这么好的地方可以散步。"其中，有不少广州居民都是在荔枝湾"揭盖复涌"后才过来活动的，并逐渐依赖这个地方，有的人几乎天天都来，也因此而结识了这边的居民。由此可以看出，这是一个极具生活气息的空间。

(a) 观看表演的游客　　　　　　　　　(b) 演员与游客的互动

图 8 - 10　荔枝湾大戏台

（六）风水基小吃街

风水基小吃街是指住在荔枝湾畔的风水基居民在荔枝湾"揭盖复涌"后搬出板凳在家门口摆设小吃摊而形成的小吃街，其物理空间实质上属于荔枝湾畔的游览道。风水基是指荔枝湾畔的 14 栋楼房，各楼房高低不一，最高的有四层，最低的只有一层。其历史悠久，各楼房建于清朝光绪年间。在荔枝湾"揭盖复涌"的过程中，施工队发现了一块名曰"风水基"的台基，上面写明"禁在风水基内填筑示"，由此可见清朝泮塘一带的民俗以及广东的风水文化，也足以说明目前这 14 栋楼房的珍贵性。

风水基小吃街完全是由当地居民的市场行为而自发形成的，居民根据游客喜好，并结合泮塘传统饮食材料，制作了马蹄爽、斋烧鹅、马蹄糕以及鸡仔饼等特色小吃（见图 8 - 11）。由于起初各小吃摊位均是无证经营，当时政府对此叫停，并召集摊主开会，要求补办营业执照等证件，最后于 2011 年 10 月共有 13 家小吃档领取执照，原本被定为"走鬼"的无证经营就此转正。其实，最初在政府的规划中，并没有料想到会形成这样一条小吃街，而且如果按照严格的定义，风水基居民在门口经营小吃档是侵犯了公共空间。然而，当地居民并不这样认为，他们都表示这里就是自己的家门口，属于自己的"地盘"。相关部门也意识到这一点，并没有强制他们将小吃档搬回自己的家里经营。也还有一个原因是，小吃街的形成不仅没有侵犯游客的活动空间，反而进一步吸引了游客聚集于此。因此，风水基小吃街也是游客与居民互动的最主要场所。有居民就表示："我们开档以来，经常就有游客来咨询我们这边的情况，我们都尽量帮助人家，还是有这点（好）心肠的，反正都挺乐意的。"

（a）小吃街居民售卖情景　　　　　　（b）风水基小吃街全景

图 8 - 11　风水基小吃街

正是风水基小吃街的形成，才使得"泮塘五秀"等传统小食得以重现（再生产）并推广。与此同时，经营小吃档的居民也因此而出名，他们不仅是游客咨询的对象，同时也是各大媒体采访的重要人物。他们也是荔枝湾改造工程最直接的受益者，通过经营小吃档每天都能获得一定的经济收入。许多住在附近的居民都对此表示羡慕，纷纷说道："最好就是他们啦，多了个赚钱的渠道。"笔者的观察也同样证明了这一点。2011 年 2 月 23 日晚上 7 点，笔者在风水基赵拢屋停留观察了半小时，店主售出了大约 20 多盒鸡仔饼与牛皮糖，收入近 300 元。一些商人也看到此地的商机，于是租下当地居民楼房的一楼，并对原有的空间进行改造，以满足游客停留饮食的需求。其中，改造最大的当属水秀坊，其外墙改为蓝白色，并采用透明玻璃窗，与整条街的风貌格格不入，破坏了风水基的整体建筑形态。但是，经营者却认为这是以现代风格吸引年轻游客，称这是多元化发展。而实质上，这是为追逐商业利益对原有建筑进行"去地方化"式的商业化。看来，风水基的台基上所刻的"禁在风水基内填筑示"文字并没有得到相关人员的重视。

二、荔枝湾的空间再现

苏贾认为，（第二）空间的再现经常被赋予其霸权的力量，成为列斐伏尔所说的支配空间，检查与控制着空间实践和再现的生活空间。设计理论家（政府官员、科学家等）尝试运用抽象的心灵概念，来捕捉空间形式的意义（Soja，1996）。因此，它是一种主导的话语、规则、命令所设定的空间表象——承载着权力关系，是一种主导意识形态的表达，大部分已经被现实化。它更多地来自规划、安排、涉及，而不是对于社会成员需要的回应，是一种权力的空间涉及方案，为统治阶级的利益与需要服务（李丹，2011）。从前文的分析可知：荔枝湾的空间生产过程是由政府以亚运会为契机主导完成的，资金、技术、人员等完全由政府投入，极少有地方居民参与。从中可以看出，荔枝湾的空间是由一群少数理论家来构建的，他们主导着荔枝湾的一切设施与文化活动的规划。因此在本部分，我们将研究重点放在了解政府部门对荔枝湾的空间所预先设计的象征意义是什么，是通过何种手段实现此种象征意义的，又表达了怎样的意识形态。政府的规划设计将影响各空间使用者对空间的感受，进而影响他们对空间的情感、态度以及在空间的具体行为。借由访谈与观察材料的分析，荔枝湾的"空间再现"主要有以下四个特点。

（一）政府主导的空间生产

荔枝湾的空间生产过程完全由政府主导，整个综合整治工程由荔湾区政府牵头，一期工程抽调了各部门相关人员组成了"五区一街"工作小组，二期工程则成立了专门的"荔枝湾（二期）建设指挥部"，负责协调各部门如水务局、建设局、规划局等的施工，整个景区的运作由荔湾区景区管理中心负责。虽然在整个过程中，也曾成立了一些民间组织，但这些组织并未深度参与工程的实施。正如一位工作人员告诉笔者："之前成立了一个'河涌督导小组'，但是只是一个监督小组而已。河涌督导小组就是我们区率先成立的，就是在荔湾区找了一些有权威的人，比如一些街道的代表、人民群众啊，也有一些相关单位的领导，参与到我们这个督导小组里面来。平时我们都会搜集一些相关的意见。"

这也证明，改造后的荔枝湾是由官员、规划专家等权利主体所构想的支配空间，实质上是管理部门意志的体现。比如一期工程中的西关古玩城与民居的拆迁，正是在管理部门的强势推动下进行的。虽然古玩商户与一些居民也采取了一些抗议的行动，但即使采取了聪明的"文化"策略，他们也明白最终的结果仍是拆迁，只是希望通过这一举动能够获得更多的赔偿。

而景区的观光发展也同样是由当地政府来主导的。景区的游船经营、小吃经营等都必须遵守景区管理中心的行政命令，即管理部门控制着园区内的商品内容与活动项目。前文也讲述了，虽然风水基的居民自发形成了小吃街，但最终仍需要在管理部门的规范下运行。荔枝湾的旅游发展并未带来直接和明显的收入，当地政府部门也在思考如何走出这一困境，相关部门也曾派遣工作人员前往威尼斯与南京夫子庙学习经验，以制定商业发展规划。荔枝湾空间生产的主导权牢牢地把控在管理部门的手中，相关经营者只能等待与遵守相应的安排。

（二）"广州会客厅"的形象定位

荔枝湾被赋予了很多符号，如"广州会客厅""广州威尼斯"等发展定位，"改善民生的标本，文化传承的品牌，旧城改造的典范"的设计理念。它已成为对外展示的窗口、广州形象的表征，作为这样一个场所，它接待了国外嘉宾如亚奥理事会主席艾哈迈德亲王，国家领导人李长春、汪洋，以及相关省市领导，等等。

而这些符号并不是一开始就被权力主体所赋予的，而是在荔枝湾的空间生产过程中不断被发现而再生产的。起初，荔枝湾被定位为"广州会客厅"，希望能在亚运会期间作为广州历史文化名城的形象展示给外界；而后，荔枝湾综合整治一期工程取得了意想不到的成功，相关领导人进一步重视该工程，宣布二期与三期的规划，并结合河涌治理，欲将其打造为"广州威尼斯"，同时再产生"改善民生的标本，文化传承的品牌，旧城改造的典范"的设计理念。

正如前文所分析的，当地的空间生产完全由政府主导，而这些符号也是由官员、规划专家等权利主体构建的，并将之宣传，以达到政治治理的目的。如今，荔湾区的环境展示都以荔枝湾为标榜，各相关政府部门官方网站的背景图片也换上了荔枝湾的景象，它作为一个整体，成了荔湾区政府治理社会的政治符号，成为政府宣传政绩的一个载体，表达了政府为人民办实事的这样一种意识形态。

（三）民生工程的意识形态

承接前文分析，政府主导下的荔枝湾空间生产传递了这是一项民生工程的信号，暗含了为人民办实事的意识形态。为何政府会花这么大的力气再现荔枝湾，为何又选择在亚运会举办前夕来完成这一空间生产呢？原来，通过 2008 年北京奥运会与 2010 年上海世博会的举办，居民已经改变了对大型事件毫无保留地采取支持的态度。这些大型事件虽然推动了城市基础设施的建设，但对于有些居民来说，他们感觉自身并没有从中获得太大的好处。广州市政府也意识到了这一点，并在亚运会期间推出了十项惠民项目；与此同时，对广州重要的历史景点、公共空间进行改造、更新、升级，从而获得居民的支持与认同。荔枝湾改造工程便是获得居民支持与认同的最好示范，故称其为"改善民生的标本"。

于是，政府加强了对荔枝湾民生工程形象的宣传，并将其作为示范以推进恩宁路的拆迁与重建。比如，梁家祠堂关于政府领导视察工作的图像展示、荔枝湾重要节庆活动开幕式的领导出席等，都是政府向外界展示政绩的方法。荔枝湾成了荔湾区政府治理社会的一个重要符号，正如科恩所说，"每个政治团体都必须有一个可以表示自己的特殊符号，这种符号可以有不同的形式，比如各种徽章、脸谱、特殊的庆典活动、特殊的生活方式等"（Cohen，1974）。生活于荔枝湾的居民也渐渐接受了荔枝湾作为"民生工程"这一被构建的事实，改变了对原来当地政府相关部门的不信任以及关于"面子工程"的固有思想。如一位泮塘五约居民说："这算是民生工程吧！正如我们这些老人家所讲的，如果它不修建这里，那些银子又不会分给我（边笑边说）。现在起码环境更靓一点，我走得也更有精神，当然是现在好啦。"

但是，并不是所有居民都认同这一看法。有一位居民表示："就是改造了外面，就是给了你一件漂亮的衣服穿。没有什么受惠，我们最烦人多；就是环境好了一点，房子还是老房子，还是一样的，没什么好不好的，房子里没有什么改变。"这部分居民更在意的是"房子"，在意的是他们的切身利益。

总体来看，由政府所主导的荔枝湾改造工程是成功的，它作为一种政府治理工具，宣传了政府为人民办实事的意识形态，大部分人都在游览中无形地接受了这一看法。

（四）文化策略的再现经济

正如前文所说，荔枝湾的改造工程是一项政治工程。当地政府十分明智，运用"文化"来统筹荔枝湾空间的修复改造，以达到政治与经济目的。政府官员不仅像之前那样理性地将空间分为有差异的区域，更是以规划标准以及国家计划控制使用该土地，并将"文化"嵌入土地使用的过程中，增加其内涵，于是在城市更新的过程中，通过资源以及文化策略恢复了其使用价值，以达到政治与经济目的；而且，这些文化性的资源并没有消失，而是在空间修复中得以重新生产（Lefebcvre，1991；Harvey，2001）。

实施文化策略是荔湾区政府凝聚人心的号召，也是最适合荔湾区的发展战略。因为在 2005 年广州实行行政区划调整后，曾经是广州"因水而商，因商而兴"发源地的荔湾区，成为广州 10 个区中经济较为落后的行政区。为此，荔湾区政府提出了"文化引领"的战略，充分利用区内的文化历史资源，以振兴地方经济。但前些年的努力并未取得较大的成效，直至 2010 年荔枝湾改造工程的成功，复兴了城市文化与记忆，为地方经济注入了新的活力与资本。文化作为荔枝湾空间生产的策略，增加了地域之间的差异，使得荔枝湾与周边地区相区分，成为一个具有特色的地方，从而增加土地价值，获得"垄断地租"。文津古玩城的租金上涨、荔枝湾区域的房价上涨、广州美食园的生意变好等事实便说明了这一策略的成功。

文化成为荔枝湾空间生产的策略，其主导权仍把握在当地政府的手中，为达到政治与经济目的，难免会引发文化商业化等问题。而且，政府对文化的控制与书写，决定了人们对文化的认知，进而影响了人们的文化认同。

三、荔枝湾的再现空间

相同的象征符号对于不同的人，具有不同的意义；在不同的时间对于同一个人来说，也会有不同的意义；除了产生的意义不同，还可能产生感情洋溢的作用（Cohen，1974）。荔枝湾的物理环境，明显地带有政治与文化意义的象征符号，使得各空间使用者根据自身感受以及需要，解读该空间，且都可能导致空间再生产现象。再现空间凝结了社会成员的真实需要，承载了欲望，包含了各空间使用者的日常生活实践以及社会关系。

（一）游客旅游体验的场所

游客并没有直接参与荔枝湾的空间生产，但其作为旅游者消费了空间，从而间接刺激空间的生产。目前，荔枝湾的游客包括散客和团队游客，两者比例各占一半。散客大多是广州居民，团队游客则是来自各地区的"广州一日游"游客。游客的空间行为十分简单，散客一般从荔枝湾标志石入口进入，并沿着河涌游览风水基小吃街、荔枝湾大戏台以及西关博物馆等主要景点，游览时间一般不超过一个小时；团队游客一般在龙津西路下车，在导游的带领下沿着河涌观赏西关博物馆、荔枝湾大戏台、二期荔园等景点，游览时间一般不超过两个小时。以笔者在2011年10月23日贴身观察一个由5人组成的家庭团体来看，他们在整个游历过程中主要表现出以下特征：①与标志物合影。他们一进入荔枝湾景区，就会与象征荔枝湾的标志石合影，同时在一些标志性的景点停留，如梁氏宗祠、文塔、荔枝湾大戏台等。②纯粹的观光旅游，仅仅消费物理空间。他们在途中是走马观花式的游览，并没有与其他游客交流，更没有对荔枝湾的历史文化进行考究。

虽然游客在旅游体验的过程中大多仅仅消费物理空间，很少与居民互动。但是，他们所消费的物理空间主要是由政府官员以及规划专家等权力主体所设计规划的，展示了一系列有秩序、可以呈现的象征符号，它们无形之中控制了游客解读空间的方式。因此，进入荔枝湾的游客将会有意或无意地接收到权力主体所传递的符号信息，达到同化意识形态的作用。当游客进入荔枝湾游览时，接收了照片、文字解说、历史建筑等权力主体特意安排的解说信息，通过这个旅程，游客便会充分了解荔枝湾的发展历程以及政府对荔枝湾建设的功劳。一些曾经来访或知晓荔枝湾的游客，更会被这些所呈现的历史勾起相关的旧时回忆以及认同意识，继而出现合影留念、表达感受等互动行为。游客始终处于被动接受的位置，他们被动甚至消极地体验这一切安排与设计，也可能影响其内在的意识形态，也就是列斐伏尔所说的"被支配的空间""政府主导的空间"。

（二）居民日常活动的社区公园

过去的马路以及西关古玩城，如今转变为开放的观光区，当地居民也正渐渐地调整他们对荔枝湾的看法以及改变他们使用该区域的习惯。此时，荔枝湾成为居民日常活动的社区公园，他们在这里所进行的活动主要包括踢毽子、跑步、遛狗、带小孩等。有一位家住泮塘社区的婆婆以前每天下午都会到荔湾湖公园散步，并打太极锻炼身体，自从荔枝湾"揭盖复涌"成为观光区后，她转换了活动地点，每天下午来到荔枝湾陈廉伯故居前的空地上打太极，大概到晚上 6 点就回家做饭。类似这位婆婆的人物还有很多，他们以前往往都在荔湾湖公园休闲锻炼，而现在在家门口就有这样一个公共空间，自然就将活动地点转移了。他们使用荔枝湾空间的时间不是被动地，而是主动地选择游客较少的时段（早晨与傍晚），或者是选择游客较少的地段（文塔广场与荔枝湾大戏台广场）。对于他们而言，荔枝湾现在是他们的社区公园。

随着空间属性的转变，人们对荔枝湾的诠释以及生活经验也发生相应转变，进而表达出不同的态度与意义。在"揭盖复涌"前，当地居民大约有90%都反对荔枝湾的改造工程；而在"揭盖复涌"后，几乎没有人能料想到效果会这么好，历史上也没有这样的先例，荔枝湾成为居民日常活动的社区公园，甚至是一些居民谋生的场所，因此，他们对荔枝湾做出了积极的评价，并表示支持这一工程的后续建设。

居民周期性的活动使得他们对荔枝湾产生了地方依赖，进而增加了居民的地方认同，并逐渐依恋于这一地方。与此同时，其他社区的居民都十分羡慕荔枝湾社区的居民能有这样一个特殊的公共空间，这也激起了荔枝湾居民的自豪感。例如，某西关大屋社区居民就说："它建好了我才过来，就觉得改造好了，更漂亮一点。我每天都是这个时候过来，就是下午四五点，一般转半个钟头左右，然后就回家吃饭……感觉很好，感觉自豪，别的地方的人都赞扬我们这里的环境好嘛，开心啦。"

（三）居民地方记忆的苏醒

当居民特别是见证过荔枝湾变迁的居民看到记忆性的物质因素，如河涌、荔枝树、龙舟、"泮塘五秀"等，就会唤醒他们曾经在荔枝湾生活的点点滴滴，从而进一步加强原本对荔枝湾的认同感与归属感。过去的历史在现代的空间中，仍保留着具有痕迹与抽象的情感与记忆，尤其是在荔枝湾这个特殊的文化空间里，这种情形更加明显。这里分享一个真实的小故事来说明荔枝湾对当地居民的重要性，以及荔枝湾改造后居民对它的认同感。

一位从小就居住在荔枝湾风水基的居民暨先生，将荔枝湾"揭盖复涌"后的景象拍摄成照片，用 QQ 发给了远在香港的伯父。伯父以前也居住在这里，但在新中国成立前就过去香港了，成了香港人。但是，他并没有忘记自己曾是荔枝湾人，前些年在六七十岁的时候，还每年都会回来参加划龙舟，而现在年龄大了，也患上了癌症，几乎快 20 年没有回荔枝湾了。当他看到荔枝湾的照片时，没想到自己的家乡变得这么漂亮，他要求自己的子女一定要带他回来看看。于是，在 2010 年 11 月亚运会刚开始的时候，他的儿女陪他一起包了一辆车，专程从香港过来荔枝湾。当时，他是带病并坐着轮椅在荔枝湾转了一圈。看过之后，他心里真的很高兴，看着这些美景都笑了。虽然他没有说什么，但可以看出来，他想到了自己小时候在这里的生活，也对自己家乡变得这么漂亮而感到满意。过了两三个月，伯父就去世了，而这趟荔枝湾的旅程算是还了他的心愿。他仍然把这里当作自己的家乡，家里环境变好了，自然也就开心了。可见，他对荔枝湾的认同感与归属感是多么强烈。

听着大多数的受访居民对荔枝湾的情感流露，发现他们将很多无形的情感寄托于此。无论是个人回忆还是荔枝湾的发展变迁史，在这里的人和事物都能轻易地触发居民的感受与情绪。

（四）对抗空间的生产与再生产

在霸权力量的运作下，那些屈服于特定区域的人，有两种固定选择：一是接受强加在身上的分化和区隔，尽量予以使用；二是应用其地方居民的地位，动员起来抗拒指派给他们的"他者特性"，奋力反抗这充满权力的施加（Soja，1996）。荔枝湾的各空间使用者，除了消极地接受由管理部门所施加的秩序以外，也在一定程度上主动地通过群体力量来对空间体制做出反抗或反应。

最初，当地的古玩商户拉横幅和邀请媒体前来采访以反对荔枝湾的改造工程，公开抵制这一空间的生产。古玩商户巧妙地运用"文化"作为"弱者的借口"，将现实的空间与经济、权力问题转化为文化传统等问题。这种以文化为工具表达利益诉求的手法，体现了人们保护自己的技巧。最终古玩商户与管理部门进行了协商，达成了一致，他们虽然没能阻止荔枝湾空间的生产，但是他们的行动可能在一定程度上促使了文津古玩城的生产以及繁荣发展。

部分游客也并不是完全消极地、受支配地游览规划的景点，他们往往会尝试去一些所谓的"禁区"，以发现新事物、寻找新体验。例如，一些游客在看到陈廉伯故居后，了解到它曾经由大户人家的住宅变成"七十二家房客"时，就想进去一探究竟，但是，在大门口竖立的一块标识牌上写着"严禁入内"，有的游客可能就会遵守这一规则，去游览其他景点，但是也有一些游客认为里面肯定有"好东西"，于是就违反这一规则进入查看，拓展他们的游憩空间。

部分居民因为荔枝湾的空间生产并没有给他们自身带来实质上的经济利益，便对荔枝湾的发展抱着漠不关心的态度。除此之外，当有人问及他们对荔枝湾的看法时，他们往往表现出消极的态度，认为这就是一个"面子工程"，以抵抗"民生工程"的意识形态。

经营小吃的居民看到商机，采取了主动融合空间的策略，并将一部分公共空间划为己有，从而形成了风水基小吃街，突破了政府原有的规划与设计。这充分说明了"再现空间的欲望或艺术创作，也时常成为主导商业化的管道"（王志弘，2009）。

不同的空间使用者，通过自身与群体的力量，展现出对抗空间体制的内在想法，一次次挪用或改造空间的行为活动，让荔枝湾空间不再是僵化的由单一主体所控制的空间，而是由多元化力量参与的空间生产与再生产。

第四节　小　　结

本章展示了一个在亚运会推动之下的城市社区的空间生产过程。荔枝湾从一个居民生活的场所转变为旅游区，而这一个空间生产过程完全由政府来主导。笔者通过列斐伏尔的空间三元概念（空间实践、空间再现与再现空间），分析了这一空间生产过程中的文化以及政治意义，探讨了各空间使用者对荔枝湾的认知、情感、态度以及行为，得出以下结论：

第一，大型事件推动下的空间生产具有急剧性的特征。与陈冬婕分析在亚运会筹备期西关大屋社区空间再造的结论一致，政府的亚运会筹备工作需要在短时间内完成多个大规模的建设和改造项目（陈冬婕，2010）。本案例从荔枝湾综合整治工程所花费的时间也证明了该结论。荔枝湾综合整治一期工程耗时不到半年

（2010年4月21日—10月16日），二期工程耗时约一年（2010年10月16日—2011年12月22日）。两期工程的工作量都很大，若不是在大型事件的推动、政府的高度重视之下，进度不会有这么快。同时，因为一期工程必须赶在亚运会开幕式之前完成，当时是昼夜24小时开工建设，所以才只用了如此短的时间。随着亚运会的结束，其作用力也越来越弱，荔枝湾综合整治工程的建设速度也相对减缓，特别是将原本的二期工程拆分成了后来的二期工程与三期工程。

第二，政府主导了这一空间生产过程，并以此作为示范工程，表达一种为人民办实事的意识形态。空间是政治的、意识形态的，政府作为权力主体掌控了荔枝湾空间生产的规划与设计，起初将其定位为"广州会客厅"，主要目的是用来接待国内外嘉宾，向他们展示广州深厚的文化底蕴。然而，荔枝湾的再现超出了所有人的想象，几乎所有群体都持赞同意见。此时，政府立即将设计理念再生产，提出"改善民生的标本，文化传承的品牌，旧城改造的典范"的定位，并将荔枝湾以及政府官员考察工作的影像资料予以展示，让进入这一空间的人感受到正是政府的高度重视与大力支持，才有了如今的荔枝湾。同时，这也在无形中传递着一种政府为人民办实事的意识形态，人们也都有意识或无意识地接受了这一含义。

第三，文化作为空间生产的策略，增加了城市发展的象征经济资本。荔湾区政府在"文化引领"的战略指导下，对荔枝湾内的历史建筑以及文物进行保留与修复；同时，将荔枝湾涌恢复为明涌，种上荔枝树，通过这些文化符号的保留与塑造再现了荔枝湾繁荣时期的景象。这一策略的运用十分成功，荔枝湾也因此成为一个独特的"地方"，与周边地区形成了差异，获得"垄断地租"。不过，此处的文化往往是由规划主体为了某种利益而建构的，它除了可以提升土地价值以外，同时也是建立秩序的工具。比如，当游客进入荔枝湾，他们将按照相关主体的规划与设计进行游览和解读空间，其所了解的荔枝湾历史以及文化都是被支配和精心安排的。因此，这也有可能会扭曲历史，或者导致文化商业化。这样的空间生产更多地注重"景观"，而忽略了人文价值。更重要的是，这种改造同时还遗失了原住民这一群体。其实，原住民本身就是一种文化的体现，他们是城市形象的真实的载体（包亚明，2006）。

第四，各空间使用者解读了空间的意义，并进行了再生产。各空间使用者根据自身经历对空间进行不同的解读，对于游客而言，它是旅游体验的场所，当他们进入荔枝湾，可以通过历史建筑、影像资料等了解荔枝湾的历史；对于居民来说，荔枝湾是他们的"家"，是日常生活活动的社区公园，荔枝湾所恢复的一草一木，都能唤起他们对荔枝湾的历史记忆，周期性的活动使得他们对这个地方更加依恋。各空间使用者除了消极地接受由管理部门施加的秩序以外，还通过群体力量来反抗既定的空间体制，从而使得空间再次生产。

第五，利益是各主体评价空间生产结果的出发点。每个人都会站在自己的利益角度看待问题，对于游客而言，荔枝湾是一个免费的旅游景区，可以免费观赏荔枝湾的各个景点，了解这里的历史，他们对此的评价是积极满意的。对于居民而言，荔枝湾是他们的生活空间，其改造将会影响到他们的日常生活。在工程初期，因为不信任当时的相关部门、担心生活环境变差，居民对此持反对的态度。但是，反对的声音并未阻挡荔枝湾的空间生产进程。"揭盖复涌"后，其改造效果超出了居民的想象，荔枝湾因变得十分漂亮而受居民喜欢。然而，由于下大雨时荔枝湾涌会变臭，甚至出现"水浸街"的问题，故居民现在是又爱又恨，持"好恶交织"的态度。对于古玩商户而言，荔枝湾是他们的商业空间，起初的改造搬迁威胁到他们的"饭碗"，故表示反对；"揭盖复涌"后，他们大多搬至文津古玩城且生意越来越好，于是对这一工程持积极态度。还有一部分居民，虽然他们也认为荔枝湾环境变好了，但表示它仅仅是一层外衣，他们个人的生活状况以及住房问题并没有因此得到改善，而对此工程持消极的态度。

第九章　旅游社区社会空间再生产的新思考

在地理学研究的文化转向、社会学研究的空间转向以及人类学研究的实践转向等理论背景下，空间生产理论受到来自不同学科众多学者的追捧。学者从空间生产视角入手，展开了丰富的实证与案例研究，但主要集中在社会学与地理学关于城市社会空间的领域，在乡村社区以及旅游发展背景下的旅游社区，关于其社会空间的相关研究还比较欠缺。本书正是在这个方向下尝试和努力的成果。通过对海南三亚回族村、云南西双版纳傣族园社区、广东开平碉楼与村落、广西桂林龙脊梯田景区平安寨、云南丽江古城区、广州荔枝湾社区等案例地的实证调查与分析，本研究运用社会空间再生产理论，从空间表征、表征空间和空间实践三个维度探讨旅游发展下社区社会空间再生产特征及机制。那么，在不同文化背景下，不同类型旅游社区的社会空间生产过程、特征与机制有何异同？它们共同指向怎样的社区空间生产机制？进而，旅游发展背景下的社区社会空间生产与一般现代化作用力下的社会空间生产有何差异？二者的生产机制与结果又是怎样的？超越旅游，社会空间生产的本质是什么？这些问题都有待进一步的思考和研究。

第一节　社会空间生产的本质

一、社会空间生产表征为空间的重组与变迁

无论是何种类型的社会空间生产，都必然伴随物质空间的生产，并且以物质空间的生产为基础，亦即社会空间的生产总是表征为空间中要素的重新组合与空间景观的变迁。在三亚回族旅游社区的研究中，空间的生产过程是生产空间、游憩空间与生活空间从分离到融合的过程，表征为居住环境从低疏到高密、建筑风格从统一到混搭、都市与乡村建筑景观混合的空间实践。除了物质空间的重组与变迁，社会空间的生产还涉及交往空间与精神空间的生产。一般而言，物质空间再生产为精神空间再生产和交往空间再生产提供物质依托，并从一定程度上强化

二者，开发期旅游地物质空间再生产为精神空间再生产和交往空间再生产提供新契机；精神空间再生产推动交往空间再生产，影响物质空间再生产的方向。精神空间再生产将影响交往者的意愿和心态，同时能为物质空间生产提供新思路和指导；交往空间再生产反作用于物质空间再生产及精神空间再生产。交往空间再生产为物质空间再生产提供新的社会网支持，也为精神空间再生产引入新的推动者。

简而言之，社会空间生产是不同空间的重组与重构过程，表现为空间景观与物质环境的变迁。而在这过程中，物质空间的生产起到基础性作用，是精神空间与交往空间生产的物质基础。

二、社会空间生产的实质为社会关系的再生产

如果说物质环境与空间变迁是社会空间生产的外在表征形式，那么空间中社会关系的再生产就是社会空间生产实质性内容与本质。任何空间生产都离不开空间中人的行动与关系，社会关系的改变会形成一种新的社会空间，而新的社会空间必然要匹配新的物质环境和空间要素，因而会产生物质空间的重构与变迁，物质环境的变化又反过来影响社会关系与网络。因此，社会空间生产总是伴随物质环境与社会关系的重构，二者互为因果，但本质上是社会关系的再生产。

在三亚回族社区发展的过程中，社区的社会关系发生着多层面、多主体间的重组和生产，主要体现为经济网络关系的延伸和宗教关系网络的加强。穆斯林的经济合作网络、交通运输关系网络、工艺品供需网络，以及与游客的关系、与景区的关系、与投资商的关系等都在旅游背景下不断地生产和再生产。而在此过程中，宗教文化可以说是三亚回族社区内部与外部关系建构和维系的核心力量，在一定程度上消解了经济生产所带来的矛盾关系。同样，在对广东开平碉楼马降龙社区的空间生产研究中，政府及景区管理主体对马降龙村的空间形态与秩序进行规定，企图实践其构想中的空间表征，而居民则通过日常生活进行抗争，实现反抗性的表征空间，从而使马降龙村空间的形态、功能与意义等方面体现出一种微妙的平衡。

可见，社会空间的生产是新社会关系的再生产过程，在此过程中，空间中不同主体往往从各自利益与逻辑出发，企图占有空间并对其进行控制与再利用。但是，这必然会引起其他利益主体的正式与非正式的反抗，最终达到不同主体权力关系协商下的平衡状态，但空间的生产始终由强权力关系的一方主导着。

第二节 旅游对空间生产动力的特点

旅游作用下的社会空间生产表征具有异于一般全球化、现代化作用的特点。当代，在经济全球化和城市化浪潮中，以土地为根基的空间进入资本领域，地方空间成为全球资本增殖运动的工具（孙江，2007）。全球化、现代化、信息化、社会转型、改革等都会对社会空间进行重组、争夺、控制、转化，空间再生产在区域内外部政治、经济、技术、社会因素的影响下不可避免。旅游作为具备一定特殊性的外部影响力量，具有流动性的特征，表现为资金、人（游客）等发生空间的位移，新的社会关系、新的生活方式、新的价值观念等诸多的附属因素也注入目的地社会空间。一般现代化的作用力加速了社区社会空间再生产进程，推动地方物质空间改造，冲击地方传统意识和观念，驱动地方标准化；而旅游的作用力减缓了地方的物质性改造，强化地方传统意识和观念，相对驱动空间地方化；现代化和旅游推动社区打破社会空间的时空限制。

一、旅游空间生产主体：多元化与相对均衡

一般现代化与全球化力量下的城市空间生产是政府与大型跨国集团共同联盟对空间改造的过程，属于强权力与强资本的"强强联合"，而其他主体，如社区居民、非政府组织（NGO）等都处于边缘的权力格局中，难以真正参与到现代化浪潮下的空间生产，并且对现代城市的空间生产起不到关键的作用。他们更多的只是接受资本与权力所生产出来的空间秩序与制度，或进行局部的空间反抗与斗争，但最终都将服从于资本与权力的空间生产逻辑。因此，现代化作用力下的全球空间生产实质上是强势政府与跨国资本主导下的空间生产。而旅游尽管属于现代化力量的一种，但有其特殊性与差异性，旅游推动下的社区空间生产涉及的主体更加多元化，并且形成相对均衡的权力格局，并非如同全球化力量下资本与权力二元主导的格局。

旅游社区的社会空间内，政府、企业、居民、游客、志愿者等多元主体共存，他们共同参与旅游发展并主导社区社会空间的再生产。政府负责社区空间的制度与基础设施生产；企业主导社区空间的经济与资本生产；社区居民则是社区日常生活空间生产的主体，社区参与是实现旅游可持续发展的重要方式，也是实现旅游目的地空间正义的重要途径；游客则是目的地空间的消费者，其需求也影

响到旅游空间的再生产；当然，志愿者也是目的地空间生产中的重要一员，他们往往起到协调各方利益主体的作用。可见，旅游作用下的社区空间生产是多元主体参与的空间生产，并且形成了相对均衡的权力格局，从而共同推动旅游社区的发展与再生产。

二、旅游空间生产过程：保护性开发与利用

全球化的空间生产逻辑更多的代表着资本的空间生产逻辑，亦即资本全球化的逻辑。因此，全球化与现代化对很多边远乡村社区和地区来说，是一种压倒性和全面性的入侵。乡村的建筑形态、环境景观、风俗习惯、社会结构、人际关系、传统文化等都在全球化浪潮下被推平以及重新建构与生产，以服务于资本的全球化扩张与再生产。这种全球化作用下的乡村社会空间生产过程，往往是一种比较彻底的重构和创造性破坏过程，历史与传统都屈服于资本生产逻辑下。

而旅游推动下的乡村社会空间生产，相对于一般的全球化作用，更为缓慢和有选择性，不是全面压倒性的入侵。对很多旅游社区和乡村而言，开发旅游有利于保护当地的传统与文化，也有利于恢复逐渐被现代化浪潮所淹没的历史与文化，更是增强了地方居民的文化认同感。因此，旅游为社区发展与文化保护提供了良好的平台，旅游推动下的社会空间生产更多的是一种保护性的开发与利用过程，即开发是为了保护，同时保护也是开发的前提。在旅游空间生产过程中，文化保护已成为游客、社区、旅游企业和政府的共同需要，社区发展也是各利益主体的共同目标。

三、旅游空间生产结果：凸显地方性与异质性

正如前面所言，全球化体系下的空间生产是一种资本生产逻辑，而资本的天性在于追求利益最大化，这必然导致一种利益导向下的空间生产结果，即标准化与同质化的产品。因为标准化生产对于资本而言，可以降低其进行地理扩张和自我积累的成本。所以，在全球化作用下，边缘地区或边远乡村正面临传统特色与地方文化不断被磨平和同质化的困境，沦落成为与现代城市相差无几的"产品"。

而旅游发展推动下的空间生产与全球化强调的同质化、标准化发展方式不同，旅游发展更强调地方特色与差异性，追求的是族群主体建构的各具特色的地方文化。因此，旅游发展对于乡村社区来说，不仅没有使地方文化消失和被标准化为现代大众文化，反而使得其族群文化与地方性得以保存与继承，并进一步得到凸显，使其在全球体系中因为自我异质性与地方性而享有一席之地。

第九章 旅游社区社会空间再生产的新思考 | **267**

第三节 跨文化比较的空间生产视角

一、中国和西方语境下的空间生产

由于中国和西方在社会发展阶段、经济基础、制度建设等方面存在较大差异，因此，西方语境下的旅游社区空间生产逻辑与过程有所不同。一般而言，西方的旅游社区，居民的自治程度更高，社区参与途径更加多元，参与程度更加深入；同时，政府在旅游社区空间生产中并非主导者，而更多承担着管理者的角色。因此，可以说，社区参与在西方旅游社区空间生产中占有很重要的地位，空间生产主体间的权力关系更加平等与均衡。而在国内，尽管旅游社区的空间生产是由政府、企业、社区居民、游客等多元主体共同参与完成的，但是，社区参与仍然停留在低层次的就业与生产领域，而在政治与话语层面，社区参与并没有得到很好的实践与实现，国内的旅游社区空间生产依然以政府和开发商为主导，社区只是作为弱势的一方参与其中。

二、跨族群文化的空间生产

不同的族群文化，往往有不同的文化习俗与生活方式，甚至有不同的宗教信仰，这当然会对社区的社会空间生产有所影响。本研究探讨了三亚回族社区、西双版纳傣族社区、广西龙脊梯田壮族社区、云南丽江纳西族社区等少数民族旅游社区的社会空间生产过程与机制。与以汉族为主的广东开平碉楼马降龙社区、广州荔枝湾社区的空间生产不同，少数民族旅游社区的空间生产过程更具地方文化烙印，社区在其中起到的作用更加明显，少数民族宗教文化与信仰在社区的空间再生产中起到很大的作用。如在三亚回族社区的空间生产中，宗教文化作为内生于社区的独特力量成为该社区主要的文化表征，也通过信仰的话语体系约束着社区的发展与生产，宗教文化可以说是三亚回族社区内部与外部关系建构和维系的核心力量，在一定程度上消解了经济生产所带来的矛盾关系。另外，汉族社区与少数民族社区，少数民族社区（回族、傣族、壮族、纳西族等）之间的空间生产都存在一定的差异，这些也是值得跨族群文化背景下空间生产研究关注的话题。

三、跨地域背景的空间生产

跨地域的空间生产有时会与跨族群文化的空间生产重合，因为不同的族群往往占据不同的地域，而不同的地域也分布着不一样的族群文化。除了这种不同族群文化地域下的比较，还有同一族群文化在不同地域的空间生产比较。首先，是城市社区与边缘乡村社区的空间生产对比。如对本研究中处于市区的荔枝湾社区和处于乡村的开平碉楼社区的社会空间再生产进行比较，可以发现，城市社区的空间生产带有更强的政策与服务性质，同时生产过程更为迅猛，景观重构明显；而乡村社区的空间生产则更为平缓，生产更多的是各方利益协调与平衡的结果。其次，将尺度放小，跨地域的空间生产比较还可以是一个旅游目的地中不同区位的社区空间生产的比较，如本研究中对丽江古城区纳西族不同社区的"去地方化"与"再地方化"的分析，将社区参与旅游发展的程度分为以现云村社区为代表的非旅游社区、以新华社区为代表的核心旅游社区和以义尚社区为代表的边缘旅游社区，可以发现非旅游社区的族群文化正发生缓慢的"去地方化"，而核心旅游社区出现断裂式的"去地方化"，边缘旅游社区则更多的是处于一种保护与维持的"再地方化"过程。可见，对跨地域背景下空间生产进行比较研究，可以发现一些单一地域案例研究难以发现的问题与结论，这应该是今后旅游社区空间生产研究需要努力的方向。

第四节 小　结

与一般全球化作用下的标准化和同质化的社区空间生产不同，旅游推动下的社区社会空间再生产更加强调地方的传统与特色，生产的结果进一步凸显了旅游社区的地方性与异质性。尽管社区参与仍然有待进一步加强，但参与社区空间生产的主体更为多元，涉及政府、开发商、社区居民、游客、外来经营者等利益群体，形成了相对均衡的权力关系格局，超越旅游发展背景并立足于全球化与现代化的背景来看待社区空间的生产，可以发现社会空间再生产涉及两个层面的生产：一是表征为物质空间的生产与环境景观变迁，亦即空间中物质要素的重新组合与环境的改造过程。二是在物质环境基础上，社会空间生产本质上是社会关系的再生产，亦即空间中人与人、人与物关系的重新生产，进而导致一个新的社会空间产生。

除了思考旅游社区社会空间生产的特点及其本质外，未来的旅游社区空间生产研究也应充分关注跨文化比较的视角。首先是跨国与中西方的比较，将中国旅游社区与西方旅游社区的空间生产过程进行比较和综合归纳，总结新的发现与问题。其次，也要注意到国内跨地域与跨族群文化的空间生产比较，并注意空间尺度在其中的作用。

参 考 文 献

[1] Ahearne J, 2005. Michel de Certeau: Interpretation and Its Other [M]. Stanford, C. A. : Stanford University Press: 15 – 23.

[2] Bourdieu, Wacquant, 1971. Cultural Reproduction and Social Reproduction. In: Brown R. Knowledge, Education, and Cultural Change [M]. [s. l.]: Tavistock Press.

[3] Brito F, 2008. The tourism in an atlantic-amazonic place: recent partner-space alterations [J]. Scripta Nova-Revista Electronica de Geografiay Ciencias Sociales, 12: 270.

[4] Britton S G, 1991. Tourism, capital, and place: towards a critical geography of tourism, Environment and Planning [J]. Society and Space, 9 (4): 451 – 478.

[5] Browne R, Nolan M L, 1989. Western Indian Reservation Tourism Development [J]. Annals of Tourism Research, 16: 360 – 376.

[6] Buchanan I, 2000. Michel de Certeau: Cuhural Theorist [M]. New Delhi: Sage Publications.

[7] Buttimer A, 1969. Social Space in Inter-disciplinary Perspective [J]. Geographical Review (3): 418.

[8] Castells M, 1977. The Urban Question [M]. Cambridge, Mass: The MIT Press: 92.

[9] Ceridwen S, 2002. Brambuk Living Cultural Centre: Indigenous Culture and the Production of Place [J]. Tourist Studies (1): 23 – 42.

[10] Certeau M, 1984. The Practice of Everyday Life [M]. Berkeley, C. A. : University of California Press, xii.

[11] Claval P, 1984. The Concept of Social Space and the Nature of Social Geography [J]. New Zealand Geographer, 40 (2): 105.

[12] Cohen E, 1988. Authenticity and Commoditization in Tourism [J]. Annals of Tourism Research (15): 371 – 386.

[13] Cohen E, 2006. Pai – a Backpacker Enclave in Transition [J]. Tourism Recreation Research, 31 (3): 11 – 27.

[14] Durkheim E, 2013. De la division du travail social [M]. Paris: Presses Uni-

versitaires de France.

[15] Edward W S, 2005. 第三空间：去往洛杉矶和其他真实和想象地方的旅行 [M]. 陆扬，等译. 上海：上海教育出版社.

[16] Foucault M, 1988. Phiolsophy, Culture: Interviews and Other Writings 1977—1984 [M]. New York: Routledge: 123.

[17] Foucault M, 1980. Power Knowledge: Selected Interviews and Other Writings: 1972 –1977 [M]. Sussex: Harvester Press.

[18] Foucault M, 1980. Power/Knowledge [M]. New York: Pantheon Books: 69.

[19] Freidus A, Romero-Daza N, 2009. The space between: globalization, liminal spaces and personal relations in rural Costa Rica [J]. Gender, Place & Culture, 16 (6): 683 –702.

[20] Gatrell J D, Collins-Kreiner N, 2006. Negotiated Space: Tourists, Pilgrims, and the Baha' I Terraced Gardens in Haifa [J]. Geoforum, 37 (5): 765 –778.

[21] Gauthier H L, Taaffe E J. 2000, Three 20th century "Revolutions" in American geography [J]. Urban geography, 23 (6): 503 –527.

[22] Giles G, 2014. The Concept of Practice, Enlightenment Rationality and Education: A Speculative Reading of Michel de Certeau's Writing of History [J]. Educational Philosophy and Theory, 46 (3): 255 –268.

[23] Granovetter M, 1973. The Strength of Weak Ties [J]. American Journal of Sociology, 78 (5): 1360 –1380.

[24] Gregson N, 1993. The Initiative: Delimiting or Deconstructing Social Geography? [J]. Progress in Human Geography (17): 525 –530.

[25] Gustafson P, 2002. Tourism and Seasonal Retirement Migration [J]. Annals of Tourism Research, 29 (4): 899 –918.

[26] Harvey D, 1973. Social Justice and the City [J]. Baltimore: Johns Hopkins University Press: 306.

[27] Harvey D, 2001. Space of Capital: Towards a Critical Geography [M]. New York: Routledge: 284 –311.

[28] Harvey D, 1985. The Geopolitics of Capitalism: In Gregory and Urry [J]. Social Relations and Spatial Structures (1): 15 –16.

[29] Highmore B, 2006. Michel de Certeau: Analysing Culture [M]. London, New York: Continuum International Publishing Group.

[30] Hjorth D, 2005. Organizational Entrepreneurship: With de Certeau on Creating Heterotopias (or Spaces for Play) [J]. Journal of Management Inguiry, 14

(4): 386 – 398.

[31] Huang Y B, Wall G, Clare J A, 2007. Creative Destruction: Zhujiajiao, China [J]. Annals of Tourism Research, 34 (4): 1033 – 1055.

[32] Janta H, Brown L, Lugosi P, 2011. Migrant Relationships and Tourism Employment [J]. Annals of Tourism Research, 38 (4): 1322 – 1343.

[33] Kadt E D, 1979. Tourism: Passport to Development? Perspectives on the Social and Cultural Effects of Tourism in Developing Countries [M]. New York: Oxford University Press.

[34] Lefebvre H, 1991. Critique of Everyday Life [M]. London: Verso.

[35] Lefebvre H, 2004. Rhythm Analysis [M]. London and New York: Continuum: 6.

[36] Lefebvre H, 1997. The Everyday and Everydayness [M] //Harris S, Berke D. Architecture of the Everyday. New York: Princeton Architectural Press: 32 – 38.

[37] Lefebvre H, 1991. The Production of Space [M]. Oxford UK & Cambridge USA: Blackwell.

[38] MacCannell D, 1976. The Tourist: A New Theory of the Leisure Class [M]. New York: Schocken Books.

[39] Mitchell R, Charters S, Albrecht J N, 2012. Cultural Systems and the Wine Tourism Product [J]. Annals of Tourism Research, 39 (1): 311 – 335.

[40] Murphy P E, 1985. Tourism: A Community Approach [M]. London: Methuen.

[41] Narayanan Y, Macbeth J, 2009. Deep in the Desert: Merging the Desert and the Spiritual through 4WD Tourism [J]. Tourism Geographies, 11 (3): 369 – 389.

[42] Pacione M, 1982. The use of objective and subjective measures of life quality in human geography [J]. Progress in Human Geography, 6 (4): 495 – 514.

[43] Pacione M, 2003. Urban environmental quality and human wellbeing: a social geographical perspective [J]. Landscape and Urban Planning, 65 (1 – 2): 19 – 30.

[44] Park M, Stokowski P A, 2009. Social disruption theory and crime in rural communities: Comparisons across three levels of tourism growth [J]. Tourism Management, 30 (6): 905 – 915.

[45] Philip T, 1998. Conspicuous Construction: Houses, Consumption and "Relocalization" in Manambondro, Southeast Madagascar [J]. Journal of the Royal Anthropological Institute, 4 (3): 425 – 446.

[46] Phinney J, 1996. Understanding Ethnic Diversity: The Role of Ethnic Identity [J]. The American Behavioral Scientist, 40 (2): 143 – 152.

[47] Reynolds B, Fitzpatrick J, 1999. The Transversality of Michel de Certeau: Foucault's Panoptic Discourse and the Cartographic Impulse [J]. Diacritics, 29 (3): 63 – 80.

[48] Ryan C, 1991. Recreational Tourism: A social Science Perspective [M]. [s. l.]: Romedge Press.

[49] Saveriades A, 2000. Establishing the social tourism carrying capacity for the tourist resorts of the east coast of the Republic of Cyprus [J]. Tourism Management (2): 21.

[50] Schutz A, 1970. Alfred Schutz on Phenomenology and Social Relations: Selected Writings [M]. Chicago: University of Chicago Press.

[51] Sherlock K, 2001. Revisiting the concept of hosts and guests [J]. Tourist Studies, 1 (3): 271 – 295.

[52] Smith V L, 1989. Hosts and Guests: The Anthropology of Tourism [M]. Philadelphia: University of Pennsylvania Press.

[53] Soja E W, 1996. Thirdspace: Journeys to Los Angeles and Other real – and – Imagined Places [M]. Oxford: Blackwell.

[54] Su X B, Teo P, 2008. Tourism politics in Lijiang, China: An analysis of state and local interactions in tourism development [J]. Tourism Geographies, 10 (2): 150 – 168.

[55] Thrift N, 2004. Driving in the City [J]. Theory, Culture & Society, 21 (4): 41 – 59.

[56] Ward G, 2000. The Certeau Reader [M]. Massachusetts: Blackwell Publishers Ltd.

[57] Weymans W, 2004. Michel de Certeau and the Limits of Historical Representation [J]. History and Theory, 43: 161 – 178.

[58] Wiles J, 2003. Daily geographies of caregivers: mobility, routine, scale [J]. Social Science & Medicine, 57 (7): 1307 – 1325.

[59] Woosnam K M, Norman W C, 2010. Measuring residents' emotional solidarity with tourists: Scale development of Durkheim's theoretical constructs [J]. Journal of Travel Research, 49 (3): 365 – 380.

[60] 埃比尼泽·霍华德, 2000. 明日的田园城市 [M]. 金经元, 译. 北京: 商务印书馆.

[61] 爱德华·苏贾, 2005. 第三空间: 去往洛杉矶和其他真实和想象地方的旅程 [M]. 包亚明, 陆扬, 刘佳林, 朱志荣, 译. 上海: 上海教育出版社: 1.

[62] 爱德华·苏贾, 2004. 后现代地理学: 重申批评社会心理理论中的空间 [M]. 王文斌, 译. 北京: 商务印书馆: 10.

[63] 安东尼·吉登斯, 1998. 社会的构成: 结构化理论大纲 [M]. 李康, 李猛, 译. 北京: 生活·读书·新知三联书店: 516.

[64] 包亚明, 2003. 都市与文化: 现代性与空间的生产 [M]. 上海: 上海教育出版社: 1-410.

[65] 包亚明, 2001. 后现代性与地理学的政治 [M]. 上海: 上海教育出版社: 29.

[66] 保继刚, 楚义芳, 1999. 旅游地理学 [M]. 2版. 北京: 高等教育出版社.

[67] 保继刚, 等, 2005. 城市旅游: 原理·案例 [M]. 天津: 南开大学出版社.

[68] 保继刚, 文彤, 2002. 社区旅游发展研究述评 [J]. 桂林旅游高等专科学校学报 (4): 13-18.

[69] 布迪厄, 2001. 社会空间与象征权力 [M] //包亚明. 后现代性与地理学的政治. 上海: 上海教育出版社.

[70] 陈冬婕, 2010. 大型事件背景下的城市传统社区再造: 以荔枝湾西关大屋社区为例 [D]. 广州: 中山大学.

[71] 陈然, 2016. 新马克思主义空间理论与中国城镇化反思 [J]. 理论与现代化 (6): 118-125.

[72] 陈水勇, 2012. 交往何以推动社会变迁: 基于马克思历史唯物主义视角 [J]. 思想战线 (5): 65-69.

[73] 陈薇, 2008. 空间、权力: 社区研究的空间转向 [D]. 武汉: 华中师范大学.

[74] 陈伟东, 舒晓虎, 2010. 社区空间再造: 政府、市场、社会的三维推力: 以武汉市 J 社区和 D 社区的空间再造过程为分析对象 [J]. 江汉论坛 (10): 130-134.

[75] 陈向明, 2006. 质的研究方法与社会科学研究 [M]. 北京: 教育科学出版社.

[76] 大卫·哈维, 2006. 希望的空间 [M]. 胡大平, 译. 南京: 南京大学出版社.

[77] 丹尼逊·纳什, 2004. 旅游人类学 [M]. 宗晓莲, 译. 昆明: 云南大学出版社.

[78] 邓明艳, 吴瑕, 2012. 消费时代背景下城市休闲旅游空间的生产 [J]. 乐山师范学院学报, 27 (6): 70-74.

[79] 狄金华, 2003. 空间的政治 "突围": 社会理论视角下的空间研究 [J]. 学习与实践 (1): 90-96.

[80] 董屹, 平刚, 2009. 从社会公正到空间公正: 关于安置区设计策略的社会意义分析 [J]. 时代建筑 (2): 50-55.

[81] 范文艺, 2010. 空间视角的山水旅游小城镇审美解读: 以漓江流域兴坪镇为例 [J]. 北京第二外国语学院学报 (9): 66 – 71.

[82] 方英, 2011. 论新马克思主义者列菲伏尔关于空间生产的批判 [J]. 中共宁波市委党校学报 (5): 96 – 99.

[83] 费孝通, 1998. 乡土中国: 生育制度 [M]. 北京: 北京大学出版社.

[84] 费孝通, 1985. 乡土中国 [M]. 北京: 生活·读书·新知三联书店.

[85] 冯凡彦, 2009. 论舍勒价值情感现象学中的情感理性 [J]. 兰州学刊 (3): 21 – 24.

[86] 冯健, 周一星, 2003. 北京都市区社会空间结构及其演化 (1982—2000) [J]. 地理研究 (4): 465 – 483.

[87] 福柯, 2001. 空间、知识、权力: 福柯访谈录 [M] //包亚明编. 后现代性与地理学的政治. 上海: 上海教育出版社.

[88] 福柯, 2006. 另类空间 [J]. 王喆, 译. 世界哲学 (6): 52 – 57.

[89] 富晓星, 吴振, 2010. 男同性恋群体的城市空间分布及文化生产: 以沈阳为例 [J]. 工程研究, 2 (1): 38 – 52.

[90] 富永健一, 1988. 社会结构与社会变迁 [M]. 董兴华, 译. 昆明: 云南人民出版社.

[91] 高峰, 2007. 空间的社会意义: 一种社会学的理论探索 [J]. 江海学刊 (2): 44 – 48.

[92] 高宣扬, 1998. 当代社会理论: 上 [M]. 台北: 五南图书有限公司.

[93] 顾朝林, 克斯特罗德 C, 1997. 北京社会空间极化与空间分异研究 [J]. 地理学报, 52 (5): 385 – 393.

[94] 郭文, 王丽, 黄震方, 2012. 旅游空间生产及社区居民体验研究: 江南水乡周庄古镇案例 [J]. 旅游学刊, 27 (4): 28 – 38.

[95] 哈贝马斯, 2004. 交往行为理论 [M]. 曹卫东, 译. 上海: 上海人民出版社.

[96] 何雪松, 2006. 社会理论的空间转向 [J]. 社会 (2): 34 – 48.

[97] 何肇发, 黎熙元, 1991. 社区概论 [M]. 广州: 中山大学出版社.

[98] 和立勇, 和少英, 2007. "化睬": 丽江古城纳西人社会整合中的文化自觉 [J]. 思想战线 (6): 8 – 14.

[99] 和颖, 2008. 丽江纳西族化睬的文化解释 [J]. 西南民族大学学报 (人文社科版) (4): 22 – 28.

[100] 黄斌, 吕斌, 胡垚, 2012. 文化创意产业对旧城空间生产的作用机制研究: 以北京市南锣鼓巷旧城再生为例 [J]. 城市发展研究, 19 (6):

86 – 90.

[101] 黄晓星, 2012. "上下分合轨迹": 社区空间的生产: 关于南苑肿瘤医院的抗争故事 [J]. 社会学研究, 1: 199 – 200, 246.

[102] 黄应贵, 1995. 空间、力与社会 [M]. 台北: "中央研究院" 民族学研究所.

[103] 江振雄, 1997. 海南三亚回族经济简况 [J]. 民族研究 (2): 89 – 90.

[104] 姜辽, 苏勤, 杜宗斌, 2013. 21 世纪以来旅游社会文化影响研究的回顾与反思 [J]. 旅游学刊 (12): 24 – 33.

[105] 姜文锦, 陈可石, 马学广, 2011. 我国旧城改造的空间生产研究: 以上海新天地为例 [J]. 城市发展研究, 18 (10): 84 – 89.

[106] 蒋志杰, 吴国清, 白光润, 2004. 旅游地意象空间分析: 以江南水乡古镇为例 [J]. 旅游学刊 (2): 32 – 36.

[107] 金玉萍, 2010. 日常生活实践中的电视使用: 托台村维吾尔族受众研究 [D]. 上海: 复旦大学.

[108] 景晓芬, 李世平, 2011. 城市空间生产过程中的社会排斥 [J]. 城市问题 (10): 9 – 14.

[109] 景志铮, 2010. 权力运作机制中的意识约束力: 福柯规训性权力的一种解读 [J]. 延安大学学报, 34 (1): 36 – 38.

[110] 卡斯特, 2006. 网络社会的崛起 [M]. 北京: 社会科学文献出版社.

[111] 赖寿华, 袁振杰, 2010. 广州亚运与城市更新的反思: 以广州市荔湾区荔枝湾整治工程为例 [J]. 规划师 (12): 16 – 20.

[112] 李春敏, 2010. 近年来马克思社会空间思想研究综述 [J]. 南京政治学院学报, 26 (3): 121 – 125.

[113] 李丹, 2011. 空间的政治经济学: 解读列斐伏尔《空间的生产》 [D]. 上海: 复旦大学.

[114] 李剑鸣, 1994. 文化接触与美国印第安人社会文化的变迁 [J]. 中国社会科学 (3): 157 – 174.

[115] 李劼, 2007. 丽江纳西族文化的发展变迁 [M]. 北京: 中央民族大学出版社.

[116] 李荣, 姚志文, 2012. 传统文化电视传播的空间生产理论分析 [J]. 社会科学战线 (1): 155 – 158.

[117] 李山, 蒋轶红, 吴兵, 杨晓曦, 2001. 中国城市居民旅游感应空间研究: 以上海为例 [J]. 旅游学刊, 16 (1): 22 – 26.

[118] 李拓, 2009. 法国语境下的日常生活理论 [D]. 北京: 北京语言大学.

[119] 李小建, 1987. 西方社会地理学中的社会空间 [J]. 地理科学进展 (2): 63 – 66.

[120] 李秀玲，秦龙，2011. "空间生产"思想：从马克思经列斐伏尔到哈维 [J]. 福建论坛（人文社会科学版）(5)：60-64.

[121] 李永文，1996. 社会空间研究的方法 [J]. 地理译报，15 (4)：35-37.

[122] 李有根，赵西萍，邹慧萍，1997. 居民对旅游影响的知觉 [J]. 心理学动态，5 (2)：21-27.

[123] 李玉臻，2008. 丽江古城旅游发展问题对四川古镇的开发与保护启示 [J]. 康定民族师范高等专科学校学报 (5)：58-62.

[124] 李志刚，吴缚龙，2006. 转型期上海社会空间分异研究 [J]. 地理学报 (2)：199-211.

[125] 练玉春，2003. 开启可能性：米歇尔·德塞都的日常生活实践理论 [J]. 浙江大学学报 (6)：145-147.

[126] 练玉春，2004. 论米歇尔·德塞都的抵制理论：避让但不逃离 [J]. 河北学刊 (2)：80-84.

[127] 林淑惠，2003. 从意识形态与文化霸权解析历史建筑展示之研究：以台南州厅为例 [D]. 桃园：中原大学.

[128] 林晓珊，2008. 空间生产的逻辑 [J]. 理论与现代化 (2)：90-95.

[129] 刘怀玉，2003. 西方学界关于列斐伏尔思想研究现状综述 [J]. 哲学动态 (5)：21-24.

[130] 刘沛林，2008. "景观信息链"理论及其在文化旅游地规划中的运用 [J]. 经济地理，28 (6)：1035-1039.

[131] 刘晓春，1998. 马克思的空间观新探 [J]. 江海学刊 (6)：3.

[132] 陆扬，2008. 社会空间的生产：析列斐伏尔《空间的生产》[J]. 甘肃社会科学 (5)：133-136.

[133] 马建钊，杜瑞尔，1990. 海南岛儋县蒲姓习俗文化调查 [J]. 广西民族研究 (1)：97-103.

[134] 马建钊，1998. 海南三亚回族社区的经济变迁 [J]. 广西民族学院学报（哲学社会科学版），20 (3)：52-55.

[135] 马克思，恩格斯，1996. 马克思恩格斯选集：3 卷 [M]. 北京：人民出版社.

[136] 马润潮，1999. 人文主义与后现代化主义之兴起及西方新区域地理学之发展 [J]. 地理学报，54 (7)：365-372.

[137] 马莹，2007. 旅游心理学 [M]. 北京：中国旅游出版社.

[138] 米歇尔·德塞图，2009. 日常生活实践 [M]. 方琳琳，译. 南京：南京大学出版社.

[139] 宁越敏，1990. 城市化研究的社会理论基础评述 [J]. 城市问题 (1)：

18 – 22.

[140] 潘泽泉, 2009. 当代社会学理论的社会空间转向 [J]. 社会学研究 (1): 27 – 33.

[141] 潘泽泉, 2007. 空间化: 一种新的叙事和理论转向 [J]. 国外社会科学 (4): 42 – 47.

[142] 彭兆荣, 2004. 旅游人类学 [M]. 北京: 民族出版社.

[143] 齐美尔, 盖奥尔格, 2002. 社会学: 关于社会化形式的研究 [M]. 林荣远, 译. 北京: 华夏出版社: 460.

[144] 全晓男, 2004. 独具特色的纳西族服饰文化 [J]. 艺术研究 (4): 27.

[145] 任平, 2006. 空间的正义: 当代中国可持续城市化的基本走向 [J]. 城市发展研究 (5): 1 – 4.

[146] 石峰, 1998. "文化变迁" 研究状况概述 [J]. 贵州民族研究 (4): 5 – 9.

[147] 石崧, 宁越敏, 2005. 人文地理学 "空间" 内涵的演进 [J]. 地理科学 (3): 340 – 345.

[148] 时蓉华, 1988. 社会心理学词典 [M]. 成都: 四川人民出版社.

[149] 史蒂文·瓦戈, 2007. 社会变迁 [M]. 王晓黎, 译. 北京: 北京大学出版社.

[150] 司马云杰, 1986. 文化社会学 [M]. 济南: 山东人民出版社.

[151] 司敏, 2004. 社会空间视角: 当代城市社会学研究的新视角 [J]. 社会 (5): 17 – 19.

[152] 斯心直, 1992. 西南民族建筑研究 [M]. 昆明: 云南教育出版社.

[153] 宋宪萍, 孙茂竹, 2012. 资本逻辑视阈中的全球性空间生产研究 [J]. 马克思主义研究 (6): 59 – 66.

[154] 孙江, 2007. 当代中国空间生产的现实语境及其矛盾分析 [J]. 苏州大学学报: 哲学社会科学版, 5 (3): 12 – 15.

[155] 孙江, 2012. 全球空间生产的新自由主义转向及其历史后果 [J]. 苏州大学学报 (2): 67 – 70.

[156] 孙九霞, 保继刚, 2006. 从缺失到凸显: 社区参与旅游发展研究脉络 [J]. 旅游学刊, 21 (7): 63 – 68.

[157] 孙九霞, 保继刚, 2004. 社区参与的旅游人类学研究: 以西双版纳傣族园为例 [J]. 广西民族学院学报 (哲学社会科学版), 26 (6): 128 – 136.

[158] 孙九霞, 刘国果, 2012. 广州居民对亚运会影响的社会表征研究 [J]. 旅游论坛 (3): 75 – 79.

[159] 孙九霞, 马涛, 2009. 旅游对目的地社会文化影响研究新进展与框架

[J]. 求索（6）：72 - 74.

[160] 孙九霞，史甜甜，2010. 茶叶经济主导下的社区参与旅游发展：基于社会交换理论的案例分析 [J]. 旅游论坛，3（3）：299 - 305.

[161] 孙九霞，周一，2014. 日常生活视野中的旅游社区空间再生产研究：基于列斐伏尔与德塞图的理论视角 [J]. 地理学报（10）：1575 - 1589.

[162] 孙九霞，2012. 传承与变迁：旅游中的族群与文化 [M]. 北京：商务印书馆.

[163] 孙九霞，2009. 旅游人类学的社区旅游与社区参与 [M]. 北京：商务印书馆.

[164] 孙九霞，2005. 社区参与旅游对民族传统文化保护的正效应 [J]. 广西民族学院学报（哲学社会科学版），27（4）：35 - 40.

[165] 孙九霞，2013. 社区参与旅游与族群文化保护：类型与逻辑关联 [J]. 思想战线（3）：97 - 102.

[166] 孙九霞，1998. 试论族群与族群认同 [J]. 中山大学学报（社会科学版）（2）：23 - 30.

[167] 孙九霞，1995. 文化变迁的类型 [J]. 中山大学研究生学刊（社会科学版）（3）：104 - 109.

[168] 孙九霞，2004. 现代化背景下的民族认同与民族关系：以海南三亚凤凰镇回族为例 [J]. 民族研究（3）：61 - 67.

[169] 谭日辉，2010. 西方社会空间研究对中国的启示 [J]. 船山学刊（4）：190 - 193.

[170] 唐顺铁，1998. 旅游目的地的社区化及社区旅游研究 [J]. 地理研究（2）：145 - 149.

[171] 田毅鹏，张霁雪，陶宇，2010. 空间生产、资本接续与权力介入的实践逻辑：对东北 C 市马路劳工生存状态的调查 [J]. 社会科学（5）：67 - 73.

[172] 田毅鹏，张金荣，2007. 马克思社会空间理论及其当代价值 [J]. 社会科学研究（2）：14 - 19.

[173] 涂尔干，爱弥尔，1999. 宗教生活的基本形式 [M]. 渠东，汲喆，译. 上海：上海人民出版社.

[174] 汪民安，2006. 空间生产的政治经济学 [J]. 国外理论动态（1）：46 - 52.

[175] 汪永青，陆林，2008. 旅游地居民的再创空间 [J]. 资源开发与市场，24（11）：1038 - 1041.

[176] 汪原，2002. 关于《空间的生产》和空间认识范式转换 [J]. 新建筑论坛（2）：59 - 61.

[177] 王达生，2009. 谈现代化传统历史街区的空间生产 [J]. 山西建筑，35（2）：56 - 61.

[178] 王恩涌，赵荣，张小林，等，2000. 人文地理学 [M]. 北京：高等教育出版社.

[179] 王丰龙，刘云刚，2011. 空间的生产研究综述与展望 [J]. 人文地理 (2)：13 - 19.

[180] 王宏雁，杨剑，2009. 新农村规划的乡村聚落思考：以豫北某村规划为例 [J]. 甘肃科技 (22)：23 - 25.

[181] 王磊，2007. 创意产业园区：空间生产中的文化的结构性力量 [D]. 上海：华东师范大学.

[182] 王琳，2012. 全球空间生产对中国和平发展的影响研究 [J]. 重庆科技学院学报（社会科学版）(2)：39 - 40.

[183] 王宁，1999. 旅游、现代性与"好恶交织"：旅游社会学的理论探索 [J]. 社会学研究 (6)：93 - 102.

[184] 王素萍，2013. 对"空间生产"的中国本土化思考 [J]. 哈尔滨工业大学学报：社会科学版 (2)：108 - 112.

[185] 王晓磊，2010. "社会空间"的概念界说与本质特征 [J]. 理论与现代化 (1)：49 - 55.

[186] 王学荣，2012. 论资本逻辑与空间生产逻辑的"二律背反" [J]. 理论导刊 (7)：51 - 53.

[187] 王勇，李广斌，王传海，2012. 基于空间生产的苏南乡村空间转型及规划应对 [J]. 规划师 (4)：110 - 114.

[188] 王苑，邓峰，2009. 历史街区更新中的社会结构变迁与空间生产：以苏州山塘历史街区为例 [J]. 现代城市研究 (11)：60 - 64.

[189] 王志弘，2009. 多重的辩证：列斐伏尔空间生产概念三元组演绎与引申 [J]. 地理学报（台湾）(15)：1 - 24.

[190] 文军，黄锐，2012. "空间"的思想谱系与理想图景：一种开放性实践空间的建构 [J]. 社会学研究 (2)：35 - 56.

[191] 吴飞，2009. 空间实践与诗意的抵抗：解读米歇尔·德塞图的日常生活实践理论 [J]. 社会学研究 (2)：177 - 197.

[192] 吴红娟，2009. 转型时期风水现象盛行的社会学叹息：以河南省 S 县为例 [D]. 武汉：华中师范大学社会学系.

[193] 伍端，2005. 空间句法相关理论导读 [J]. 世界建筑 (11)：18 - 23.

[194] 武旭峰. 2007. 世界自然文化遗产之旅：开平碉楼与村落 [M]. 广州：广东旅游出版社.

[195] 肖欢欢，2010. 碉楼申遗成功后抱着金饭碗没饭吃 [N]. 广州日报，12 -

14：A8.

[196] 谢加封，沈文星，2012. 空间生产理论与城市户外广告监管 [J]. 城市
问题 (7)：73 – 78.

[197] 谢纳，2008. 空间生产与文化表征 [D]. 沈阳：辽宁大学.

[198] 谢婷，钟林生，陈田，袁弘，2006. 旅游对目的地社会文化影响的研究进
展 [J]. 地理科学进展 (5)：120 – 130.

[199] 熊晓波，2008. 旅游开放度对摩梭文化的影响研究 [J]. 中国人口·资
源与环境 (5)：194 – 199.

[200] 徐赣丽，2006. 民俗旅游与民族文化变迁：桂北壮瑶三村考察 [M]. 北
京：民族出版社.

[201] 徐红罡，2009. 旅游系统分析 [M]. 天津：南开大学出版社.

[202] 徐仁瑶，王晓莉，1992. 中国少数民族建筑 [M]. 北京：中央民族大学
出版社.

[203] 徐永祥，2000. 社区发展论 [M]. 上海：华东理工大学出版社.

[204] 许学强，周一星，宁越敏，2001. 城市地理学 [M]. 北京：高等教育出
版社：15.

[205] 宣正明，2011. 海南回族 [M]. 北京：中国文化出版社.

[206] 严春梦，2003. 走进三亚回族村 [J]. 民族论坛 (11)：28 – 29.

[207] 杨宁宁，2009. 对丽江古城的定位与旅游发展的思考 [J]. 中央民族大
学学报 (哲学社会科学版) (3)：24 – 28.

[208] 杨团，2002. 社区公共服务论析 [M]. 北京：华夏出版社.

[209] 杨为刚，2012. 政治空间的构建与文学空间的生产：唐前期骊山华清宫文
学研究 [J]. 鲁东大学学报 (哲学社会科学版) (3)：19 – 25.

[210] 杨有庆，2011. 城市化与空间的生产：列斐伏尔哲学思想"空间转向"
探析 [J]. 兰州交通大学学报，30 (5)：13 – 16.

[211] 姚华松，薛德升，许学强，2007. 城市社会空间研究进展 [J]. 现代城
市研究，22 (9)：74 – 81.

[212] 叶俊，于海燕，2007. 国内外近年来社区旅游进展 [J]. 桂林旅游高等
专科学校学报 (2)：272 – 278.

[213] 伊思·罗伯逊，1994. 社会学 [M]. 黄育馥，译. 北京：商务印书馆：
808 – 815.

[214] 易峥，阎小培，周春山，2003. 中国城市社会空间结构研究的回顾与展望
[J]. 城市规划汇 (1)：21 – 25.

[215] 殷洁，罗小龙，2012. 资本、权力与空间："空间的生产"解析 [J]. 人

文地理（2）：12 - 16.

[216] 应星，晋军，2000. 集体上访中的"问题化"过程：西南一个水电站的移民的故事 [J]. 清华社会学评论（1）：80 - 109.

[217] 余沛鸿，2008. 德塞都的日常生活美学及其当代文化意义 [D]. 桂林：广西师范大学.

[218] 詹姆斯·C. 斯科特，2007. 弱者的武器 [M]. 郑广怀，张敏，何江穗，译. 南京：江苏人民出版社.

[219] 张凤超，2010. 资本逻辑与空间化秩序：新马克思主义空间理论解析 [J]. 马克思主义研究（7）：37 - 47.

[220] 张进福，肖洪根，2000. 旅游社会学研究初探 [J]. 旅游学刊（1）：53 - 58.

[221] 张京祥，陈浩，2012. 南京市典型保障性住区的社会空间绩效研究：基于空间生产的视角 [J]. 现代城市研究（6）：66 - 71.

[222] 张亮，2012. 三亚回族研究的人类学意蕴 [J]. 西南民族大学学报（人文社会科学版）（6）：31 - 36.

[223] 张品，2012. 空间生产理论研究述评 [J]. 社科纵横，27（8）：82 - 84.

[224] 张晓虹，孙涛，2011. 城市空间的生产：以近代上海江湾五角场地区的城市化为例 [J]. 地理科学，31（10）：1181 - 1188.

[225] 张应祥，2011. 住房商品化与社区空间生产 [J]. 广东社会科学（3）：214 - 220.

[226] 张中华，王兴中，2009. 旅游地形象设计的地点观建构原理 [J]. 云南师范大学学报（哲学社会科学版），41（2）：57 - 63.

[227] 张子凯，2007. 列斐伏尔《空间的生产》述评 [J]. 江苏大学学报（社会科学版）（5）：10 - 14.

[228] 赵莉华，2011. 空间政治与"空间三一论" [J]. 社会科学家（5）：138 - 141.

[229] 郑静，许学强，陈浩光，1995. 广州市社会空间的因子生态再分析 [J]. 地理研究（2）：15 - 26.

[230] 郑霞，金晓玲，胡希军，2009. 论传统村落公共交往空间及传承 [J]. 经济地理，29（5）：823 - 826.

[231] 郑震，2010. 空间：一个社会学的概念 [J]. 社会学研究（5）：167 - 192.

[232] 郑震，2011. 列斐伏尔日常生活批判理论的社会学意义：迈向一种日常生活的社会学 [J]. 社会学研究（3）：191 - 246.

[233] 周慧颖，吴建华，2004. 国内有关旅游对接待地社会文化影响的研究述评 [J]. 旅游学刊（6）：88 - 92.

[234] 周尚意, 2004. 英美文化研究与新文化地理学 [J]. 地理学报 (增刊): 162 – 166.

[235] 周易, 毛子明, 刘闻欣, 2009. 工程建设征地农村移民安置中的乡村重构研究 [J]. 河南水利与南水北调 (1): 52 – 53.

[236] 周映河, 2009. 纳西族传统服饰: 羊皮披肩初探 [J]. 近日民族 (4): 20 – 22.

[237] 朱丹丹, 张玉钧, 2008. 旅游对乡村文化传承的影响研究综述 [J]. 北京林业大学学报 (社会科学版) (2): 58 – 62.

[238] 朱竑, 郭春兰, 2009. 本土化与全球化在村落演化中的响应: 深圳老福音村的死与生 [J]. 地理学报 (8): 967 – 977.

[239] 朱健刚, 2008. 打工者社会空间的生产: 番禺打工者文化服务部的个案研究 [M] // 张曙光. 中国制度变迁的案例研究: 第六辑. 北京: 中国财政经济出版社: 209 – 235.

[240] 朱沁夫, 2013. 旅游与旅游目的地文化变迁 [J]. 旅游学刊 (11): 5 – 7.

[241] 庄友刚, 2010. 空间生产与资本逻辑 [J]. 学习与探索 (1): 14 – 18.

[242] 庄友刚, 2011. 西方空间生产理论研究的逻辑、问题与趋势 [J]. 马克思主义与现实 (6): 116 – 122.

[243] 庄友刚, 2012. 何谓空间生产?: 关于空间生产问题的历史唯物主义分析 [J]. 南京社会科学 (5): 36 – 42.

[244] 宗晓莲, 朱竑, 2004. 国外旅游的社会文化影响研究进展 [J]. 人文地理 (4): 14 – 21.

[245] 宗晓莲, 2002. 布迪厄文化再生产理论对文化变迁研究的意义: 以旅游开发背景下的民族文化变迁研究为例 [J]. 广西民族学院学报 (哲学社会科学版) (2): 22 – 25.

[246] 宗晓莲, 2006. 旅游开发与文化变迁: 以云南省丽江县纳西族文化为例 [M]. 北京: 中国旅游出版社.

[247] 宗晓莲, 2013. 旅游人类学与旅游的社会文化变迁研究 [J]. 旅游学刊 (11): 5 – 7.

[248] 邹丹丹, 2012. 现代性怀旧和记忆的空间生产: 以上海新天地为例 [J]. 现代城市研究 (2): 24 – 29.

[249] 左静, 袁犁, 2012. 基于"空间生产"视角的古城镇再生模式探析: 以丽江古城为例 [J]. 安徽建筑 (2): 45 – 47.